세계화의 종말과
새로운 시작

2세기에 걸쳐 진화한 세계화의 과거, 현재, 미래

세계화의 종말과 새로운 시작

마크 레빈슨(Marc Levinson) 지음 | 최준영 옮김

P page2

일러두기

- 이 책에 로마 숫자로 표기된 각주는 독자의 이해를 돕기 위해 옮긴이가 집필했다.
- 이 책에 숫자 첨자로 표기된 참고문헌은 본문의 끝에 위치한 '참고문헌'에 나열된다.
- 이 책에 소개되는 도서 중 국내 출간된 도서는 한글명을 앞에, 국내 미출간 도서는 영문명을
  앞에 표기했다.

예시)

『더 박스: 컨테이너는 어떻게 세계 경제를 바꾸었는가』(2017, 청림출판)

『An extraordinary Time: The end of the Postwar Boom and Return of the Ordinary
Economy(비범한 시대: 전후 호황의 종말과 평범한 경제로의 회귀)』

서문

2006년 8월 16일 오후 5시 30분, 다섯 척의 예인선에 의해 오덴세철강조선소_{Odense Steel Shipyard}[i]의 도크에서 끌어내어진 엠마 머스크_{Emma Maersk}호는 뒷걸음질 치는 것 같은 모습을 보이며 먼바다로 나아갔다. 보통 배는 새것이나 낡은 것이나 관계없이 후진이 아니라 전진하면서 항해하지만, 엠마 머스크호에 그런 전형적인 모습은 없었다. 길이가 축구장 4개에 이르며 용골은 갑판 아래 약 30.5미터에 위치한 이 하늘색 선박은 너무나 거대했기 때문에 오덴세 피오르_{Fjord}[ii]의 얕은 부

---

i 코펜하겐에서 남서쪽으로 167킬로미터 떨어진 곳에 위치한 인구 약 18만 명의 도시 오덴세에 있다. 1917년에 설립된 덴마크 조선소로 세계 최대 해운사인 머스크사의 컨테이너선을 건조하는 것으로 유명했지만 글로벌 금융위기로 2009년 폐쇄가 결정됐고, 2012년 1월 마지막 선박을 건조하는 것으로 문을 닫았다. 현재는 해양산업 관련 산업단지로 변화했다.

ii 빙하의 침식에 의해 형성된 U자곡에 바닷물이 들어와 형성된 좁고 긴 만(灣)으로 '협만(峽灣)'이라고도 한다. 'fjord'는 노르웨이어로 '내륙으로 깊게 뻗은 만'을 의미하는데, 유럽 중에서도 노르웨이에 전형적으로 나타나는 지형이기 때문에 그 명칭이 일반화됐다.

분을 겨우 벗어날 수 있었다. 엠마 머스크호가 피오르와 더 깊은 바다 사이를 연결하는 좁은 틈인 가베Gabet를 통과할 때 해안에 있던 수천 명의 덴마크인은 놀라운 광경을 목격했다. 진수하는 날 엠마 머스크호는 화물도, 연료도 싣지 않았기 때문에 선체가 물 위에 높이 떠오르면서 부분적으로 흰색으로 도장된 배의 아랫부분을 드러냈다. 그리고 보통은 파도 밑에서 조용히 회전하는 거대한 청동 스크루를 과시했다. 뉴스 보도를 통해 모두가 알게 된 것처럼, 이 스크루는 지금까지 주조된 것 가운데 크기가 가장 컸다.

엠마 머스크호는 세계화에 대한 도박이었다. 유서 깊은 덴마크 대기업의 계열사인 머스크라인Maersk Line[i]이 소유한 이 선박은 50년의 컨테이너 해운업 역사에서 이전의 모든 존재들을 난쟁이로 만들었다. 소수의 초대형 유조선을 제외하고 이렇게 큰 배는 없었다. 엠마 머스크호와 그 뒤를 이을 자매함 일곱 척의 건조비는 각각 1억 5400만 달러로 이전의 어떤 컨테이너선보다 많은 비용이 들었지만, 크기에 비하면 저렴한 것처럼 보였다. 만약 이 새로운 선박에 최대 적재량을 싣는다면, 이 배는 바다에 떠 있는 어떤 선박보다도 저렴하게 물건들을 운송할 수 있을 것이었다. 세계 경제가 확장되고 장거리 무역이 증가함에 따라 머스크라인의 경영진들은 비용 우위를 통해 회사가 해상운송 시장에서 점점 더 많은 점유율을 확보할 수 있을 것으로 예상했다.

---

i 덴마크 국제 컨테이너 운송회사이자 대기업인 머스크 그룹의 최대 운영 자회사이다. 1928년에 설립되었으며, 선단 규모와 화물 적재량 모두에서 세계 최대의 컨테이너 운송회사로서 116개국 374개 항구에 정기 서비스를 제공한다.

컨테이너선은 세탁기에서 폐지에 이르는 온갖 것으로 채워진 강철 상자를 정기적인 일정에 따라 먼 거리를 싣고 이동하며 트럭, 기차 및 바지선과 긴밀하게 연결되어 내륙의 도시에도 서비스를 제공하는 세계화의 일꾼이다. 디스크 드라이브나 다이아몬드와 같이 시간에 민감하거나 매우 비싼 국제화물은 일반적으로 항공편으로 대양을 건너지만, 공장에서 생산되거나 농장에서 나오는 대부분의 다른 화물은 포장되어 길이 약 12미터, 너비 약 2.5미터의 표준 컨테이너로 들어간다. 20세기의 마지막 수십 년 동안, 컨테이너선들은 어디서 물건을 만들고, 어디서 물건을 재배하고, 어떻게 고객들에게 물건을 옮길 것인가를 결정할 때 운송비를 고려 대상에서 거의 지워버렸다. 컨테이너선들은 세계무역을 재편하여 12개국에서 생산된 부품을 조립해 자동차를 만들도록 했고, 호주에서 약 1만 1265킬로미터 떨어진 미국 캘리포니아까지 와인을 병당 미화 15센트(약 185원)에 운반하는 일을 가능하게 했다. 컨테이너선들은 중국이 세계 최대 제조업 국가로 변신하는 놀라운 변화와 더불어 미국 디트로이트에서 독일 도르트문트에 이르는 전통적 제조업 중심지의 쇠락을 가져왔으며, 높은 운송비용으로 보호되던 개별 국가의 시장들을 거의 완벽하게 글로벌 시장으로 통합시킨 존재이기도 하다.

1956년 뉴어크에서 휴스턴까지 첫 번째 컨테이너선이 운항한 이후, 각 세대의 선박들은 이전 세대보다 더 크고 비용 효율적이었다. 엠마 머스크호와 자매함들은 이러한 추세가 계속될 것이라는 기대에 따라, 가정에서 겨울에 신선한 딸기를 더욱 쉽게 즐길 수 있도록 하고 제조업체들이 수천 킬로미터 떨어진 공장과 물류센터 사이의 복잡한 공급망을 긴밀하게 연결하기 위해 취역했다. 수십 척의 훨씬 더 큰 선박들이 엠마 머스크호의 뒤를 따랐고, 일부는 1만 1000대의 트럭보다 훨씬 더 많은 화물을 실을 수 있었다. 그러나 기념비적인 초고층 건물을 짓기 위한 경쟁이 종종 경제 흐름의 큰 변화를 예고하는 것처럼, 세계 대부분의 항구에 기항하는 데 너무 큰 선박 건조는 과도한 풍요로움을 보여주는 초기 지표였다. 1920년대 후반에 세계에서 가장 높은 건물이 될 계획이었던 뉴욕의 엠파이어스테이트빌딩은 1930년대 대공황 동안 대부분 비어 있었다.[i] 엠마 머스크호가 진수될 때 언급되지는 않았지만, 끝없는 상품 교역의 끊임없는 성장 시대는 막을 내리려 하고 있었다. 세계화가 제2차 세계대전의 여파 이후 따라온 길을 그대로 유지할 것이라고 가정했던 사람들은 엄청난 대가를 치렀다.

'세계화Globalization'는 최근의 개념이 아니다. 세계화라는 단어는 1929년 벨기에의 의사이자 교육자였던 J. O. 데크롤리J. O. Decroly가 어린이들이 혼자만의 세계가 아닌 더 넓은 세계에 대한 관심을 발전시키는 것을 설명하는 말로 처음 사용했다. 시간이 지남에 따라 이 용어는 다른 많은 의미를 갖게 됐다. 거대 기업이 국가별로 다른 모델을

---

i 일반적으로 초고층 빌딩이 건축되는 시기는 경제침체 시기와 겹치는 경향이 있다. 경기가 좋을 때 낙관적인 관점에서 초고층 빌딩 건축을 시작하지만 건축 과정에서 경기가 안 좋아지는 경우가 많은데, 이를 가리켜 '마천루의 저주'라고 부르기도 한다.

판매하는 것이 아니라 모든 곳에서 동일한 모델의 제품을 판매할 수 있다는 개념이기도 하고, 한 국가에서 다른 국가로 아이디어가 확산되는 현상을 지칭하는 것이기도 하며, 비非영국인이 이끄는 영국 프로축구팀에 대한 미국인과 케냐인 그리고 중국인의 열광적인 응원을 가리키기도 했다.¹ 질병의 확산, 개인의 안전과 정치적·사회적 자유 또는 더 큰 경제적 기회를 위한 대규모 이주 등과 마찬가지로 종교의 세계적인 확산 역시 세계화의 한 형태이다. 당연히 국제적인 경계를 넘어서는 경제 교류의 강도는 증가하고 있다. 역사가 위르겐 오스테르하멜Jürgen Osterhammel ⁱⁱ과 닐스 P. 페터르손Niels P. Petersson ⁱⁱⁱ이 "어떤 의미에서 독일의 '미국화'는 1945년이 아니라 18세기 감자의 도입과 함께 시작됐다"라고 말했듯이 어떤 면에서 세계는 오래전부터 고도로 세계화됐다. 그러나 오늘날 사용되는 의미로서의 세계화는 유럽의 식민 세력들이 아프리카와 아시아 전역에 상업적 연결망을 구축하고, 육군과 해군 그리고 식민지의 전문 공무원 집단을 통해 자신들의 이익을 보호했던 19세기 산업 자본주의의 탄생과 함께 분출했다. 인도와 같은 이전 시기의 제조업 중심지는 유럽 공장의 높은 생산성을 따라잡을 수 없었으며, 주력 상품이었던 섬유가 더 이상 외국 제품과 경쟁할 수 없게 되면서 원자재 수출업자 역할로 위상이 추락했다. 이러한 첫 번째 세계화 기간 동안 국제적인 대출은 일상적이었으며, 많은 국가에서 수출과 수입은 경제 활동의 큰 부분을 차지했다. 수천만 명

ⁱⁱ 독일의 역사학자로 식민주의와 18세기 이후 유라시아 역사 등에 대한 분야를 연구한다.
ⁱⁱⁱ 독일의 역사학자로 주로 세계화와 국제관계, 노동사, 경제사 등을 연구한다.

의 이민자가 국경을 넘었으며, 중국과 타히티의 예술적 모티브가 유럽 예술에서 표현되었다. 1914년 8월 제1차 세계대전이 발발하여 제1차 세계화가 갑자기 막을 내릴 때까지, 세계는 너무나 긴밀하게 연결되어 있어서 전쟁은 불가능한 것으로 보였다.[2]

세계화 과정은 1914년부터 대략 1947년까지 두 차례의 세계대전과 수많은 지역 전쟁 및 대공황을 통해 중단됐다. 이 기간 동안 다국적 기업들은 확장됐지만, 국경을 넘어선 금융, 상업 및 인적 연결은 약화됐다. 일부 지역에서는 이러한 후퇴를 환영하기도 했다. 1943년 미 하원의원이었던 클레어 부스 루스Clare Boothe Luce[i]는 스스로의 국제적 관점에 대해 자부하던 당시 부통령 헨리 월리스Henry Wallace[ii]에게 '세계적 헛소리globaloney[iii]'를 한다고 비난을 퍼붓기도 했다. 많은 비판 끝에 루스 의원이 '글로벌 넌센스global nonsense'라는 표현을 선호하게 되면서 'globaloney'라는 말은 쓰이지 않게 되었다. 그러나 그녀의 신조어 사용의 결과로 '전 지구적인globalistc', '세계적인 질병globalitis', '세계주의globalism' 등의 단어들이 이민, 해외무역, 심지어 국제협력 제안 등을 비하하기 위해 사용되면서 미국의 어휘로 자리를 잡게 됐다.[3]

세계화는 제2차 세계대전에서 연합국이 승리한 후, 1940년대 후반에 새롭게 시작됐다. 세계화의 진전은 과거에 비해 덜 경직된 환율

---

i 1953~1954년에 이탈리아 주재 미국대사를 지내기도 했던 작가이자 정치인이다. 보수주의자이자 강력한 반공주의자였으며, 미국과 영국의 동맹에 대해서는 지지했지만 영국의 식민주의에 대해서는 노골적으로 비판했다.

ii 미국의 정치인, 언론인, 농부, 사업가로 제33대 미국 부통령, 제11대 농무부 장관, 제10대 미국무부 장관을 역임했다.

iii '세계적인(global)'과 '헛소리(baloney)'의 합성어이다.

시스템과 원자재 및 공산품 무역의 장벽을 낮추려는 여러 국가의 일치된 노력에 의해 뒷받침됐다. 그 결과 전 세계의 모든 부유한 지역과 많은 가난한 지역에서 25년 동안 견실한 경제 성장을 이룰 수 있었다. 1970년대의 경제위기에도 불구하고 상품 거래량으로 측정한 공산품 무역은 1950년에 비해 1986년에 약 15배 증가했다. 가격이 급등하면서 초대형 원유 운반선인 슈퍼탱커supertanker들이 단 한 번의 항해로 페르시아만에서 유럽, 일본 및 북미의 정유소에 수백만 배럴의 석유를 운송함에 따라 석유시장은 완전히 세계화됐다. 석유 수출국들이 쏟아져 들어오는 석유판매 대금을 런던, 뉴욕, 도쿄의 은행에 예치하자 금융시장은 개발도상국 정부에 관대하게 대출을 해주었고 다국적 기업들이 전 세계에 진출하도록 지원했다.[4]

그러나 이 두 번째 세계화 역시 이전의 첫 번째 세계화와 마찬가지로 진정으로 '세계적'이지 않았다. 회사들은 공격적으로 해외에 그들의 깃발을 꽂았지만, 그들의 정체성은 거의 모두 최고 경영진이 태어나고 자란 모국과 불가분의 관계를 맺고 있었다. 외국인 투자가 급증했지만 대부분은 소수의 부유한 국가를 대상으로 이루어졌으며, 대외무역도 마찬가지였다. 빚더미에 앉은 가난한 국가들은 부유한 국가의 투자자들로부터 돈을 빌리거나 석유, 커피와 같은 원자재를 수출하는 방식을 통해서 제한적으로나마 이런 흐름에 참여했다. 실제로 1947년에서 1986년에 이르는 40년 동안 세계화에 대한 가장 가혹한 비판은 주로 더 자유로운 경제적 교류를 통해 부유한 국가가 가난한 국가를 착취한다고 생각하는 사람들로부터 나왔다. 이민은 종종 착취적인 것으로 간주됐는데, 가난한 나라의 간호사와 교사 들을 부유한 나라로 이주하도록 유인함으로써 두뇌 유출을 일으킨다는 비난을 받았다. 가난과 후진성을 극복하고자 하는 국가들은 세계화에 동참하기 보다는 스스로를 위해 더 많은 일을 하는 것이 더 나을 거라고 비평가들은 주장했다. 중국, 인도, 소련을 포함한 인구가 많은 대규모 국가들은 경제자립autarky 정책을 채택함에 따라 무역, 투자, 이주, 관광, 과학 교류, 종교적 사상 및 그들의 통치자가 위험하다고 생각한 다른 종류의 국제적 연결을 엄격하게 통제했다.[5]

　　1979년 마가렛 대처Margaret Thatcher가 대영제국의 수상이 되고, 1980년 로널드 레이건Ronald Reagan이 미국 대통령으로 선출되면서, 부유한 경제권에서 자유시장 이념이 부상하고 새로운 경제적 관계로 향하는 길이 열렸다. 일본의 혼다자동차Honda Motor Company는 1982년 미국에 최초의 일본 자동차 조립공장 가동을 시작했을 때, 수천 킬로미터 떨어진 곳에서 해상과 육상 수송체계를 활용하여 엔진과 변속기를 적시에 배송하는 능력을 보여줌으로써 경쟁사들을 놀라게 했다. 1980년대 후반에는 제3차 세계화가 등장하면서 장거리 공급망이 일상화됐다. 소매업체나 제조업체가 국경을 거의 고려하지 않고 한 국가에서 부품들을 설계하여 다른 국가에서 제작하고, 다시 다른 곳에서 완제품으로 결합하는 방식이 실용화되면서 국제무역의 성격은 극적으로 바뀌었다. 물리적 위치와 국적 사이의 연결은 이제 지워졌다. 미국 매사추세츠에 기반을 둔 산업용 연마제 제조업체가 27개국에 공장을 운영하고, 네덜란드 연금기금, 영국 투자신탁 및 중동 정부가 주요 주주이자 파리에 근거지를 둔 기업이 그 업체를 소유할 수 있게 됐다. 이 기업이 프랑스 회사인지 미국 회사인지 또는 그냥 국제적

법인인지 누가 자신 있게 말할 수 있을까? 1989년 공산주의의 몰락은 자본주의의 최종 승리를 알리는 신호처럼 보였다. 오랫동안 시장의 힘을 의심하던 국가들이 갑자기 그 힘을 환영하게 되면서 국제무역은 세계 경제보다 거의 세 배나 빠르게 성장했다.

다시 한번 착취에 대한 반대가 많아졌고, 이제서야 세계화는 가난한 나라의 노동자들을 해치기보다 부유한 나라의 노동자들을 황폐화시킨다고 평가됐다. 1994년, 영국의 부유한 금융가이자 국제적인 가문의 후예인 제임스 골드스미스 경Sir James Goldsmith은 『The Trap(덫)』이라는 베스트셀러를 통해 개방된 국경을 비판했다. 프랑스의 수필가인 비비안 포레스터Viviane Forrester는 1996년 『L'horreur economique(경제적 공포)』라는 책을 통해 세계화를 매도하기도 했다. 3년 후, 영국의 사회학자 앤서니 기든스Anthony Giddens가 『Runaway World(질주하는 세계)』에서 경고한 것처럼, 반자본주의자, 환경주의자, 일자리가 사라지는 것을 우려하는 노동자, 소란을 피울 준비가 되어 있는 사람 등으로 이루어진 수만 명의 시위대가 시애틀의 거리를 점거하고 세계무역기구 각료회의에 반대하는 시위를 했다. 경제학자들이 거의 만장일치로 동의하는 '더 자유로운 교환이 세계를 더 번영하게 만들 것'이라는 주장은 비판가들을 설득하지 못했으며, 세계 경제에 자신을 개방하려는 가난한 나라의 열의 역시 대체로 무시됐다. 2000년 두 명의 영국 저널리스트가 세계화에 대해 쓴 『A Future Perfect(완벽한 미래)』의 경우는 이런 흐름과는 다른 관점의 책이었다.[6]

중국의 제조업이 급성장하면서 2001년부터 2008년까지 불과 7년 동안 공산품의 세계무역은 120퍼센트 증가했다. 반면에 같은 기간 동안 미국과 캐나다의 경우 제조업 일자리의 8개 가운데 1개, 영국의 경우 4개 가운데 1개가 사라졌다. 이들 간의 연결선을 그리는 것은 어렵지 않다. 제조업 일자리의 해외 유출에 이어 기술 및 서비스 산업에서도 비슷한 일이 진행됐다. 사무실 건물들이 인터넷 케이블로 연결되면서 업무처리 아웃소싱_{outsourcing}이라는 새로운 산업이 자리잡게 됐다. 프랑크푸르트와 파리에 위치한 회사들은 회계 업무를 폴란드 바르샤바나 체코 프라하와 같은 저임금 도시로 이전했고, 필리핀 마닐라의 콜센터는 북미 은행의 고객 서비스 센터로 걸려온 전화에 응답하게 됐다. 2003년까지 500대 미국 기업 가운데 285개가 일상적인 사무 업무를 인도로 이전했다. 2004년 한 미국 하원의원은 이런 현상을 두고 "미국이 제3세계 국가들의 경제를 채택하기 직전이라는 명백한 증거"라는 말과 함께 "수천 개의 화이트칼라 일자리가 해외로 빠져나가고 있다"라고 경고했다.[7]

엠마 머스크호가 바다로 나간 지 얼마 되지 않아 사람들이 인식하지 못하는 상황에서 세 번째 세계화의 후퇴가 시작됐다. 2008년 여름, 글로벌 금융위기 속에서 국제 교역량은 급감했다. 지난 5년 동안 세 배로 증가했던 해외 기업에 대한 투자가 갑자기 말라붙었다. 이러한 추세는 불행한 것이었지만 놀라운 것은 아니었다. 과거에도 무역과 투자는 경기침체기에 쇠퇴했다가 그 이후에 증가했으며, 이러한 패턴은 다시 나타날 것 같았다. 2010년 세계 경제는 밑바닥에서 조금씩 벗어났지만, 이번에는 과거와 달리 무역과 투자의 반등은 없었다. 경제 통계 및 해상운송 데이터는 국제적인 기업들이 공급망과 해외 사업을 축소하기 시작하고 있다는 것을 단계적으로 확인해주었다. 세계화에 대한 분노에 찬 반대는 여전히 존재했지만, 이제는 미국과 유럽의 반이민 열풍에 힘입어 세계화 자체가 변화하게 됐다. 2016년 미국 대통령 후보 도널드 트럼프가 "급격한 세계화와 노동자의 권리 박탈"을 맹렬히 비난하고 몇 달 뒤 프랑스 정치인 마린 르펜Marine Le Pen[i]은 "걷잡을 수 없는 세계화가 우리 문명을 위태롭게 하고 있다"라고 비판했는데, 이러한 행동과 반응, 그리고 '질풍노도 sturm und drang'는 이미 끝나가는 시대와 관련이 있었다. 2019년 말 '코로나-19COVID-19'라는 이름의 바이러스성 질병이 중국 우한에서 확산되기 시작하여 뉴질랜드에서 덴마크까지 사업 활동 중단 및 자가격리 사태가 발생하고 전 세계적 규모로 이루어지던 상업 및 여행이 중단됐을 때, 이미 세 번째 세계화는 매우 다른 일련의 국제적 관계로 전환되고 있었다.[8]

세계화를 칭찬하거나 비난하거나 단순히 수량화하려는 노력으로 많은 나무가 종이가 되어 사라졌다. 이 책은 앞선 내용 가운데 어느 것에도 해당하지 않으며, 2세기에 걸쳐 발전한 세계화가 자본주의의 불가피한 결과는 아니라고 강조한다. 세계화는 기술 변화, 인구학적 압력, 경영자의 야망 그리고 정부의 행동에 대응하기 위하여

---

i 프랑스의 정치인이자 변호사로 2011년부터 2021년까지 극우 정치 세력인 국민연합의 대표를 맡았다. 2017년부터는 프랑스 국회의원으로도 활동 중이다. 국민전선의 전 대표였던 장마리 르펜(Jean Louis Marie Le Pen)의 막내딸이기도 하다.

200년에 걸쳐 스스로를 변화시켜왔다. 2020년에 세계화에 대해 말하는 사람은 1980년의 세계화와는 전혀 다른 주제를 논의하고 있다. 하물며 1890년의 세계화에 대한 논의와 다른 것은 말할 것도 없다. 이 책에서는 1980년대 말부터 2010년대 초 사이 약 25년간의 시기에 진행된 제3차 세계화를 이전 단계나 이후 단계와는 다른, 세계 경제사에서 분명히 구분되는 단계로 간주한다. 이 책은 기업이 이전에 존재했던 것과는 근본적으로 다른 유형의 경제적 관계인 장거리 가치사슬value chain을 중심으로 사업을 조직할 수 있게 해주었던 운송, 통신 및 정보 기술의 역할을 강조한다.

나는 스스로 인정하고 싶은 것보다 더 오랫동안 언론인, 경제학자, 역사가로서 세계화에 대해 글을 써왔다. 이전에 출간된 나의 책 『더 박스: 컨테이너는 어떻게 세계 경제를 바꾸었는가The Box: How the Shipping Container Made the World Smaller and the World Economy Bigger』(2017, 청림출판)는 단순해 보이는 혁신이 어떻게 1980년대 후반 세계화의 특징인 긴 공급망의 핵심이 됐는지 보여주었다. 『An Extraordinary Time: The End of the Postwar Boom and the Return of the Ordinary Economy(비범한 시대: 전후 호황의 종말과 평범한 경제로의 회귀)』(2016)에서는 각국 정부가 1973년경 시작된 세계 경제침체에 어떻게 대응했는지 살펴보았는데, 그 조치는 경제 부문 전반에 대한 규제를 완화하고, 시장의 힘을 적극 수용하고, 기업들이 국경을 넘어 더 용이하게 사업 조직을 할 수 있도록 하는 것이었다. 이 책 『세계화의 종말과 새로운 시작: 2세기에 걸쳐 진화한 세계화의 과거, 현재, 미래Outside the Box: How Globalization Changed from Moving Stuff to Spreading Ideas』는 이전의 작업들을 기반으로 하고 있지만, 새로운 문헌 연구와 인터뷰 및 충실한 학술 연구 검토 등을 통해 21세기 초 세계화를 열정적으로 포용하려던 많은 기업과 국가가 왜 비생산적인 방식으로 발전하게 됐는지를 설명하고 있다. 이러한 역사적 관점은 임박한 세계화의 종말에 대한 격렬한 논쟁에도 불구하고 왜 세계화의 종말이 아직 멀었는지를 설명해준다. 과거 여러 차례 그랬던 것처럼, 오히려 세계화는 새로운 단계로 접어들고 있다. 세계 경제는 앞으로도 여전히 밀접하게 연결되어 있을 것이지만, 최근 수십 년간의 경험이 우리에게 기대하도록 가르쳤던 바와는 다른 방향으로 나아갈 것이다. 세계화의 과거에 대한 이해는 세계화의 미래를 분명하게 할 것이며, 이러한 미래는 과거 국가들이 주변 이웃 국가들로부터 스스로 거리를 둠으로써 번영을 추구했던 시대로 회귀하는 모습은 아닐 것이다.

대체로 세계화는 세상에 좋은 일이었다. 세계화는 수억 명의 사람을 극심한 빈곤에서 벗어나게 했으며, 미국인들이 자녀들에게 야채를 먹으라고 말하며 '중국에서 굶주리는 사람들'을 생각하라고 하던 시절을 아득한 기억으로 바꿔놓았다. 이제 소비자들은 매우 저렴한 비용으로 상상할 수 없을 만큼 다양한 제품에 접근할 수 있게 됐으며, 과거에는 전혀 무관했을 기술 덕분에 지구상에서 가장 고립된 지역들도 적어도 일부는 세계 경제와 연결됐다. 기업들이 전 지구적 규모에서 가장 생산적인 활동에 집중하고 나머지 요구사항들에 대해서는 외부 공급업체에 의존하는 일이 가능해지면서 세계화는 거대한 부를 창출하는 막대한 생산성 향상을 가져왔다. 국제적 갈등은 사라지지 않았지만, 그 어느 때보다 거의 모든 국가의 번영이 이웃 국가에 의존하고 있다는 사실로 인해 완화되어왔다. 코로나 바이러스가 확산되면서 전 세계 병원에서 중환자의 호흡을 돕기 위해 인공호흡기를 급히 찾았다. 더 많은 인공호흡기를 만들기 위한 노력은 12개 국가에서 생산되는 부품들을 필요로 했기 때문에 느려졌지만, 다른 한편으로는 활기 넘치는 세계시장의 도움을 받아 밸브와 튜브 그리고 모터 부품을 구할 수 있었다.[9]

그러나 세계화는 결코 우연한 축복이 아니었다. 최근까지 상당히 가난했던 국가들, 특히 아시아 국가들의 급속한 산업화는 북미와 일본 및 유럽 전역에 걸친 지역 사회의 잔인했던 탈산업화deindustrialization와 긴밀하게 연결되어 있다. 국가 간 소득 분배는 보다 공평해졌지만, 개별 국가 내의 불평등은 증가했다. 자본에 접근할 수 있는 사람들은 새로운 기회에서 큰 보상을 얻을 수 있었지만, 임금에 의존하는 노동자들은 먼 곳의 저임금 노동자들과 직접적으로 경쟁하게 됐고, 대도시들이 성장의 과실 가운데 많은 부분을 차지하면서 작은 마을들은 위축됐다. 그 과정에서 정부는 경제에 대한 통제력을 상당 부분 상실했다. 기업이 특정 사업 분야를 해외로 이전하거나 이전하겠다고 위협함으로써 최저임금법과 사회적 보호조치를 쉽게 우회할 수 있게 되면서 이러한 제도의 시행은 더 어려워졌다. 기업이 언제라도 해외로 이전할 수 있다는 가능성이 높아짐에 따라 기업에 대한 세금을 낮추기 위한 국제적 경쟁이 일어났지만, 고용 불안에 시달리는 노동자가 이에 대처할 수 있도록 지원하는 교육 및 사회 프로그램에 투입되어야 하는 정부의 세수는 고갈됐다. 시간이 지남에 따라 상대적으로 적은 수의 기업이 전체 산업을 지배하게 되었는데, 이는 가격을 인상하고 혁신을 지연시키며 소득을 더욱 불평등하게 만드는 위협적인 발전이었다. 세계화로 인한 경제적 긴장은 국제협력을 촉진하기 위해 수십 년에 걸쳐 만들어진 구조를 약화시켰고, 민족주의적 담론이 전 지구적 담론을 대체함에 따라 새로운 불확실성을 야기했다.[10]

　2세기의 역사를 지나는 동안 세계화는 일직선으로 진행되지 않았다. 전쟁과 경기침체는 무역, 투자, 이민의 흐름을 방해했으며, 개별 국가들은 오랫동안 스스로를 세계 경제와 단절하는 선택을 했다. 러시아는 1917년 혁명부터 1980년대 후반까지, 중국은 1949년 공산당 집권 이후 30년 동안 세계 경제와 고립되어 있었다. 이런 배경에서 볼 때 '세계화의 절정'이 지나갔다거나 세계화된 세계 경제가 지역 블록으로 해체되고 있다는 주장은 다소 시기상조로 보인다. 세계화는 사라지지 않았다. 그러나 2020년대에 거대한 컨테이너선들이 반쯤 빈 상태로 전 세계를 항해하면서 점차 세계화는 매우 다른 형태를 띠게 됐다. 컨테이너 상자의 흐름은 과거의 세계화였다. 경제 발전의 다음 단계에서 세계 경제를 더욱 긴밀하게 결속시키는 것은 아이디어와 서비스의 흐름이다.

1부.

세계화의 시작

1장. 세계적인 꿈

1764년, 런던에서 출발한 배에서 막 내린 피터 하센클레버Peter Hasenclever라는 이름의 무역상은 미국 뉴저지 북부의 산악 지대에서 특별한 모험을 시작했다. 하센클레버는 세상 물정에 밝은 사람이었고, 어느 모로 보나 세계주의자였다. 1716년 독일 라인랜드에서 태어난 그는 독일어, 프랑스어, 스페인어 및 영어를 유창하게 구사한 것으로 보인다. 그는 젊었을 때 제강 공장에서 망치를 휘두르며 일을 했고, 독일 직물 공장들을 대리해 양털을 구입했으며, 그 뒤에는 러시아와 프랑스 등 먼 곳에서까지 그들의 직물을 팔기도 했다. 나중에 그는 포르투갈과 스페인에 교역사무소를 두었고, 프리드리히 대왕에게 프로이센의 산업화에 대해 조언하기도 했다. 성공하고 부유해진 그는 대서양을 가로지르는 제국의 중심지인 런던으로 1763년에 이사했다. 70파운드(현재 약 1만 7767파운드 상당)를 납부한 대가로 영국 의회는 그에게 시민권과 식민지에 투자할 권리를 부여했다. 그는 미국에서 단조鍛造[i]한 철을 당시 세계 최대 규모의 산업적 기업이었던 영국해군 조선소Royal Navy dockyard에 공급하는 협력 계약을 체결하면서 기업가의 꿈을 이루기 시작했다.

하센클레버도, 그의 사업 파트너들도 이전에 미국을 방문한 적은 없었다. 지도에서 보기에 그들이 뉴저지 식민지에서 획득한 철광산은 뉴욕의 번잡한 항구에서 불과 30~50킬로미터 떨어진 곳에 있어서 아주 이상적인 위치로 보였을 것이다. 하지만 하센클레버가 마침내 대서양을 건넌 후 알게 되었듯이, 광산은 너무 가파르고 외딴 지역이어서 정착민들이 피하려고 했던 곳이었다. 바위가 많고 숲이 우거진 언덕의 사면을 파고 들어간 광산에서 흙, 돌, 철 덩어리가 혼합된 광석을 곡괭이와 삽으로 캐낸 후, 소달구지에 싣고 물레방아를 돌릴 수 있을 만큼 물살이 센 개울 근처의 철공소까지 수 킬로미터를 운반해야 했다. 그곳에서 쇄광기는 광석을 분쇄했고, 용광로는 철과 쓸모없는 선광 부스러기들을 분리했으며, 인부들은 화로 또는 용광로의 엄청난 열로 고생하면서 철을 녹인 다음 두들겨 길이 약 5미터에 폭 약 5센티미터의 철 막대기로 만들었다. 일부 연철[ii] 막대는 다

---

i 단조(forging)는 금속을 일정한 온도로 가열한 다음 힘을 가하여 어떤 형체를 만드는 방법이다. 대장간에서 모루 위에 달궈진 철을 놓고 망치로 두들기는 것이 전통적인 단조 과정이었다. 단조를 통해 철은 기계적 성질이 개선되고 일정한 모양을 갖게 된다.

ii 철은 포함된 탄소의 함량에 따라 '순철', '연철', '강철', '주철' 등으로 분류된다. '연철(wrought iron)'은 0.05~0.25퍼센트 정도의 탄소를 포함하는 철로서 연성이 있고 용접이 쉬운 특성을 가지고 있다. 현대에 들어오면서 '강철(steel)'의 사용이 대폭 증가하여 연철은 더 이상 상업적으로 대량생산되지 않는다.

시 녹인 다음 숯 조각을 액체 철에 포함시킴으로써 탄소강[iii]으로 만들 수도 있었다. 인근 마을에 전해진 철봉은 편자, 쇠다리미를 만드는 대장장이에게만 유용했다. 실제 수익은 영국의 조선소로 철봉을 운송함으로써 얻을 수 있었다. 상품이 도착한 후에야 수입한 상품의 구매자를 찾았던 당시 대부분의 국제무역상과는 달리, 하센클레버는 영국 해군에 군함을 건조하는 데 필수적인 금속을 안정적으로 공급하는 장거리 공급망을 구상했다. 이러한 과정의 부수적인 혜택으로 영국이 뉴저지에 건설한 식민지는 번영할 것이고, 하센클레버 자신은 영국의 경제 엘리트 집단에 들어갈 수 있을 것이었다.

그러나 라마포 산맥[iv]에는 광산에서 공장으로 광석을 운반할 수 있는 도로나 다리가 없었다. 하센클레버가 운영하던 아메리칸컴퍼니 American Company가 이것들을 직접 건설해야만 했다. 영국 식민지 개척자들은 그런 외딴곳에서 철과 강철을 만드는 위험하고 불쾌한 일보다는 농사를 짓는 것을 더 좋아했다. 아메리칸컴퍼니는 막대한 비용을 들여 독일에서 숙련된 석공과 철공을 데리고 왔고, 계약한 수년간의 근무에 대한 대가로 여비를 지불했다. 영국 투자자들이 88제곱킬로미터의 산림 매입 요청을 받아들이면서 하센클레버는 용광로에 연료를 공급하고 철을 강철로 만들기 위해 필요한 목탄 제조에 쓸 목재에 대한 끝없는 수요를 충족시킬 수 있었다. 그런 다음 물레방아를 계속

---

iii 탄소강은 강철의 한 종류이다. 강철은 탄소가 0.035~1.7퍼센트 함유된 철과 탄소의 합금이다. 과거에는 강철이 곧 탄소강으로 인식됐지만 현재는 탄소를 제외한 니켈, 크롬 등을 함유한 강철이 많아졌다.

iv 미국 뉴저지 북동부와 뉴욕 남동부에 걸쳐 있는 애팔래치아산맥의 일부이다.

돌릴 수 있도록 해주는 댐, 저수지 및 운송을 용이하게 하는 운하를 건설하기 위해 다시 투자 여부를 타진했다.

원시적인 교통수단은 이 모험적인 사업 전체를 괴롭혔다. 숲이 벌채됨에 따라, 각 철공소에서 가장 인접한 숲까지의 거리는 해마다 멀어졌고, 철공소로 목재를 옮기기 위해서는 더 많은 도로와 더 많은 황소가 필요했다. 완성된 철 막대는 광석을 들여오는 것과 같은 방식으로 한 번에 마차 한 대씩을 이동하여 철공소에서 옮겨야 했다. 겨울에는 운하와 강이 얼어붙었으며 도로는 통행이 불가능해졌다. 하센클레버는 "미국의 철은 매우 비싼 것으로 드러났다"라고 한탄했다. 당시 대서양을 가로지르는 선박은 신뢰할 수 없었고, 화물이 언제 뎁포드와 포츠머스에 있는 영국해군조선소에 도착할지 알 수 없었다. 아메리칸컴퍼니는 아무런 이익도 얻지 못했고 배당도 주지 않았기 때문에 영국 해군은 이런 불규칙한 대서양 횡단 보급망을 불신하게 됐다. 런던의 투자자들의 인내심은 곧 바닥났다. 사업 운영 4년째인 1768년, 그들은 철공소를 폐쇄하도록 했다. 하센클레버는 부채를 책임져야 했지만 채무로 인한 감옥행은 간신히 피할 수 있었다. 나중에 광산이 다시 가동했을 때, 이제는 광산 근처에만 철을 팔았다. '장거리 산업 공급망'이라는 개념은 매력적으로 보였지만, 그것을 실용화할 수 있는 발전 수준에는 아직 미치지 못했던 것이다.'

상품은 인류 문명의 초창기부터 먼 거리를 이동했다. 4000년 전

아시리아인[i]들은 수백 킬로미터를 달려 지금의 튀르키예 지역에 무역 식민지를 건설했다. 기원전 1000년경에 단봉낙타[ii]가 가축화되자 낙타 등에 향료를 실은 대상들은 아라비아를 가로지르는 여정을 시작했고, 1000년 후 예멘 연안의 작은 섬인 소코트라[iii]는 인도와 로마 간의 무역 중심지가 됐다. 그로부터 1000년 후인 11세기 초에 북유럽의 모험가들은 북미에 도착했을 때 무역 기회가 없다는 사실에 실망했을 것이다. 1271년 베네치아에서 실크로드를 따라 중국으로 여행을 떠난 마르코 폴로_{Marco Polo}와 그의 아버지 그리고 삼촌은 그보다 좀 더 운이 좋았다. 1500년대 초반에 시작된 대서양 횡단 노예무역은 크고 정교한 사업으로 성장했다. 1750년 이후 영국 상인들은 총, 주전자, 천, 신발을 아프리카 해안에 있는 교역 거점에 수출하고, 이 상품들을 노예로 교환한 이후 아메리카에서 노예를 팔고 영국으로 귀환하는 배에 설탕과 담배를 채웠다. 노예무역으로 최소 3만 6천 회에 걸쳐 약 1250만 명의 노예가 강제로 대서양을 횡단했으며, 약 50만 명의 노예가 바다를 통해 남북 아메리카 대륙 사이를 이동했다. 노예무역은 수익성이 매우 높았으며 완전히 세계화됐다.[2]

멀리 떨어진 사람들 간의 이러한 교류에는 상품과 노예의 무역

---

i 아시리아는 기원전 25세기에서 기원전 609년 사이에 중동 지방에 존재했던 민족 내지는 그들이 세운 나라를 일컫는다. 이들은 역사상 최초로 메소포타미아, 레반트, 이집트를 전부 통일했다.

ii 몸길이 225~345센티미터, 몸무게 300~690킬로그램의 낙타로 친척인 쌍봉낙타보다는 대체로 조금 작은 편이다. 등에 한 개의 혹이 나 있어 단봉이라 불리며, 이 속에는 지방질이 가득 차 있다.

iii 인도양 북서부에 위치한 예멘의 섬으로, 홍해 입구의 전략적인 위치에 자리 잡고 있으며 소말리아와도 가깝다.

이상의 것이 수반되었다. 그중 하나가 질병이었다. 흑사병은 1334년 중국을 휩쓸고 1346년 흑해까지 도달했으며, 이후 7년 안에 유럽의 8000만 명 가운데 4800만 명의 목숨을 앗아갔다.[3] 또 다른 것은 사상이었다. 불교는 2000년 전 인도에서 중국으로 수입됐고, 이슬람교는 610년경 아라비아에 창건되어 713년에 스페인에 이르렀다. 1540년대에 포르투갈의 신부들은 일본에 기독교 사상을 전파했다. 경제적 혼란이 수반되기도 했다. 1530년대 무렵부터 스페인의 새로운 아메리카 식민지에서 유입된 은은 150년 동안 유럽의 인플레이션을 부채질했다. 이것은 역사학자들이 '가격 혁명price revolution[i]'이라고 부를 정도로 파괴적인 사건이었다. 또한 확실히 정치권력의 확산을 수반했다. 점차 많은 나라가 무역을 이용해 식민지나 속국으로부터 얻은 부와 세금과 함께 자신의 지배권을 확장하려 했다.

오늘날, 한때 국제 상업의 중심지 지위를 누렸던 제노바, 암스테르담 또는 이스탄불을 가볍게 여행하다 보면 컴퓨터와 컨테이너선 시대 이전에도 사람과 상품의 이동과 교환이 엄청난 부를 창출했음을 알 수 있다. 유럽 전역의 성곽과 시골집을 장식하는 페르시아 융단과 중국 도자기들은 이러한 교환의 결실을 보여준다. 그러나 이러한 이미지들은 1800년대 산업혁명 이전의 경제관계가 오늘날 우리가 이해하는 세계화와는 거리가 먼 이유를 보여주기도 한다.

---

i 가격 혁명은 15세기 하반기에서 17세기 상반기 사이에 일어났던 일련의 경제적 변화를 가리킨다. 이때 150년간 물가가 대략 여섯 배 올랐으며 매년 인플레이션 수치는 1~1.5퍼센트에 이르렀다. 이러한 물가상승의 가장 큰 원인은 아메리카 신대륙에서 유입된 대량의 금과 은이었다. 또한 인구팽창도 물가상승을 이끌었다. 인구는 증가했지만 식량 공급이 이를 따라잡지 못했기 때문에 곡물 가격 상승이 이어졌다.

북부 독일 도시들의 유명한 상업 동맹인 '한자 동맹Hanseatic League[ii]'은 1400년대 후반까지 3세기 동안 발트해 주변의 무역을 독점하면서 뤼베크나 함부르크와 같은 도시에 큰 번영을 가져왔지만, 현대 기준으로 볼 때 그 규모는 미약했다. 한자 동맹 상인들이 소유한 모든 선박의 연간 총 화물 운반량은 21세기의 중형 컨테이너선 한 척보다 적었다. 한자 동맹이 역사 속으로 사라진 후에도 장거리 무역은 여전히 대부분 사치품, 노예, 또는 연이은 흉작으로 인한 식량 폭동을 피하기 위해 수입된 밀과 같은 필수 상품과 관련되어 있었다. 19세기로 접어들기 전까지만 해도 평균적인 유럽 가정은 설탕 한 봉지나 가끔 얻게 되는 은화 외에는 수입품을 소유할 가능성이 거의 없었다. 그 시대에 가장 널리 거래되었던 수입 상품 중 하나인 차의 경우도 연간 수입량은 1인당 약 2온스(약 56그램)에 불과했다. 당시 세계 최대 경제국이었던 중국은 주로 은괴와 후추를 수입했다. 인도와 일본은 외국으로부터의 수입이 거의 없었던 것으로 추정된다. 대부분의 사회에서 국제 경제는 중요하지 않았다.[4]

무역은 수출과 수입을 거래하는 상인, 운송 중인 상품을 취급하는 선원, 짐마차꾼, 포장업자, 유리나 직물 또는 다른 가치 있는 수출품을 만드는 장인, 면화 또는 은을 싣기 위해 강제 징집된 노동자 등에게 중요했다. 그리고 무역은 세금을 부과할 수 있는 또 하나의 기회로 보는 통치자들에게도 매우 중요했다. 하지만 유럽의 많은 도시에서는 길드가 11세기부터 1700년대 또는 1800년대까지 많은 상품

---

ii 13세기 초에서 17세기까지 독일 북부를 중심으로 여러 도시가 연합하여 조직한 무역 공동체를 가리킨다. '한제(Hanse)'는 중세 독일의 도시에서 활동하던 상회(商會)를 의미한다.

의 생산을 통제했고, 수입품과의 경쟁을 막음으로써 길드 회원들의 상품 가격을 높게 유지할 수 있었다. 거의 모든 나라에서 대부분의 가정은 토지를 중심으로 생활했고, 화폐 경제_{cash economy}의 주변부에 살았기 때문에 그들에게 세계 경제는 별로 중요하지 않았다. 1820년까지 전 세계 선박의 총 적재량은 약 590만 미터톤^{i}이었는데, 이는 당시 경제적 교환의 수준이 매우 낮았음을 보여주는 한 지표이다. 2018년에 이르러 이 지표는 322배 높아졌을 뿐만 아니라, 배는 훨씬 더 빠르게 이동할 수 있게 됨에 따라 1년 동안 더 많이 운항할 수 있게 됐다.[5]

왜 근대 이전 시대에는 외국과의 무역이 그렇게 미약했을까? 주된 이유는 느리고 비쌌기 때문이다. 베네치아의 갤리선은 1300년경 지중해를 항해하기 시작했을 때 척당 약 115미터톤의 화물을 실었다. 이것은 현대의 대양 항해 선박에 실려 있는 평균적인 컨테이너 8개의 중량에 해당한다. 일부 갤리선은 길이가 40미터에 이르렀지만 돛과 노잡이들에 의해 배가 움직였기 때문에, 노잡이들과 그들이 먹을 식량이 차지하는 공간이 선박의 수송 공간 상당 부분을 차지했다. 배의 공간이 너무 부족해서 선박들은 향신료, 비단, 그 외 다른 귀중품들만 운반할 수 있었고, 덜 가치 있는 상품들은 거래되지 않았

---

i 우리가 일반적으로 알고 있는 1000킬로그램을 의미한다.

다.[ii] 2세기 후, 베네치아는 더 큰 배를 이용하여 시리아로부터 목화와 밀과 같은 부피가 큰 상품을 수입했고, 베네치아의 영토였던 지중해의 크레타섬에서 영국으로 와인 통을 운반했다. 이것은 매우 인상적이며 조직적인 업적이었지만 총 화물 운반량은 놀랍게도 미미했다. 1499년에 베네치아로 항해한 107척의 상선이 탑재한 사람과 화물은 총 2만 6천 톤 미만이었다. 2020년이라면 한 척의 선박으로도 몇 배를 더 실을 수 있다.[6]

　　몇 년 후, 포르투갈은 지중해로 가는 길에 이라크나 이집트를 가로지르며 값비싼 육로운송비를 받았던 중간상인을 거치지 않고 인도와 유럽 사이를 직접 항해함으로써 베네치아를 제치고 세계 최대의 해상 강국이 됐다. 1500년에서 1600년 사이에 해적 등으로부터의 보호를 위해 무장한 카라벨라caravel[iii]나 갤리온galleon[iv]을 동반한 단 일곱 척의 포르투갈 상선만이 평년에 6개월 동안 항해를 했다. 포르투갈의 인도무역으로 매년 5천 미터톤의 화물이 이동했는데, 이는 현재 북미 평원을 횡단하는 화물 열차 한 대에 실리는 양보다 적다. 물론 당시 포르투갈의 인구는 100만 명에 불과했지만, 그럼에도 불구하고 그들의 유명한 아시아 무역이 이렇게 규모가 작았다는 점은 주목할

---

ii　배에 화물을 실을 공간이 부족했기 때문에 거래 대상은 부피가 작고 가격은 비싼 품목에 국한됐으며 장기간 보관이 가능해야 했다.

iii　15세기 포르투갈에서 서아프리카 해안을 탐험하기 위해 개발한 기동성이 좋은 소형 선박을 가리킨다. 삼각돛을 달아 속력이 빨랐을 뿐만 아니라 역풍을 거슬러 항해할 수 있었다. 15세기 말부터 16세기 초에 걸친 대항해 시대 초창기에 대양항해에 사용된 주력 선박이었다.

iv　대형 복층 범선의 일종으로 우리가 '범선'하면 떠올리는 형태의 선박이다. 16세기부터 18세기 범선 시대에 무장 화물선으로 사용되었고 17세기 중반 영란전쟁까지는 주력 전투함으로도 사용되었다. 이전 시대의 범선과 달리 길고 낮으면서 폭이 좁은 형태였고 500톤 이하 규모로 많이 건조되었다.

만하다. 포르투갈은 함대가 가져온 후추와 다른 향신료를 거래하며 부유하게 성장했지만, 화물 적재 공간이 부족했기 때문에 아시아 항로의 배들은 그 외에는 거의 아무것도 수송하지 못했다.[7]

나중에 더 큰 배가 바다를 횡단했지만 운임은 여전히 높았기 때문에 부피가 크거나 값이 싼 물건들은 운송할 가치가 없었다. 금과 은의 경우 무게와 부피에 비해 상대적으로 가치가 높기 때문에 가장 널리 거래되는 상품 중 하나였다. 1600년대 후반 섬유무역이 활발하게 이루어지기 시작했는데, 유럽과 중국으로 수출되는 고급 인도 면화와 유럽과 일본의 부유한 구매자를 위한 중국 실크가 주요 제품이었다. 일찍이 1660년대에 수입되는 인도 면화가 자신들의 생계를 파괴한다고 비난했던 영국 직공들은 국내에서 만든 따끔거리는 모직물과 거친 면직물 의류를 입었는데, 그들이 감당할 수 있는 가격의 수입 직물이 없었기 때문이다.[8]

국제무역의 육상운송 비용은 해상운송 비용보다 더 비쌌다. 화물은 도로가 좋은 곳에서는 마차로 이동했지만, 경제사학자 댄 보가트Dan Bogart가 "나쁜 도로에서는 짐을 실은 말packhorses이 가장 뛰어난 기술"이었다고 언급할 만큼 17세기 영국의 도로 사정은 좋지 않았다. 대부분의 다른 나라도 마찬가지였다. 짐마차들이 다닐 수 있을 만큼 넓고 폭우에도 견딜 수 있을 만큼 튼튼한 도로는 건설과 유지에 비용이 많이 들었다. 이렇게 튼튼하고 넓은 도로들은 통행료를 징수할 수 있는 유료 도로에 대한 민간 투자를 정당화할 만큼 교통량이 많거나, 도로 건설을 위해 지역 시민들을 동원할 수 있거나, 군사적인 필요에 의해 정부가 비용을 부담해야 하는 곳에만 존재했다. 유료 도로가 영국 도시 사이의 용이한 이동을 가능케 한 이후인 1800년에도 도로를 이용해 1톤의 화물을 1마일(약 1.6킬로미터) 운송하는 비용은 농장 노동자의 하루 임금과 같았다. 교통은 시간이 지날수록 개선됐지만 마차에 적용되는 기술은 그렇지 않았기 때문에 화물수송은 비용이 많이 들었다. 많이 우회하더라도 배를 이용하는 것은 거의 대부분의 경우 육로로 운송하는 것보다 저렴했지만, 배가 항해할 수 있는 수로에 접해 있지 않은 도시들은 엄청난 비용을 부담할 수밖에 없었다. 중국은 이런 문제를 직시하고 수세기 전에 광범위한 운하망을 건설했지만, 유럽에 운하 시스템이 널리 확산된 것은 1800년대 초 이후였으며 북미 지역은 더 늦었다.[9]

중간상인의 '전지전능'한 역할은 무역비용을 증가시켰다. 제조업은 복잡한 도시보다 비용이 저렴하고 농부들이 겨울에 난로와 직기를 돌볼 충분한 자유시간이 있는 농촌 지역으로 이전했지만, 대부분의 상품은 매우 작은 규모의 작업장에서 생산됐다. 항상 준수되지는 않았지만, 베네치아는 1497년부터 법으로 실크 제조업자가 여섯 명 이상의 직조공을 고용하는 것을 금지했다. 2세기 후 프랑스 남부 클레르몽 드 로데브에 있는 18개의 직물 공장에는 단지 29개의 직기만이 있었다. 뉴잉글랜드의 마차 제작은 1830년대 후반에도 소규모 상점과 독립 장인의 작업이었다. 100명의 직원이 있는 공장은 너무 커서 수익을 낼 수 없었다. 작은 규모로 운영되는 제조업체는 자체적으로 수출할 것이라는 생각을 하지 않았다. 최선의 경우 그들은 가장 가까운 마을의 상인에게 물건을 공급할 수 있었다. 그러면 그가 더 큰 마을의 상인에게 그것을 팔았고, 그 큰 마을의 상인이 해외운송을 할 수 있는 항구 도시의 상인을 알고 있으면 수출이 되는 식이었다. 물론 각 단계별로 수수료가 부가됐으며 이는 해외 고객에게 청구됐다.[10]

그리스 도시 국가들이 수출입에 2퍼센트의 관세를 부과한 이후 세금은 무역을 방해하곤 했다. 1203년, 프랑스와의 전쟁으로 재정이 고갈된 잉글랜드의 존 왕 King John of England [i]은 각 항구의 수입 또는 수출 시 해당 물품 가치의 15분의 1을 징수하는 왕의 대리인으로 구성된 최초의 세관을 설치했다. 유럽의 많은 지역에서 지역 통치자와 종교 관계자는 화물이 강을 건너거나 마을에 들어올 때마다 통행료를 걷었다. 독일이 아직 공작령 duchy, 자치주 county, 공국 principality, 독립 도시국가 등의 집합체였던 1500년대 후반에 한 스위스 무역상은 바젤과 쾰른 사이에서 31번의 통행료를 내야 했다고 보고했으며, 1765년 그의 후손들은 바이에른에서만 거의 500곳에서 부과된 세금에 직면했다. 1635년부터 2세기 이상 동안 일본은 유럽 상인들이 한 곳에서만 무역하는 것을 허용했고, 중국 상인들도 다른 한 곳에서만 무역할 수 있도록 했다. 이것은 외국 사상의 확산을 억제하기 위한 조치였지만 수입세 징수를 용이하게 하기도 했다. 중국은 1685년 모든 수입품에 20퍼센트의 관세를 부과했으며, 1757년에는 모든 대외무역은 광저우 남부 항구에 있는 세관을 통과하도록 요구했다. 상인이 그러한 부과금을 지불했든 회피하기 위해 추가비용을 들였든, 수입업자의 청구서에는 통행료와 관세가 추가됐다.[11]

---

i 1199년부터 1216년까지 잉글랜드의 군주였다. 프랑스의 필리프 2세(Philip II)와의 전쟁에서 노르망디 공국을 비롯해 잉글랜드가 가지고 있던 프랑스 내 영토 대부분을 상실했다.

그리고 신뢰성에 대한 문제도 있었다. 역마차는 보통 일정대로 운행됐지만 원양 선박은 그렇지 않았다. 범선은 보통 운반할 화물을 찾기 위해 이 항구에서 저 항구를 돌았고 만선이 되어서야 해외로 향했다. 심한 폭풍, 해적 그리고 적대적인 해군의 존재는 종종 운송 중에 화물을 손상시켰다. 강을 이용한 내륙 수운을 이용할 때도 강도뿐만 아니라 탐욕스러운 정부 때문에 상인과 화물은 위험에 처하곤 했다. 1701년에 프랑스의 한 지역 관리는 루아르강을 따라 항해할 때 "불쌍한 선원들은 종종 통행료 징수관들에게 선물을 해야만 했는데, 그렇지 않으면 징수관들은 자신들이 원하는 만큼 운송을 지연시켰다"라고 불평했다. 1800년대 초 나폴레옹 전쟁 시기에, 영국은 프랑스와의 모든 해상무역을 봉쇄하려고 했다. 프랑스는 유럽의 무역 상대국들이 영국과 교역하는 것을 금지했다. 미국 의회는 중립을 선언하고 미국인이 전쟁 당사자와 거래하는 것을 금지함으로써 미국 경제를 공황에 빠뜨렸다. 상황이 어떻든 간에, 어느 수입업자도 정해진 날짜나 정해진 달에 도착하지 않거나 또는 아예 도착하지 않는 상품을 믿을 수는 없었다. 수입국의 시장 상황은 상품이 몇 달 또는 몇 년 전에 선적됐을 때 예상했던 것과 상당히 다를 수 있었으며, 이로 인해 기대 수익은 타격을 입곤 했다. 무기한 저장할 수 없는 상품을 거래하는 것은 무모한 일이었다.[12]

원자재를 수입하고 완제품을 수출하여 부를 창출하는 것은 수

세기 동안 정통적인 경제적 사고였다. 이러한 개념은 1700년대에 '중상주의_{mercantilism}'로 알려졌지만, 루이 14세_{King Louis XIV} 시절 재무부 장관 이었던 장 밥티스트 콜베르_{Jean-Baptiste Colbert}ⁱ는 더 한참 전에 중상주의 개념을 효과적으로 법률에 포함시켰다. 1664년 콜베르는 이전까지 각 지역별로 다르게 부과되던 관세를 대신하여 프랑스 전역에 걸쳐 균일한 수입 관세를 부과하도록 했다. 3년 후에 그는 스타킹, 모직물, 그리고 프랑스 제품과 경쟁하는 그 외 제품들에 대한 관세를 인상했다. 영국과 네덜란드를 포함한 다른 나라들도 동일한 조치를 취했다. 영국의 제조업은 높은 관세 덕분에 번창했고, 1700년대 후반까지 보호받던 영국 국내시장에 물품을 공급하기 위해 설립된 직물과 도자기 공장들 역시 공격적으로 수출에 주력했다.[13]

중상주의자들은 국제무역을 승자와 패자의 경쟁으로 보았다. 만약 한 나라가 수입한 것보다 더 많이 수출한다면, 그것은 승리를 의미했다. 만약 무역이 적자였다면, 그것은 패배였다. 사실 이러한 사고방식이 완전히 비합리적인 것은 아니었다. 당시 세계 경제는 대체로 은에 의존했다. 일반적으로 수입업자는 구매대금을 은으로 지불해야 했고, 수출업자는 그 물품의 대가로 은을 받았다. 만약 한 나라가 수출량보다 꾸준히 더 많이 수입한다면 그 나라의 귀금속 비축량은 감소하게 되며, 이렇게 될 경우 미래의 수입 여력은 감소하고 전쟁 시에 무기를 구입하고 군인을 고용할 수 있는 능력 역시 제한될

ⁱ 재무장관으로서의 역할 이외에도 상공업, 농업, 해군, 식민지 등 거의 모든 분야의 업무를 관장했다. 경제 개혁에 주력했는데 무역을 통해 금은 보유량을 늘리고 수입을 억제하기 위해 노력했다. "최고의 징세 기술은 거위가 비명을 적게 지르게 하면서 거위털을 가장 많이 뽑는 것과 같다"라는 유명한 말을 남기기도 했다.

수밖에 없었다. 이와 반대로, 지속적인 무역흑자는 은으로 부를 축적할 수 있게 했다. 이러한 관점에서 보자면 콜베르의 관세 인상은, 프랑스 귀족들이 외국산 실크 스타킹과 깃털 모자를 사고 더 비싼 청구서를 받게 됐다는 점을 신경쓰지만 않는다면, 프랑스의 무역이 적자에서 흑자로 돌아서게 했기에 큰 성공을 거둔 셈이었다. 1793년 중국의 황제 건륭제乾隆帝가 영국의 조지 3세King George Ⅲ에게 "나에게는 너희 나라에서 만든 물건들이 필요가 없다"라고 편지를 썼을 때, 그는 외국으로부터 유입된 유행이 사람들을 타락시키는 사태 이상의 것을 생각하고 있었다. 건륭제는 영국인들이 수입보다는 수출에 훨씬 더 열심이라는 점을 알고 있었다.[ii]

중상주의적인 관점에 의하면, '부'는 물건을 만들고 그것들을 수출하는 데서부터 창출된다. 한 나라가 수입해야 하는 유일한 상품은 그 나라가 만들지 않는 것뿐이다. 영국인들은 인도에서 차를 들여오고 바베이도스에서 설탕을 들여오는 일이 자기 나라를 더 잘 살게 한다는 말에 만장일치로 동의했을 것이다.[iii] 그렇지만 국산품과 경쟁하는 상품의 수입은 피해야 했다. 이러한 계획에 있어서 식민지의 역할은 모국에 원자재와 귀금속을 공급하고, 모국이 생산한 물건을 구입하고, 모국에 세수를 제공하는 것이었다. 예를 들어, 1699년의 양모법The Wool Act은 아일랜드산 양모를 잉글랜드와 웨일스에만 수출하도록

---

ii 청나라는 포르투갈, 네덜란드, 바티칸과의 접촉을 통해 유럽의 정세와 영국의 의도에 대해서 잘 알고 있었다.

iii 차와 설탕은 영국 본토에서는 생산할 수 없었다. 이를 수입하여 사용하면 생활 수준이 올라가기 때문에 모두가 동의했을 것이라는 의미이다.

함으로써 영국의 섬유 제조업자들을 보호하고 그들에게 원자재의 안정적인 공급을 보장했다. 반면에, 북아메리카의 식민지 주민들에게는 양모와 린넨 실을 식민지 밖으로 운송하는 것을 금지했다. 뉴욕의 영국 총독이었던 콘베리 경_{Lord Cornbury}은 이 법률의 목적을 완전히 이해하고 있었다. 1705년 그는 런던에 이렇게 보고했다. "이 식민지인들은 (……) 영국에 전적으로 의존하고 종속되어야 합니다. 그들이 스스로를 영국인이라 생각하고 영국에서 할 수 있는 것과 마찬가지로 영국과 동일한 제조업 시설을 이곳에 세울 수 있다고 생각하도록 허용한다면 결코 그렇게 될 수 없습니다." 프랑스, 스페인, 그리고 다른 모든 식민지 세력의 당국도 비슷한 말을 했을 것이다.[14]

60년 후인 피터 하센클레버의 시대에도 변한 것은 거의 없었다. 중상주의는 아메리칸컴퍼니가 짧은 기간만 생존하도록 했다. 하센클레버가 체결한 파트너십은 영국 의회가 하센클레버에게 영국 시민권을 부여했기 때문에 존재할 수 있었다. 만약 그가 프로이센 시민이었다면 그의 투자는, 중상주의적인 관점에서 볼 때 그가 뽑아낸 어떠한 이익도 영국의 부를 감소시키는 것이기 때문에, 허용되지 않았을 것이다. 영국 의회가 영국 내 제철업자들이 광산 근처의 숲을 고갈시켜서 숯이 절실히 부족하다는 사실을 인식하고 특정 조건하에서의 수입을 승인하지 않았다면, 아메리칸컴퍼니 역시 뉴저지 식민지에서 철과 강철 막대를 영국에 수출할 수 없었을 것이었다. 그런 수출도 영국 선박만 이용하고 영국으로만 배송한다는 조건하에서만 가능했다. 시대를 앞서간 야망에도 불구하고 아메리칸컴퍼니는 시대의 제약에서 벗어날 수 없었던 것이다.[15]

영국과 네덜란드와 같은 몇몇 국가에서 국제무역은 중상주의 시대 많은 시민의 삶에 직접 영향을 미쳤지만 항상 좋은 결과를 가져온 것은 아니었다. 1700년대 후반 영국 직물이 세계시장을 장악하는 데 도움이 된 방적 부문의 혁신은 인건비를 극적으로 감소시킴으로써 물레를 통해 수입의 일부를 벌어들이던 수천 명의 영국인을 가난하게 만들었다. 프랑스와의 전쟁으로 인한 재정적 압박에 대응하기 위해 1797년 영국 의회가 은행이 지폐를 금으로 교환하는 것을 금지함으로써 발생한 영국의 신용 경색은 미국의 경기침체를 초래했다. 그러나 중국과 일본에서 러시아와 광대한 오스만 제국에 이르는 대부분 국가는 세계 경제와의 연결이 미약했다. 세계 인구의 대다수는 화폐 경제와 거의 연결되지 않은 자급적인 농업 경제에서 살고 있었다. 항구와 주요 무역로에서 멀리 떨어져 사는 사람들은 국제적인 원자재 상품의 흐름과 외채의 영향을 거의 느낄 수 없었다. 경제 성장에 관한 최고의 역사가인 영국 경제학자 앵거스 매디슨_{Angus Maddison}의 연구는 당시 무역 규모에 대해 감을 잡을 수 있도록 해준다. 매디슨의 추정에 따르면 1813년 국제무역 추정치는 2013년 규모의 2000분의 1에도 미치지 못한다.[16]

세계화가 가능해지기 위해서는 대양을 항해하는 증기선, 전신 케이블 그리고 국제무역에 대한 극적으로 다른 아이디어'라는 세 가지 혁신이 필요했다. 그리고 세 가지 모두 예상치 못한 자본주의의 부상과 함께 등장했다.

---

i 데이비드 리카도(David Ricardo)의 '비교우위 이론(Theory of Comparative Advantage)'을 이야기하는 것이다.

2장. 첫 번째 세계화

세계화로 향하는 길을 열어주었던 사상의 소유자가 세계화의 결과물이라는 것은 우연이 아닐지도 모른다. 데이비드 리카도는 스페인계 유대인[i]의 후손이었다. 포르투갈에 유래를 둔 리카도의 조상들은 1500년대 초반 어느 시기에 종교 재판을 피해 이탈리아로 도피했고, 그 이후 1662년을 전후해 당시 금융 중심지로 급성장하던 암스테르담으로 이동했다. 데이비드 리카도의 아버지인 아브라함 리카도Abraham Ricardo는 1760년 암스테르담에서 런던으로 이주하여 아비가일 델발레Abigail Delvalle와 결혼했으며, 암스테르담에 머물던 그의 가족들은 영국에서 유대인들이 공개적으로 살 수 있도록 허용된 1656년 직후

---

i '세파르디(Sephardi)'라고 하는 유대인 분파에 속하며, 디아스포라 이후 이베리아반도에 정착한 유대인의 후손들이 많았다.

런던에 도착했다.[i] '델발레'라는 성은 스페인에 뿌리를 두고 있었다. 리카도와 델발레 사이에서 태어난 최소 열일곱 명의 자녀 가운데 셋째인 데이비드 리카도는 1772년, 아버지인 아브라함은 영국 국적을 취득했으며 이후 주식 및 채권 거래를 통해 부를 키워나갔다. 아버지는 열한 살이던 데이비드를 암스테르담으로 보내 나중에 가업을 가르치기 위해 집으로 데려오기 전까지 2년 동안 그곳의 학교에 다니게 했다.[i]

데이비드 리카도는 스스로의 힘으로 재무에 탁월함을 보여주었으며, 저명한 정부 대출 주선자가 됐고 증권 거래소 소유주 위원회에 가입했다. 그는 세상 물정에 밝았고, 다수의 외국어에 능통했으며 당대의 지적 논쟁에 몰두했다. 대외무역은 가장 두드러진 주제 중 하나였는데, 그는 독특한 관점들을 가지고 있었다. 그의 생각은 곡물 수입품에 관세를 부과하는 '곡물법Corn Laws'에 대한 비판으로 1815년에 세상에 알려지게 됐다. 그는 영국 농민들을 외국의 경쟁자들로부터 보호하는 것은 현명하지 못하다는 급진적인 주장을 폈다. 곡물 수입을 허용함으로써 곡물 가격이 인하되도록 하는 것이 바람직하다는 얘기였다. 그는 이익이 감소함에 따라, 지주들이 자본을 제조업 부문에 투자할 것이라고 생각했다. 이렇게 되면 영국은 공산품들을 수출

---

i 1290년 에드워드 1(Edward I)세는 유대인이 이자를 받았다는 이유로 추방령을 내려 4000~1만 6000여 명의 유대인을 추방했다. 청교도혁명 시절 올리버 크롬웰(Oliver Cromwell)은 항해조례를 반포했고 경쟁국인 네덜란드는 해안을 봉쇄했다. 당시 해상무역에 종사하던 네덜란드 유대인들은 큰 타격을 입었고, 이들은 스웨덴과 영국을 찾아 재입국을 요청했다. 크롬웰은 1656년 의회와 상인의 반대를 무릅쓰고 재입국을 허용했고, 네덜란드에 거주하던 세파르디 유대인들은 집단으로 영국으로 이주했다. 이때 이주한 유대 금융인들은 영국의 전쟁비용을 지원했으며, 영국은 런던 도심의 2.6제곱킬로미터의 땅을 특별 금융 구역으로 지정했다. 이것이 오늘날의 런던 금융가인 '더 시티(The City)'이다.

하여 국내에서 생산하는 것보다 더 많은 곡식을 수입할 수 있으며, 이는 지주들과 국가 모두를 더 유리하게 할 것이라고 그는 책을 통해 주장했다.

2년이 지난 후, 리카도는 『Principles of Political Economy and Taxation(정치경제학과 조세의 원칙들)』이라는 저서에서 핵심사항들을 더욱 발전시켰다. "완벽한 자유무역 체제하에서, 각각의 나라는 자연스럽게 자본과 노동력을 가장 이익이 되도록 분배할 것이다"라고 주장하면서 "개개인의 이익 추구는 전체의 보편적 이득과 훌륭하게 연관되어 있다"라고 했다. 이것이 비교우위 이론이었으며, 이러한 구상은 그에게 영원한 명성을 가져다주었다. 대외무역은 단순히 다른 나라의 부를 착취하기 위한 수단이라던 중상주의자들의 주장은 틀린 것이었다. 오히려 영국은 수출뿐만 아니라 수입으로부터도 이익을 얻었고, 무역 상대국들도 마찬가지의 이익을 얻었을 것이다. 리카도의 주장은 그 이전보다 국경을 넘나드는 상품의 흐름이 일반 대중에게 중요한 시대였던 산업자본주의 시대에 완벽하게 들어맞았다.[2]

자본주의를 정의하는 일은 사실 헛고생이며, 그것이 언제 시작됐는지 특정한 시점을 지정하는 일도 불가능하다. 그러나 1820년대와 1830년대에 개인 소유의 대규모 기업들이 처음에는 영국에서, 그리고 점차 시간이 경과하면서 유럽과 북미 지역에서 보다 두드러지게 됐다는 증거는 명백하다. 산업 생산품의 상당수가 분명 여전히 장인들의 작업장에서 만들어지고 있었지만, 수백 명의 일꾼을 고용한 공장들도 생겨나 있었다. 같은 시대에 정부들은 종종 조심스럽게 시장 세력들이 더 큰 범위에서 그들의 경제권을 형성할 수 있도록 허용했다. 이러한 변화는 각기 다른 나라에서 각각 다른 형태로 등장했지만 '자본주의capitalism'라는 용어가 쓰이게 된 1860년대에 무엇인가 근본적인 것이 변화했다는 점에 대해서는 이견이 없다. 초기 산업화 시기의 기계에 의한 자동화는 임금을 떨어뜨리고 악취가 진동하는 빈민촌을 폭발적으로 성장하게 만들었지만, 이 시기 이후 각 도시가 뒤늦게 상하수도 체계를 갖추고, 모든 어린이에게 읽기와 산수를 가르치기 위해 초등학교를 설립하면서 삶의 질은 향상되기 시작했다. 교통과 통신의 혁신은 시골 마을들의 고립을 줄이고 국내무역을 보다 원활하게 해주었다. 경제사학자인 래리 닐Larry Neal과 제프리 윌리엄슨Jeffrey Williamson은 "19세기에 어떤 국가가 자본주의라는 특별한 변형을 채택할 때마다, 그 국가는 현대적인 경제 성장의 시작을 경험할 수 있었다"라고 간결하게 정리했다.[3]

세계화는 자본주의의 부상과 함께 진행됐다. 첫 번째 신호는 1824년 영국의 조지 4세King George IV가 서명한 법률이었는데, 이는 해외에서 일하도록 "기능공들을 유혹하는 행위"를 금지한 최소 여섯 가지의 법령을 폐지했다. 일부는 그 시작이 1719년까지 거슬러 올라가는 이러한 규제들은 다른 나라들이 영국인들의 천재성에서 도움을 받아 그들의 경제를 건설하는 일을 막기 위해 도입된 것이었다. 이것은 한 나라의 경제를 강하게 유지하기 위해서는 다른 나라들의 경제를 약하게 유지해야 한다는 중상주의적 사고였다. 제조업을 독점하려는 노력보다는 상호 간 무역에서 더 많은 것을 얻게 된다는 리카도의 주장은 이러한 반이민법에 덜 우호적인 분위기를 만들었으며, 또한 새로운 섬유 기계에 일자리를 잃은 노동자들로 인해 높아지던 실업률은 그들이 해외에서 일자리를 찾을 수 있도록 규제를 폐지하는 데 유리한 근거를 제공해주었다. 리카도는 1823년 세상을 떠났지만, 그의 사상은 꾸준히 지지자들을 모아갔다. 그들은 이후 20년 동안 단계적으로 영국이 외국의 상품에 대해 경제를 개방하고, 이후 다른 국가들도 그렇게 하도록 만든 일련의 법률에 영향을 미쳤다.[4]

이것은 이타주의의 문제가 아니었다. 대영제국은 세계 최고의 산업 강국이었고, 주요 산업 활동은 면화 가공이었다. 1784년경 영국 수출의 6퍼센트에 불과했던 면화 제품은 반세기 후에 그 물량이 30배나 증가하여 전체 수출의 49퍼센트를 차지했다. 맨체스터의 방적, 직조 및 염색 공장을 유지하려면 전례 없는 수준으로 면화를 수입해 공급하고, 더불어 제조한 직물을 역시 전례 없는 수준으로 수출할 수 있는 시장을 만들어야 했다. 대영제국은 자신의 시장뿐만 아니라 다른 나라들의 시장도 시급히 개방하도록 유인할 필요가 있었고, 리카도는 새로운 자유시장 이념에 대한 지적 근거를 제시했다. 이데올로기는 강력했다. 리카도가 책을 썼을 당시, 국제무역은 유럽 강대국 사이의 전쟁으로 수년간 정체되어 있었다. 하지만 불과 몇 년 사이에 수입품에 대한 관세가 낮아졌고, 북서부 유럽 국가들 사이의 무역비용 역시 낮아지고 무역량은 급격히 증가했다.[5]

면화 공급망은 미국 미시시피의 농장에서 영국 리버풀 부두 근처의 중개인 창고, 영국 중부 지방의 공장 그리고 다시 전 세계의 직물 구매자에게까지 뻗어 있었다. 이 세계화된 산업 전반에 걸친 경쟁은 치열했고 비용을 통제해야 한다는 끊임없는 압박으로 인해 면화를 경작, 운송 및 가공하는 사람들의 노동 조건은 거의 모든 곳에서 열악했다. 미국에서 노예 제도는 1820년대와 1830년대에 서부로 확장되어 앨라배마와 미시시피에 위치한 산업적 규모의 농장으로 확대됐다. 인도, 브라질, 이집트 및 기타 지역에서는 자급을 위해 식량 작물을 재배하던 소농들을 효과적으로 소작인으로 전환시킴으로써 영국의 끝없는 면화 수요를 충족했다. 1830년대와 1840년대에는 계속 확장되는 공장에 고용된 노동자들이 도시 지역을 가득 메웠으며, 평균 키와 기대 수명이 감소한 영국 도시에서 방적과 직조에 종사하는 노동자들의 상황은 그다지 좋지 않았다. 12시간 동안 면에서 날리는 먼지가 가득한 공기 속에서 일하는 것이 일반적이었고, 끝없이 돌아가는 직기의 소음은 살아남은 많은 사람에게 조기 난청을 일으켰다. 찰스 디킨스_{Charles Dickens}는 그의 소설에서 1830년대에 도시 생활을 처음 접한 노동자 가족의 생활에 대해 "방은 너무 작고 너무 더럽고 너무 좁았고 그 안의 먼지와 때마저 못 견딜 만큼 공기가 오염되어 있었다"라고 기억에 남게 묘사했다. 런던 남부에서의 삶에 대한 그의 묘사는 맨체스터나 볼튼에서도 똑같이 적용될 수 있었다.[6]

　　그러나 면화 상품의 비용에 대한 압박은 그 목적을 달성했고, 영국은 나중에 '선점자 우위_{first-mover advantage}'라고 불리는 것을 획득했다. 1820년대부터 값싼 영국산 면직물이 아시아의 국내산 직물을 대체했다. 오랫동안 면직물의 최대 생산국이자 수출국이었던 인도는 식민지 지배자에 의해 1820년대에 중동과 북아프리카 시장에서 밀려났고, 영국은 19세기 후반까지 인도 아대륙 섬유 소비의 3분의 2를 공급했다. 중국은 1750년부터 1840년 사이에 인구는 두 배로 증가했다. 하지만 그동안 면화 재배지는 증가하지 않은 것으로 추정되며, 직물에 대한 추가 수요는 수입품으로 충족됐다. 프랑스, 벨기에 및 유럽 대륙의 다른 국가들은 1800년대 중반 영국의 사례를 따라 현대적인 섬유 산업을 건설하려고 했지만 자신들의 공장이 영국 공장과 경쟁할 수 없음을 깨달았다. 그들이 영국과 같은 비용으로 면직물을 만들 수 있는 유일한 방법은 값싼 영국 실로 천을 짜는 것이었다.[7]

　저렴한 운송비용은 면화 산업을 세계적인 규모로 운영하기 위한 전제 조건이었다. 면화에 대한 영국의 끝없는 욕구는 영국의 섬유 수출이 급증하던 1830년경부터 미국산 면화를 영국 공장으로 옮기는 데 드는 비용을 낮추기 위한 투자를 주도했다. 전통적으로 섬유는 밀이나 석탄보다 톤당 선박의 공간을 훨씬 더 많이 차지하기 때문에 느슨하게 포장된 원면은 효율적으로 운송하기 어려웠다. 1860년 선주들은 미국 항구에서 증기 프레스로 면화를 '조이는screwing' 작업으로 1810년과 비교했을 때 파운드당 면화가 차지하는 공간을 절반으로 줄일 수 있었다. 수출업자들의 수요 증가는 더 큰 선박 건조를 촉진했고, 거의 2세기 후의 엠마 머스크호와 마찬가지로 항해할 때마다 더 많은 화물을 실어 나르면서 운송비용을 절약할 수 있었다. 1840년대 초반이 되자 북대서양을 가로질러 면화를 운송하는 비용은 20

년 전보다 4분의 1로 이하로 줄었으며, 이 기간 중에 주로 미국에서 영국으로 운송되는 면화를 비롯한 아메리카 대륙의 수출은 대략 두 배로 늘었다.[8]

1807년 로버트 풀턴Robert Fulton의 클레르몽Clermont은 상업적으로 성공한 최초의 증기선으로서 뉴욕시에서 허드슨강 상류로 승객을 실어 날랐지만, 세계화를 가능하도록 증기선을 개조한 사람은 영국인 엔지니어 이점바드 브루넬Isambad Brunel이었다. 그레이트웨스턴증기선회사Great Western Steamship Company 소속이던 브루넬은 증기선이 대양 항해에 실용적이지 않다는 당시의 통념에 도전했다. 600톤의 화물을 실은 그의 그레이트웨스턴Great Western호는 1838년에 대서양을 횡단했다. 물레방아 같은 외륜 대신 스크루를 사용하고 나무 대신 철로 만들어진 개량된 증기선은 여정을 훨씬 더 빠르게 만들었다. 1840년대에 증기선은 정기적으로 리버풀과 뉴욕 사이를 횡단하게 됐는데, 이는 신뢰할 수 없던 예전의 범선에 비해 크게 개선된 것이었다.

증기선의 보일러에 필요한 많은 석탄은 귀중한 화물 공간을 차지했기 때문에 증기선의 경제성은 장거리 항해에서는 발휘되기 어려웠다. 결과적으로 증기선이 장거리 무역을 변화시키기 시작하기까지는 최초의 증기선 대서양 횡단 이후 30년이 걸렸다. 1869년 개통된 수에즈운하는 유럽, 인도, 동아시아 사이를 오가는 증기선 선박의 지름길을 만들었다. 증기선들이 영국이 통제하고 있던 지브롤터, 이집트, 아덴, 싱가포르 등에 위치한 석탄 저장소를 이용함으로써 석탄 적재량을 줄이고 돈이 되는 화물을 실기 위한 공간을 더 확보할 수 없었다면 이 운하는 별로 중요하지 않았을 것이다. 그럼에도 불구하고 큰 범선은 운하를 이용할 수 없어서 아프리카 대륙을 일주하는 길고 험난한 항해를 해야 했기 때문에 그 항로는 이익을 남길 수 있었다. 석탄을 더 효율적으로 연소시키는 신기술인 복합 엔진이 증기선을 더 가치 있게 만든 1870년대가 될 때까지 범선은 여전히 대부분의 장거리 노선을 지배했다. 더 저렴한 강철판을 사용할 수 있게 되면서 19세기 마지막 수십 년 동안 훨씬 더 크고 더 빠른 선박의 건조가 실용화됐으며, 이 시점에서 화물요금은 급락했다. 1896년에 호주 양모를 영국으로 운송하는 데 드는 비용은 1873년에 비해 톤당 절반 가격이었다. 북대서양을 가로질러 1톤의 밀을 운송하는 데 드는 비용은 1820년과 비교하면 8분의 1에 불과했다.[9]

비교적 정확한 입출항 시간을 가진 증기선은 해운 사업에 급진적인 변화를 가져왔다. 특정 날짜에 항해하기로 약속함으로써 원양 증기선은 제조업체나 상인이 구매 및 판매에 있어 더 나은 결정을 내리고 수입 상품의 도착 전후를 계획할 수 있게 했다. 새로운 증기선 기술을 효과적으로 사용하기 위한 열쇠는 '전신telegraph'이었다.

전기를 이용한 전신은 의심할 여지없이 1800년대 통신의 가장 중요한 변화였다. 대양을 항해하는 증기선과 마찬가지로 전신의 발명과 실질적인 혁신 사이에는 오랜 시차가 있었다. 최초의 상업용 전신 메시지들은 영국에서는 1838년에, 미국에서는 6년 후에 사무엘 모르스Samuel Morse의 유명한 기술을 사용하여 전송됐다. 그러나 신뢰할 수 있는 전신 서비스가 미국, 유럽, 인도, 호주 및 일본을 연결한 것은 1860년대와 1870년대가 되어서였다. 전신은 실시간으로 다른 나라의 물가를 알 수 있게 해주었다. 수출업자들은 더 이상 불확실한 상태로 상품을 선적할 필요가 없었다. 수출할 물건을 실을 선박이 닻을 올리기 직전까지 수출업자는 선적 목적지를 변경하거나, 해외 고객에게 더 높은 가격을 요구하거나, 가격이 오르기를 희망하며 상품을 창고로 다시 옮길 수 있게 됐다. 마찬가지로 수입업자는 가격과 공급 동향에 대한 최신 정보를 기반으로 약정을 하고 앤트워프에서 판매할 밀을 러시아, 호주, 아르헨티나 또는 북미 가운데 어느 곳에서 구입하는 것이 가장 합리적인지를 마지막 순간에 결정할 수 있게 됐다.

증기선과 전신이라는 두 가지 기술이 결합하면서 장거리 국제무역에 혁명이 일어났다. 이 덕분에 그리스 태생의 바글리아노$_{Vagliano}$ 형제와 같은 기업가들은 1860년대에 흑해의 러시아 항구를 비롯해 콘스탄티노플, 마르세유, 유럽 북서부 및 런던 등에서 수십만 톤에 이르는 곡물과 석탄의 구매, 판매 및 이동을 조정할 수 있게 됐다. 세 번째 요소도 곧 등장했다. 1870년대 후반까지 세계 주요 무역 국가의 대부분은 통화 가치를 금 1온스(약 28그램)로 고정했다. 이전의 무역은 나중에 '통화 리스크$_{Currency\ Risk}$'라고 불리게 된 위험을 내포하고 있었다. 1820년 9월 독일에서 물건을 수입하는 스웨덴 구매자는 6월보다 7퍼센트 더 많은 비용을 부담해야 했다. 몇 주 사이에 스웨덴 통화가 독일 통화에 대해 가치를 잃었기 때문이었다. 유럽의 국가들이 금본위제로 옮겨가면서, 자동적으로 자국 통화의 가치는 금에 연계된 다른 통화에 대해 고정됐다. 이러한 경직성은 정부가 지출을 촉진하기 위해 더 많은 화폐를 발행하여 경기침체에 맞서 싸우는 것을 어렵게 만드는 대가를 치르게 했지만, 금본위제는 거래가 합의된 이후 환율 변화로 인해 수입비용이 증가하거나 수입 물품의 가치가 감

소하는 환율상의 리스크를 제거할 수 있게 했다.[10]

　운송이 더 저렴해지고 환율이 안정되면서 상품 가격은 전 세계적으로 수렴했다. 비슷한 실크를 일본에서 더 저렴하게 구입할 수 있다면 프랑스 방직 공장이 인도에서 생사를 수입하는 데 왜 값비싼 비용을 지불해야 할까? 한 나라의 비싼 상품에 대해 다른 나라 상품의 수입으로 대응할 수 있는 능력을 포함하는 원자재 무역의 세계화는 가격을 낮추는 경향이 있었고, 소비재를 만들기 위해 그 상품을 사용하는 제조업체들에 힘을 실어주었다.[11]

　1980년대에 시작되어 세계 경제를 재편한 변화와 마찬가지로 제1차 세계화도 혼란스러웠다. 산업 기업들은 국경을 넘어 폭발적으로 성장하기 시작했다. 싱어Singer사는 상업적으로 가치 있는 최초의 재봉틀을 판매하기 위해 1851년 뉴욕에서 설립됐는데, 1855년에는 파리에 사무실을 두었고 1867년에는 글래스고에서 공장을 운영하게 됐다. 다음 반세기 동안 주로 유럽이나 미국에 기반을 둔 섬유, 화학, 기계 및 소비재 회사는 전 세계에서 같은 브랜드를 사용하게 됐다. 1700년대 후반에 설립된 스코틀랜드의 실 제조업체인 제이앤드피 코트J&P Coats사는 1896년에서 1913년 사이에 주로 러시아, 브라질, 일본과 같은 먼 곳에 위치한 공장을 사들이는 40건의 외국인 투자를 진행했다. 해외 경쟁이 치열해지면서 탄광 소유주, 유리 제조업자 및 시멘트 생산업자 등은 수입품이 자신들의 시장을 교란하지 않도록 국제 카르텔을 결성하게 됐다.

국제금융의 붐은 막대한 부를 소수의 장소에 집중시킴으로써 새로운 사회적 차별을 만들어냈고, 그중 런던은 가장 중요한 지역이었다. 프랑스, 독일, 특히 영국의 은행가와 부유한 투자자는 해외에 막대한 금액을 대출해주었고, 미국, 캐나다, 아르헨티나와 같은 채무 국가는 철도 건설 및 산업 확장을 위해 외국 대출자와 투자자에 크게 의존했다. 1880년대, 미국 철도 건설이 절정에 이르렀을 때 미국 철도에 대한 총 투자의 약 5분의 2는 유럽의 돈이었다. 1913년까지 영국 부의 3분의 1이 해외에 투자됐고, 아르헨티나에 있는 모든 사업 자산의 절반이 외국인 소유였다. 외국인 소유의 사업 자산은 반세기 후와 마찬가지로 세계 경제에 중요한 존재였고, 기업들은 자신들의 기술과 마케팅 능력을 전 세계에 퍼뜨리는 데 자산을 사용했다. 그러나 거의 모든 경우 기업들은 중요한 관리, 연구 및 엔지니어링 업무 등은 본국에 유지했다. 그들이 국제적인 기업이 아니라 해외에서 사업을 하는 영국, 독일 또는 미국 회사라는 점은 분명했다.[12]

물론, 제1차 세계화는 20세기 후반과 21세기 초반에 일어났던 것과 같은 광범위한 사람들의 이동을 수반했다. 오스트리아의 작가 스테판 츠바이크(Stefan Zweig)는 제1차 세계대전 이전 몇 년을 회상하면서 "이전에는 소수의 특권층만 해외로 모험을 떠났지만, 이제는 은행 직원과 소규모 무역업자가 프랑스와 이탈리아를 방문하게 됐다"라고 회상했다. '국경을 넘어서는' 이주가 어느 범위까지 일어났는지를 알기는 어렵다. 위대한 제국들의 시대에 리비아에서 레바논으로 이주한 가족은 오스만 제국의 국경을 넘지 않았던 것이고, 더블린에서 리버풀로 이주한 사람은 대영제국 내에 남아 있었던 것이기 때문이다. 이러한 이유만으로도, 1841년에서 1855년 사이에 아일랜드 인구의 약 4분의 1이 이민을 갔다는 수치는 아마 과소평가된 계산일 것이다. 그러나 다른 나라들에는 많은 증거가 남아 있다. 노르웨이 인구의 약 10분의 1이 1880년대에 모국을 떠났고, 20세기 초에는 매년 이탈리아인 50명 중 1명이 이민에 나섰다. 이민을 받는 쪽에서 보자면 1800년대 후반에는 미국 거주자 7명 중 1명이 이민자였고, 1914년에는 거의 3명 중 1명의 아르헨티나인이 보통 이탈리아나 스페인에서 태어났다.[13]

이보다 연구가 덜 되었기는 하지만 역시 대이동이었던 이민자들의 물결은 세계의 다른 지역에서도 있었다. 1914년 이전 수십 년 동안 약 2900만 명의 인도인이 피지, 가이아나, 케냐와 같은 이질적인 곳으로 이주했으며, 아마도 중국 남부에서는 2000만 명의 사람들이 버마, 싱가포르, 네덜란드 동인도 및 인도차이나로 이주했을 것이다. 더 북쪽으로 가면 수백만 명의 러시아인이 중앙아시아와 시베리아로 이주했고, 수백만 명의 중국인도 이곳으로 이주했다. 20세기 초반에 매년 300만 명이 넘는 사람이 국경을 넘어 이주했는데, 이는 그 어느 시기보다도 많은 수치였다.[14]

그러나 제1차 세계화에 대해 종종 간과하는 것은 유럽이 모든 일을 결정했다는 점이다. 국제 투자의 약 4분의 3이 유럽 자본에 의해 조달됐으며, 그 대부분은 라틴아메리카와 아시아의 가난한 지역에 있는 광산과 플랜테이션에 투자됐다. 상품 교역량은 1913년까지 100년 전보다 약 30배가 될 정도로 폭발적으로 증가했지만, 국제 교역의 40퍼센트는 여전히 유럽 국가들 사이에서 발생했다. 두터운 철도망과 내륙 수로는 무역 흐름을 유지하기 위한 국제협정에 따라 유럽 대륙의 경제를 하나로 묶었다. 1882년에 개통된 스위스 알프스를 통과하는 고타드~~Gotthard~~ 철도 터널의 건설은 이탈리아, 스위스, 독일의 보조금을 통해 이루어졌다. 한편, 국제기구인 '라인강항해중앙위원회~~Central Commission for Navigation on the Rhine~~'는 강의 주요 수로를 깊게 하고 직선화하기 위한 많은 프로젝트를 감독하면서 1890년과 1914년 사이에 네덜란드와 독일 사이의 바지선 화물비용을 4분의 3으로 낮추었다. 일부 산업에서는 제조업체가 정기적으로 영국에서 이탈리아로 재봉틀을, 독일에서 프랑스로 화학물질을 운송하면서 여러 유럽 국가에서 비즈니스를 수행할 정도로 연결이 긴밀해졌다.[15]

세계무역의 약 37퍼센트는 유럽과 세계의 다른 지역들 사이를 이동했다. 이들 가운데 상당수는 식민주의의 결과물이다. 유럽 국가들은 자국에서 생산할 수 없는 광물과 농산물을 해외의 식민지를 이용하여 생산한 다음, 이를 수입하여 수출품을 만드는 본국의 공장에 노동자들을 고용하도록 했다. 가장 끔찍한 예 중 하나는 벨기에령 콩고였는데, 이 나라는 1885년에서 1908년 사이에는 벨기에 국왕이었던 레오폴드 2세~~Leopold II~~의 개인적 영지로 소유됐고 그 이후에는 벨기에 정부에 의해 통제됐다. 이곳에서 남자들은 수출을 위해 정글에서 고무를 모으도록 강요당했고 할당량을 채우지 못하면 잔인하게 처벌받았다. 1913년 유럽의 나머지 해외무역은 주로 미국과 이루어졌다. 미국의 수출품 중 약 3분의 2는 주로 면화, 밀, 구리와 같은 천연자원이었으며 여기에 더해 소량의 기계와 농기구가 유럽으로 향했다. 유럽과 달리 미국은 19세기에 국내 제조업을 보호하기 위해 관세를 반복적으로 인상했는데, 그 기간 동안 실제로 공산품이 수입에서 차지하는 비중은 꾸준히 감소했다.[16]

제1차 세계화의 절정기에 국제무역 가운데 4분의 1 미만만이 비유럽 국가들 사이를 이동했다. 1840년대와 1850년대에 영국이 이끄는 외세가 중국에 인도 아편을 포함한 더 많은 수입품을 받아들이도록 강요한 후에도, 동아시아가 세계 경제에서 차지하는 역할은 작았고 축소됐다. 인도도 마찬가지였다. 1853년 미국 해군 군함에 의해 무역이 개방된 일본은 예외였지만, 일본 역시 1860년대 이후 급격한 대외무역의 확장은 거의 0에서 시작됐고 1913년까지 수출액은 미국의 8분의 1에 불과했다. 라틴아메리카 국가들은 아주 작은 수준의 규모로만 무역을 했고, 미국 수출품 가운데 극히 일부만을 구매했다.[17]

활발한 무역 그 자체는 경제와 노동자들의 삶이 세계 경제와 연결된 방식을 보여주는 기만적인 지표가 될 수 있다. 자메이카 설탕부터 러시아 밀, 덴마크 버터에 이르기까지 영국에서 소비되는 칼로리의 거의 3분의 2가 수입됐지만, 중국의 해당 수치는 아마도 0에 가까웠을 것이다. 경제학자들은 세계 총생산에서 수출과 수입이 차지하는 비중은 나폴레옹이 워털루에서 패배하면서 유럽에 평화가 시작된 1815년의 3퍼센트 미만에서 1913년까지 8~12퍼센트로 증가했다고 추정한다. 20세기 초반에 빠른 속도로 항해하는 증기선들이 전 세계의 항구를 연결하고 있기는 했지만, 1913년에도 그러한 선박들의 화물 대부분은 여전히 오래전 과거부터 주된 교역품이던 광물과 섬유, 식량과 같은 1차 생산물이었다. 많은 경우 한 나라의 무역은 한두 가지 상품에 의해 지배됐다. 니카라과는 바나나, 호주는 양모와 금, 태국은 쌀의 수출에 의존하는 식이었다. 개별 가정들은 전반적 세계 경제보다는 이런 특정 상품의 가격에 더 큰 영향을 받았다. 만약 코코아의 가격이 유럽의 약한 수요나 아프리카의 과잉공급 등으로 폭락한다면 코코아 수출국은 어려움에 직면할 것이다. 세계화를 차치하고라도, 많은 나라가 자본주의가 등장하기 훨씬 전부터 너무 많은 경제적 달걀을 한 바구니에 담고 있었다.[18]

20세기 초에는 일본, 미국 그리고 소수의 유럽 국가들만이 원자재보다 더 많은 공산품을 수출했다. 한 국가의 공장이 다른 국가의 공장에 특수한 부품, 구성 요소 또는 화학물질을 공급하는 현대적인 의미의 공급망은 이 시기에 거의 존재하지 않았다. 미국 정부는 이러한 관계를 찾았을 때, "제조 원료로 사용하기 위해 부분적으로 또는 전체적으로 제조된 물품의 수입" 가치가 1906년에 약 1억 1300만 달러라고 평가했다. 당시 미국의 21만 6262개 제조업체가 사용한 모든 원자재의 가치는 85억 달러였기 때문에, 정부의 측정에 따르면 수입된 제조 물품은 미국 공장이 제품을 생산하는 데 사용한 전체 투입량의 1.3퍼센트에 불과했다.[19]

시간이 지날수록 빠르게 산업화되던 세계 경제는 다른 국가의 산업들 간에 더 복잡한 연결을 만들어, 더 복잡한 공급망으로 이어지는 방식으로 진화할 수도 있었다. 하지만 그런 일은 일어나지 않았다. 대신 1914년, 제1차 세계화는 급작스럽게 중단됐다.

3장. 후퇴

언제 제1차 세계화가 끝났는지는 정확하게 일자를 지정할 수 있
다. 1914년 6월 28일, 오스트리아-헝가리 제국의 왕위 계승자 프란
츠 페르디난트_{Franz Ferdinand} 대공이 보스니아 헤르체고비나의 사라예보
에서 암살당했다. 다른 강대국들이 서로 동맹국들을 지원하기 위해
개입을 선언하면서 한 달 동안의 외교적 엄포, 군대의 동원과 배치가
진행된 이후 유럽 전역에서 전쟁이 발발했다. 7월 28일 오스트리아-
헝가리가 세르비아에 선전포고를 하면서 전쟁이 시작됐고 몬트리올,
토론토, 마드리드 증권 거래소가 문을 닫았다. 7월 30일에 독일과 러
시아가 군대를 동원함에 따라 비엔나에서 파리에 이르는 유럽 대부
분의 증권 거래소도 그렇게 했다. 7월 31일, 독일군이 벨기에와 프랑
스를 침공할 태세를 갖추면서 런던 증권 거래소 역시 영업을 중단했
다. 몇 시간 후 중개인들이 아직 개장하지 않은 뉴욕 증권 거래소 주

변을 돌아다니고 있던 오전 10시 직전, 뉴욕 증권 거래소 개장을 알리는 놋쇠 종을 울려야 하는 담당자는 상부로부터 기다리라는 지시를 받았다.[1]

뉴욕 증권 거래소의 소장은 그러한 결정에 대해, 세계의 나머지 주식시장이 폐쇄된 상태에서 "그날 아침에 거래를 재개했다면 뉴욕 시장은 세계의 패닉을 분출하는 유일한 시장이 됐을 것"이라고 나중에 책에 썼다.

하지만 그것이 진실의 전부는 아니었다. 당시 미국 재무장관인 윌리엄 맥아두William McAdoo는 뉴욕 거래소 폐쇄 결정에 깊이 관여했다. 맥아두는 오전 10시에 시장이 개장하면 외국인들이 보유하던 미국 내 주식과 채권을 던진 후, 그 수익으로 금을 사서 전쟁비용을 지불하기 위해 유럽으로 가져갈 것을 두려워했다. 대부분의 유럽 국가와 마찬가지로 당시 미국도 금이 전체 금융 시스템을 뒷받침하고 있었으며, 미국 은행들은 요청이 있을 경우 공식 가격으로 달러 지폐를 금으로 교환해줘야 했다. 미국의 금 비축량이 바다를 가로질러 유럽으로 빨려 들어간다면 미국 은행들은 더 이상 이러한 의무를 이행할 수 없게 되고, 이는 분명히 말 그대로 '패닉'이라고 불리는 최악의 상황을 초래할 것이었다. 은행 대출은 고갈되고 기업은 근로자에게 임금을 지불하는 데 어려움을 겪고 경제는 마비될 것이었다.

과거 미국은 이런 경우 달러 지폐로 살 수 있는 금의 양을 줄이거나, 달러 지폐를 금이 아닌 은으로 상환함으로써 이 문제를 해결할 수 있었다. 그러나 금을 기준으로 하는 유럽의 주요 통화에 대하여 달러의 환율을 고정시켜 환율 변동에 따른 위험 요소를 제거함으로써 외국인 투자를 끌어들였기 때문에 이제는 그럴 수가 없었다.[i] 당시 외국인이 소유한 기업들의 가치는 미국 경제 생산량의 약 5퍼센트를 차지하고 있었다. 외국인은 섬유 공장, 타이어 공장과 더불어 약 27억 달러의 철도 채권 및 미국 최대 기업인 유나이티드스틸United States Steel Corporation 주식의 4분의 1을 소유하고 있었다. 외국인의 이러한 투자는 1870년대 이후 미국 경제를 변화시켰다. 이 자금이 빠져나가는 것을 막는 유일한 방법은 금본위제를 유지하는 것이었고, 이를 위해서는 금융의 세계화를 일시적으로 중단해야만 했다. 외환 거래는 중단됐다. 세계화의 가장 중요한 매개체 중 하나인 뉴욕 증권 거래소는 이후 거의 9개월 동안 정상적으로 운영을 재개하지 못했다.[2]

금융시장의 붕괴는 상품과 돈이 자유롭게 국경을 넘어 움직이는 세계라는 이상에 대한 첫 번째 타격일 뿐이었다. 두 번째 타격은 국제무역의 급격한 쇠퇴로 나타났다. 무역을 방해하는 것은 독일, 오스트리아-헝가리 제국, 오스만 제국으로 구성된 동맹국Central Powers과 프랑스, 러시아, 영국, 일본으로 이루어진 연합국Entente allies 양측 모두에게 공통된 전략적 목표였다. 전쟁이 시작되자마자 영국 해군은 독일을 봉쇄했다. 독일로 향하던 선박들은 나포됐다. 노르웨이와 네덜란드와 같은 중립국으로 향하는 선박은 영국 항구에 강제로 입항됐고, 그곳에서 영국 관리들은 독일로 보내질 수 있는 모든 것을 압수했다. 독일 상선 대부분은 브레멘, 함부르크, 뤼벡 항구에 갇혔다. 나중에 영국의 고위 해사海事 관계자가 설명했듯이, 독일인들은 "해운수송 기

---

i 미국은 금본위제와 관련하여 은의 사용 여부를 포함한 여러 차례 논란과 변화를 겪었으나, 1879년 이후 고전적인 금본위제를 채택했다.

회 자체가 없었기 때문에 해운수송에는 문제가 없는" 상황을 맞이하게 됐다. 독일은 영국으로 향하는 상선을 침몰시키겠다고 위협함으로써 이에 대응했다. 이는 명백하게 선박과 화물에 대한 보험료를 더 많이 올려 연합국의 무역을 억제하려는 시도였다. 영국, 노르웨이, 미국은 신속하게 국가가 후원하는 선박 보험을 제공함으로써 무역을 유지할 수 있었다.[3]

영국은 지리적 이점과 대규모 해군 덕분에 상황을 더 잘 처리할 수 있었다. 처음 몇 달 동안 독일에 대한 봉쇄는 그리 치밀하지 않았다. 독일 방직 공장들은 당시 중립국이었던 미국과 스웨덴을 통해 호주산 양모를 수입할 수 있었고, 미국은 독일에서 생산된 방직 염료를 수입할 권리를 주장했다. 그러나 독일이 러시아를 상대로 전쟁을 벌여 동쪽으로부터의 곡물 수입이 차단된 상태에서 이루어진 영국 해군의 해상봉쇄는 유럽에서 두 번째로 큰 무역 국가였던 독일의 상업 활동을 1915년까지 극도로 위축시켰다. 영국은 스칸디나비아 국가들에 식량과 철광석의 대독일 수출을 중단하지 않으면 석탄 공급을 중단하겠다고 위협함으로써 올가미를 더욱 조였다. 이러한 가차 없는 압박으로 인해 독일의 대외무역은 1913년과 1917년 사이에 거의 4분의 3이 감소했다.[4]

상선의 부족은 서부 전선의 끔찍한 참호와는 거리가 멀게 느껴졌다. 1914년 여름, 영국은 해상운송의 거의 절반을 통제했다. 가장 큰 증기선 운영업체인 페닌슐라앤드오리엔탈Pininsula & Oriental과 동남아시아 전역에서 화물과 승객을 운송하던 차이나내비게이션컴퍼니China Navigation Company와 같은 영국 소유의 해운사들은 아시아의 국제무역에서 매우 큰 비중을 담당하고 있었다. 영국 정부는 군사적 필요를 위해 이들이 보유한 선박 가운데 여러 척을 징발했으며, 곧 '해운부Ministry of Shipping'로 명명된 새로운 기관이 나머지 선박들의 통제를 담당하게 했다. 협정에 따라 해운부는 영국뿐만 아니라 프랑스, 이탈리아의 대외 무역을 효과적으로 통제했다. 이제 상선들은 어디로 항해하여 어떤 화물을 운반해야 하는지 명령받았다. 승인된 제품만 영국으로 수입될 수 있었고, 불필요한 화물이 귀중한 선적 용량을 차지하지 않도록 조치됐다.[5]

제1차 세계대전 발발 후 전쟁으로 한 해를 꽉 채운 첫해인 1915년에 세계무역 규모는 1913년보다 26퍼센트 감소했다. 유럽의 수출이 절반으로 감소한 반면, 전쟁터에서 수천 킬로미터 떨어진 라틴아메리카의 수출업자들은 커피와 고기를 유럽의 시장으로 수송할 배를 찾기 위해 고군분투해야만 했다. 새로 만들어지는 상선은 거의 없었다. 1913년에 세계 신규 상선 톤수의 3분의 2를 건조했던 영국의 조선소들은 노동자들이 전쟁에 참전함에 따라 생산량을 유지할 수 없었다. 미국은 1916년에 조선업을 강화했지만, 1917년 4월 독일에 선전포고를 한 후 군대와 군수품을 이동시키는 데 새로운 배들이 필요했기 때문에 새로 만들어진 배들을 상업적 교역에 사용할 수 없었다. 독일 잠수함 공격이 연합국은 물론 중립국의 상선에 엄청난 손실을 입혔기 때문에 수송 능력 부족은 더욱 악화됐다. 영국 당국은 문제가 별것 아닌 것처럼 행동했다. 1917년 초에 그들은 매주 2500척의 배가 영국 항구에 도착한다고 선언함으로써 사기를 북돋우려고 했다. 하지만 그중 2360척은 대양을 횡단하기에는 너무 작은 선박이었으며, 단지 140척만이 밀, 쇠고기 또는 기타 중요한 보급품을 실어 나르는 배였다는 사실은 밝히지 않았다. 1913년부터 1918년까지 수입량 감소가 중국 34퍼센트, 이탈리아 62퍼센트, 페르시아 75퍼센트에 이를 정도로 선박은 매우 부족했다. 전 세계적으로 국제무역은 전쟁 4년 3개월 동안 약 3분의 1로 감소했다.[6]

1918년 11월 휴전으로 제1차 세계대전은 끝났다. 휴전 협정은 1억 명 가까운 사망자를 낸 독감이 세계적으로 확산되고 있는 와중에 구질서를 전복시키려는 혁명이 유럽을 가로지르고 있던 시기에 체결됐으며, 이제 막대한 부채를 짊어진 유럽 대륙은 전후 복구를 위해 수년의 시간을 보내야만 했다. 승리한 유럽 국가들은 추가적인 식민지 획득, 전쟁 이전의 금 보유량 복구, 붕괴된 독일과 오스트리아-헝가리 제국 및 오스만 제국의 영토를 병합하는 데 우선순위를 두었다. 무역 및 투자 회복은 협상 의제에서 매우 낮은 순위로 밀려났다. 결국 역사가 마이클 B. 밀러_{Michael B. Miller}가 지적했듯이 전쟁은 유럽을 약화시킴으로써 세계화를 촉진시켰고, 일본과 미국은 세계 경제의 조직자로서 중요한 역할을 맡게 됐다. 하지만 이러한 효과가 잘 드러나는 데는 시간이 더 걸렸다.[7]

어떤 의미에서는 세계화를 제한하는 것이 전후 외교의 목표였다. 파리 근교 베르사유 궁전에서 열린 평화협상은 제국의 종말, 또는 적어도 특정 제국들의 종말의 시작으로 여겨졌다. 우드로 윌슨

Woodrow Wilson 미국 대통령은 공통의 언어나 민족이 정치적 주권의 기초가 되어야 한다는 막연한 개념인 자결권$_{self-determination}$을 가장 중요한 목표로 삼았다. 이탈리아 외무장관 시드니 손니노$_{Sidney Sonnino}$는 "전쟁은 의심할 여지없이 민족적 감정을 과도하게 자극하는 결과를 낳았다"라고 언급하며 "미국이 원칙을 너무 명확하게 제시함으로써 이러한 결과를 가져왔다"라고 설명했다. 민족주의 사상이 경제 정책을 지배하게 됐다. 무역 장벽이 새롭게 부상하고 외국인 투자는 의심의 대상이 됐으며, 상선에 대한 국내 통제는 전략적 필수 과제로 다루어졌다. 러시아 제국을 전복시킨 볼셰비키 공산주의자들은 새로운 소비에트 연방에서 권력을 강화하면서, 같은 이유에서는 아니었지만 유사한 정책을 채택했다. 그들의 목표는 외국 자본가들로부터 거리를 두는 것이었다.[8]

세계화의 한 척도는 한 국가의 경제가 세계무역에 얼마나 '개방'되어 있는가를 측정하는 것이다. 그러한 계산은 필연적으로 논쟁의 대상이다. 예를 들어, 오스트리아-헝가리 제국의 도시였던 프라하에서 비엔나로 가는 화물은 1918년까지는 한 국가 내에서 이동한 것이지만, 그 이후에는 국경을 넘은 것이 된다. 이 사실을 어떻게 계산에 넣을 것인가? 그러나 이러한 기술적 문제에도 불구하고 근본적인 경향은 매우 분명했다. 전쟁 발발 직전 해인 1913년에 수출은 세계 총경제 생산량의 약 12퍼센트에 이르렀다. 전쟁 이후의 짧은 시기 동안 상승했지만, 1920년과 1921년 동안 세계의 많은 부분이 침체에 빠지면서 국제무역은 심각한 침체를 겪었다. 비록 국제무역은 1924년경에 회복됐지만 1920년대 후반의 수출 규모는 전 세계 생산량의 10퍼

센트에 불과했으며, 전쟁 전 수준보다 훨씬 낮았다. 세계 경제는 예전보다 덜 개방된 상태가 됐다.[9]

　이러한 결과는 의도적인 것이었다. 각국은 1920년대에 자국의 제조업체와 농부들의 회복을 지원하기 위해 관세를 인상했다. 영국의 의회는 지난 한 세기 동안 자유무역을 주도적으로 옹호해왔지만 1921년 '산업보호법Safeguarding of Industries Act'을 통과시켰으며, 그 결과 대영제국 외부에서 만들어진 광학 장비, 측정 기기, 유기 화학물질 및 기타 제품들의 가격을 3분의 1 이상 더 비싸게 만드는 관세가 부과됐다. 또한 이 법은 정부가 판단하기에 생산원가 이하로 판매되는 수입품에 대한 처벌 권한을 부여했다. 이 조항은 최소 26개국과의 조약을 위반했지만 노동조합을 만족시킬 수는 있었다. 미국은 1921년과 1922년에 연이어 관세를 인상했다. 미국에 수입되는 상품의 3분의 2에는 관세를 부과하지 않았지만, 나머지 품목에 대해서는 100달러 가치의 수입품이 부두를 떠나기 전에 평균적으로 139달러로 인상되도록 하는 관세를 부과했다. 스페인의 평균 수입 관세는 1913년 33퍼센트에서 1925년 44퍼센트로 상승했고, 영국령 인도의 경우 4퍼센트에서 14퍼센트로 증가했다. 종종 한 국가의 새로운 수입 제한에 대해 다른 국가들도 동일한 방식으로 보복했다. 1925년에서 1929년 사이에 호주, 캐나다, 뉴질랜드 및 라틴아메리카의 많은 국가와 마찬가지로 26개 유럽 국가가 관세를 인상했다.[10]

　운송비용이 전쟁 전과 같이 지속적으로 감소했다면, 저렴해진 운임이 높아진 관세의 영향을 상쇄했을 수도 있었다. 1800년대 후반부터 해운업의 생산성은 다른 산업보다 훨씬 빠르게 성장했는데, 이는 주로 철 대신 강철을 사용하여 더 많은 화물을 실을 수 있는 더 큰 선박을 만들 수 있었기 때문이었다. 그 결과 해상을 통한 국제무역은 더 저렴해졌다. 한 선박 회사는 1885년에서 1914년 사이에 1톤의 화물을 운반하는 데 드는 평균 비용이 60퍼센트나 감소했다고 평가했다. 그러나 1920년대에 들어서면서 비용 감소는 멈췄다. 그 이유는 역사가들 사이에서 논쟁의 대상이지만, 원인이 무엇이든 인플레이션을 감안한 1920년대의 평균 운송료는 1913년과 큰 차이가 없었으므로, 운송비용 절감에 따른 무역 확대는 일어나지 않았다."

해외 국가와의 무역이 주춤해지면서 외국인 투자는 위축됐다. 제1차 세계대전 이전에 국채에서 제조업 공장에 이르기까지 전 세계 외국인 소유 자산의 가치는 세계 경제 생산량의 약 18퍼센트에 이르렀다. 하지만 이 수치는 1920년대에 계속 감소하여 1930년에는 8퍼센트로 낮아졌다. 물론 눈에 띄는 많은 외국인 투자가 있었다. 전쟁 전에 영국과 프랑스에서 미국산 부품으로 자동차를 조립했던 미국 포드자동차는 장거리 제조 공급망의 초기 사례라 할 수 있으며, 1920년대 말에 유럽에 13개의 자동차 공장을 소유하고 있었다. 그러나 포드자동차의 광대한 발자취는 두 세계대전 사이의 기간에 세계화의 한계를 드러냈다. 높은 관세로 인해 소수의 더 크고 효율적인 공장에서 제품을 생산하여 유럽 전체에 제공하는 일이 어려워졌기 때문에 이제는 덴마크와 같은 작은 국가에도 별도의 공장을 건설해야만 했다. 프랑스와 독일의 IBM 공장은 미국에서 수입한 부품으로 도표 작성기tabulating machine를 조립했지만, 다른 많은 기업은 부품이나 재료를 수입하는 대신 관세를 피하기 위해 외국 공장에 자신들의 제품을 만드는 것을 허가했다. 미국의 자동차 제조업자들은 캐나다에서 생산한 자동차를 대영제국에 무관세로 수출할 수 있었지만, 미국산 수입 부품에 대한 캐나다의 높은 관세를 피하기 위해서는 일정 비율의 캐나다산 부품을 사용해야 했다. 전반적으로 금융과 제조업은 1920년대에 훨씬 덜 국제적으로 변화했다. 관세, 통화 통제 및 기타 장애물에 대한 지속적 협상에 직면한 투자자들은 차라리 그들의 돈을 본국으로 회수하는 것을 선호하게 됐다.[12]

이민도 줄어들었다. 가장 주된 목적지였던 미국은 1905년에서 1914년 사이에 여섯 차례에 걸쳐 연간 100만 명이 넘는 이민자를 받아들였다. 하지만 1924년에 이민에 대한 엄격한 제한을 제정한 이후 연간 이민자는 평균 약 30만 명이 되었으며, 이 가운데 거의 3분의 1은 먼 곳이 아닌 캐나다에서 온 사람들이었다. 한때 많은 유럽 이민자들이 선택한 아르헨티나는 전쟁 전에 매년 약 20만 명이 유입됐지만 1920년대에는 이민자가 평균적으로 절반 수준으로 감소했다. 중국은 국제 이민의 주요 원천이 되어 수백만 명의 중국인이 동남아시아로 향했으며, 이와 별도의 수백만 명은 점점 더 일본이 지배력을 강화하던 만주 지역으로 이주했다.[13]

대공황은 상품, 투자 및 인구의 보다 자유로운 이동을 빠르게 복구하려는 모든 희망을 끝장냈다. 공황 상태에 빠진 거래로 인해 뉴욕 증권 거래소의 시세 표시기가 몇 시간 뒤에야 가격을 표시할 수 있었을 정도로 혼란스러웠던 1929년 10월 29일 화요일은 대공황이 시작된 날로 대중의 기억 속에 남아 있다. 그러나 그것은 타블로이드 신문들의 헤드라인일 뿐이었다. 이 '검은 화요일' 이전부터 디플레이션은 전 세계적으로 자리 잡고 있었으며, 그 중심에는 무능한 경제 정책이 있었다. 정부들은 금이 귀했던 시기에 통화를 금에 고정시키겠다고 한 약속을 지키기 위해 국내 이자율을 높임으로써 경제 성장을 저해했고, 은행이 부실 채권과 씨름하도록 방치했다. 1930년까지 일본에서 이탈리아, 캐나다에 이르기까지 모든 주요 국가의 경제가 장기간의 가격 하락을 겪고 있었다는 증거는 명백하다.[14]

디플레이션은 경제 성장을 저해하는 경향이 있다. 기업은 설비 투자를 미루고 소비자는 지출을 중단한다. 내일이면 더 저렴해질 텐데 굳이 오늘 구매할 이유는 없는 것이다. 1930년대 초반에 전 세계적으로 이런 일이 발생하면서 실업이 만연했다. 이 기간 동안 대부분 국가에 대한 데이터는 단편적이지만, 공식적인 추정에 따르면 미국의 실업률은 일반적으로 번영의 시기로 여겨지던 1929년의 약 3퍼센트 수준에서 1930년에는 9퍼센트로 급증했다. 미국 농장의 상황은 너무 심각해서 숙식 제공 없이 일하는 농부들의 하루 평균 임금이 2.15달러 수준이었는데, 이는 10년 전보다 3분의 1이 감소한 금액이었다. 유럽 역시 각국 정부가 사람들을 일터로 복귀시키는 것보다 예산의 균형을 맞추고 금 비축량을 보존하는 데 더 많은 관심을 기울였기 때문에 미국보다 더 나을 것이 없었다. 경제가 다시 1929년과 같은 규모로 성장하기 위해 네덜란드는 8년, 캐나다는 9년, 프랑스는 10년이 걸렸다. 뉴욕 증권 거래소에서 가장 잘 알려진 지수인 '다우존스 산업평균지수_{Dow Jones Industrial Average}'는 25년이 지난 1954년 11월이 되어서야 이전 수준을 회복했으며, 만약 인플레이션을 반영하도록 평균을 조정한다면 전체 기간은 상당히 더 길어질 것이다.[15]

경기침체는 그 자체로 국제무역을 감소시켰다. 소비자들이 돈을 쓰는 것을 두려워하면서 1930년에 전 세계적으로 수출과 수입은 8퍼센트나 감소했다. 그러나 곧 더 나쁜 일이 닥쳤다. 1929년 4월, 미국 의회는 농업 부문에서 호소하는 어려움에 대응하기 위해 새로운 관세법 제정에 착수했다. 농부들을 돕기 위한 적절한 시도로 시작된 이 작업은 빠르게 통제 불능 상태로 빠져들었다. 주식시장 붕괴 8개월 후 제정된 '스무트-홀리 관세법_{Smoot-Hawley Tariff Act}'은 관세 부과 대상 제품의 수를 늘리고 세율을 인상했다. 또한 이 법은 많은 경우 수입 가격에 대한 백분율이 아니라 품목 단위_{unit} 또는 무게를 기준으로 관세율을 설정했기 때문에, 디플레이션이 지속되고 가격이 하락함에 따라 관세가 수입품 가격의 더 큰 부분을 차지하게 만들었다. 1932년까지 스무트-홀리 관세는 많은 광물, 농산물 및 공산품을 미국으로 수입하는 비용을 59퍼센트 인상시켰다.[16]

미국은 1930년에 이미 세계 최대 교역국이었으며, 전체 국제무역의 약 7분의 1을 차지하고 있었다. 새로운 관세는 이미 수요 감소에 직면하여 실질적으로 미국에 대한 수출이 차단된 상태에 있던 무역 파트너들을 격분시켰다. 캐나다와 유럽 국가들은 미국 수출품에 대한 관세를 인상해 보복했다. 그 이후 1931년 여름 유럽 전역으로 은행위기가 확산되자, 각국 정부는 중앙은행이 어려움을 겪고 있는 경제에 더 많은 돈을 투입할 수 있도록 통화와 금의 연결 고리를 끊었다. 이제 금본위제는 무너졌고 환율은 폭락했다. 각국이 잇따라 외환 규제를 도입하면서 수입에 필요한 외화 확보는 더욱 어려워졌다.

가격 변화에 따라 조정된 세계무역량은 1929년에서 1933년 사이에 거의 3분의 1로 감소한 후 미미한 회복세를 보였다. 공산품 무역은 같은 기간 동안 42퍼센트 감소했다. 해외 투자는 국가별로 국민들의 해외 송금을 제한하면서 거의 중단됐다. 국제연맹League of Nations은 1931년 9월 1일 이후 16개월 동안 23개국이 관세를 전면적으로 인상했고, 50개국이 선별 품목에 대해 관세를 인상했으며, 32개국이 수입 쿼터 또는 수입허가 제도를 도입했다는 사실을 발견했다. 국제연맹의 한 보고서는 "1932년 중반, 국제무역 시스템이 국제 통화 시스템이 그랬던 것처럼 완전히 파괴될 위험에 처해 있음이 분명하다"라고 경고했다.[7]

국제무역 및 외국인 투자 붕괴로 인해 장기간 지속되던 경제위기는 더 심각해졌으며, 중대한 정치적 결과를 초래했다. 실업률이 뚜렷하게 높아지고 생활 수준이 악화되는 가운데 미국과 캐나다 정부는 그 어느 때보다 적극적인 조치를 취했다. 농민들을 지원하고 공공 건설 사업을 시작했으며, 빈곤층, 노인, 실업자 지원에 나서면서 국가의 역할을 크게 확장했다. 더 이상 경제적 복지는 단순히 민간 부문의 관심사로 취급되지 않게 됐다. 유럽의 경우, 권위주의적 민족주의 운동의 당파들이 런던과 파리를 행진하고 독일, 헝가리, 포르투갈 및 기타 지역에서 독재 정권이 집권함에 따라 선거에 의해 선출된 정부들은 불안정해졌다.

유럽 열강의 아프리카와 아시아 식민지 다수를 포함해 주로 원자재 상품을 수출하던 국가들은 특히 어려운 시기를 겪었다. 부유한 유럽과 북미의 국가들이 만들어놓은 높은 무역 장벽은 상품 수출업자들에게는 제조업을 발전시킬 가망이 없음을 의미했다. 그들의 유일한 대안이었던 농장과 광산에서 생산된 상품들을 판매하는 일 역시 점차 위험해졌다. 1929년 구리가격이 폭락한 후 미국 달러로 표시된 칠레의 수출액은 3년 만에 88퍼센트나 폭락했다. 대규모로 커피와 설탕을 수출하지만 공산품 수출은 없었던 브라질의 경우 수출액이 3분의 2로 감소했다. 고무, 양모, 야자유, 주석 등은 모두 1930년대 초반에 가격이 급격히 하락하면서 1톤을 수출했을 때 이전보다 적은 공산품만을 수입할 수 있었다. 많은 원자재 상품의 가격은 제2차 세계대전을 위한 준비가 새로운 수요를 창출할 때까지 수년간 계속해서 침체된 상태를 유지했다. 세계 빈곤 지역의 생활 수준은 유럽, 북미, 일본보다 훨씬 뒤떨어져 있었다.[18]

1930년대 후반까지 세계는 일련의 무역 블록으로 나뉘어 있었다. 일부 국가에서는 선호하는 파트너에게 특혜를 주고 다른 국가를 차단하기 위해 관세를 사용했다. 대영제국은 별도의 블록이었다. 그들의 식민지인 캐나다, 인도, 호주, 남아프리카공화국의 수출품 대부분이 관세가 부과되지 않는 대영제국 내에서 판매됐다. 이미 조선을 지배하고 있던 일본은 1930년대에 만주와 중국 동부 일부를 점령하고 이 지역을 주요 수출시장으로 만들었다. 중국은 다른 국가와의 무역이 상당 부분 차단됐다. 미국과의 교역이 붕괴하면서 독일은 다시 속국으로 만들고자 하는 국가들을 포함한 유럽에 집중했다. 이탈리아 역시 리비아를 중심으로 한 아프리카 식민지들과 더 많이 교역했고 다른 지역들과는 덜 교역했다. 국제 경제 관계의 해체가 전쟁으로 가는 길을 닦게 되면서 해외 투자는 사라졌으며 국경을 넘는 대출 역시 중단됐다. 그리고 1939년 9월 1일, 150만 명의 독일군이 폴란드로 진군하면서 전 세계를 황폐화시킬 피비린내 나는 전쟁이 시작됐다.

4장. 북쪽과 남쪽

1944년 7월, 역사상 가장 파괴적인 전쟁인 제2차 세계대전이 6
년째에 접어들었다. 연합군이 히틀러_{Adolf Hitler}의 독일을 동쪽과 서쪽에
서 압박하고, 태평양을 가로질러 일본을 향해 북쪽으로 진격하는 가
운데, 44개국의 경제 전문가들은 뉴햄프셔주의 화이트산맥에 위치한
휴양지인 브레튼 우즈에 모여 전후 세계에 대한 계획을 세웠다.[i] 그들
앞에 놓인 문제는 전쟁 전 수십 년의 위기와 같은 경제위기를 일으키
지 않고 무역과 국제적 투자를 회복하는 방법이었다. 그러기 위해서
는 무엇보다도 환율을 관리할 방법을 찾아야 했다.

---

i 1944년 7월에 열린 브레튼 우즈 협정(Bretton Woods Agreements)의 성과는 미국 달러를 기준으
  로 한 고정 환율 체제의 도입이며, 이 시기에 UN 산하 국제통화기금(IMF)과 세계은행도 설립
  됐다. 1971년, 닉슨 대통령의 달러화 금태환 정지 선언으로 브레튼 우즈 체제가 붕괴되자, 선
  진 10개국은 브레튼 우즈 체제 유지를 위해 스미스소니언협정(Smithsonian agreements)을 체결
  했다. 하지만 5년 후 IMF 잠정 위원회에서 각국이 환율제도를 자유롭게 선택할 수 있도록 하
  여(킹스턴 체제), 고정 환율 체제는 완전히 막을 내렸다.

대공황 시대의 경험은 브레튼 우즈의 협상가들에게 깊은 영향을 미쳤다. 소련을 제외한 다른 국가들은 보다 개방된 세계 경제의 이점을 널리 인정했다. 그러나 동시에 환율과 금의 연동이 대공황을 악화시켰고, 이로써 대량 실업과 생활 조건의 악화와 사회적 불안에 직면했던 정부가 경제를 활성화하기 위해 자금을 투입할 수 없었다는 점은 모두에게 분명해 보였다.[ii] 환율이 불안정해질 수 있다는 우려가 있었지만, 무엇보다도 금 가격이 중요했던 과거로의 회귀는 고려사항에 포함되지 않았다.'

브레튼 우즈에서 도달한 해법은 보다 유연한 종류의 금본위제였다. 각 국가는 미국 달러를 기준으로 환율을 정했다. 미국은 각각의 외국 중앙은행에 이들이 보유한 달러를 온스당 35달러의 비율로 금으로 바꿔줄 것을 약속했다. 이렇게 해서 모든 주요 통화는 금에, 그리고 서로 간에 고정됐다. 그러나 새 시스템에는 두 가지 허점이 있었다. 첫 번째는 정부로 하여금 환율을 시작점에서 최대 10퍼센트까지 변경할 수 있도록 허용했다는 것이었다. 이를 통해 국내 경제를 관리하기 위해 금리를 약간 변경할 수 있게 됐다. 두 번째는 국가가 '근본적 불균형'에 있는 경우 정부는 환율을 변경할 수 있지만, 이때 새로운 국제기구인 국제통화기금IMF, International Monetary Fund의 승인이 있어야만 한다는 것이었다. 하지만 근본적 불균형이 어떤 상태인지는 결코 정의된 바 없었다. 이러한 시스템의 바탕에 깔려 있는 개념은 유연한 금본위제는 국가 통화의 안정성에 대한 확신을 줄 수 있으며, 동시에

---

ii 지금은 경기가 침체되면 금리를 낮추고 유동성을 공급하는 것을 당연하게 생각하지만 과거 통화량이 금 보유량과 결합되어 있던 시기에는 이런 방법을 사용할 수 없었다.

국가가 심각한 경제적 문제에 직면했을 때 환율이 오르거나 내릴 수 있다는 것이었다.

일부 국가는 스스로가 안정성의 모범임을 증명했다. 예를 들어, 1946년부터 1970년까지 스위스 프랑은 아주 작은 변동폭만 기록하면서 달러당 4.3스위스 프랑으로 거래됐으며, 20년 이상 5.18스웨덴 크로나는 대략 1달러의 가치를 유지했다. 반면에 경제가 어려운 국가들은 평가절하를 강요받았다. 인플레이션이 발생하기 쉬웠던 프랑스에서는 1945년에 1달러로 119프랑을 살 수 있었지만, 프랑스 정부가 1프랑당 당시 화폐 100프랑의 가치가 있는 '새로운 프랑'을 만들어 통화를 안정시키려 했던 1960년 초에는 1달러로 490프랑을 살 수 있었다. 국가들이 심각한 상황을 제외하고는 하지 말아야 할 일은 통화를 통제하기 위해 수입을 제한하는 것이었다. 실제로 자유무역은 전체 브레튼 우즈 체제의 핵심이었다. 그러나 시스템을 작동시키기 위해 자유롭게 거래할 수 없는 제품이 하나 있었는데, 그것은 바로 '돈'이었다. 투자자들이 마음대로 영국 파운드를 프랑스 프랑을 받고 팔 수 있다면 이러한 거래는 파운드-프랑 환율을 혼란에 빠뜨릴 수 있기 때문에 자본 흐름을 통제할 필요가 있었다. 영국 경제학자 조안 로빈슨Joan Robinson은 1944년에 "부를 사적으로 소유한 사람들이 개인적 편의를 위해 전 세계로 자금을 이동시킬 자유에 대한 권리는 없다"라고 강조하기도 했다. 실제로 이것이 의미하는 바는, 정부가 금융산업을 엄격하게 통제함으로써 국경을 초월한 투자를 제한하고 심지어 국민 중 누가 귀중한 외화에 접근할 수 있는지까지 결정한다는 것이었다. 금융의 세계화는 허용될 수 없었다.[2]

◇◇◇

　브레튼 우즈의 협상가들에게 국제무역의 확대는 단순한 경제적인 문제 이상의 것이었다. 두 차례의 재앙적인 세계대전을 겪으면서, 이들은 국가 간의 긴밀한 경제관계가 세 번째 세계대전을 피할 수 있도록 해주는 근본적인 요인이라고 간주하게 됐다. 그러나 이들 협상가들 역시 가족 소유의 소규모 농장과 중소기업이 대부분의 국가 경제의 중심에 있음을 알고 있었다. 무역 장벽과 투자 제한은 작고 비효율적인 기업들을 살아남게 했지만 성공적인 기업들의 해외 진출을 어렵게 만들었다. 특히 유럽의 경우에는 한 국가의 공장이 다른 국가의 잠재 고객으로부터 가까운 거리에 위치하고 있었다. 그리고 이런 이유로 국경을 넘나들며 기업을 운영하기가 용이해지면, 최신 장비를 구입하고 연구 자금을 조달하는 데 더 많은 비용을 지출할 수 있는 더 큰 회사가 등장함으로써 생산성이 향상되고 유럽 전체의 생활 수준이 향상될 수 있었다.

　브레튼 우즈의 협정에 따르면, 세계무역을 관장하는 국제무역 기구를 창설함으로써 이 과정을 시작하기로 되어 있었다. 그러나 국제기구가 미국의 무역 정책을 규제할 수도 있다는 생각은 미국 내에서 논란을 불러일으켰고, 결국 당초 의도됐던 새로운 기구는 제대로 등장할 수 없었다. 그 대신, 23개국은 훨씬 약한 권한을 가진 기구인 '관세와 무역에 관한 일반협정GATT, General Agreement on Tariffs and Trade'을 설립했다. GATT의 목표는 합의에 의해 수입 관세를 낮추는 것이었다. 1947년과 1956년 사이 네 번의 협상을 통해, 각 회원국은 다른 나라들이 관세를 인하하면 자신들도 특정 제품에 대한 관세를 낮추겠다고 제안했다. 이어진 일련의 협상을 통한 최종 결과는 수천 개의 관세 인하 목록이었다. 일부 국가들은 중요한 외국산 제품의 가격을 20퍼센트 이상 인하했으며, 국내 생산자들로 하여금 수입 제품과 경쟁하기를 원한다면 효율성을 더 높이라고 압박을 가하게 됐다. GATT는 흔히 '말만 무성한 곳talking shop'이라고 조롱받았으며, 점점 많은 국가가 협상 테이블에 앉겠다고 주장하면서 관세 인하 협상은 점차 느리고 번거로워졌다. 공산품에 대한 관세는 0퍼센트까지 낮추는 데 성공했지만, 농산물에 대한 관세는 거의 인하하지 않았다. 서비스 무역을 가로막는 장애물은 통상적으로 인허가 조건 또는 다른 형태의 규제였는데, 이들에 대해서 GATT는 거의 손을 댈 수 없었다.

많은 단점에도 불구하고, GATT는 세계화 과정에 극적으로 영향을 미칠 두 가지 혁신을 가져왔다. 첫 번째는 관세 인하를 구속력 있게 만든 것이었다. 한 국가가 수입하는 트럭 차축에 15퍼센트가 아닌 5퍼센트의 관세를 부과하기로 일단 합의하면, 해당 품목에 대한 관세는 다시 인상할 수 없었다. 이것은 기업들에 일종의 보험을 제공하는 셈이었고, 어떤 국가의 미래에 들어설 정부가 특정한 수입품을 더 비싸게 만듦으로써 기업들의 계획을 급작스럽게 뒤엎는 일이 발생하지 않도록 보장했다. 두 번째는 한 국가의 약속이 다른 모든 회원국에도 똑같이 적용된다는 것이었다. 이 시점까지의 통상적인 무역협정은 1936년에 체결된 미국과 니카라과의 무역협정과 같이 두 나라 간에 체결되거나, 또는 대영제국에 속한 국가들 간의 협정과 같이 제한된 몇몇 국가의 범위 내에서만 체결됐다. 그러나 GATT에서 합의된 관세 인하는 GATT에 가입한 모든 국가의 수입에 동등하게 적용됐다. 일부 국가가 보다 더 유리한 무역협정을 체결하는 일은 그러한 협정이 그들 사이의 무역에 있어 '실질적으로 모든' 부분을 포함하거나, GATT 회원국의 3분의 2가 동의할 경우에만 가능했다. 이 조항은 결국 유럽의 많은 국가가 단일시장을 형성하게 하는 주목할 만한 일련의 조약을 체결하는 길을 열었다.[3]

제2차 세계대전이 끝난 이후 번영으로 향하는 과정은 느렸다. 1945년 전쟁이 끝난 후 첫해에 북미 지역은 여러 가지로 어려움을 겪었고, 유럽과 아시아의 많은 지역은 비참한 상황이었다. GATT 체제하에서 1948년 이루어진 첫 번째 관세 인하로 1930년대부터 지속되던 수입 규제가 사라졌지만, 이 규제는 경제 회복을 가로막는 여러 장애물 가운데 하나에 불과했다. 많은 나라가 전쟁비용 충당으로 인한 금과 달러의 고갈로 트랙터와 공장 기계, 육류, 곡물, 석탄 등을 수입할 자금이 없었으며, 공장들이 손상되지 않았던 미국과 캐나다는 주요 수출시장이 없어진 상태에 놓여 있었다. 수년간 이어진 가격과 임금 통제로 인해 구매력이 약화된 노동자들은 불만이 폭발했고 민간 산업 부문의 국영화 요구가 강화됐다. 특히 프랑스의 경우 1947년 파업으로 2200만 일 이상의 노동일 손실을 기록했다. 같은 해, 유럽과 아시아의 농민들은 10년 전보다 훨씬 적은 식량만을 생산할 수 있었고, 제조업의 경우 가격 통제로 인해 제시된 가격이 불공정하다고 생각했기 때문에 기업들은 투자를 연기했다. 많은 나라에서 인플레이션 조정을 거친 1인당 국민소득은 1948년이 되어서도 여전히 전쟁 전보다 낮은 상태에 머물러 있었다.[4]

이러한 어려움을 극복하기 위해서는 미국의 원조가 필요했다. 1948년 미 의회에 의해 승인된 마셜플랜The Marshall Plan은 4년에 걸쳐 약 130억 달러를 유럽 국가들에 원조했고, 이를 통해 유럽 국가들은 경제를 다시 시작하는 데 필요한 기계, 원자재, 식품 및 사료 등을 수입할 수 있었다. 마셜플랜의 목적은 전략적이었다. 전후 세계에서 손쉽게 지배적인 강대국이 된 미국은 평화에 대한 가장 큰 위협으로 간주되던 소련에 맞서기 위해, 정치적으로나 경제적으로 충분히 강력한 국가들로 동맹을 구성하기를 열망했다. 소련과 그 동맹국들은 마셜플랜이 제공하는 원조를 거부했으며, 확대된 무역과 외국인 투자와 관련된 어떤 것도 원하지 않았다. 소련이 독일에서 자신의 점령지를 울타리로 구분하자, 미국, 영국, 프랑스 3개 서방 연합국은 자신들의 독일 점령지를 서독으로 통합하여 새로운 통화인 도이치 마르크deutsche mark를 발행했다. 이러한 움직임들은 전쟁 전 유럽에서 가장 크고 산업화됐던 독일 경제의 부활을 촉발했다.[5]

마셜플랜의 도움에는 조건이 있었다. 마셜플랜에 가입한 17개국은 모두 무엇보다도 가격 통제를 끝내고 경제 주도권을 민간 부문이 쥐도록 장려하겠다고 약속해야 했다. 따라서 마셜플랜에 참여한 국가들은 동유럽 지역에서 국가 통제의 경제체제가 형성된 것과 달리 수요와 공급에 기초한 가격에 따른 자유로운 교환을 근간으로 하는 경제에 전념하게 됐다.[6] 또한 미국인들은 마셜플랜 국가들의 공동

행동을 요구했다. 당시 생존해 있던 성인 대부분의 기억 속에서 두 번이나 세계대전을 벌였던 나라들 사이의 협력은 쉽게 찾아오지 않았다. 첫 번째 구체적인 조치는 1951년 6개국이 전기 생산과 산업 발전의 주요 연료인 석탄과 핵심 공산품인 철강에 영향을 미치는 모든 차별적 관행을 철폐하기로 약속함으로써 이루어졌다. 유럽석탄철강공동체The European Coal and Steel Community는 더 큰 무역의 문을 열었으며, 가장 효율적인 광산과 제철소가 서유럽 전역으로 확장하고 제품을 판매할 수 있도록 하면서 효율성이 낮은 광산과 설비 들은 문을 닫도록 압박을 가했다. '고위 당국High Authority'으로 불리던 공동체의 통치기구는 이러한 결정들을 국민들에게 설명하고, 석탄과 철강 각 1톤에 부과한 세금으로 조달한 자금으로 제철소 개선을 위한 대출을 실행했으며, 이 과정에서 실직한 노동자를 돕기 위한 보조금을 지급했다.

이러한 시도에는 일자리 창출 이상의 성패가 달려 있었다. 프랑스 외무장관 로베르 쉬망Robert Schumann[i]이 말했듯이, 국가들을 더 가깝게 묶는 일의 근본적인 목적은 "전쟁을 생각할 수 없을 뿐만 아니라 물질적으로도 불가능하게 만들기" 위한 것이었다. 정부가 외국과의 무역 통제권 일부를 국제기구에 넘겨준다는 생각은 급진적이었기 때문에, 이런 계획을 고안했던 프랑스 외교관들은 가능한 오랫동안 그것

---

i 프랑스 외무장관으로서 1949년 4월에는 미국과 서유럽의 안보를 위한 북대서양조약(NATO)에, 5월에는 유럽평의회(Council of Europe) 설립 헌장에 서명했다. 이듬해 5월에는 '쉬망 선언(Schuman Declaration)'을 발표하여 유럽연합 탄생의 길을 여는 계획을 알렸다. 1951년 4월 서유럽 6개국(프랑스, 서독, 이태리, 네덜란드, 벨기에, 룩셈부르크)은 쉬망플랜을 구체화하여 유럽석탄철강공동체(ECSC) 조약을 체결하고 그해 12월에 비준했다. 이로써 다음 해, 오늘날 '유럽연합(European Union)' 모태가 된 유럽석탄철강공동체가 정식 출범했다. 오늘날 쉬망은 '유럽연합의 아버지'로 칭송되고 있다.

을 비밀로 유지했다. 벨기에, 프랑스, 이탈리아, 룩셈부르크, 네덜란드가 이 계획에 동참한 이유는, 유럽의 부흥에는 건강한 서독이 필요하다는 사실을 알고 있었고 독일이 다시는 경제력을 전쟁에 사용하지 않을 것이라는 보장을 원했기 때문이었다.[7]

엄밀히 말하면, 유럽석탄철강공동체는 '실질적으로 모든' 무역을 다루지는 않았기 때문에 GATT의 규칙을 위반한 것이었다. 그러나 가장 강력한 GATT 회원국이었던 미국은 이 법적 결함에 대해 이의를 제기하지 않았다. 유럽인들이 미국의 수출품에 불이익을 줄지도 모른다는 우려보다는 공산주의를 막을 방어벽을 건설해야 한다는 열망이 강했던 미국은 공동체의 성공을 원했다. 친소련 성향의 공산당은 이탈리아, 프랑스 등에서 강세를 보였다. 공산당을 물리칠 수 있는 가장 좋은 방법은 노동자들의 생활 수준 향상으로 보였기에, 그 과정에서 유럽 국가들이 서로 더 많이 구매하고 자신에게서 덜 수입하더라도 미국은 그것을 충분히 감내할 수 있는 대가로 여겼다.

이 전략은 대단히 성공적이었다. 낮은 관세, 더 안정적인 통화, 한국전쟁으로 인한 강한 공산품 수요로 유럽의 경제는 고도성장으로 전환됐다. 1950년과 1952년 사이에 다른 유럽 국가로의 수출은 서독은 87퍼센트, 스웨덴은 45퍼센트, 네덜란드는 36퍼센트 증가했다. 1953년까지 서독은 수입품의 10분의 9를 관세 없이 수입했다. 유럽 기업들이 해외에 많은 투자를 하고 미국 제조업체들도 유럽 전역에 공장을 개설하면서 외국인 투자가 급증했다. 더 확대된 무역과 투자로 인한 생산성 향상이라는 보상은 즉각적이었다. 1955년까지 네덜란드에서 평균 노동자의 생산성은 1950년보다 25퍼센트 향상됐고,

서독에서는 40퍼센트 높아졌다. 생활 수준 역시 빠르게 상승했다. 인플레이션을 감안하더라도 1950년과 1957년 사이에 이탈리아의 공산품 수출은 두 배 이상 증가했으며, 이에 따라 남부의 고립된 마을에 거주하던 수백만 명의 가난한 농부가 안정적인 임금을 제공하는 공장 일자리가 있는 북쪽으로 이동했다. 이탈리아 북부 지역에서 실내 화장실은 일반적이었으며, 가게의 쇼윈도는 최신 유행을 보여주고 있었다. 이탈리아인들이 전후 시대를 '일 마라콜로_{il miracolo}', 즉 '기적'이라고 기억하는 데는 이런 이유가 있다.[8]

　일부 유럽 지도자들은 두 번의 세계대전을 일으킨 원인이 됐던 국경선을 지우는 훨씬 더 큰 꿈을 꾸었다. 1956년 로마조약_{Treaty of Rome}을 통해 유럽석탄철강공동체는 이제 '유럽공동체_{EC, European Community}'로 다시 명명됐으며, 회원국들은 석탄과 철강뿐만 아니라 모든 수입 품목에 대한 제한을 없고자 했다. 이전에는 국가 정부가 무역 정책에 대한 모든 권력을 순순히 포기한 적이 없었기 때문에 이것은 완전히 새로운 일이었다. 유럽공동체 내부의 자유무역은 유럽 제조업자들로 하여금 그들의 희망 여부와 상관없이 국제적인 기업이 되도록 강요했다. 이것은 더 치열해진 경쟁으로 낡은 공장들이 도산하더라도, 더 현대적인 공장들이 그 자리를 대체하며 더 높은 임금으로 새로운 일자리를 창출하리라는 믿음에 의거한 도박이기도 했다. 그것은 상당한 성과를 거둘 수 있는 도박이었다.

◇◇◇

1948년 제1차 GATT 협정이 발효되면서 제2차 세계화가 시작됐다. 세계 무역량은 빠르게 증가했지만, 무역 패턴은 제1차 세계화와 비슷했다. 제2차 세계대전 이전까지 가장 고도로 산업화된 지역이었던 서유럽, 북미, 일본을 중심으로 상품이 유입됐다. 이들은 당시 언어로는 화자의 정치적 성향에 따라 '북쪽$_{North}$', '중앙$_{center}$', '선진$_{developed}$' 경제로 알려졌다. 제조업이 상대적으로 보수가 좋은 수백만 개의 일자리를 추가했기 때문에, 국제무역은 일반적으로 '북쪽'에서 인기가 있었다.

세계의 나머지 국가들은 주로 이러한 '선진' 국가들에 원자재를 공급함으로써 제2차 세계화에 참여했다. '남쪽$_{South}$', '주변부$_{periphery}$', '저개발$_{less\ developed}$' 경제에서 평균적인 사람은 유럽이나 북미의 평균적인 사람보다 공산품을 훨씬 적게 소비했고, 이들 국가의 국내 공장은 의류 외에는 거의 생산하지 않았다. 가난한 나라들은 그들의 상품을 운송하는 비용이 높았기 때문에, 또 부유한 나라들이 가난한 나라들의 산업 수출에 대한 장벽을 높였기 때문에, 면화를 직물로 가공하고 철광석을 철봉으로 가공하는 방식으로 경제적 사다리를 올라갈 수 없었다. 최저임금 이상의 일자리는 거의 없었다. 1959년, 세계 제조업 생산량 가운데 라틴아메리카, 아프리카, 아시아가 차지하는 비율이 10퍼센트 미만에 불과하다는 통계는 이러한 격차를 아주 생생하게 포착한 것이었다.[9]

전후 몇 년 동안 오랜 식민 지배자들로부터 자유로워진 나라들이 광물, 식품 및 섬유를 수출하는 강력한 사업을 전개했음은 분명하다. 커피에서 황마, 석유에 이르는 1차 상품들은 1955년 브라질 수출의 10분의 9를 차지했고, 인도와 터키(현 튀르키예) 수출의 4분의 3을 차지했다. 그러나 거의 모든 경우에 이러한 수출은 부유한 국가들이 충분한 양을 생산하지 않거나 완전히 부족한 상품들에만 국한됐다. 칠레 구리와 인도 차의 경우 해외 수출시장이 있었지만, 콜롬비아의 설탕은 미국에서 원하지 않았고 태국의 쌀은 일본에서 팔 수 없었다. 게다가 당시 대부분의 국가는 한두 가지 상품의 수출에 극도로 의존하고 있었기 때문에, 고무 또는 주석 가격의 급격한 하락은 재앙적일 수 있었다. 따라서 이 가난한 나라의 사람들은 외국과의 무역과 투자는 번영이 아니라 빈곤을 가져오는 것이라 인식하고, 자신들을 이러한 과정의 패배자로 간주했다. 이것은 유럽의 지배에서 벗어나고자 하는 나라들의 강한 민족주의적 정서와 일치했다.[10]

아르헨티나의 경제학자인 라울 프레비시Raúl Prebisch는 대안을 제시했다. 독립된 중앙은행 총재였던 프레비시는 1943년 군부 쿠데타 이후 쫓겨났고 결국 망명할 수밖에 없었다. 1949년 3월, 다른 선택지가 거의 없던 그는 칠레에 본부를 둔 잘 알려지지 않은 UN 기구인 라틴아메리카경제위원회Economic Commission for Latin America에서 컨설턴트로 일하게 됐다. 그의 첫 번째 임무는 라틴아메리카에 대한 경제 조사를 준비하는 것이었다. 그해 5월 회의에 제출된 그의 보고서는 폭탄선언과 같았다. 그는 자유무역이 대규모 산업 국가에는 혜택을 주었지만 "세계 경제의 주변부"에 있는 국가에서는 실패했다고 단언했다.

각 국가가 가장 효율적으로 생산할 수 있는 상품을 다른 국가가 필요로 하는 상품과 교환하면 가장 잘살 수 있다는 데이비드 리카도의 주장은 이러한 주변부 국가들이 노동의 생산성을 향상시키고 생활 수준을 높이는 일을 허용하지 않을 것이라는 얘기였다. 프레비시는 주변부 국가들은 오히려 이전과 같은 양의 수입 공산품을 구매하기 위해 점점 더 많은 원자재를 수출해야 하는 러닝머신 위에서 달리고 있다고 주장했다. 그는 주변부 국가들이 자유무역을 환영하기보다는, 기계와 공장 장비는 수입하되 소비재 수입은 억제해야 한다고 말했다. 소비재는 주변부 국가들이 높은 관세로 보호받는 공장에서 만들어 부유한 나라로 수출할 수 있었다. 그는 시간이 지남에 따라 이 전략이 주변부 국가들의 생산성을 높여 점진적으로 경제를 개방할 수 있다고 역설했다."

'수입 대체import substitution'로 알려진 프레비시의 비전은 전 세계에서 환영을 받았다. 그의 이러한 구상은 라틴아메리카 국가들에 미국과 영국의 경제적 지배에 대한 대안을 제시했으며, 아시아와 아프리카 국가들에 이전 식민지 지배 국가의 경제적 통제에서 벗어날 수 있는 지침을 제공해주었다. 새로 독립하여 1950년에 계획 위원회를 설립한 인도부터 1957년 '가나'라는 이름으로 독립국이 되기 전에 이미 계획 부처를 만든 영국 식민지 골드 코스트에 이르는 여러 국가의 정부들이 전문가들에게 어떤 산업을 발전시켜야 하고 어떻게 그런 산업을 강화시킬 것인지를 결정하는 임무를 맡겼다. 수입 대체 전략이 국가가 주도하는 소비에트 공산주의와 미국이 옹호하는 자본주의 체제와 구별되는 경제 발전의 '제3의 길'을 제공한다는 생각은 1955년 인도네시아 반둥에서 개최된 비동맹 국가들의 첫 번째 만남에서 29

개 아프리카 및 아시아 국가의 지도자들에 의해 승인됐다. 이 통치자들은 거의 만장일치로 자기 나라가 세계의 부유한 지역과의 불평등한 관계로 고통을 겪는다고 느끼고 있었다.

그들은 이러한 불균형을 바로잡는 방법은, 경제를 망쳐놓은 원자재 상품가격의 급격한 변동을 끝내는 것이라고 생각했다. 1958년에 GATT에 참여한 저명한 경제학자 그룹은 원자재 수출국의 주장은 일리가 있으며, 국제시장의 끔찍한 변동성을 제한하는 것은 타당할 수 있다고 결론지었다. 원자재 상품가격의 안정이라는 목표는 너무나 매력적이었기 때문에, 즉각적으로 'G-77'이라는 명칭을 부여받게 된 77개 국가 그룹은 UN에 이 목표의 실현을 위한 도움을 줄 것을 요청했다. 유럽과 미국의 반대를 무릅쓰고, UN은 1964년 개발도상국들의 문제를 다루기 위한 기구인 UN 무역개발회의_UNCTAD, United Nations Conference on Trade and Development 를 설립했다. 그 기관의 책임자로 지명된 프레비시는 상품가격 안정을 위한 협력, 개발도상국의 제조업 강화를 위한 수입 대체 지원, 더 많은 해외 원조 등을 포함한 부유한 국가들과 가난한 국가들 간의 근본적인 관계 변화를 요구했다. 이러한 제안들과 그 외 추가된 여러 가지 사항은 이후 '신국제경제질서_New International Economic Order'라는 이름으로 알려지게 됐다.

이러한 아이디어는 이론적으로는 매력적이었지만 실제로는 그렇지 않았다. 우선, 커피와 같은 상품의 가격을 안정화하기 위해서는 먼저 커피 생산국이 개별 커피 재배자의 수확량을 통제함으로써 전체 생산량을 제어해야 했다. 이와 더불어 국제 펀드는 세계시장 가격을 합의된 수준으로 유지하는 데 필요한 만큼의 커피를 사고, 저장하고, 판매해야 했다. 이것은 엄청난 규모의 돈을 필요로 하는 일이었다. 그뿐 아니라 현재 가격이 너무 높다고 판단되면 저장고에 보관된 커피를 판매하고, 가격이 너무 낮으면 언제 기금을 동원해 커피를 사들여야 할 것인지를 알고, 그 판단을 정당화할 수 있는 지혜가 필요했다. 하지만 그러한 시스템을 관리할 비용도 지혜도 찾기가 쉽지 않았다. 수입 대체품에 관해서 수입 허가와 보조금 지급 권한을 공무원에게 부여하는 것은 끝없는 부패의 기회를 제공해주는 일이었고, 외국과의 경쟁이 없기 때문에 절망적으로 비효율적인 산업을 창출할 따름이었다. 이를 시도한 국가들 가운데 한국, 대만, 그리고 수년 후 중국과 같은 아주 소수의 국가만이 성공적으로 수입 대체 전략을 활용했다. 많은 국가가 상선단을 만들고, 이들에게 국가 해상무역의 일정 부분을 담당하는 것을 보장하라는 UN 무역개발회의의 조언을 따랐다. 하지만 제대로 관리되지 못한 이런 상선단은 그들을 후원했던 정부와 그들을 사용하도록 강요받은 수출업자들 모두에게 큰 비용 부담을 안겼다.[12]

1960년대 말까지 여전히 많은 가난한 나라가 세계 경제와 거의 연결되어 있지 않았다. UN 무역개발회의에 따르면, 베트남과 라오스를 둘러싼 전쟁, 인도와 파키스탄의 반복된 적대 행위, 남북한 국경의 무력 대치, 중국 문화대혁명의 혼란 등으로 인해 아시아 개발도상국들이 1967년에 세계의 건화물[i] 수출에서 차지하는 비중은 1퍼센트 미만에 불과했다. 아프리카의 경제는 침체돼 있었고, 라틴아메리

---

i 선박에 적재되는 곡물, 광석, 각종 공산품 등과 같이 고정된 형상을 갖는 화물을 가리킨다.

카는 산더미 같은 외채를 제외하고는 수입 대체로 보여줄 성과가 거의 없었다. 전 세계의 많은 사람이 국제무역을 부유한 '북쪽'이 가난한 '남쪽'을 통제하기 위한 음모라고 생각했고, 대부분의 가난한 나라는 그 일부가 되기를 원하지 않았다. 하지만 몇 년 후, 이런 입장은 바뀌게 된다.[13]

2부.

하나의 세계

5장. 컨테이너 혁명

긴 역사 속에서 1956년은 두 가지 면에서 의미 있는 해였다. 공산품의 국제무역이 처음으로 원자재 무역 규모를 초과한 해였으며, 또 완전히 새로운 화물운송 방식인 컨테이너 운송이 처음 사용된 해이기도 했다. 두 사건은 당시 많은 주목을 받지는 못했다. 하지만 두 사건 모두 제2차 세계화의 획을 그었으며, 제3차 세계화 기간 동안 세계 경제에서 극적인 변화의 길을 열었다.

상품 운송비용은 제2차 세계대전 이후 국제무역 확대의 주요 장애물이었다. 대양을 항해하는 범선이 증기선으로 바뀌었고, 선체가 철에서 강철로 변화했고, 증기선을 위한 효율적인 복합엔진 개발과 같은 상선의 큰 발전은 이미 수십 년 전에 이루어졌다. 철도로 상품을 국제적으로 이동시키는 일은 느리고 비용이 많이 들었다. 유럽에서는 여객 서비스가 화물운송에 비해 우선시됐으며, 화물은 국영 철도에서도 무시됐다. 북미에서는 운임 규제가 철도의 이윤을 감소시킴에 따라 선로와 화물 야적장에 대한 투자도 감소했다. 아시아에서는 국경을 넘는 철도망이 거의 없었다. 대형 유조선의 등장과 부두에서의 지게차 사용과 같은 혁신은 화물운송 비용의 꾸준한 상승을 막기에는 충분하지 않았다.

원자재를 그대로 수출하는 일은 매우 간단했다. 컨베이어 벨트는 밀이나 철광석을 벌크선의 화물창에 실었고, 원유나 휘발유는 유조선에 펌프를 이용하여 실었는데, 양쪽 모두 적재에 시간이나 노동력이 거의 필요하지 않았다. 그러나 '개품산적 화물breakbulk freight'로 불리는 세탁기, 커피콩 봉지 또는 플라스틱 인형 상자 등 개별적으로 포장된 품목의 수출은 힘든 과정이었다. 각각의 제품은 나무 상자나 금속 드럼통, 마대 자루 또는 종이 상자에 이르는 다양한 포장 형태로 공장에서 출하됐다. 각 품목은 트럭이나 철도 차량에 개별적으로 적재되어야 했다. 수출품이 해상으로 운송되는 경우 일단 트럭이나 기차를 이용해 항구로 운반한 다음 부두의 창고로 옮겨 배가 출항할 준비가 될 때까지 몇 주 동안 보관하기 일쑤였다. 배에 싣기 위해서는 각 화물을 부두로 날라 다른 화물과 함께 그물로 묶거나 나무 팔레트에 올려놓은 다음 윈치winch를 사용하여 화물창으로 들어 올려야 했다. 화물창에서 부두 작업자들은 한데 묶인 화물들을 풀어 각 품목을 다시 분리하고 적재할 위치를 결정해야 했다. 따라서 모든 화학물질을 담은 통이나 신발 상자 등은 배가 출항하기 전에 여러 번 옮겨야만 했다.'

1950년대의 전형적인 대서양 횡단 선박은 빽빽하게 포장된 면화 꾸러미에서부터 4도어 세단 자동차에 이르는 약 20만 개의 개별 품목을 수송할 수 있었다. 선박에 선적하는 데만 2주의 시간과 100명 이상의 부두 작업자가 필요한 경우도 있었다. 항해가 끝나면 배에서 하역하고 최종 목적지까지 물품을 운송하는 것도 번거로운 일이었다. 미국 공장에서 생산된 제품이 주요 목적지인 유럽의 고객에게 도착할 때까지 총 3개월이 걸릴 수 있었고, 운송비용은 상품 가치의 10~20퍼센트에 이르렀으며, 그 과정에서 도난이나 손상 위험 역시 높았다. 종종 운송시간과 비용을 최소화하기 위해 항구 도시의 부두 근처에 공장들이 모여 있었다. 이러한 이유로 런던, 함부르크, 뉴욕과 같은 주요 항구들은 제조업 중심지이기도 했다. 한 장소에서 다른 장소로 상품을 옮기는 비용과 복잡성을 억제하는 것은 공장 위치를 결정할 때 주요 고려사항이었다.

운송비용을 줄이기 위해 컨테이너에 화물을 채우는 것은 새로운 아이디어가 아니었다. 이 개념은 1700년대에 운하를 운행하는 선박에 탈부착 가능한 화물칸의 형태로 처음 시도됐다. 프랑스와 영국의 철도는 19세기에 나무로 만들어진 선적 컨테이너를 운반했으며, 이때 손으로 크랭크를 돌리는 크레인을 사용하여 무개화차와 마차 사이로 컨테이너를 옮겼다. 미국에서는 1920년대에 다양한 철도가 특수 설계된 열차 차량에 나란히 배치된 작은 강철 컨테이너에 화물을 실어 날랐다. 그러나 이런 컨테이너는 철도 규제기관인 '주간상업위원회Interstate Commerce Commission[i]가 보기엔 마땅치 않았다. 오래전부터 철도

---

i 1880년대에 철도회사의 권한 남용과 과실에 대한 대중의 분노가 커지자 1887년 제정된 '주간통상법(Interstate Commerce Act)'에 따라 1887년부터 1995년까지 주 사이의 운송을 담당하는 운송업체를 규제했다. 미국에서 설립된 최초의 규제 위원회였던 이 기관은 1995년 말에 그 기능이 다른 기관으로 이관되거나 폐지됨에 따라 활동을 종료하고 해체됐다.

로 운반되는 각 상품에 정해진 요율을 적용하도록 했던 위원회는 컨테이너 안에 들어 있는 가장 비싼 상품의 중량에 매기는 요금보다 저렴한 비용을 컨테이너에 부과할 수 없다고 판결했다. 이러한 결정을 준수하기 위해서 철도회사들은 각 컨테이너를 열고 내부의 모든 꾸러미를 검사해야만 했다. 이것은 배송 속도를 높이거나 비용을 절감하는 방법과는 거리가 멀었다.

제2차 세계대전 이후에 컨테이너에 대한 더 다양한 '실험'이 시작됐다. 태평양 전쟁에서 섬 해변에 상륙하기 위해 설계된 선박들은 종전 후 미국 대서양 연안을 따라 트럭을 운송하는 '로로선roll-on/roll-off'[i]으로 바뀌었다. 원래 1933년에 유럽 철도기업들에 의해 설립된 국제컨테이너사무국International Container Bureau은 화물 열차에 소형 목재 컨테이너 사용을 장려하는 노력을 재개했다. 미군은 군인들의 소지품을 위해 '코넥스 상자Conex box'[ii]로 알려진 작은 강철 상자를 채택했으며, 몇몇 미국 철도회사는 특별히 설계된 트럭과 철도 차량 사이를 이동할 수 있는 컨테이너를 개발했다. 적은 수의 강철 컨테이너들은 배로 운반되기도 했다.

이러한 노력 중 어느 것도 상품의 국제 운송비용을 줄이지는 못했다. 철도 컨테이너 시스템은 해운사의 컨테이너 시스템과 호환되

---

i 기중기를 사용하지 않고 선측과 부두 안벽 사이에 걸쳐놓은 램프를 통해 트럭이나 트레일러가 그대로 선내에 들어가거나 적재한 화물을 내릴 수 있는 구조를 가진 선박을 말한다.

ii 한국전쟁과 베트남 전쟁 때 물자를 수송하고 보관하기 위해 개발된 박스이다. 처음 시작은 1948년 미 육군 수송부대가 9000파운드(약 4톤)의 적재량을 실을 수 있도록 만든 강철 상자였다. 이 박스가 한국전쟁에서 성공적으로 사용된 후 1952년 '컨테이너익스프레스(CONtainer EXpress)' 시스템으로 발전했다. 1965년까지 미군은 10만 개 이상의 코넥스 박스를 보유했고, 전쟁터에서 운송 및 저장 공간으로 요긴하게 활용됐다.

지 않았다. 배에 컨테이너를 싣기 위해서 부두 작업자는 먼저 사다리를 사용하여 컨테이너 위에 올라가 각 모서리에 고리를 부착해야 했다. 그다음 윈치가 컨테이너를 들어 올린 뒤 화물선의 선창으로 내려 다른 화물과 함께 제자리에 밀어 넣으면, 다시 컨테이너 위에 올라가 고리를 제거했다. 화물선들은 귀중한 선상의 공간을 낭비하는 대형 금속 상자에 적합하게 설계되지 않았다. 1954년 프랑스 항만노동자협회장은 "만약 그 상품들이 컨테이너에 적재되는 대신 개별적으로 적재된다면 훨씬 더 적은 공간을 차지할 것이 확실하다"라고 주장했다. 빈 컨테이너를 원래 있던 곳으로 돌려보내는 데 드는 비용이 컨테이너를 통해 절약한 비용보다 더 컸다. 1950년대 중반, 화물 취급비용이 국제무역의 주요 장애물이 됐다는 점은 널리 받아들여지는 사실이었다. 그러나 변화는 고통스러울 정도로 느렸다.[2]

컨테이너 시대는 1956년 4월에 시작됐다. 제2차 세계대전 이후 민간에 불하되어 개조된 유조선인 아이디얼-엑스Ideal-X가 뉴저지주 뉴어크에서 텍사스주 휴스턴까지 58개의 알루미늄 컨테이너를 갑판에 실으면서부터다. 아무도 이러한 일이 세계 경제를 뒤집을 것이라고는 상상하지 못했다. 이것은 노스캐롤라이나와 뉴욕을 오가는 트럭 이동비용을 몇 달러 절감하는 것과는 완전히 다른 목적을 염두에 두고 구상됐다.

아이디얼-엑스는 맬컴 맥린Malcom P. McLean이라는 트럭 운송업계의 거물이 고안한 것이었다. 1913년 노스캐롤라이나주의 시골 마을에서 태어난 맥린은 대공황이 한창이던 시절 트럭 운전사가 됐으며, 녹슨 트레일러로 자신이 관리하는 주유소에 사용할 엔진 오일을 운반하면서 추가로 몇 달러를 더 벌곤 했다. 제2차 세계대전 와중에 사업을 빠르게 확장한 후 1945년, 그는 162대의 트럭을 소유한 '맥린트러킹컴퍼니McLean Trucking Company'를 경영하면서 노스캐롤라이나에서 필라델피아, 뉴욕 및 뉴잉글랜드로 향하는 직물과 담배를 운반했다. 규제로 인해 자동차 운송업체들이 새로운 경로를 화주들에게 제공하기 어려워지자 맥린트러킹컴퍼니는 새로운 시장에 진입하기 위한 방법으로 소규모 트럭회사들을 인수했다.[i] 1954년이 되자 맥린의 회사는 매출 기준으로 미국에서 여덟 번째로 크고, 세후 이익을 기준으로 하면 세 번째로 큰 트럭회사가 됐다.

철도와 마찬가지로 트럭 운송업체들이 고객에게 부과하는 요금은 주간상업위원회의 승인을 받아야 했다. 경쟁사보다 낮은 요금을 제공하여 새로운 고객을 유치하려면 트럭 운송업체들은 그 요금으로도 수익을 올릴 수 있음을 증명해야 했다. 그의 성공의 핵심은 낮은 요금을 정당화하기 위해 비용절감에 강박적으로 집중한 것이었다. 이러한 비용절감에 대한 강박으로 1953년 맥린은 화물운송에 대한 참신한 아이디어를 떠올리게 됐다. 전후 자동차 판매가 폭발적으로 증가함에 따라 교통 체증이 악화되어 트럭이 지연되고 운송비용이 증가하자, 맥린이 노스캐롤라이나, 뉴욕시, 로드아일랜드 해안가

에 전용 터미널을 건설할 것을 제안한 것이다. 이 터미널에서 트럭은 경사로를 따라 배에 올라간 후 견인해 온 트레일러를 배에 내려놓았다. 배는 해안을 따라 항해함으로서 교통 체증을 피할 수 있었다. 도착지 항구에서 다른 트럭들이 트레일러를 인수하여 목적지까지 배달하는 방식이었다.

추가 연구를 통해 맥린은 화물을 실은 트레일러 본체를 차축 및 바퀴에서 분리하여 본체만 배에 싣고 이동하는 것이 더 합리적이라고 확신하게 됐다. 그리고 계획을 실행하기 위해 이미 대서양과 멕시코만 연안의 항구 사이를 운항할 권한이 있던 소규모 국내 선사인 팬애틀랜틱스팀쉽Pan-Atlantic Steamship Corporation 을 인수하려 했다. 그러나 규제 당국은 '선박을 소유한 트럭회사'라는 개념에 눈살을 찌푸렸다. 거래 승인을 얻기 위해 그는 일단 맥린트러킹컴퍼니를 매각한 다음 기존 노선에서 컨테이너선을 운영할 팬애틀랜틱을 인수하는 방식을 동원했다. 팬애틀랜틱의 수익은 대부분 트럭과 기차가 경쟁할 수 없는 경로, 즉 미국 본토와 미국 보호령인 카리브해의 섬 푸에르토리코 사이를 항해하는 데서 나오고 있었다. 컨테이너가 도입되면 조합원의 업무 대부분이 없어질 것을 우려한 연안 노조의 저항에도 불구하고, 다른 미국 해운사들도 하와이와 알래스카 항로에 컨테이너를 점진적으로 도입하게 됐다.[3]

이러한 컨테이너 선적에 대한 초기 시도에는 한 가지 공통적인 요소가 있다. 각 해운사가 자신의 비즈니스에 가장 적합하다고 판단되는 컨테이너를 사용했다는 것이다. 팬애틀랜틱의 컨테이너는 길이가 35피트(약 10.7미터)였다. 이것은 당시 트럭이 뉴저지터미널로 이어지는 주요 고속도로를 통해 운반할 수 있는 최대 길이였다. 다른 회사들은 8피트(약 2.5미터), 17피트(약 5미터) 또는 24피트(약 7미터) 길이의 컨테이너 운영을 시도했다. 일부 컨테이너에는 아래에 지게차로 운송할 수 있는 가느다란 홈$_{slot}$이 있었다. 다른 컨테이너에는 이런 구멍이 없었지만 맨 위에 항만 노동자들이 컨테이너를 들어 올리기 위해 갈고리를 부착할 수 있는 구멍$_{eye}$이 있었다. 일부 컨테이너는 뒤쪽에 문이 있었고, 다른 일부는 측면에 있었다. 어떤 컨테이너는 물건을 층층이 쌓아놓을 수 있도록 해주는 내부 지지대가 있었고, 다른 일부는 없었다. 해운사들은 단일한 산업 표준의 준수가 그들의 특정 비즈니스에 적합하지 않은 컨테이너를 사용하는 일을 의미한다고 생각했다. 전시가 되면 평소 보조금을 지급받던 배들을 지휘할 수 있는 권한을 갖는 미 해군은 호환되지 않는 컨테이너 시스템이 전쟁 시 물류를 복잡하게 만들 것이라고 초조해하기 시작했다. 정부의 압력에 따라 해운업계는 컨테이너의 길이, 강도, 인양 방식 등에 대한 표준을 설정하기 위해 위원회를 구성했다. 3년간의 치열한 교섭 끝에 위원회는 1961년 가장 논란이 많던 문제에 대해 합의했다. 컨테이너는 길이가 10피트(3.048미터), 20피트(6.096미터), 30피트(9.144미터) 또는 40피트(12.192미터)로 결정되어, 20피트 컨테이너 한 개와 10피트 컨테이너 두 개 등의 조합이 40피트 컨테이너 하나와 같은 동일한 공간을 차지하도록 했다.

그런 다음 국제표준화기구$_{ISO, International Organization for Standardization}$가 참여했다. 1961년 9월에 11개국의 대표단이 뉴욕에 와서 컨테이너에 대한 논의를 시작했으며, 이와 별도로 15개국의 참관인이 참석했다. 미국에서 3년이 걸렸던 컨테이너 크기, 내부 구조, 도어 배치 등에 대한 논쟁은 이제 국제적 차원에서 반복됐다. 새로운 규칙의 중요성은 모두에게 분명했다. 국제 컨테이너 운송은 목적에 맞게 제작된 선박으로 해야 효율적이지만, 만약 특정 크기의 컨테이너가 국제 표준이 될 가능성이 있는 경우 이와 다른 크기의 컨테이너를 운송하도록 설계된 선박에 투자할 사람은 아무도 없었다. 가장 논란이 된 문제는 컨테이너를 들어 올려 트럭 차체에 고정하거나 서로 연결하는 방식이었다. 각 컨테이너 제조업체는 자신들의 방식이 국제 표준이 되기를 원했다. 1965년이 되어서야 위원회는 컨테이너의 각 모서리에 있는 강철 부품의 단일한 설계에 대한 합의에 도달했다. 이제 표준 40피트 컨테이너가 전 세계의 모든 항구 또는 철도 터미널에서 사용될 수 있게 됐다. 마침내 컨테이너 운송은 세계화될 수 있었다.

1966년 3월, 혼합화물과 함께 컨테이너를 운반하기 위해 개조된 두 척의 배가 미국과 북유럽 사이 첫 항해를 시작했다. 그러나 이것은 경제적이지 못했다. 선박이 컨테이너 외의 다른 화물을 내리기 위해 항구에서 며칠을 보내야 한다면 컨테이너 운송의 비용상 이점은 사라질 수밖에 없었다. '시랜드서비스Sea-Land Service'로 이름을 변경한 맬컴 맥린의 회사가 운영한 최초의 컨테이너 전용 선박은 그 다음 달에 로테르담에 도착했다. 그리고 로테르담에서는 트럭 운전사들이 유럽 전역에 226개의 컨테이너를 운송하기 위해 기다리고 있었다. 그 후

시랜드서비스의 배는 매주 대서양을 건넜다. 경쟁자들이 근소한 차로 뒤졌다. 첫 번째 대서양 횡단 컨테이너선 항해가 있은 지 불과 2년 후인 1968에는 일주일에 열 척의 컨테이너선이 북대서양을 횡단했으며, 전통적인 일반 화물선은 이 항로에서의 운항을 거의 포기했다.

태평양에서는 상황이 더 느리게 진행됐다. 전문가들은 태평양 횡단 컨테이너 운송이 재정적으로 불가능하다고 이야기했다. 북미와 아시아 간의 거리가 멀어 선박이 부두에서보다 바다에서 더 많은 시간을 보내야 했기 때문에, 선박의 선적 및 하역 속도를 높여 절약할 수 있는 비용은 적었다. 1960년대에 아시아는 특별히 유망한 시장이 아니었다. 일본만이 주요 교역국이었다. 중국은 문화대혁명 당시 외국인 투자와 개인 사업을 금지했고 대외무역도 거의 없었다. 여전히 매우 가난한 한국은 이제 막 산업화를 시작하고 있었으며, 넥타이, 신발 등 노동집약적인 제품을 주로 수출하고 수입을 최소화하고 있었다. 국토가 분단되고 미국과의 전쟁으로 고통을 겪던 베트남은 외국과의 상업적 무역을 거의 하지 않았다.

예상치 못한 일이지만, 베트남에서 미국이 치르던 전쟁은 '복합운송intermodal shipping'의 돌파구를 가져오게 됐다. 남북 길이가 약 1126킬로미터에 달하는 남베트남은 현대적인 군사 작전에 매우 적합하지 않았다. 사이공이 베트남의 유일한 심수항深水港이었다. 단 하나의 철도 노선이 있었지만 노후화되어 대부분 작동 불능 상태에 있었다. 도로망 역시 제대로 발달하지 못했으며 그나마도 비포장도로가 대부분이었다. 1965년 초 남베트남 군대는 '베트콩'으로 알려진 국내 게릴라 및 그들의 후원자인 북베트남 사회주의 정부와 끊임없는 전쟁을 치르고 있었고, 베트남의 인프라는 이들을 '자문'하고 있던 2만 3000명의 미군을 수용하는 데 한계가 있었다. 린든 존슨Lyndon Johnson 대통령이 1965년 4월에 대규모 미군을 투입하기로 결정했을 때 미 해군의 해상운송지원단Military Sea Transportation Service은 이들에게 통신 장비와 무기는 말할 것도 없고 군화와 건설 자재 등을 공급해야 한다는 큰 압박을 받게 됐다. 베트남으로 들어오는 화물들은 사이공의 부두에 쌓여 있었지만 전선의 군대는 기본적인 장비조차 부족했다. 상황이 악화되면서 잡지들이 보도하는 베트남의 물류 혼란은 워싱턴을 난처하게 만들었다.

문제를 해결하기 위해 필사적이었던 미군의 연구팀은 1965년 12월 선적 절차의 기본적인 변화를 권고했다. 연구팀의 첫 번째 권고 사항은 베트남으로 향하는 모든 화물은 컨테이너를 가리키는 장황한 이름인 '통합 포장unitized packaging'으로 수송되어야 한다는 것이었다. 군대 내에서 일부 저항이 있었지만, 1967년 3월 시랜드서비스는 미국 본토와 베트남에 새로 건설되는 깜라인만 항구 사이를 운항하는 컨테이너선 운영 계약을 체결했다. 그해 말 첫 번째 컨테이너선이 609개의 컨테이너를 싣고 서비스를 시작했는데, 이는 베트남으로 군용화물을 운반하는 일반 화물선 열 척의 적재량에 해당했다. 시랜드의 깜라인만 노선은 컨테이너선이 넓은 태평양을 가로질러 수익성 있게 운항할 수 있는지에 대한 모든 의구심을 해결했다. 일본과 미국 간의 첫 번째 컨테이너선 서비스는 1967년에 시작됐다. 3년 이내에 컨테이너선은 홍콩, 호주, 대만, 필리핀에 기항하면서, 이들 지역을 일본과 미국 그리고 서유럽이 지배하던 국제무역 시스템과 더욱 밀접하게 연결했다.

컨테이너 운송은 세계화를 세계적인 현상으로 바꾸는 데 도움을 주었고 국제무역에 박차를 가했다. 미국은 1967년 처음으로 100만 대 이상의 차량을 수입했는데 대부분 독일산이었다. 이 차들은 컨테이너로 이동하지 않았지만, 서비스에 필요한 부품들은 컨테이너에 실려 수입됐다. 국제적인 컨테이너 운송이 이루어진 첫 10년 동안 미국의 타이어와 튜브 수입은 프랑스와 일본 제품을 중심으로 매년 25퍼센트의 비율로 증가했으며, 일본과 독일로부터의 카메라 수입 역시 비슷한 비율로 증가했다. 1972년에 미국은 19세기 이후 처음으로 수출하는 것보다 많은 공산품을 수입하게 됐다. 1968년과 1978년 사이에 해외 공장에 대한 미국 기업들의 투자는 두 배 이상 증가했고 외국인이 소유한 미국 내 제조업 자산의 가치는 세 배가 됐다. 여기에는 저렴한 비용으로 대서양을 가로질러 엔진과 변속기를 운송하는 컨테이너선에 의해 현실화된 펜실베이니아주의 새 폭스바겐Volkswagen 조립 공장이 포함됐다.[4]

컨테이너는 일본이 수출 초강대국이 될 수 있게 했고, 점점 더 발전하는 일본의 공산품이 유럽과 아시아 전역의 시장에 침투하면서 일본의 해외 투자 역시 뒤따랐다. 전통적으로 대내지향적이던 일본의 기업들은 1978년 10년 전보다 미국에 대한 투자를 열 배 늘렸다. 일본 기업들은 이제 더 이상 불규칙한 운송 경로로 인한 고립 상황을 겪지 않게 된 대만과 한국의 공장에서, 다른 개발도상국에 판매하기 위한 저렴한 라디오 및 알람시계를 일본 부품을 사용하여 조립하기 시작했다. 미국의 대기업들은 말레이시아, 싱가포르 및 필리핀에 위치한 공장에서 미국산 부품으로 조립하여 모듈화한 서브어셈블리subassembly[i]를 만들어 미국의 공장으로 돌려보냈다. 1980년까지, 일본을 제외한 아시아의 수출은 10년 전에 비해 열한 배나 증가했으며, 이 지역의 수입 역시 거의 비슷하게 빠른 속도로 성장했다. 해외에서의 조립은 세계적인 공급망을 만들기 시작했고 이는 급진적인 새로운 단계의 세계화를 가져왔다.[5]

---

i 몇 개의 부품을 조립하여 보다 큰 덩어리로 만든 것을 의미한다. 최종 조립 단계에서 개별 부품을 일일이 조립하는 것보다 이렇게 미리 만든 모듈을 이용하여 조립하면 훨씬 생산성을 높일 수 있다. 개별 부품의 조립은 사람이 손으로 하는 경우가 많기 때문에 인건비가 저렴한 지역이나 국가에서 이루어지는 것이 일반적이다.

6장. 뜨거운 돈

제2차 세계대전 후 약 25년 동안 안정적인 환율은 세계 경제를 하나로 묶어놓는 시멘트와 같은 역할을 했다. 하지만 그 시멘트는 1960년대 말에 균열이 생기기 시작했으며, 뒤이은 경제적 혼란은 각국 정부들이 세계화된 금융 시스템의 긴장과 스트레스에 대처할 수 없다는 사실을 드러냈다.

1944년 브레튼 우즈에서 합의된 협정은 환율 변동을 최소화하기 위한 것이었다. 이를 위해서는 국경을 넘는 자금의 흐름을 억제하는 금융 부문에 대한 엄격한 통제가 필요했다. 여러 나라의 정부들은 은행의 해외 대출을 강력히 통제하고 수입업자에게 귀중한 외화를 사용할 수 있는 면허를 취득하도록 했으며, 여행자가 해외로 가져갈 수 있는 현금의 양을 명시하기까지 했다. 외국 기업을 인수하는 기업이 계약을 성사시키려면 한 정부로부터는 외화반출 허가를 받고, 다른 정부로부터는 새로운 자회사가 해외로 배당금을 송금하는 것을 허용하겠다는 약속을 받아야 했다. 수입 부품에 의존하는 공장을 운영하는 일은 그러한 부품을 구입하는 데 필요한 달러나 엔화를 사용할 수 없을 수도 있기 때문에 위험했다. 국경을 넘어 사업을 운영하는 데 있어 재정적 장벽은 매우 높았다. 전체 환율 시스템은 미국에 의존했다. 미국이 전후 재건을 지원하기 위해 투입한 비용과 서유럽과 일본에 주둔한 군대에 지출한 비용에 사용된 미국의 달러는 결국 외국 중앙은행의 금고에 들어가게 됐다. 미국은 언제든지 온스당 35달러의 가격으로 금을 사겠다고 약속했기 때문에, 각국 중앙은행의 입장에서 보면 이런 달러를 보유하여 자국의 수입 및 해외 투자 자금을 조달하는 데 아무런 위험이 없었다. 1950년대와 1960년대 초반에 걸쳐 단 한 해를 제외하면 미국으로 유입된 달러보다 미국에서 유출된 달러가 더 많았다.

외국 정부들과 그들의 중앙은행들이 미국이 가진 금보다 더 많은 달러를 보유할 정도가 되면서, 그 달러를 다시 사들이는 일은 미국의 금 재고를 서서히 고갈시키게 됐다. 만약 모든 외국인들이 달러를 금으로 교환하려고 할 경우 금이 바닥나서 환율 시스템은 표류할 수밖에 없었다. 현실적으로 달러가 세계의 기축통화인 상황에서 외국인의 달러 보유를 막는 것은 불가능했다. 잉여달러가 없었다면 세계의 놀라운 경제 성장을 이끌어낸 국제무역과 투자에 자금을 조달하기는 어려웠을 것이다.[1] 이러한 모순 속에서 브레튼 우즈 체제는 무너지기 시작했다. 1965년 미국의 헤게모니를 흔들려는 의도적인 노력의 일환으로 자국이 소유한 달러를 미국의 금으로 교환하겠다고 위협했던 샤를 드골_{Charles de Gaulle} 프랑스 대통령과 같은 기존 체제의 비평가들이 그 해체를 가속화했다. 미국 정부는 달러 유출을 막기 위해 몇 가지 어중간한 조치를 취했다. 1961년에 제정된 법은 미국인 관광객이 수입 관세를 지불하지 않고 해외에서 가져올 수 있는 물품의 구매 한도를 줄였으며, 1964년에 제정된 법은 미국에서 발행되는 외국 주식 및 채권에 세금을 부과했다. 적절한 조치로서, 워싱턴은 미국 은행들에 해외 대출을 축소할 것을 요청했다.

이러한 발표 때마다 은행가와 투자자 사이에서 고정 환율이 살아남을 수 없다는 확신이 강화됐다. 1967년, 지속적인 무역 적자 때문에 외화가 부족했던 영국은 파운드화를 예기치 않게 평가절하하여 시장을 뒤흔들었다. 그다음 1971년 닉슨_{Richard Nixon} 미국 대통령이 달러를 금으로 교환하겠다는 약속을 포기한다고 선언했다. 긴급 정상회담이 연이어 열렸고, 세계 정상들은 환율을 안정시킬 새로운 방법을 찾기 위해 고군분투했다. 1972년에 그들은 시장의 변덕이 그들의 통화 가치를 결정하도록 하는 데 동의하면서 고정 환율제를 포기했다.[2]

변동 환율로의 전환은 국제금융에 대한 엄격한 통제의 근거를 약화시켰다. 1973년에 미국 정부는 자본의 자유로운 이동이 상품의 자유로운 이동만큼 개방된 세계 경제를 형성하는 데 중요하다고 선언했다. 다른 나라들은 강하게 반대했다. "그런 투기적 움직임이 국제무역의 흐름에 영향을 미치고, 또 전 세계 수백만 명의 일자리에 영향을 미치는 것이 합리적입니까?" 벨기에 재무장관 윌리 드 크레쿠_{Willy de Clercq}[i]

---

i 벨기에의 자유주의 정치인으로서 법조계를 거쳐 정치계로 진출했다. 국무장관, 예산장관, 재무장관, 부총리 등을 역임했다.

도 이렇게 말하며 비판 대열에 합류했다. 하지만 가장 큰 금융시장이자 가장 중요한 통화의 본고장인 미국은 자신의 주장을 관철시켰다. 향후 몇 년 동안 여러 국가가 점차 주식을 발행하고 공장을 건설하거나 현지 기업 인수를 모색하는 외국인 투자자와 은행가 그리고 해외 기업에 문을 열면서 관련된 규제들은 차례로 사라지게 됐다. 비록 상품무역은 여전히 많은 제한과 복잡함으로 인해 방해를 받았지만, 화폐의 교역은 매우 자유로워졌다.[3]

브레튼 우즈 체제의 종말은 중동의 석유 수출국들이 생산량을 줄이고 더 높은 가격을 요구하기로 합의한 일과 동시에 이루어졌다. 석유는 전 세계적으로 미국 달러로 거래됐다. 1973년 석유 가격이 급등하자 사우디아라비아, 리비아와 같은 석유 수출국들은 갑자기 엄청난 양의 달러를 보유하게 됐지만, 정작 이를 어떻게 관리해야 할지 알지 못했다. 이에 런던, 뉴욕, 도쿄의 은행가들이 기꺼이 도움을 주었다.[ii] 그러나 유가 급등으로 인해 이들 선진국의 경제가 침체에 빠지면서, 석유 생산국 고객들의 '석유 달러' 예금은 자국이 아닌 다른 곳에서 운용해야만 했다.[iii] 제1차 세계대전 발발 이후 처음으로 선

진국의 은행들은 라틴아메리카, 동유럽, 아프리카, 아시아의 가난한 나라들에 많은 돈을 대출해주기 시작했다. 일반적으로 'LDC_{less developed country}'라고 불리던 저개발 국가들은 경제 활성화에 필요한 도로, 댐 및 공장 건설의 비용을 충당하기 위해 낮은 이자로 제공되는 장기대출을 빨아들였다.

많은 경우에, 큰 은행들은 대출을 주선한 다음 종종 대출자에 대해 거의 알지 못하거나 전혀 알지 못하는 다른 은행들에 대출 채권을 쪼개서 팔았다. 이에 따라 애틀랜타와 뒤셀도르프와 같은 곳에 위치한 은행들의 운은 부에노스아이레스와 자카르타의 대출자들이 제때 원리금을 상환하느냐에 좌우되게 됐다. 저개발 국가들이 빌린 돈의 규모는 매우 커서 미국 은행이 소유한 모든 대출의 6분의 1에 이르렀다. 동시에 부유한 국가들의 기업들은 변동 환율을 이용하여 외화를 차입했고, 이는 글로벌 금융에 훨씬 더 복잡한 문제를 야기했다. 자금 유입에 대처하기 위해 1971년에서 1974년 사이에 169개의 새로운 외국 은행 지점이 주요 유럽의 금융 중심지에 문을 열었다. 역사가 해롤드 제임스_{Harold James}[iv]가 말했듯이 "1970년대는 국제화가 실제로 은행 업무를 장악한 10년"이었다.[4]

은행가들은 자신이 감수하고 있는 위험의 새로움에 대해서는 거의 생각하지 않았다. 그들은 돈을 빌려 쓰는 사업가들을 평가하는 방법은 알고 있었지만 환율 위험에 대해서는 잘 몰랐다. 즉, 달러 예금을 사용하여 이탈리아 리라 또는 일본 엔화 대출금을 조달했는데,

---

iv 독일 역사와 유럽 경제사를 전문으로 하는 경제사학자로서 현재 프린스턴 대학교의 역사학과 교수로 재직 중이다.

환율이 잘못된 방향으로 움직일 경우 예금자에게 돈을 상환하지 못할 수도 있다는 가능성에 대해서는 생각하지 못한 것이다. 저개발 국가에 위치한 기업체에 대한 대출 상환은 해당 기업의 사업 전략이 건전해 보여도 예상치 못한 통화 평가절하 또는 수입 제한으로 인해 어려워질 수 있었다.

부유한 국가의 정부는 자국의 은행들로 하여금 저개발 국가에 대출을 해주도록 장려했으며, 은행들은 이러한 대출과 관련한 곤경에 처할 경우 구제 금융을 받을 것을 자연스럽게 예상했다. IMF나 세계은행World Bank과 같은 기관들은 바로 그러한 목적을 위해 만들어진 것이었다. 뉴욕에 본사를 둔 시티은행Citibank의 수장이자 당대 가장 저명한 은행가인 월터 뤼스톤Walter Wriston[i]은 은행이 국제 대출에 너무 능숙해졌기 때문에 큰 손실을 입을 가능성은 없다고 주장하기도 했다. 여기에 더해 뤼스톤은 "국가는 파산하지 않는다"라는 유명한 말을 남겼다.[5]

자국의 은행 시스템을 안전하게 유지하는 책임을 맡은 감독관들은 은행의 해외 대출을 조심스럽게 지켜보았다. 그들 모두는 국내 은행을 감독했지만 국제 은행은 다른 이야기였다. 스위스 비밀보호법Swiss secrecy laws으로 인해 미국 당국은 취리히에서 미국 은행의 운영이 어떻게 이루어지는지 조사할 수 없었다. 그러나 어쨌든 미국 연방준비제도이사회FRB, Federal Reserve Board에는 해외 조사관이 없었다. 어떤 감독자도 뉴욕의 일본 은행 지점에서 대출을 받을 수 없는 대출자가 도쿄

---

i   은행가로서 시티그룹(Citicorp)의 전 회장 겸 CEO였다.

에 있는 모회사 은행을 위험에 빠뜨리지 않도록 할 힘이 없었다.[ii] 미국이나 일본 당국 모두 은행의 재정에 대해 완전히 이해하지 못했다. 채무자나 거래 파트너가 채무를 불이행하더라도 예금자의 예금을 상환할 수 있도록 은행이 어느 정도의 주주 자금, 즉 자본금을 유지해야 하는지에 대한 국제적 합의는 없었다. 자본이 부족한 은행들은 자본이 풍부한 은행들과 경쟁하기 위해 더 공격적으로 대출하는 경향이 있었는데 이런 일은 바닥을 향한 경쟁race to the bottom[iii]을 부추겼고, 결국 은행들을 경기침체에 취약하게 만들 수 있었다. 또한 '감염'의 위험, 즉 한 국가의 문제가 다른 국가에 영향을 미칠 수 있다는 가능성에 대해서는 전혀 주의를 기울이지 않았다.

　이러한 모든 위험은 1974년 봄과 여름에 만천하에 드러나게 됐다. 먼저 조사관들은 뉴욕시 근처에 위치한 중견 은행인 프랭클린내셔널뱅크Franklin National Bank가 미승인 통화 거래로 공개되지 않은 손실을 입었다는 사실을 알아냈다.[iv] 프랭클린 은행은 전 세계의 다른 은행과 수백 건의 거래를 했으며, 지급불능을 선언하고 폐쇄될 경우 거래 파

ⅱ 미국에서 대출을 받지 못한 대출자가 일본에 가서 대출을 받으려고 시도할 경우에도, 미국의 은행 감독기관에서 해당 대출자의 신용 상태 등을 알려주거나 일본의 감독기관이 미국에 해당 정보를 요청할 수 있는 협력체계가 전혀 없었다는 것을 의미한다.

ⅲ 바닥을 향한 경쟁은 더 좋지 않은 상황으로 치닫는 것을 의미한다. 여기에서는 은행들이 신용도가 불량한 대출자에게도 대출을 해주기 위해 경쟁하는 것을 가리킨다.

ⅳ 이 은행은 운영을 확장하고 맨해튼의 은행들과 경쟁을 하기 위해 1972년 회사의 지배 지분을 이탈리아 밀라노에 기반을 둔 수상한 국제 금융가 미셸 신도나(Michele Sindona)에게 매각했다. 신도나는 바티칸 은행 및 시칠리아 마약 카르텔과의 관계를 돕기 위해 돈세탁 작전을 펼쳤다. 이 과정에서 신도나는 외환시장에서 막대한 손실을 입었고 이를 충당하기 위해 프랭클린 은행에서 3000만 달러를 불법으로 인출했다. 결국 1974년 경영진은 막대한 손실을 인정했고, 이에 따른 대규모 인출 사태로 프랭클린 은행은 연방준비제도이사회로부터 10억 달러 이상을 차입해야 했다. 당시 미국에서 20번째로 컸던 프랭클린 은행은 연방 규제 당국에 의해 정리된 첫 번째 주요 금융기관이었다.

트너 중 일부도 덩달아 도산할 수 있었다. 미국 당국은 이 은행을 살려두라는 압력에 직면했고, 현금을 주입하여 점차적으로 거래를 중지하도록 했다. 한 달 후에는, 잘 알려지지 않았던 독일 은행인 방크하우스허스타트_Bankhaus Herstatt가 내부 통제를 우회하는 통화 거래 과정에서 막대한 손실을 입은 것으로 밝혀졌다.[i] 독일 감독 당국은 허스타트 은행이 해외 은행들과 많은 거래를 했다는 점을 고려하지 않고 신속하게 해당 은행을 폐쇄했다. 다른 나라의 은행들에 대한 출금 지급이 차단되자, 해당 은행들의 재정은 순식간에 악화됐다. 결국 허스타트 은행의 도산은 다른 나라에 있는 자회사들로 돈을 이동시키는 방식으로 자국 규제를 회피했던 다른 은행들의 문제들을 노출시켰고, 은행업을 '쓰리카드 몬테_three-card monte[ii]'와 같은 게임으로 만들었다. 감독관들은 작은 은행에서 발생하는 이러한 문제에 대해 아무것도 알지 못했고, 이로 인해 훨씬 더 크고 복잡한 금융기관에 대해서는 잘 파악하고 있느냐는 우려 섞인 의문이 제기됐다.

1930년대 이후 첫 번째 국제 금융위기에 직면한 유럽, 북미 및 일본의 은행 감독관들은 정기적으로 만나 국경 간 은행 업무를 더 안

---

i 1973년 말 독일에서 35번째로 큰 은행이었다. 당시 이 은행의 직원이던 다니 다텔(Danny Dattel)은 외환 부서를 통제 없이 이끌고 있었다. 1973년에서 1974년 사이 달러는 상당한 변동성을 기록하고 있었는데, 그는 외환 거래 중 1974년 6월까지 이 은행에 4억 7천만 마르크의 손실을 입혔다. 자본금보다 훨씬 많은 손실이 발생함에 따라 독일 당국은 은행을 강제로 청산했다. 다른 많은 은행이 허스타트 은행과 환전 거래를 하고 있었기에 은행 운영이 중단되고 약속된 결제가 이루어지지 못하는 일이 발생했다. 이는 국제결제 시스템의 약점을 드러낸 결정적인 사건이었고, 이후 은행감독위원회가 구성되는 계기가 됐다.

ii 트럼프 카드에서 검은색 카드 두 장과 빨간색 카드(하트 퀸) 한 장을 섞어서 펼쳐놓고 어느 것이 빨간색 카드인지를 맞추는 도박이다. 게임에 참가하는 사람이 돈을 걸고 대상 카드를 올바르게 골라내면 건 돈의 두 배를 돌려받는다.

전하게 만드는 방법에 대해 논의하기 시작했다. 하지만 정치적 문제들은 감당하기 벅찼다. 일부 감독관들은 다른 국가의 감독관들과 정보를 공유할 법적 권한이 없었고, 모두들 새로운 기준이 만들어지더라도 자국 은행들에 불이익을 주지 않기를 원했다. 그 결과 국경을 넘어 운영되는 금융기관을 감독할 최종 책임을 어떤 국가가 질 것인지와 같은 가장 어려운 문제를 회피한 국제협정이 체결됐다. 감독 당국들은 "특정 상황에서 누가 책임 있는 감독기관으로 가장 적합한지 정확히 결정하는 명확한 규칙을 만드는 일은 불가능하다"라고 결론지었다. 프랭클린 은행과 허스타트 은행이 초래한 것과 같은 위기를 예방하기 위한 새로운 규칙은 없었다. 여러 국가의 은행이 비슷한 수준의 자기 자본을 유지해야 하는지 여부에 대한 문제는 정치적으로 매우 민감하여 1976년 10월 개최된 감독 당국 위원회에서 논의하지 않기로 결정했다. 국제금융에 관해서 책임지는 사람은 여전히 아무도 없었다.[6]

은행 감독에 대해 이야기하는 시간이 길어질수록 더 많은 달러가 석유 수출업자의 계좌에 쏟아져 들어왔고, 이 달러들은 전 세계에 대출됐다. 1972년에 170억 달러였던 저개발국에 대한 상업적 대출은 1981년에 2090억 달러에 이르렀다. 그러나 은행의 인상적인 성장은 점점 더 취약해지는 기반을 은폐하고 있었다. 1979년 10월, 미국 FRB(연방준비제도이사회)는 계속 높은 상태를 유지하던 인플레이션을 종식시키기 위해 미국 경제를 둔화시키는 데 필요한 만큼 금리를 인상하기로 결정했다. 미 재무부가 발행한 1년 만기 국채 금리는 1980년 6월에 9.4퍼센트였지만 한 해 후에는 17퍼센트에 이르렀다. 미국

경제 규모를 감안할 때 FRB의 움직임은 전 세계로 고통을 확산시켰다. 미국에서는 주택시장이 얼어붙었고 자동차 판매가 폭락하면서 대공황 이후 가장 높은 실업률을 기록했다. 일본과 유럽 역시 금리 인상과 더불어 미국 소비자들이 도요타와 BMW의 자동차를 덜 구매하면서 큰 타격을 입었다.

그 여파가 전 세계에 파문을 일으키면서 퍼져나갈 때, 가장 큰 고통을 겪은 것은 저개발 국가들이었다. 그들의 부채 가운데 많은 부분이 변동 이자율인 관계로 미국 이자율이 상승할 때마다 상환해야 하는 금액도 상승했다. 폴란드, 우루과이, 인도네시아와 같은 국가의 재무장관들은 부채에 대한 재융자refinancing를 받으려 했지만, 몇 년 전에 그토록 열성적으로 대출을 해주던 은행가들의 태도가 달라졌다는 사실을 알게 됐다. 이들 국가의 중앙은행에 있던 대출 상환에 필수적인 달러 준비금은 바닥났다.

국제 부채위기debt crisis는 역사적으로 새로운 현상은 아니었다. 첫 번째 세계화는 이러한 위기 가운데 많은 것을 이미 보여주었다. 첫 번째 위기는, 1890년 당시 세계 최고의 금융 강국이던 영국이 갑자기 자국 금리의 급격한 상승으로 아르헨티나 투자에 대한 열정을 거두어들이면서 발생했다.

이로 인해 아르헨티나 경제가 휘청거리면서 채무 불이행이 이어졌고, 이는 아르헨티나의 주요 대출기관이었던 영국 상업은행 베어링브라더스_{Baring Brothers}[i]를 약화시켰다. 그 뒤 영국 중앙은행이 베어링 브라더스를 지원하여 위기를 끝내기 전까지 라틴아메리카 전역에 혼란이 이어졌다. 1907년의 공황은 뉴욕의 구리시장을 장악하려는 시도로 시작되어 미국에 큰 불황을 일으켰고, 스웨덴, 일본, 칠레와 같이 멀리 떨어져 있는 국가에서도 광범위한 은행 파산과 경제침체를 초래했다. 당시 뜻밖의 구출에 나선 것은 프랑스 중앙은행이었다. 1914년 8월 제1차 세계대전으로 초래된 금융위기는 일본, 페루, 인도와 같이 멀리 떨어진 50개국으로 확산됐는데, 이들 모두 전쟁에 휩싸인 유럽 국가들에 대한 자금 조달과 수출시장에 의존하고 있었다.[7]

제2차 세계화 기간 동안 국제 자금 흐름이 제한되면서 바이러스 감염병처럼 국가에서 국가로 전염되는 이러한 종류의 금융위기는 드물어졌다. 1970년대의 경제 정책 입안자들 가운데 금융위기를 직접 경험한 사람은 거의 없었다. 그러나 국경을 넘는 흐름이 물방울에서 홍수로 확대되면서, 위기의 위험은 치명적인 형태로 다시 나타났다. 1981년에 세 개 대륙의 11개 국가가 외채 재협상을 모색했다. 그 후 1982년 8월 12일, 멕시코 정부는 미국 재무부에 다음 월요일에 만

---

i 베어링 은행은 1762년에 창업해 1995년 파산하기까지 230년간 존속한 영국 은행으로, 한 때 '여왕의 은행(Queen's Bank)'이라고 불릴 정도로 대영제국의 상징이었다. 1890년 무렵에 베어링의 대출 가운데 4분의 3이 아르헨티나와 우르과이에 쏠려 있었다. 베어링의 투자로 아르헨티나와 우르과이 경제에는 거품 현상이 빚어졌다. 1889년 영국 중앙은행의 급격한 금리 인상 단행으로 신흥국의 채권 발행이 어렵게 된 상태에서, 아르헨티나는 이듬해 일어난 시민 혁명운동으로 정권이 교체되어 지급불능 상태가 됐다. 파산 상태에 몰린 베어링 은행의 구제를 위해 로스차일드(Rothschild)를 비롯한 런던 주요 은행들과 구제 정부 당국은 금융을 준비했다. 베어링 은행은 우량자산과 불량자산을 구분해 불량자산은 처분하고 우량자산만으로 유한회사로 전환했다. 새 은행의 지배 구조는 과거처럼 베어링 가문이 절대적 권한을 행사할 수 없도록 했다. 이후 계속 존속하던 이 은행은 1995년에 닉 리슨(Nick Leeson)이라는 트레이더의 사기 거래로 인해 파산했고, 결국 네덜란드 금융그룹 ING에 단돈 1파운드에 매각되어 사라졌다.

기가 도래하는 채무액 3억 달러를 지불할 수 없다고 통보했다. 내년으로 예정된 채무 상환에 필요한 월 20억 달러 지급이 어려운 것은 말할 것도 없었다. 저개발 국가에 대한 상업 은행의 대출은 즉시 중단됐다. 비록 브라질 관리들이 "브라질은 멕시코가 아니다"라고 주장했지만, 이제 금융업자들은 이전에 주목하지 못했던 그 두 나라의 유사점을 발견했다. 은행가들의 회의론은 충분히 근거가 있었다. 브라질은 외채를 적시에 상환할 희망이 없었고 터키, 아르헨티나, 인도네시아, 폴란드도 마찬가지였다. 1982년 말까지 저개발 국가들은 총 7000억 달러 이상의 외채를 지고 있었고, 40개국은 체납 상태였다.[8]

저개발 국가들의 부채위기는 1990년대까지 지속됐다. 이러한 부채위기는 경제적으로나 인도적으로나 매우 많은 비용을 초래한 것으로 밝혀졌다. 채무국의 생활 수준은 급격히 낮아졌고 영양실조와 영유아 사망률이 증가했다. 수입 소비재는 가게의 선반에서 사라졌고, 수출상품의 가격을 더 저렴하게 만들기 위해 임금 인상률은 의도적으로 물가상승률보다 낮게 유지됐다. 미국 경제학자 뤼디거 돈부시[Rüdiger Dornbusch][i]는 이런 상황에 대해 "비용을 지불하는 사람들은 주로 실질 임금이 삭감된 노동자들이다"라고 언급했다. 페루와 필리핀의 평균 소득이 1982년에 누렸던 구매력을 되찾기까지는 20년이 더 걸렸다. 부유한 국가들의 정부는 저개발 국가들이 해외 채권자에게 상환하는 데 필요한 금액을 축적하려면 긴축 정책을 받아들여야 한다

---

i 독일의 경제학자로 대부분의 경력을 미국에서 보냈으며, 주로 통화 정책과 거시경제 개발, 성장 및 국제무역과 관련한 주제를 연구했다. 특히 가격과 환율의 변동을 매우 명확하게 설명했으며, 환율을 고려한 소규모 개방 경제 시스템과 관련한 현실적인 모델을 고안했다.

고 주장했다. 이는 건강, 교육, 주택 및 기타 사회적 요구에 대한 지출을 줄이는 것을 의미했다. 그럼에도 불구하고, 대규모 외채를 부담하던 국가들 가운데 유일하게 한국만이 부채 상환에 필요한 달러를 축적할 수 있을 만큼 빠르게 수출을 늘리는 데 성공했다. 다른 나라들은 과거 부채의 상환이라는 부담에 발목을 잡혀, 급속히 변화하는 세계 경제에서 경쟁할 수 있는 더 건강하고 더 나은 교육을 받은 노동자들을 키우는 데 어려움을 겪었다. 1980년대를 '잃어버린 10년lost decade'이라고 부르는 데는 다 이유가 있다.[9]

위기의 비용은 부유한 경제권에서 더 계산하기 어렵다. 부분적으로 그 비용은 더 느린 소득 성장과 더 높은 실업률의 형태로 나타났다. 외국인 대출자에 대한 대출 연체로 어려움이 가중된 은행들은 이제 기업들의 기계 교체와 새로운 시설 건설을 지원하거나 고객들의 구매 자금을 지원하는 정상적인 역할을 수행할 수 없게 됐다. 세계에서 가장 큰 은행 중 일부는 파산 위기에 처했고, 납세자의 돈은 그들을 구제하는 데 사용됐다. 1992년 전 일본 대장성大蔵省 관료였던 교텐 토요오行天豊雄[ii]는 "이미 위기는 민간 대출기관에서 공공 대출기관으로 지속적으로 이전되고 있다"라고 언급했다. 교텐에 따르면 상업 은행들은 1984년에 개발도상국 부채의 62퍼센트를 보유했지만, 1990년에는 절반에 불과하게 됐고 나머지는 정부나 국제기구로 넘겨졌다고 지적했다. 미상환 부채가 1910억 달러에 달하는 18개국은 1989년에서 1994년 사이에 세계은행, 미주개발은행Inter-American Development

---

ii 현대 일본 국제금융 정책의 대부이자 해당 분야의 전문가로, 아시아 외환위기 이후 1997년에 열린 G20 정상회담의 일본 대표이기도 했다.

_{Bank} 및 궁극적으로 국가 정부가 지원하는 기타 조직의 도움을 받아 채무 탕감을 협상했다. 부유한 경제권의 납세자들은 실질적으로 금융의 세계화에 대한 보조금을 지출하도록 요구받게 된 셈이었다.[10]

'핫머니_{hot money}'[i]가 남긴 후유증 가운데 하나는 더 오래 지속됐다. 저개발국의 경제위기는 부유한 경제권, 특히 미국의 통화에 비해 자국 통화 가치를 하락시켰다. 이런 유리한 환율은 저개발 국가들의 수출을 해외에서 더 매력적으로 만들었고, 수입은 더 비싸게 만들어 무역흑자를 달성하는 데 도움이 됐다. IMF는 무역흑자를 통해 저개발 국가들이 외국 은행에 지불할 외화를 축적할 수 있다고 조언했다.

IMF는 1985년에 "아시아와 유럽 개발도상국과의 무역에서 미국의 수입은 1980년과 1984년 사이에 약 80퍼센트 증가했다"라고 자랑스럽게 보고했으며, "제조업 수출업자들은 주목할 만한 성공을 성취했다"라고 덧붙였다. 미국 노동자들은 그 결과를 느낄 수 있었다. 동아시아 개발도상국에 대한 미국의 무역적자는 1980년 40억 달러에서 1986년 300억 달러로 증가했다. 미국의 의류업체와 신발 공장, 제철소는 수만 명의 노동자를 해고했다. 부채위기가 터지기 전 4년 동안 평균 거의 1900만 명에 이르던 미국 제조업 고용자 수는 다시는 그 수준에 도달하지 못했다.[11]

---

i 투기적 이익이나 단기적 차익을 좇아 국제 금융시장 또는 국내시장을 이동하는 단기 부동자금을 일컫는다.

7장. 불붙이기

역사적 경향을 중시하는 사람들에게 1970년대에 시작된 금융의
세계화는 옛날 영화의 재방송처럼 보였다. 제1차 세계대전 이전에는
71개의 외국 은행이 런던에 위치한 사무실을 자랑했고, 독일 소유의
독일-아시아은행_{Deutsch-Asiatische Bank} [i]은 아시아 전역의 무역에 자금을 지원
했으며, 뉴욕의 내셔널시티은행_{National City Bank} [ii]은 24시간 이내에 132개의
외국 은행과 모든 도시에서 모든 규모의 지불을 주선할 수 있다고 홍
보했다. 그러나 1973년 이후 발생한 국가 간 대출의 부활은 단순히

---

i 독일-아시아 은행은 1889년 중국 상하이에서 설립된 외국계 은행이었다. 주요 활동은 무역
  금융이었지만 영국 및 프랑스 은행과 함께 중국 정부에 대한 채권 인수 및 중국 철도 건설 자
  금 조달을 담당하는 역할도 했다.
ii 미국 오하이오주 클리블랜드에 기반을 둔 지역 은행으로 1845년에 설립됐으며 한때 예금,
  모기지 및 주택 담보 대출 한도 측면에서 미국 10대 은행 중 하나였다. 2008년 PNC 파이낸
  셜서비시즈(PNC Financial Services)에 인수됐다.

과거로의 회귀는 아니었다. 은행들이 해외시장을 재발견하는 와중에도 규제 완화라는 명목에 의해 은행이 신규 사업에 진출하고 새로운 위험을 감수하는 것을 제한했던 많은 규칙이 허물어지고 있었다.[1]

은행은 시작에 불과했다. 비즈니스 활동에 대한 규제를 완화하려는 세계적인 움직임은 20세기의 마지막 수십 년 동안 세계 경제가 작동하는 방식을 극적으로 변화시켰다. 규제 완화를 옹호하는 사람들의 논리는 필연적으로 동일할 수밖에 없었다. 정부의 규제는 보장된 이익을 선호하도록 하며, 혁신을 방해하고, 대중에게 불필요한 비용을 부담하게 한다는 것이었다. 규제 완화를 주장하는 사람들은 시장의 힘이 효과를 발휘하면 더 큰 효율성, 더 활발한 경쟁, 더 낮은 가격을 가져올 것이라고 말했다. 어떤 경우에는 규제 완화가 이들의 주장대로 수행됐지만 다른 경우에는 전혀 수행되지 못하기도 했다. 그러나 경쟁을 촉진하는 데 성공한 경우에도, 규제 완화는 소비자 보호와 노동조합을 약화시켰으며, 많은 노동자를 낮은 임금과 열악한 노동 조건에 시달리도록 했다. 금융 부문에 대한 잘못 설계된 규제 완화는 한국에서 아르헨티나에 이르는 많은 국가에 위기를 불러오는 한 원인이 됐다. 무엇보다도 규제 완화는 전통적인 권력을 포기하고 책임을 아웃소싱하게 함으로써 국민 경제를 관리하는 국가와 정부의 힘을 약화시켰다. 두 명의 이탈리아 중앙은행가가 그 시대의 주요 발전에 대해 "시장은 세계 경제를 통합하는 요소가 됐다"라고 설명한 것처럼 규제 완화는 1980년대 후반에 전개된 제3차 세계화에 본격적으로 불을 붙였다.[2]

◇◇◇

전후 세계에서 비즈니스 규제의 범위는 혼란스러웠다. 물론 소련, 중국 그리고 동유럽 사회주의 국가에서는 민간 부문의 활동에 제한을 두는 것이 문제가 되지 않았다. 이들 지역에서 거의 모든 경제 활동은 정부의 직접적인 통제하에 있었고, 민간기업은 매우 작거나 존재하지 않았다. 다른 국가에서는 대부분의 기업이 개인 소유였지만 크고 작은 규제에 따라 무엇을 할 수 있는지, 언제 어떻게 할 수 있는지, 비용을 얼마로 청구할 수 있는지 등이 결정됐다. 이 모든 규제를 국가와 정부가 직접 설정한 것은 아니었다. 일부 지역에서는 시장과 지자체 단체장이 상업 활동에 대해 큰 권한을 갖고 있었으며, 협회와 같은 많은 민간단체 역시 기업과 직업을 규제하고 때로는 가격을 고정시킬 권한이 있었다. 각각의 국가는 서로 다른 역사적 유산을 가지고 있었지만, 모두 법률을 사용하여 무제한적인 경쟁을 억제하기로 결정했다.

여러 유형의 규제 이면에 깔려 있는 사회적 목적은 분명했다. 최저임금 또는 최대 노동시간을 설정하는 법률은 사용자와 근로자 간의 힘의 불균형을 시정하기 위해 고안됐다. 작업장 안전에 관한 법률은 정부가 개입하지 않는다면 경쟁이라는 압력 때문에 고용주들이 작업장 안전과 관련한 절차를 무시할 수 있다는 사실을 인정했다. 그러나 많은 경우 규제는 주로 일부 기업의 이익을 다른 기업으로부터 보호하는 역할을 했다. 미국 일리노이주에서 은행은 주 헌법에 따라 단 하나의 영업점만 가질 수 있었으므로 대도시 시카고의 은행가라 하더라도 일리노이주의 소도시에 근거한 은행을 없애버릴 수 없었다. 런던에서는 기존 중개인에게 피해를 줄 수 있는 경쟁을 배제하기 위해 증권 거래소가 거래 수수료를 정했다. 인도의 '허가 규칙license raj'은 사업을 시작하기 전에 수십 번의 승인을 받도록 했으며, 기존 회사를 보호하는 동시에 외국 경쟁자를 배제했다. 1950년대 일본의 법률은 인근 상인들이 승인하지 않는 한 500제곱미터가 넘는 면적의 매장 개설을 금지했으며, 서독 규제 당국은 운송 사업을 국가가 소유한 철도처럼 만들기 위해 바지선과 트럭 운임을 통제하려고 했다.[3]

이러한 종류의 규제들은 종종 경제적 현실과 정면으로 충돌했다. 일부 규정은 한 고객이 다른 고객에게 보조금을 지급하도록 강요하는 반면, 다른 규정은 한쪽의 서비스 비용이 더 많이 들더라도 소규모 고객과 대규모 고객을 정확히 동일하게 대우하도록 요구함으로써 공정성fairness에 대한 특정 해석을 성문화했다. 규제에 따른 그런 부담의 정당성을 납득하지 못한 고객들은 이를 회피할 방법을 모색했다.

1960년대 초의 많은 사례 가운데 하나를 들자면, 미국 공장에서 운송되는 화물의 6분의 1은 제조업체가 소유한 트럭으로 운송됐다. 이는 제조업체가 트럭운송 사업을 원했기 때문이 아니라, 공장이 직접 소유한 트럭은 일반적인 고객에게 서비스를 제공하는 트럭 운전사들에게 적용되는 규제에서 벗어나 있었기 때문이었다. 이러한 규

---

i 1950년대부터 1980년대까지 시행된 인도 경제에 대한 엄격한 정부 통제 및 규제 시스템에 대한 경멸적인 표현이다. 이 시스템에서 인도의 기업은 운영을 위해 정부로부터 면허를 취득해야 했는데, 이러한 면허는 취득하기 어려운 경우가 많았다.

제로 인해, 이를테면 아이오와주의 디모인[i]에 있는 공장이 켄터키주의 퍼듀카[ii]에서 주문한 목제 문짝을 트럭으로 배달하려면 두 지점 사이에서 문짝을 운반할 법적 권리가 있는 트럭운송 회사를 찾아야 하고 공식적으로 승인된 요금을 지불해야 했다. 이에 비해서는 돌아오는 길에 빈 차로 오더라도 공장에서 자체 보유한 트럭을 사용하는 편이 더 간단하고 저렴했다.[4]

규제 요구와 시장 간의 이러한 모순으로 인해 규제를 완화하거나 제거해야 한다는 주장이 종종 제기됐다. 규제 완화 운동은 각종 재단 보조금의 지원을 받은 미국 학자들이 국가의 규제를 공격하는 논문, 저널 및 책 등을 쏟아내면서 확산되었다. 규제 완화는 개별적인 사안에서, 더 큰 목적을 달성하기보다는 당장의 문제를 해결하기 위한 작은 단계별로 진행됐다. 호주에서는 1954년 법원 판결에 따라 주간interstate 트럭운송에 대한 규제가 폐지됐지만, 주 정부들은 이후 20년 동안 자신의 관할 내 트럭의 요금과 경로를 계속 규제했다. 1968년 영국은 법률을 개정하여 신규 트럭 운전사가 운송업계에 더 쉽게 진입할 수 있도록 했지만, 가격 통제는 그대로 유지했다. 1969년 미국연방통신위원회US Federal Communications Commission가 처음으로 신규 기업들에 초단파 안테나를 사용하여 음성 통화와 데이터를 전송할 수 있도록 허용했는데, 당시 누구도 미국 전화 및 전신 회사의 전국적 독점이 10년 반 이내에 풀릴 것이라고는 상상하지 못했다. 정부의 감독 권한

을 약화시키려는 정치적 압력은 미미했다. 1971년에 미국 정치학자인 마사 데르식_Martha Derthick [iii]과 폴 J. 쿼크_Paul J. Quirk [iv]가 평가한 것처럼 규제 완화는 널리 인식되는 문제를 찾는 해결책으로서 남아 있었다.[5]

곧 적절한 문제가 나타났다. 1970년대 초 미국 북동부와 중서부를 운행하던 많은 철도회사가 파산을 선언함에 따라 수백 개 지역 사회의 경제를 위협받았다. 철도회사들이 겪는 어려움은 적자 상태의 여객열차와 수요가 적은 지선을 계속 운영하도록 강요한 규제 때문이었다. 파산한 철도회사들의 구조조정을 위하여 1976년 제정된 법률에서 의회는, 철도회사들이 상실했던 화물 물량을 되찾고 보다 안정적인 재정 기반을 갖추기를 희망하면서 운임 설정에 더 큰 자유를 부여했다. 나중에, 이러한 조치는 규제라는 고삐를 풀기 위한 첫 번째 단계였음이 판명됐다. 이제 정치적 합의는 180도 바뀌게 됐다. 그동안의 과도한 규제가 미국 교통 시스템을 비효율적으로 만들었고 소비자에게 피해를 입히고 경제 성장을 지연시켰다는 목소리가 이념적 스펙트럼을 초월하여 등장했고, 광범위한 동의를 이끌어냈다. 대담해진 의회는 1976년과 1986년 사이에 교통 규제를 완화하는 아홉 가지 다른 법률을 통과시켰다. 이로써 로스앤젤레스와 시애틀 사이를 운행하는 항공사와 장거리 버스회사가 승객에게 부과하는 요금이나, 트럭 운전사가 운반할 수 있는 물품의 종류 등을 결정했던 연방

---

iii 미국의 공공행정 학자로서 사회보장 프로그램과 규제 완화, 담배 정책 및 연방주의 등에 대한 연구로 잘 알려져 있다. 1970년대 규제 완화 운동에 큰 영향을 미친 것으로 평가받고 있다.

iv 미국 출신의 정치학자로서 규제 정치, 공공 정책, 의회 등을 주제로 많은 저서를 썼다. 현재 캐나다 브리티시컬럼비아 대학교의 정치학과 교수로 재직 중이다.

정부의 권한은 폐지됐다. 그러나 규제 완화에 따른 가장 필연적이고 결정적인 효과 중 하나는 당시에는 거의 주목받지 못했다. 바로 운송회사들이 계약에 따라 화물을 운반할 수 있게 됐다는 점이었다.[6]

수십 년 동안 거의 모든 국가에서 운송 규제기관의 주요 임무는 모든 고객에게 동일한 요금을 징수하고 동일한 서비스를 받도록 하는 것이었다. 차별금지의 원칙은 홍콩과 함부르크 사이를 운행하는 해운업체가 모든 고객에게 톤당 동일한 요금을 청구해야 한다는 것을 의미했다. 철도회사의 경우 한 고객에게는 사용한 화물 열차를 며칠 동안 보관할 수 있도록 해주면서 다른 고객에게는 즉시 반환하라고 할 수 없었다. 요금 및 서비스를 통제하는 계약은 본질적으로 차별이 포함되어 있기 때문에 규제기관의 반감을 샀다. 그러나 방대한 양의 규칙과 법적 판례를 준수하는 과정은 화물운송을 비싸고 신뢰할 수 없게 만들었다. 유개화차를 약 1.5킬로미터 이동시키는 데 몇 주가 걸렸으며, 바다를 가로질러 화물을 이동시키는 경우에는 몇 달이 걸릴 수도 있었다. 운송업체는 그러한 지연에 무관심했다. 정시에 배송을 완료하더라도 보너스를 받지 못했고, 늦게 도착하더라도 페널티가 없었기 때문이다. 화물 분실이나 파손에 대한 불만이 자주 발생했으며, 밀을 운송하려는 농부들은 약속한 시간에 비어 있는 철도차량이 나타나지 않는 경우를 종종 겪었다. 상품을 운반하는 것은 비용이 너무 많이 들었고, 많은 경우 굳이 그럴 만한 가치가 없었다. 제조업체와 소매업체는 중요한 화물이 제시간에 도착하지 않아 사업이 중단되는 위험을 관리하기 위해 많은 부품과 완제품으로 창고를 채웠는데, 이는 비싼 보험인 셈이었다.[7]

규제 완화에 의해 허용된 계약을 통해 이제 운송회사와 고객은 가격과 서비스 기준을 협상할 수 있게 됐다. 포드자동차는 서태평양 철도를 통해 유타주 솔트레이크시티에서 캘리포니아주 새너제이까지 매일 기차로 자동차와 부품을 보내기로 했다. 철도회사는 매일 아침 2시 30분까지 화물 열차를 보내고, 만약 기차가 지연된다면 15분마다 벌금을 내기로 포드사와 합의했다. 포드는 각 화차에 대해 동일한 요금을 지불하지 않고 60량 편성의 열차에 대해 화차당 저렴한 요금을 지불하며, 열차 편성이 이보다 적을 때에는 화차당 훨씬 높은 요금을 지불한다는 데 동의했다.[i] 해운사들은 1984년부터 '약정', '우발', '계약 불이행' 및 '위약금' 등의 용어로 가득 찬 유사한 거래를 할 수 있게 됐다. 다른 나라들이 미국의 선례를 따르면서 이제 계약 운임은 국제무역에서 표준이 됐다. 1986년에는 미국 최대의 수입 경로인 태평양 연안으로 향하는 일본의 화물 가운데 5분의 4 이상이 계약에 따라 이동했다.[8]

계약에 따른 화물운송은 제조업의 세계화에 결정적인 추진력을 제공했다. 계약 화물운송은 업무용 전화 서비스에 대한 규제 완화가 한창이던 시점에 때맞춰 등장했다. 경쟁자들이 오랜 독점에 도전하자 AT&T~American Telephone and Telegraph~는 1981년과 1982년에 국제 전화 요금을 40퍼센트 인하했다. 1980년에서 1990년 사이에 국제 전화에 드는 비용이 지속적으로 하락하면서 미국에서 거는 국제 전화 이용 건수는 여섯 배 증가했다. 유럽에서도 비슷한 변화가 일어났다. 유럽에서는

---

i 화주가 일정한 물량을 확보해주는 대가로 운송 사업자는 저렴한 요금을 수용하기로 하고, 만약 화주가 이 기준을 충족하지 못할 경우 추가적인 부담을 지는 식의 계약이다.

정부가 기업 대상 통신 서비스에 경쟁을 도입했고, 1984년 브리티시 텔레콤British Telecom을 시작으로 국가의 전화 독점을 민영화하기 시작했다. 보다 안정적인 운송과 저렴한 통신이 결합되면서 제조업체와 소매업체는 복잡한 장거리 공급망을 구축할 수 있게 됐다. 한 국가의 공장에서 만든 물건을 추가적인 처리를 위해 다른 국가에 보낸 다음, 다시 또 다른 국가의 소비자에게 보내는 일이 가능해졌다. 이제 기업들은 전화, 텔렉스, 팩스 등을 통해 멀리 떨어진 곳에서 전체 생산 공정을 조정했다.[9]

규제 완화 운동은 다른 방식으로도 세계화를 촉진했다. 규제가 완화된 산업은 종종 외국 자본에 의한 민간 자본 투자 대상으로 적합했다. 1986년에 시행된 영국의 전면적인 금융시장 규제 완화는 '빅뱅Big Bang'으로 알려져 있는데, 이 과정에서 세계적인 규모를 추구하는 외국 은행들은 영국의 거의 모든 주요 증권회사와 상업 은행을 덥석 사들였다. 뉴질랜드에서 아일랜드에 이르는 여러 곳에서 수십 개의 전기, 가스 및 수도 국영회사가 경매를 통해 외국 구매자들에게 매각됐으며, 외국의 회사들은 독점적 권한을 누리던 전화회사들을 인수했다. 1992년 일본의 대형 소매점법이 개정되어 더 큰 매장과 더 긴 영업시간이 허용되면서 미국과 유럽의 주요 소매업체들이 시장에 진입했다. 심지어 국영기업도 대규모 글로벌 기업이 되어 전 세계에서 진행되던 '민영화' 철도, 공항, 항만 터미널 운영 입찰에 참가했다.[10]

1980년대와 1990년대를 거치면서 많은 개발도상국은 규제 완화가 외국 자본을 유치하기 위한 대가라는 사실을 깨달았다. 전문가들은 적자에 빠진 부진한 국영기업들이 민영화를 통해 효율적이고 수익성 있게 변화할 것이라고 약속했다. 아직 선진국이 되지 못한 국가들이 번영과 현대화를 이루며 경제를 발전시키는 데 국제적인 원조를 유용하게 사용하려면 정부의 명령보다는 시장의 힘이 경제를 발전시키도록 내버려 두어야 한다고 여겨졌다. 이에 따라 외국 정부의 원조 자금이나 세계은행 등의 국제기구로부터 저리의 융자를 받고자 하는 국가들에 규제 완화는 의무적인 일이 되어갔다."

하지만 이러한 조언은 역사를 무시한 것이었다. 어느 나라도 경제 발전을 시장의 힘에 전적으로 맡김으로써 빈곤에서 번영으로 올라서지는 못했다. 영국을 세계 최대의 경제 강국으로 만든 18세기의 산업혁명은 신중하고 의도적이었던 정책들이 없었다면 발생하지 않았을 것이다. 이때 영국은 섬유 수입을 억제하고, 섬유 기계에 대한 지식을 유출할 수 있는 장인들의 해외 이주를 차단하며, 공유지들을 둘러싸서 갈 곳이 없어진 노동자들이 신흥 산업 도시로 이주하게 만들었다. 19세기 후반 미국을 부유하게 만든 제조업의 성장은 자국 산업 보호 정책뿐만 아니라 규제에도 기댄 결과였다. 특히 법원에서는 작업시간을 제한하고 작업 환경을 개선하도록 하는 주법state law을 차단하고, 노동조합을 탄압하는 판결을 내려 낮은 인건비를 유지하게 해주었다. 제2차 세계대전 이후 서유럽 경제의 현저하게 빠른 성장은 대규모 정부 계획을 수반했고, 관리들은 종종 어떤 회사가 돈을 빌리거나 외화를 획득할지 결정했다. 20세기 후반에 꽃피운 일본, 한국, 대만의 경제는 수입 규제, 저비용 신용 제공 및 저렴한 토지로 육성할 산업에 대한 국가 지침을 기반으로 했다. 시장의 힘만으로도 가난한 경제를 부유한 경제로 바꿀 수 있다는 생각은 신화일 따름이다.

이에 더해, 규제 완화를 관리하는 평범한 관료적 업무를 제대로 수행할 수 있는 저개발 국가는 거의 없었다. 비록 제2차 세계대전 이후의 가혹한 규제는 대중의 이익보다는 정치적 이익을 위한 경우가 많았지만, 규제 완화와 민영화를 위해서는 무조건 규제를 없애기보다 적절한 규제를 만들고 시행해야 했다. 전화 교환이나 다른 사업자들과의 요금 정보 공유 등에 대한 세부적인 규칙이 없는 경우 민영화된 전화회사들은 이전의 독점적인 국영 전화회사처럼 행동했고, 새로운 전화회사 소유자를 제외한 누구에게도 경제적 이익은 돌아가지 않았다.

금융 부문의 규제 완화와 관련한 행정 역량의 부족은 이후 재앙으로 판명됐다. 러시아, 말레이시아, 인도네시아 등은 은행 신설을 용이하게 하고 은행에 대한 감독을 완화하며 국내 기업들이 해외에서 자유롭게 차입할 수 있도록 하라는 국제적 지침에 굴복했다. 이것은 실제로는 연줄이 좋은 기업가들이 자국의 은행 시스템을 장악하여 무모하게 대출하도록 하는 반면, 중앙은행과 은행 감독자는 금융 시스템을 안정적으로 유지하기 위해 고군분투해야만 한다는 것을 의미했다. 이들 세 국가 모두에서 금융 규제 완화로 인해 1998년 심각한 경제위기가 발생했으며, 이는 세계화의 혜택을 누리기 시작한 지 얼마 되지 않은 수백 만 명의 생활 수준을 악화시켰다. 경제와 관련한 전문지식에 있어서는 최고봉인 세계은행조차도 자신들의 조언들 가운데 상당 부분이 완전히 잘못된 것임을 뒤늦게 인정했다. 전문가들은 "1990년대의 경험은 민영화와 규제가 둘 다 얼마나 어려운지 보여준다"라며 회한에 찬 시인을 하기도 했다.[12]

규제 완화는 전 세계적으로 반향을 일으켰다. 1980년대 초반의 불황으로 인해 침체된 이후 세계 경제가 회복되기 시작하면서 무역을 통해 국제적으로 거래되는 공산품의 가치는 1983년과 1990년 사이에 130퍼센트 증가했다. 대부분 화주와 선사 간에 협상된 계약에 따라 움직이게 된 화물의 파도는 더 대형화된 선박, 첨단화된 유통센터, 단일 열차가 두 배의 화물을 운반할 수 있는 컨테이너 2단 적재 철도 차량 등에 대한 더 큰 규모의 투자를 촉진시켰다. 규제가 완화된 통신 부문은 제조업체와 소매업체 그리고 물류기업이 복잡한 시스템을 관리할 수 있도록 해주는 혁신으로 이어졌다. 20세기에 엄격한 규제하에 놓여 있던 국영 전화회사들이 경쟁에 직면해야 하지 않았다면 인터넷은 21세기에 세계를 변화시키지 못했을 것이다.[13]

규제 완화의 결과인 이러한 혁신은 모든 사업에 동등한 수준으로 혜택을 주지는 않았다. 승자는 세계적인 규모로 운영함으로써 비용을 절감할 수 있고, 화물시장에 지속적으로 참여함으로써 운송 및 통신 기업에 최상의 조건을 요구하기 위한 최신 정보를 획득할 수 있는 대기업들이었다. 상상할 수 없을 정도로 다양한 상품을 이전보다 저렴한 가격에 이용할 수 있게 된 소비자들도 승자였다. 반면에 노동자와 소기업은 점점 더 규제가 완화되는 새로운 세상에서 어려움을 겪게 됐다. 수입품과의 경쟁에 직면한 산업에 속한 노동자들은 임금이 감소하거나 심지어 일자리를 잃게 됐다. 수십 년 동안 지역 경제의 기반이 되어왔지만 철도회사 및 해운회사와의 일대일 교섭에서 영향력을 행사할 수 없었던 중소기업들은 값싼 수입품이 시장을 휩쓸면서 종종 기업 매각을 강요받거나 문을 닫을 수밖에 없었다. 규제 완화의 혜택을 누리는 데 있어 기업의 크기와 규모는 매우 중요했고, 이러한 것을 갖추지 못한 경우 대개 손해를 보았다. 크기와 규모를 추구하면서, 기업들은 국경이 훨씬 더 크게 허물어지는 세상을 환영하게 될 것이었다.

8장. 거대한 흡입음

1948년 이후 25년 동안 유럽의 비공산주의 국가들은 번영하는 경제를 누렸다. 1957년 체결된 로마조약Treaty of Rome을 통해 형성된 자유무역 지역은 거의 모든 사람에게 전화, 냉장고 및 실내 욕실과 같은 번영의 결과물을 가져다주었다. 공동시장으로 가는 길을 처음 놓았던 유럽석탄철강공동체가 창설된 지 18년 만인 1969년 유럽공동체의 국가들은 상호 수출품에 대한 모든 관세를 마침내 폐지했다. 이때 1인당 소득은 1950년과 비교해서 프랑스는 두 배 이상이, 독일은 세 배가 되어 있었다. 독일의 수출은 1973년에 GDP의 약 4분의 1 수준으로 급증했으며, 이는 1950년과 비교하면 네 배에 달했다. 그 과정에서 수백만 개의 일자리가 만들어졌으며, 이런 현상은 유럽공동체의 다른 지역에서도 비슷하게 나타났다. 더 큰 시장에 대한 무제한적인 접근을 통해 생산자는 규모의 경제를 활용하고 효율성을 높일 수 있게 됐다. 유럽공동체 지역 거주민들의 시간당 평균 생산량은 같은 기간 대략 세 배로 증가했는데, 이는 이 시기의 인상적인 임금 인상을 뒷받침했다. 관세 면제 지역에 포함되지 않았던 덴마크, 영국, 아일랜드 3개국의 대외무역과 국민소득 성장은 훨씬 더뎠다. 격차가 너무 컸기 때문에 이들 국가는 1971년에 유럽공동체에 열성적으로 합류했다.[1]

1973년 10월에 시작된 제1차 오일 쇼크는 이러한 흐름을 갑작스럽게 중단시켰다. 급격한 유가 상승으로 인해 소비자의 지갑이 말라붙었고 기업 이익이 감소하면서 경제 성장은 급락했다. 20년 동안 서유럽에서 거의 볼 수 없었던 실업률 증가가 모든 국가에서 나타났다. 물가 상승이 노동자의 임금 가치를 잠식하면서 민간기업과 적극적 국가 시스템이 결합하여 형성해왔던 완전 고용과 넉넉한 사회적 혜택, 지속적으로 향상되는 생활 수준을 보장해주던 유럽의 소중한 사회적 시장경제는 위기에 빠졌다.

유럽의 지도자들은 유권자를 달래기 위해 주택 지원에서부터 아동 보조금에 이르는 사회보장 프로그램에 대한 지출을 늘렸다. 은퇴 연령을 낮추면 그 일자리가 청년들에게 돌아갈 것이라는 이론에 따라 대부분의 서유럽 국가에서 1980년까지 여성은 61세, 남성은 63세 이전에 은퇴하도록 했다. 유럽 국가들은 수익성이 없는 제조업 공장의 대규모 정리해고를 피하기 위해 보조금을 제공했지만, 이는 좀비기업zombie company[i]들을 살려둠으로써 건실하게 운영되던 경쟁자들에게

---

i 회생 가능성이 적거나 없는데도 불구하고 정부 또는 채권단의 지원으로 파산을 면하고 있는 기업을 가리킨다.

피해를 입히는 자멸적인 전략이었다. 또한 새로운 정보통신 산업을 지원하기 위해 미국이나 일본보다 더 많은 자금을 지원했지만 정작 생존 가능한 기업을 만들지는 못했다. 산업 보조금이 부족해지면 서유럽 국가들은 산업계로 하여금 '위기 카르텔'을 구성하여 어떤 공장을 폐쇄할 것인지 스스로 합의하도록 요구했으며, 국가는 해고된 노동자들에게 장기간에 걸친 실업수당을 제공했다.

그러나 무엇도 1973년까지 유럽인들이 누렸던 이전의 좋은 시절을 되돌릴 수는 없었다. 1978년에서 1981년 사이에 철강 산업과 관련된 일자리 5개 중 1개가 사라지면서 오래된 석탄 및 철강 산업 도시들은 황폐해졌다. 프랑스에서는 1980년대 중반까지 청년의 4분의 1이, 이탈리아에서는 3분의 1이 실업 상태였다. 유럽 실업자의 40퍼센트 이상은 1년 이상 실직한 사람들이었다. 1984년 유럽공동체의 최고 책임자였던 가스통 토른_{Gaston Thorn}[i]은 "유럽공동체가 성장을 되살리고 실업을 줄일 수 있을지 유럽인들이 의구심을 갖는 것은 당연한 일 아닙니까?"라고 묻기도 했다.[2]

근본적인 문제는 1960년대와 1970년대 초반의 급속한 생산성 성장이 끝났지만 그에 대한 해결책이 준비되지 않았다는 점이었다. 유럽의 거의 모든 국가가 압박감을 느꼈다. 생산성 측정의 가장 기본적인 척도인 노동자의 시간당 평균 생산 산출량은 1963년과 1973년 사이에 이탈리아에서 거의 두 배 상승했지만, 1973년과 1983년 사이 증가율은 이전 시기의 3분의 1 미만에 그쳤다. 벨기에의 생산성 증

---

i 룩셈부르크의 정치가로서 룩셈부르크 총리, UN총회의장 및 유럽공동체 집행위원장을 역임했다.

가율은 1963년부터 1973년까지 10년 동안 86퍼센트 증가했으나 다음 10년 동안에는 37퍼센트로 낮아졌다. 유럽의 역동성은 사라졌다. 1984년에 이르러 '유로경화증$_{eurosclerosis}$'이라는 용어가 등장했는데, 이는 유럽인들이 오래된 산업이 사라지도록 내버려 두지 못하면서 새로운 산업의 수용을 꺼려서 성장을 억제하고 있음을 드러냈다. 자유 시장주의 경제학자인 허버트 기어쉬$_{Herbert Giersch}$[ii]는 1985년에 "실물 경제의 필수 구성원들이 빠르고 고통 없는 조정조차 허용하지 않을 정도로 경직되어 있다"라고 문제를 진단하기도 했다.[3]

로마조약은 회원국 간의 무역 관세를 철폐하여 유럽 경제를 활성화했지만, 다른 사안들은 여전히 개별 정부의 완전한 통제하에 두도록 했다. 각 국가들은 여전히 고유한 기술 표준을 보유하고 있었다. 서독의 장난감은 프랑스 안전 규칙을 충족하지 않는 한 프랑스에서 판매될 수 없었으며, 세제 제조업체는 네덜란드 암스테르담과 이탈리아 로마에서 판매되는 상품에 서로 다른 배합 비율을 적용해야 했다. 운송 및 서비스 산업은 로마조약의 적용을 전혀 받지 않았다. 조약의 장점들은 실제적이었지만, 이제 한계에 도달했다. 당시 설문 조사에 따르면, 유럽의 기업 경영진 열 명 중 아홉 명이 유럽의 분열을 효율성에 대한 장벽으로 간주했다.[4]

더 이상 무엇을 해야 할지 몰랐기 때문에, 유럽의 지도자들은 해오던 일을 더 강하게 추진했다. 1985년 유럽 정상들은 관세 철폐를

---

ii 독일의 경제학자로서 1970~1980년대에 걸쳐 독일에서 가장 영향력 있는 경제학자로 간주됐다. 1950~1960년대에는 케인즈주의 경제학을 고수했지만 점차 공급측 경제학의 강력한 옹호자로 변신했다.

넘어 그리스에서 아일랜드에 이르는 단일시장을 만들기로 합의했다. 1987년에 발효된 단일유럽법Single European Act 에 따라 국경 초소들이 사라졌고, 트럭운송 회사와 항공사는 이제 유럽공동체의 어느 곳으로든 화물과 사람을 자유롭게 이동시킬 수 있게 됐으며, 동물 의약품에서부터 승용차 배기가스에 이르는 모든 것에 단일한 기준이 적용됐다. 한 국가의 사람들은 다른 국가에서 일하거나 이주할 수 있게 됐으며, 직업훈련 자격증 및 대학 학위는 12개 회원국 모두에서 유효하게 됐다. 대규모 기업 합병의 영향 평가, 선박 오염 처리, 방송 규제 및 기타 수백 가지 문제에 대한 권한이 개별 국가에서 유럽공동체 당국으로 이전됐다. 선거에 의해 구성된 각국 정부는 통일된 유럽을 위해 이전에 볼 수 없던 자발적인 방식으로 많은 주권을 포기했으며, 기업들은 이제 유럽을 여러 개별시장이 아닌 하나의 시장으로 취급하기 시작했다.[5]

북미는 유럽이 앞서간 길을 따르지 않을 것처럼 보였다. 미국과 캐나다는 1965년부터 자동차 제조업체들이 별도의 절차 없이 엔진, 부품 및 완성차를 국경 너머로 자유롭게 이동시킬 수 있도록 허용하는 특별협정을 체결하여 긴밀한 관계를 유지하고 있었다. 하지만 멕시코는 훨씬 더 방어적이었다. 멕시코가 엄청나게 높은 관세를 유지하며 석유 산업에 대한 외국인 투자를 헌법 차원에서 금지시킨 배경에는, 19세기에 영토의 절반 이상을 미국에 빼앗겼던 역사와 다시 북쪽으로부터 침입을 받을지도 모른다는 두려움이 깔려 있었다. 멕시코 정부는 유사한 제품이 국내에서 생산되고 있을 때는 수입을 거의 허가하지 않았다. 많은 수입품에 별도의 허가가 필요했으며, 멕시코에서 판매되는 신차는 주로 멕시코 부품으로 조립되어야 했다. 이러한 정책 때문에 멕시코의 제조업은 국제적인 기준과 비교했을 때 낙후됐다. 폭스바겐의 구형 비틀_{Beetle}은 수도인 멕시코시티에서 광범위하게 택시로 사용되었는데, 푸에블라에 위치한 폭스바겐 공장은 이 모델을 생산하는 세계 최후의 공장이었다. 이 공장에서는 독일에서 몇 년 전에 자동화된 작업들을 수작업으로 진행했다. 1950년대 이후 멕시코의 제조업은 빠르게 확장됐다. 하지만 국경을 따라 자리 잡은 공장에서 미국으로부터 전달받은 트랜지스터나 직물 조각을 값싼 멕시코 노동력을 이용해 완제품으로 납땜하거나 꿰매어 다시 북쪽으로 운송하는 조립 상품들을 제외하고는, 멕시코 공산품들은 거의 해외에 수출되지 못했다.[6] GATT에 가입하기 위해서는 관세율을 낮추어야 했기 때문에 멕시코는 가입을 거부했었다. 그보다 멕시코는 미국이 아무 대가 없이 자국의 수출품을 받아주기를 원했다. 1976년부터 1981년까지 멕시코의 대통령으로 재임한 호세 로페즈 포르틸로_{José López Portillo}는 무역협정이라는 것은 "평등한 것은 평등하게 그리고 불평등한 것은 불평등하게 다뤄야 한다"라고 즐겨 말했다.[i] 말할 필요도 없이 미국 정부는 이에 동의하지 않았다.

---

i 국가들마다 각기 다른 경제 발전 수준에 있기 때문에 이를 무시하고 모두 같은 기준과 규정을 적용하기보다는 이런 차이점들을 고려하여 각기 다른 기준을 적용하는 것이 타당하다는 논리였다.

멕시코의 수입 대체 정책은 1970년대까지 견실한 경제 성장을 달성했으며, 당시 엄청난 석유 매장량이 확인되면서 미국으로부터 새로운 주목을 받게 됐다. 1977년 1월에 취임한 지미 카터_{Jimmy Carter} 미국 대통령은 멕시코와 더 긴밀한 관계를 모색했다. 당시 미국은 에너지 부족에 대한 두려움에 사로잡혀 있었다. 그래서 멕시코 원유의 생산량 증가가 미국의 휘발유 가격과 인플레이션을 낮추는 데 도움이 될 수 있다는 기대에 따라 멕시코가 미국 기업의 석유 시추를 허용하기를 원했다. 그러나 석유 산업에 대한 통제는 멕시코에서 격한 논쟁을 폭발시키는 쟁점이었다. 멕시코인들은 유정 개발과 송유관 설치 그리고 정유시설 건설에 필요한 자금을 조달하기 위해 기꺼이 해외에서 돈을 빌렸지만, 이 과정에 외국인이 어떤 식으로든 참여할 수 있도록 허용할 준비는 되어 있지 않았다. 멕시코는 무역과 이민을 포함한 대미관계의 주요 문제 모색을 위해 공동 위원회를 구성하는 데에는 동의했지만 경제 개방은 거부했다. 미국의 끈질긴 재촉 끝에 1979년 로페즈 포르틸로 대통령은 관세를 인하하고 GATT에 가입하기로 합의했지만, 자국 내에서 정치적 소란에 직면하자 그는 당초 합의를 철회했다.[7]

당시 멕시코 경제는 호황이었기 때문에 그런 철회는 중요하지 않은 것처럼 보였다. 뉴욕에서 출발하여 멕시코시티로 향하는 항공편은 멕시코 정부와 민간 대기업들 그리고 국영 석유회사인 페멕스_{Pemex}에 돈을 빌려주기를 간절히 원하는 은행가들로 가득 찼다. 멕시코의 외채는 1975년 180억 달러에서 1981년 780억 달러에 이르렀는데, 멕시코의 주요 외화 수입원인 페멕스의 석유 생산량은 예상치를 밑돌았다. 결국 1982년 8월 멕시코의 파산이 뉴스 헤드라인을 장식하면서 거품이 터졌다. 로페스 포르틸로는 갑작스럽게 모든 멕시코 은행을 국유화하면서 불길에 휘발유를 끼얹었다. 은행들이 많은 회사의 주식을 보유하고 있었기 때문에 은행의 국유화로 인해 정부는 멕시코 민간 부문의 대부분을 통제하게 됐다. 같은 해 10월 IMF와 미국 정부 및 멕시코의 외국 은행가들이 구제 방안을 도출할 때까지 멕시코 페소의 가치는 4분의 1로 추락했고 경제는 마비됐다.

이후 7년 동안 멕시코 경제는 순탄하지 않았다. 직장을 유지할 만큼 운이 좋은 노동자들조차 구매력을 잃었다. 해외에서 차입한 기업들은 이전보다 더 많은 페소를 벌어야 했기 때문에 자국 내 사업이 건전하더라도 파산에 이르렀다.[i] 1980년대에 제조업 생산량은 더디게 증가했지만, 기업들이 부채 상환을 위한 달러를 확보하려고 해외에 판매할 수 있는 모든 것을 수출하는 데 필사적으로 노력함으로써 비석유류 수출은 10년 만에 네 배 증가했다. 벌어들이는 마지막 1달러조차도 결국 채권자들에게 지불되어야 했기 때문에 멕시코는 기계, 교육 또는 인프라 시설에 투자할 여력이 없었다.

멕시코의 산업가들은 오랫동안 경쟁이 거의 없는 경제 구조에서 막대한 이익을 얻기 위해 정부의 요구와 통제를 기꺼이 받아들였다. 하지만 은행의 국유화는 정부와 멕시코 기업가 사이의 친밀한 유대관계를 단절시켰다. 이제 많은 멕시코 경영진은 정부가 그들의 사업에서 손을 떼도록 만드는 유일한 방법은 국제무역을 포함한 시

---

i 페소 가치가 폭락함에 따라 달러로 표시된 부채를 상환하거나 지불하기 위해서는 이전보다 더 많은 페소가 필요했기 때문이다.

장의 힘에 경제를 개방하는 것이라는 사실을 알게 됐다. 미국-멕시코 공동 비즈니스 위원회를 통해 그들은 외국인 투자를 환영하고 무역 장벽을 제거하는 것과 같은, 여전히 '이단'에 가까운 아이디어들을 조심스럽게 논의 테이블에 올렸다. 1982년 말에 취임한 미겔 데 라 마드리드Miguel de la Madrid 대통령은 이러한 아이디어에 신중하게 반응했다. 일부 관세율이 1984년에 인하됐고 수입 허가 대상은 축소됐다. 1985년 경제계 인사들과의 조찬에서 그는 멕시코가 GATT에 가입하고 미국과 무역협정을 모색할 수 있음을 암시했다. 이어진 미국과의 협정들은 절차와 가이드라인을 제시했을 뿐, 그 가운데 양쪽 어느 나라에 구속력을 미치는 것은 거의 없었다. 그럼에도 불구하고 논란이 거세지자 미국과 멕시코 양국 정부는 유럽에서 형성되고 있는 것과 같은 유형의 단일시장이 형성되지는 않을 것이라고 국민들을 안심시켜야 했다.[8]

미국의 입장에서는 멕시코가 유일한 대상이 아니었다. 로널드 레이건 대통령은 자유무역과 민간기업에 기반을 둔 자유방임주의적 경제학에 대한 믿음을 숨기지 않았으며, 멕시코는 레이건 행정부가 그런 믿음을 전 세계에 확산시키기 위해 사용하는 여러 카드 중 하나에 불과했다.

이러한 카드 가운데 가장 중요한 것은 GATT를 근본적으로 재창조하기 위한 협상인 '우루과이라운드Uruguay Round'였다. 1940년대 후반부터 GATT는 공산품에 대한 관세를 낮추어 무역을 늘리는 데 여러 차례 성공했다. 그러나 이러한 합의에는 큰 구멍이 있었다. GATT는 모든 국가에서 민감한 주제인 농산물 무역 또는 서비스에 관한 사항은 다루지 않았다. 직물 및 의류의 수출은 GATT가 아닌 그 외 협정에 따라 높은 관세와 수입 쿼터제의 광범위한 적용으로 통제됐다. 한 국가가 다른 국가가 수출 보조금을 지급한다고 비난하거나, 수입이 국내 산업에 피해를 주고 있다고 주장할 때, GATT 규정은 거의 활용되지 않았다. 각 국가가 무역과 관련한 자체적 규칙을 시행할 때 GATT는 무기력한 종이호랑이로 간주됐다. 1986년 9월, 수십 명의 무역 장관이 참가한 회담이 우루과이의 푼타 델 에스테에서 개최되었고 이러한 문제를 수정하고자 했다.[9]

최종적으로 123개국이 참여하게 된 이 회담은 빠르게 진행되지 않았기 때문에, 레이건 행정부는 예상치 못한 자체 조치를 취했다. 최대 무역 상대국인 캐나다와 협정을 체결한 것이다. 두 나라는 이미 1965년에 자동차 제품의 이동을 자유롭게 했으며, 이를 통해 하루에 수천 대의 트럭이 캐나다 온타리오와 미국 미시건의 자동차 공장 사이에서 부품과 완성차를 이동시키고 있었다. 1988년에 비준된 새로운 '미국-캐나다 자유무역협정US-Canada Free Trade Agreement'은 여러 단계를 넘어 서로의 수출품에 대한 모든 관세를 철폐하고, 기업인들의 방문을 쉽게 하고, 한 국가의 기업이 다른 국가의 정부 사업에 입찰할 수 있도록 하고, 서로의 서비스 제공자를 자신의 서비스 제공자와 동일하게 취급할 것을 약속했다. 그러나 이 협정의 진정한 목적은 경제적인 것보다는 외교적인 것이었다. 한 유명한 이론에 따르면 무역협상은 자전거를 타는 것과 같다. 계속 앞으로 나아가지 못하면 자전거는 넘어진다. 그래서 미국은 다른 나라들이 국경 개방을 위한 대규모 협정에 서명하지 않는다면, 한 번에 한 나라와 작은 규모의 협정을 체결함으로써 더 자유로운 무역을 위한 동력을 유지하려고 했다.

크고 강력한 이웃과의 이러한 긴밀한 합의는 사실 멕시코인들로서는 고려하지 않던 것이었다. 그들은 미국 고객을 위해 상품을 조립하는 국경의 수많은 공장이 멕시코에는 경제적 이익을 거의 가져다주지 않는다는 것을 잘 알고 있었다. 이 공장들은 비숙련 노동을 고용할 뿐 멕시코의 부품이나 기술은 거의 사용하지 않았기 때문에, 멕시코가 더 가치 있는 제조업 사다리를 올라갈 기회를 제공하지 못했다. 새로운 세대의 멕시코 관리들은 보다 정교한 해외 투자를 꿈꿨다. 1990년 카를로스 살리나스_{Carlos Salinas} 대통령은 멕시코에 있는 유럽 은행가와 기업가의 관심을 끌려고 했지만, 이들이 멕시코의 제안에 대해 관심을 갖는 경우는 거의 없었다. 당시 동유럽의 국가들이 공산주의에서 막 벗어나 서방과의 연결을 모색하고 있었기 때문에 유럽의 어느 누구도 멕시코에 관심을 기울일 여력은 없었다. 다른 선택의 여지가 없었기 때문에 살리나스 대통령은 멕시코가 북미를 받아들여야 한다고 결정했다. 그 결정 이후 미국-캐나다 자유무역협정이 1992년의 '북미자유무역협정_{NAFTA, North American Free Trade Agreement}'이라는 3국 간 조약으로 확대되기까지 단 2년밖에 걸리지 않았다.

북미 '자유무역' 협정이라는 이름에도 불구하고, 1700페이지에 달하는 내용에는 자유무역에 대한 언급이 포함되지 않았다. 많은 조항이 세 국가 중 한 국가의 특정 이익을 위해 협소하게 조정됐으며,

당시 유럽에서 논의되고 있던 가장 논쟁적인 주제 가운데 일부였던 노동자의 자유로운 이동과 공통 통화를 향한 단계적 접근 등은 논의조차 되지 않았다. NAFTA는 3국 간 무역에 대한 관세를 철폐했는데, 이는 관세가 훨씬 높은 멕시코가 캐나다와 미국보다 더 가파르게 관세를 인하해야 하는 조치였다. 그러나 많은 장벽이 제자리에 남아 있었다. 멕시코 트럭 운전사는 미국 내 지점 간의 상품을 이동시킬 수 없으며, 그 반대의 경우도 마찬가지였다. 캐나다는 유제품 수입에 대한 쿼터를 유지했으며, 멕시코의 에너지 부문은 여전히 외국인 투자자에 대한 제한을 유지했다. 그러나 세부사항들은 NAFTA가 보여주는 전체적인 비전보다 중요하지 않았다. NAFTA는 멕시코 경제 정책의 급진적인 변화로부터 외국인 투자자가 보호받을 수 있도록 해주고, 멕시코 상품이 미국과 캐나다 시장에 거의 무제한적으로 접근할 수 있도록 했다. 그리고 이로써, 멕시코를 예기치 못한 길로 향하도록 했다.

멕시코는 이제 석유와 비숙련 노동으로 만든 값싼 상품을 수출하는 대신 숙련된 일자리와 최신 기술을 가져올 수 있는 다국적 기업을 유치할 수 있게 됐다. 이에 더해, 살리나스 대통령은 1982년 금융위기 중에 국유화됐던 18개 은행 모두를 1991년과 1992년에 걸쳐 국내 구매자에게 매각하도록 했다. 이러한 변화는 NAFTA에 의해 요구된 것은 아니었지만, 현대적인 세계 경제에 합류하려는 멕시코의 열망을 보여주는 추가적인 신호였다.

하지만 이러한 비전이 모두에게 환영받지는 못했다. 그동안 추구해오던 자급자족 노선의 갑작스런 포기는 멕시코에 충격을 안겼다. 약 8000제곱미터 면적의 산비탈을 가꾸던 가난한 옥수수 농부들과 오래된 기계 장비를 소유하고 있던 소규모 제조업자들은 북쪽으로부터 쏟아져 들어오는 수입품의 홍수에 휩쓸릴까 봐 두려워했고, 경제 민족주의자들은 새로 민영화된 은행이 결국 외국의 손에 넘어가리라는 전망에 격분했다. 캐나다와 미국의 노동조합은 제조업자들이 생산 거점을 멕시코로 옮길 것이라고 항의했고, 환경단체들은 환경오염 기업들이 미국 국경 바로 너머 멕시코 쪽에 정착할 것을 예견했으며, 민족주의자들은 국가 주권이 침해되고 있다고 목소리를 높여 반대했다. 1992년 미국 대통령 선거에 출마한 부유하고 보수적인 사업가인 로스 페로_{Ross Perot}[i]는 주요 신문의 전면 광고를 통해 NAFTA는 "미국의 건강, 안전, 환경법에 대한 사보타주"라고 비난했고, "당신들은 이 나라에서 일자리를 빨아들이는 거대한 흡입음을 듣게 될 것이다"라고 예견했다. 빌 클린턴_{Bill Clinton} 대통령이 1993년에 NAFTA 비준안을 의회에 제출했지만 여당인 민주당 의원 대부분이 반대표를 던졌다. NAFTA는 야당인 공화당이 찬성 의견을 표명함으로써 겨우 의회를 통과할 수 있었다.[10]

유럽 내에서 그리고 북미 내에서 진행되던 자유무역을 향한 각

---

i 미국의 사업가이자 정치가로서 1992년과 1996년 대통령 선거에 출마했으나 두 번 모두 빌 클린턴에게 패배했다. 미국 대통령 선거에서 공화당이나 민주당 소속이 아닌 제3후보로서 10퍼센트 이상의 득표를 기록한 마지막 후보였다. 2019년 7월 9일 향년 89세로 사망했다.

각의 움직임은 마침내 목적을 달성했다. 북미가 NAFTA를 비준했을 때, 유럽공동체는 15개국으로 확장됐으며 더 긴밀한 공동체인 '유럽연합EU, European Union'으로 변모하고 있었다. 일부 회원국은 자국 화폐를 공통의 유럽 통화로 대체하기를 원했다. 정책에 대한 끝없는 논쟁과 브뤼셀의 전설적인 관료주의에 대한 불만에도 불구하고, 통일된 유럽의 이점은 너무 매력적이었기 때문에 동유럽과 지중해 전역의 국가들이 가입을 위해 줄을 섰다. NAFTA 비준을 성공적으로 완수한 클린턴 미국 대통령은 유럽인들에게 우루과이라운드 협상을 끝내도록 압박했다. 복잡한 협상의 많은 부분이 자리잡기 전에, 미국과 EU가 주도적인 역할을 하는 24시간 협상이 몇 주 동안 이어졌다. 협정은 우루과이의 푼타 델 에스테에서 협상이 시작된 지 8년 후인 1994년 4월에 모로코에서 공식적으로 체결됐다. 하지만 그 시점에서 공식 설명문이 섬세하게 인정했듯이 "전 세계의 무역 관료들은 협상의 피로를 느꼈다."[1]

우루과이라운드에 참여한 국가들은 최종적으로 농업 보조금 축소부터 서비스 무역 개시에 이르는 많은 문제를 합의했는데, 그 가운데 두 가지는 세계화를 형성하는 데 특히 중요한 것으로 판명됐다. 부유한 나라들은 마침내 가난한 나라들에서 만든 의류에 시장을 개방하겠다고 약속했다. 2005년까지 대부분 부유한 국가들의 의류 및 직물 수입 쿼터가 없어지면서 방글라데시와 캄보디아와 같이 세계 경제와 거의 연결되지 않았던 국가들이 대규모 의류 산업을 발전시킬 수 있게 됐다. 동시에 가난한 나라와 부유한 나라 모두 수입 관세, 특히 공산품에 대한 관세를 인하하기로 합의했으며, 많은 제품에는 관세가 전혀 부과되지 않았다. EU의 확장과 NAFTA의 채택에 더해 우루과이라운드 협정은 다국적 기업의 판단을 바꿔놓았다. 이제 관세가 비용에 미치는 영향에 대해 거의 걱정할 필요 없이 한 국가에서 제품을 제조하고 다른 국가로 배송할 수 있었다. 1980년대에 뿌리를 내리기 시작한 국제 공급망은 전 세계적으로 훨씬 더 확장될 수 있게 됐다.[12]

이것이 바로 변화의 결과였다. 거래 패턴은 크게 바뀌었다. 1990년대 말에 생산자들은 한 나라에서 원단 롤을 재단하거나 반도체를 식각한 다음 추가 작업을 위해 다른 나라로 보내게 됐는데, 이 과정에서 움직이는 부품과 구성 요소가 국제무역의 29퍼센트를 차지하게 됐다.

더욱이 1990년 이후 부유한 국가의 수입품 가운데 점점 더 큰 비율을 개발도상국 상품이 차지하게 됐다. 유럽, 북미, 일본으로 이루어진 전통적인 무역 중심지는 더 이상 지배적이지 않았다. 양자 간 또는 소규모 국가 그룹 간의 수십 개의 무역협정은 관세를 없애고 수입 절차를 간소화했으며, 대외무역 및 투자에 대한 기타 장애물들을 제거했다. 1990년 미국, 캐나다, 멕시코가 처음으로 NAFTA를 협상하기 위해 모였을 때 전 세계적으로 19개의 유사한 협정이 발효 중이었다. 하지만 2000년이 되자, 4개의 태평양 도서 국가 간의 무역을 보다 용이하게 하도록 하는 무난한 협정에서부터 무역, 외국인 투자, 환경 및 경쟁 정책, 통신 및 기타 12개에 이르는 항목을 다루는 캐나다와 칠레 간의 야심찬 협정까지 79개에 달하는 다양한 수준의 협정이 존재했다.[13]

낮은 관세, 더 저렴하고 안정적인 운송, 통신비용의 하락은 세계 경제를 새로운 단계인 제3의 세계화로 이끌었다. 달러로 측정한 공산품의 세계 교역 규모는 많은 국가가 경기침체를 겪었던 1980년과 1985년 사이에 정체된 후, 1985년과 1990년 사이에 두 배로 증가했다. 그다음 1990년과 2000년 사이, 2000년과 2010년 사이에 다시 각각 두 배씩 증가했다. 외국인 투자도 반등했다. 1970년대와 1980년대에는 어느 국가를 배경으로 하고 있는지 거의 모두 식별 가능했던 대기업들이 이제 점차 국제적 성격을 띠기 시작했으며, 우선순위가 높은 연구 부문을 해외에 배치하고 본사의 전망 좋은 고급 사무실을 다양한 나라 출신의 경영진으로 채웠다.[14]

유럽의 단일시장, 북미의 자유무역 지역, 전 세계적인 낮은 관세 체제가 만들어낸 효과는 1990년대 초반에 이러한 협정이 체결될 당시 예상했던 것과는 매우 다르게 나타났다. 인터넷을 통해 정점에 도달한 정보 기술의 발전 덕분에 한 국가의 고객은 다른 국가의 공급업체를 면밀히 감독할 수 있게 됐다. 또 공급업체는 고객의 재고 기록에 실시간으로 접근하여 이를 토대로 짧은 시간에 생산 계획을 변경할 수 있게 됐다. 이론적으로 제조업체와 소매업체는 컨테이너선과 컴퓨터 덕분에 항구와 통신망에 쉽게 접근할 수 있는 거의 모든 곳으로 공급망을 확장할 수 있게 됐지만, 실제로 그런 일은 일어나지 않았다. 대신 기업의 가치사슬은 주로 중국, 멕시코, 터키, 방글라데시, 베트남 및 일부 동유럽 국가와 같이 세계시장의 대규모 제조업 공급처로 부상한 소수의 저임금 국가와 가장 부유한 경제권을 연결했다. 나머지 세계는 수십 년 전과 마찬가지로 주로 원자재 상품들을 공급하고, 값싼 중국 상품들이 비효율적인 국내 산업을 쓸어버리는 것을 목격하는 수준으로 제3차 세계화에 참여했다.

상품의 자유무역, 외국인 투자의 자유로운 흐름, 국경의 소멸에 대한 모든 논의와 주장에도 불구하고, 제3차 세계화는 단순히 시장이 주도하는 현상이 아니었다. 각국 정부는, 종종 그들의 정치 지도자들이 추구했던 목표와 모순되는 방식으로, 각 단계에 걸쳐 새로운 세계화를 이루어갔다.

3부.

과잉의 시대

9장. 치과의사 선단

낮아진 무역 장벽, 자유로운 금융 흐름, 향상된 교통, 컴퓨팅 및 통신의 발전은 모두 세상을 더 작게 만드는 데 일조했다. 그러나 기업이 전 세계적으로 공급망을 확장한 데에는 이러한 근본적인 변화 외의 원인이 있었다. 물건을 어디에서 만들고 어떻게 배달할 것인지에 대한 결정은, 보조금이 해외수송에는 많이 지급되지만 국내수송에는 종종 지급되지 않는다는 점에 영향을 받았다. 조선소, 선박과 운하, 항만 터미널의 소유자 및 운영자는 직간접적으로 받은 지원 덕분에 인위적인 낮은 비용으로 서비스를 제공할 수 있는 수혜자였다. 모순적이게도, 그 보조금 중 상당 부분은 저렴한 운송비용으로 저가 공급이 가능해진 수입품 때문에 노동자들이 일자리를 잃는 큰 타격을 입은 고임금 국가들의 정부가 제공했다.

일부 국가에서는 19세기에 우편물 운송 계약을 맺은 여객선에 보조금을 지급했지만, 제2차 세계대전 이후에 보조금을 받는 선박은 보편적이지 않았다. 전쟁 전 수십 년 동안 세계 조선소에서 생산한 선박은 1년에 평균 300만 톤 미만의 화물을 실을 수 있었다. 전시에 생산된 선박은 그 몇 배였다. 해상에서 수천 척의 선박이 손실됐음에도 불구하고, 전쟁 중 미국 조선소에서 서둘러 건조된 많은 상선은 1950년대 초반에도 여전히 운용되고 있었다. 그러나 전시에 건조된 배는 어뢰에 맞았을 때 무기와 식량의 손실을 최소화하기 위해 의도적으로 작게 제작됐다.

석유회사와 원자재 거래자들은 석유, 곡물, 철광석과 같이 빠르게 성장하는 상업 분야에서 보다 저렴한 비용으로 물량을 처리할 수 있는 더 큰 선박을 원했다. 그들의 주문은 조선소를 가득 채웠다. 그리스 '선박왕' 아리스토틀 오나시스_{Aristotle Onassis}[i]는 1948년에서 1954년 사이에 미국, 독일 및 프랑스 조선소에서 30척의 새로운 유조선을 구입했다. 새로 진수된 선박의 적재량은 1954년에 500만 톤을 넘어섰고, 10년 후에는 초대형 유조선이 그 10분의 1 크기에 불과한 제2차 세계대전 시절 유조선을 대체하면서 적재량은 천만 톤을 넘었다. 컨테이너선 건조가 한창이던 1970년대 초에는 전쟁 이전 평균 크기보다 열 배 큰 배들이 매년 줄줄이 진수하면서 선박 건조 총량은 3천만 톤 규모로 확대됐다.[1]

유럽은 전후 세계 상업용 조선에서 가장 큰 몫을 차지하고 있었

---

i 20세기를 대표하는 세계적인 사업가이다. 제2차 세계대전 기간 중 전쟁 특수로 큰돈을 벌게 됐으며, 전후에는 불하되는 선박을 대량 확보하여 해운제국을 건설했다.

으며, 나머지 대부분은 일본이 차지했다.[ii] 각국 정부들은 과거와 마찬가지로 조선업을 중요한 산업으로 간주했다. 외항선을 건조하는 조선소는 일상적으로 수천 명의 노동자를 고용했으며 철강의 주요 소비자였다. 1950년에서 1973년 사이에 세계 철강 생산량은 거의 네 배가 됐고, 그 금속의 상당 부분은 외항선에 용접된 선체, 빔 및 갑판으로 변신했다. 일본은 일반적으로 표준 설계의 유조선 건조를 전문으로 한 반면, 유럽 조선소들은 여객선, 일반 화물선 및 컨테이너선에 대한 주문으로 바빴다. 미 해군에서 실시한 연구는 "일본 조선소는 이 기간 동안 생산성이 유럽과 미국 조선소의 두 배 이상에 이를 정도로 생산 기술을 개선했지만, 인건비는 여전히 낮았다"라고 결론지었다. 미국은 국제 항로를 운행하는 자국 기업들이 자국 조선소에서 건조된 선박을 이용하도록 유도하기 위해 보조금을 지급했고, 일본은 수출입은행을 통해 해외의 선박 발주자에게 저렴한 재정 지원을 제공했다. 하지만 이런 경우를 제외하고는 1960년대 선박 건조에 대한 정부 지원은 미미했다.[2]

1973년의 석유위기는 하룻밤 사이에 상황을 바꿨다. 유조선에 대한 수요가 급감했고 경기침체가 확산되면서 다른 상품의 교역도 큰 타격을 입었다. 많은 선주사가 과거에 주문했지만 이제는 더 이상 필요하지 않게 된 선박의 인도를 거부했다. 일본 조선소에 발주된 주문은 1973년에서 1978년 사이에 90퍼센트 감소했으며, 선박 주문 감소의 폭은 유럽에서도 매우 가팔랐다.

---

ii 1960년 조선업에서 유럽의 비중은 3분의 2에 이르렀다.

조선업에 대한 산업 전망이 암울해 보이던 시기에 한국이 조선업에 진출했다. 이전 10년간 한국의 급속한 산업화는 의류, 신발 등 노동집약적 제품의 수출에 의존했지만, 임금이 점차 상승하자 정부의 경제 기획자들은 노동비용이 덜 중요하고 노동자가 더 많은 임금을 받을 수 있는 중공업을 육성하기로 했다. 그들은 일련의 주요 국가 투자를 계획했다.

이에 따라 1972년에 문을 연 포항제철[i]은 아마도 그 시점까지 역사상 가장 많은 보조금을 받은 산업적 벤처기업이었을 것이다. 철강 산업에 이어, 1980년까지 9개의 조선소를 건설하고 1985년까지 5개의 조선소를 추가로 더 건설할 것을 제안한 조선업 발전 계획이 뒤따랐다.

이전에 한국 조선소는 주로 목재를 사용하여 어업과 연안무역을 위한 소형 선박만을 만들었다. 한국은 국내에 현대식 유조선이나 컨테이너선을 건조할 수 있는 조선소가 없었다. 한국 정부는 자국의 최대 산업 대기업인 현대와 같은 재벌들에게 새로운 조선소를 건설하고 운영하도록 압력을 가했다. 동시에 세금 면제, 희소한 외화에 대한 접근 권한, 국영 은행의 저리 대출, 해외에서 저렴하게 대출을 받을 수 있도록 하는 국가 보증 등을 제공했다. 현대의 첫 번째 조선소는 울산에 있었는데, 그곳에서는 약 58킬로미터 떨어진 포항의 새

---

i 정식 명칭은 포항종합제철이며 1968년 국영기업으로 설립되었다. 2000년 민영화됐고 2년 후 ㈜포스코로 사명을 변경했다. 포스코의 연혁에 따르면, 포항제철소 1기 종합 준공식은 1973년에 열렸다. 1기의 건설에는 총 1204억 원(내자 493억 원, 외자 711억 원)의 투자비가 투입됐으며 3년이 넘는 기간이 소요됐다.

제철소에서 저렴하게 철강을 구할 수 있었다. 현대는 유조선을 반으로 나누어 건조하도록 요구하는 외국의 선박 설계로 사업을 시작했지만, 경험이 부족하여 완성된 2개의 반쪽이 서로 맞지 않아 약속한 납기일을 놓치게 됐다. 구매자가 선박 인수를 거부하자 정부는 해당 선박을 활용할 수 있는 새로운 해운업의 시작을 지원했다.[ii] 그렇게 생겨난 현대상선은 머지않아 세계 주요 선박회사에 이름을 올렸다.[3]

일자리 창출 전략으로서의 조선업 발전 계획은 성공적이었다. 한국의 낮은 임금과 더불어 조선소와 포항제철에 지급된 보조금을 통해 한국의 조선소들은 유럽과 일본의 경쟁사보다 낮은 가격을 책정할 수 있었다. 그 결과, 전 세계의 선박회사들은 저렴한 가격에 선박을 확보할 수 있게 됐다. 국가의 재정적 지원 덕분에 조선소는 상업 은행들이 대출해주지 않을 정도로 곤경에 처한 선사에 새로 만든 선박을 빌려줄 수 있었는데, 이는 조선소를 계속 가동시켜 선주사에 더 많은 보조금을 지급하려는 전략이었다.[4]

1990년까지 한국의 선박 생산량은 1975년보다 여덟 배 증가한 반면, 다른 모든 주요 국가들은 이전보다 훨씬 적은 톤수를 생산했다. 조선업 위기로 인해 가장 큰 타격을 입은 일본의 경우 정부가 나

---

ii 1972년 현대는 그리스 해운업계의 거물 조지 리바노스(George Livanos)에게서 두 척의 초대형 유조선 건조를 의뢰받고 계약을 맺었다. 하지만 2년 후, 선주 리바노스는 한 척만을 인도해 가고 나머지 한 척의 인도는 거부했다. 수주 당시 현대에는 조선소가 없었기 때문에 배를 건조하는 동시에 조선소를 건설했다. 그 만큼 현대가 조선업 관련 경험과 기술이 부족했던 것은 사실이었지만, 이런 인도 거부의 배경에는 약 1년 전 벌어진 제4차 중동전으로 인한 유가 폭등이 있었다. 이때 건조된 유조선은 1호선 애틀랜틱 배런(Atlantic Baron)과 2호선 애틀랜틱 배러니스(Atlantic Baroness)로, 1974년 6월 현대조선소 1단계 준공식과 함께 열린 명명식은 텔레비전을 통해 전국에 생중계됐다. 약 2년 후, 현대상선(현 HMM)은 2호선의 이름을 코리안선(Korea Sun)으로 이름을 바꾸고 운항을 시작했다.

서서 1980년 말까지 일본의 138개 드라이도크_{dry dock}ᶦ 중 50개를 폐쇄하고 11만 9000개의 일자리를 없애는 '반불황 카르텔_{anti-depression cartel}'을 조직했다. 유럽 국가 정부들의 행동은 일본보다는 덜 진지했다. 1987년 EU가 선박 가격의 28퍼센트 수준으로 생산 보조금을 제한한 것이 큰 성과로 여겨질 정도로 신조 선박에 대한 보조금은 유럽에서 만연했다. 신규 선박을 할인된 금액으로 살 수 있게 된 해운사들은 이미 과포화 상태인 시장에서 컨테이너 선단을 열심히 늘렸다.[5]

보조금은 조선소와 제철소에만 지급되는 것이 아니었다. 해운 투자자들도 '노다지판'에 참여했다. 전통적으로 상인과 금융업자는 이윤을 목적으로 상선에 투자했다. 그러나 컨테이너 운송이 급성장하면서 이 부문에 투입된 비용 대부분은 손실을 기록했다. 복잡한 세법의 미로를 통해, 서독 정부는 조세 피난처를 찾는 부유한 시민들에게 외항선에 투자하도록 장려했다. 이를 통해 서독 정부는 국내 최대 항구인 함부르크를 해운업계의 월스트리트로 탈바꿈시켰고, 세계화 과정에 있던 세계가 인위적인 저렴한 비용으로 상품을 운송할 수 있는 또 다른 방법을 제공했다.

북해에서 약 115킬로미터 떨어진 엘베강에 위치한 함부르크는 중세 이후 운송 및 무역 중심지였다. 제2차 세계대전 후 독일의 분단

ᶦ 급배수 장치를 통해 바닷물을 배수하고 선박 건조나 수리를 하는 독을 일컫는다.

은 이 도시에 큰 상처를 입혔다. 서유럽과 소련이 지배하는 동유럽 사이를 막아버린 철의 장막으로 인해 함부르크는 베를린, 프라하 등 한때 엘베강에서 바지선이 다닐 수 있던 도시들로 향하는 화물을 더 이상 처리할 수 없었다. 그럼에도 불구하고 독일에서 두 번째로 큰 도시였던 함부르크는 여전히 주요 조선소, 수많은 선박회사, 그리고 해상 문제를 전문으로 하는 은행가, 보험사, 엔지니어, 중개인 및 변호사로 구성된 거대 커뮤니티의 본거지였다. 그러나 1970년대 초반 함부르크의 운명은 위협을 받고 있었다. 그리스가 세법을 변경하자 서독의 선주사들은 2년 동안 선박 631척의 선적을 서독에서 그리스로 이전했다. 이런 선적 전환은 단기적으로 서독의 세수를 위협했다. 보다 장기적으로는 선박의 소유, 관리 및 자금 조달과 관련된 활동도 조만간 함부르크에서 사라질 것 같았다.[6]

서독 정부의 대응은 선주사에 더 관대한 세금 감면 혜택을 제공하는 것이었다. 1973년경, 함부르크의 은행가들은 선박 자금 조달을 위한 독창적인 방법을 허용하는 세법의 변화를 포착했다. 선박 지분의 직접 매입은 매우 부유한 사람들만이 가능했지만, 이제 어느 정도의 부를 보유한 사람들이 각각 한 척의 선박에 필요한 자금을 조달하기 위한 합자회사limited partnership에 투자할 수 있었다. 일단 어느 정도의 현금이 수중에 확보되면, '선박펀드ship fund'로 알려진 이런 회사는 배를 만드는 데 필요한 나머지 금액을 금융기관으로부터 빌릴 수 있었다. 이를 통해 선주사는 자신의 돈을 거의 투자하지 않고 새로운 배를 마련하는 일이 가능했다. 이런 재정적인 마술은 새로운 선박이 적어도 10년 동안은 적자에 놓이게 만들었다. 그런 다음 선박펀드는 해당 손실을 각각의 투자자에게 배분했으며, 이런 방식을 통해 투자자는 세무 당국에 소득 보고 시 투자액의 최대 2.5배를 공제받을 수 있었다.[i] 타의 추종을 불허하는 거래였다. 50개 이상의 독일 금융기관이 선박펀드를 만들어서 막대한 관리 수수료 수입을 올렸고, 고객에게 위험 없는 큰 수익을 약속한 금융 자문에 대한 수수료 수익도 올렸다. 역사가 에릭 린드너Erik Lindner는 "선단을 소유한 사람은 이익을 내야 한다는 전통적인 사고는 저 뒤편으로 사라졌다"라고 설명했다.[7]

세금 감면은 매우 성공적이어서 서독 정부는 1984년과 1995년 두 차례에 걸쳐 규모를 축소했다. 그럼에도 불구하고 세금 감면 조치는 EU의 행정부에 해당하는 유럽집행위원회European Commission의 반대에 부딪혔다. 1997년 집행위원회는 특정 조세 조치가 새로운 선박에 대한 보조금을 지급함으로써 "과잉용량을 초래하거나 유지하는 경향이 있다"는 사실을 발견했는데, 물론 이런 과정을 통해 해운사들은 선박을 저렴하게 구매할 수 있었다. 집행위원회는 EU 내에서 "모든 관련 선박에 대한 전략적이고 상업적인 관리"가 이루어지고, 기업들이 안전과 작업 조건에 대한 유럽의 규칙을 준수하는 경우에만 해운업에 대한 세금 감면이 허용되어야 한다고 지시했다.[8]

합자회사가 소유한 선박은 이러한 기준을 충족하지 못하는 경우가 많았다. 투자자가 투자한 것보다 더 큰 세금 손실을 보고할 수 있다는 사실 또한 EU의 규칙에 위배됐다. 그러나 그 세금 감면을 없

---

i 수익이 발생해야 세금을 납부하는데 선박에 대한 투자는 수익을 올리지 못했기 때문에 세금을 납부할 의무가 없었다. 여기에 더해 선박펀드에 투자한 비용의 2.5배에 대한 소득 공제를 시행했기 때문에 자산가들의 경우 큰 세금 감면 혜택을 받을 수 있었다.

애먼서 집행위원회는 '톤세tonnage tax'라고 하는 다른 혜택을 주었다. 이로써 선박이 건조된 지역에 관계없이 유럽에 등록되어 국제무역에 종사하는 한, 선박의 실제 손익이 아닌 크기에 따라 과세될 수 있게 됐다. 이러한 조치는 특히 독일의 치과의사와 의사에게 굉장히 매력적으로 다가왔다.[ii] 이제 세금 손실에 대한 공제 대신 매년 약간의 세금만 부과되는 배당금을 기대할 수 있게 된 것이다. 선박펀드에 기록적인 자금이 쏟아져 들어왔다. 시장이 절정에 달했던 2000년대 초반에는 매년 수백 척의 선박을 건조하기에 충분한 연간 200억 유로, 즉 약 260억 달러가 유입됐다.[9]

이 '치과의사 선박' 중 다수는 함부르크 회사들이 소유하고 있었는데, 이 회사들은 주요 해운사의 사양에 따라 그것들을 건조한 후 계약에 따라 운영했다. 유서 깊은 함부르크의 선박 가문이 관리하는 선단 운영사인 E. R. 쉬파하트E. R. Schiffahrt가 대표적 예이다. 2008년 기준으로, E. R. 쉬파하트는 82척의 컨테이너선을 보유하고 있거나 주문해놓은 상태였다. 이 모든 자금은 총 4만 1000명의 투자자를 통해 16억 유로를 모은 노르트캐피탈Nordcapital이라는 자매회사를 통해 조달됐다. 일단 그 돈을 손에 쥔 다음에, 노르트캐피탈은 HSH 노르트방크Nordbank와 코메르츠방크Commerzbank 같은 해운 전문 은행에 대출을 요청해 나머지 건조비용을 충당할 수 있었다. 다른 회사들은 주로 한국이나 중국에서 건조되는 유조선과 벌크선 건조비용을 대는 유사한 펀드를

---

ii 독일 KG 펀드 시스템(German KG fund system)으로 불렸다. 이 펀드는 장기간의 저위험 투자로 수익을 올리려는 소규모 개인 투자자를 대상으로 했고, 특히 여유 자금을 확보할 수 있던 고소득 대표 직군인 치과의사와 의사로부터 큰 관심을 받았다.

주관했다. 선박펀드에 대한 일반적인 투자 규모는 상대적으로 소액인 약 2만 5000유로(당시 약 3만 5000달러)였으며, 이런 수천 개의 선박펀드에 힘입어 독일인들이 보유한 선단의 규모는 폭발적으로 증가했다. 함부르크에 본사를 둔 HSH 노르트방크는 400억 유로에 달하는 선박 대출금이 자사 전체 대출 포트폴리오의 절반을 차지한다면서, 스스로 세계 최대의 선박 대출기관이라고 주장하기도 했다.

선박펀드 덕분에 21세기 초반에 건조된 컨테이너선 세 척 중 한 척은 독일 선주가 발주하여 독일 정부의 세금 보조로 운영됐다. 대만과 칠레, 프랑스와 일본에 기반을 둔 선사들은 유리한 조건으로 독일 소유 선박을 용선할 기회를 얻었다. 2007년과 2008년에 주문된 많은 새로운 선박이 금융위기의 여파로 무역이 위축되던 2009년과 2010년에 인도되었고, 이로써 최악의 시기에 높은 보조금을 받아 만들어진 선박들이 시장에 밀려들게 됐다.

그 결과는 선박펀드 투자자들에게 재앙이었다. 위험이 없는 것으로 추정되던 합자회사는 그들의 배가 반쯤 빈 상태에서 운항하거나 완전히 항구에 처박혀 있게 되면서 투자자들을 곤경에 빠뜨리며 엄청난 손실을 초래했다. 수백 개의 합자회사가 파산을 선언했으며, 이를 후원한 일부 선단 관리사도 마찬가지였다. 이전에 선박 건조에 보조금을 지급했던 독일 납세자들은 위기에 처한 은행들을 구하기 위해 다시 돈을 쏟아부어야만 했다. HSH 노르트방크의 소유주였던 함부르크시 정부와 슐레스비히-홀슈타인주 정부는 약 140억 유로의 손실을 입을 위기에 처해 결국 은행을 매각해야만 했다. 코메르츠방크는 독일 연방 정부에 주식의 4분의 1을 넘긴 대가로 160억 유로의 연방 구제 금융을 받았다. 많은 '치과의사 선박'이 현금을 마련하기 위해 매각됐다. 컨테이너선 용선 선단에서 독일의 점유율은 2010년 3분의 2에서 2017년 3분의 1로 떨어졌다. 독일인들의 손에 남아 있는 배의 수는 감소했지만, 여전히 화물을 운반할 수 있는 상태로 남아 있었기 때문에, 이러한 선박들의 방대한 수송 용량은 화물 요금을 낮추었으며 해상운송을 매우 저렴하게 만들었다.[10]

독일 투자자들이 철수하면서 중국이 시장에 뛰어들었다. 2006년 중국 정부는 조선업을 '전략 산업'으로 규정한 뒤 10년 안에 중국을 세계 최대의 조선 강국으로 만든다는 목표를 세우고 막대한 국가 투자로 이를 뒷받침했다. 약 43억 달러의 보조금 덕분에 중국선박중공업집단China Shipbuilding Industry Corporation 과 중국선박공업China State Shipbuilding Corporation 같은 두 국영기업은 7년 동안 상선을 건조할 수 있는 100개 이상의 드라이도크를 추가할 수 있었다. 대부분 국유기업인 중국 선주사들은 기존에 보유하고 있던 노후한 유조선, 벌크선, 컨테이너선을 고액의 보조금을 받으며 중국 조선소에서 건조된 새로운 선박으로 대대적으로 교체했다.

중국은 석탄과 광석 같은 원자재를 운송하는 데 사용되는 벌크선 시장을 빠르게 장악했다. 2006년에서 2012년 사이에 전 세계적으로 새로 추가된 벌크선 톤수의 57퍼센트가 중국에서 건조됐다. 훨씬 더 복잡한 선박인 컨테이너선 시장에 진입하는 것은 더 어려웠다.

2005년까지만 해도 거의 모든 대형 컨테이너선은 한국과 일본에서 건조됐는데, 이는 선주들이 이러한 복잡한 프로젝트를 수행할 숙련 공이 중국에는 부족하다고 판단했기 때문이었다. 그러나 충분한 국가 지원을 통해 중국은 빠르게 학습 곡선을 향상시켰다. 보조금이 많이 지원되는 중국 조선소에서 배를 건조하는 것은 보조금이 많이 지원되는 한국 조선소에서 만드는 것보다 20~30퍼센트 더 저렴했다. 2006년에서 2012년 사이에 중국이 전 세계 컨테이너선 용량의 약 5분의 2를 건조한 것은 놀라운 일이 아니었다."

운송 보조금 지원에 따른 경제적 영향은 납세자의 부담을 넘어서는 것이었다. 선박 건조 및 운영에 드는 비용의 일부를 공공 부문에서 부담하면서 전 세계적 규모로 운영되던 상선단은 보조금이 없었을 때보다 훨씬 빠르게 확장됐다. 다른 한편으로 이는 만성적인 과잉공급으로 이어졌다. 너무 많은 선박이 너무 적은 화물을 실을 수밖에 없었으며, 낮아진 운송료로 인해 선사는 연료비 청구서를 감당하기도 힘들었다. 선사의 막대한 재정적 손실은 화주에게는 이익이 됐다. 선박 건조 보조금으로 저렴해진 비용 덕분에 화주는 상품을 해상 운송할 경우 당초 지급해야 했던 요금보다 적게 지불할 수 있었고, 따라서 수출품을 실제 운송비용을 반영하지 않은 가격에 판매할 수 있었다. 납세자가 부담한 국가 보조금이 장거리 가치사슬을 재정적으로 실행 가능하게 만드는 데 중요한 역할을 한 셈이었다.

경쟁의 측면에서도 그 영향을 고려할 가치가 있다. 전 세계적으로 육상운송에 대한 정부 보조금은 일반적으로 해상운송에 비해 적었다. 많은 나라에서 트럭 운전사들은 디젤 연료와 고속도로 통행료에 포함된 상당한 세금을 지불해야 했다. 철도화물은 대개 이윤을 낼 수 있는 수준으로 가격이 책정됐고, 철도를 정부가 소유한 경우 철도화물에서 발생한 이익은 종종 여객 운임을 낮추기 위한 보조금으로 사용됐다. 해양운송의 환경비용에 대한 느슨한 규제도 사실상 보조금의 한 형태였고, 국내운송보다 개발도상국에서 부유한 국가로의 운송이 더 유리한 우편 요금 구조도 마찬가지였다. 트럭이나 철도를 이용하여 국내 고객에게 운송하는 회사들은 그들의 상품을 운반하는 데 드는 비용을 전부 지불했기 때문에, 해상으로 운반하는 수입업자들보다 상대적으로 더 높은 운송비용에 직면했다. 국내 생산자들이 수입 제품과 경쟁할 때도 해운 보조금은 수입업자들에게 유리한 고지를 제공했다. 이것은 매우 이상한 종류의 산업 정책이었다.[12]

10장. 규모에 손을 대다

보조금을 지급받은 해운업은 세계화를 재정적으로 가능하게 만들어주었다. 그런데 국제적인 사업에 보조금이 지급되자 그것은 논쟁거리가 되었다.

국제무역에 관한 한 '보조금subsidy'이라는 용어에는 정확한 정의가 없다. 특정 장소에 공장을 짓도록 기업을 유인하는 정부 보조금과 같은 일부 보조금은 노골적이다. 반면에 외국 고객이 자국의 수출품을 구매하도록 은행 대출에 정부가 보증을 제공해주는 등의 종류는 돈을 빌린 쪽이 채무를 불이행하거나 납세자가 악성 부채에 시달리지 않는다면 눈에 띄지 않을 수 있다. 세법에 깊숙이 숨어 있는 특별 유예, 산업 연구 프로그램에 대한 국가 보조금, 국내 생산자가 가격을 올릴 수 있도록 하는 수입 제한 등은 모두 일종의 보조금이지만, 군수품은 국내에서 생산된 장비만 구매해야 한다는 요구보다는 분명히 덜 명확한 조치이다. 하지만 이 모든 보조금의 공통점은 한 국가의 정부가 수입, 수출 또는 다른 국가의 투자에 영향을 미치는 방식으로 경쟁을 왜곡하고 있다는 점이다.[1]

거의 모든 상업적 활동이 국내에서 이루어지던 시절에는 정부가 자국 농부나 제조업자를 돕는다는 사실이 다른 나라들에 거의 문제가 되지 않았다. 전통적인 경제사상은 보조금을 받는 수출은 축복이라고 주장하면서 이러한 무관심을 정당화했다. 누군가가 당신에게 어떤 물건을 생산비용보다 낮게 팔고자 한다면, 굳이 선물로 받은 말의 입을 들여다봐야 할까?[i] 1960년대까지 국제무역의 불공정에 대한 논의는 보조금이 아니라 임금의 차이를 중심으로 이루어졌다. 예를 들어, 1950년대에 일본에서 수입된 의류에 대해 강력하게 이의를 제기할 때 미국 제조업체들은 "해외 저임금과의 경쟁"에 항의했으며, 이는 당시 저임금 국가였던 일본이 1957년 면직물 수출을 제한하기로 동의할 때까지 계속됐다.[2]

보조금은 1960년대에 들어와 미국 정부가 군사 및 우주 프로젝트 관련 계약을 미국 기업에 배분하면서 민감한 문제가 됐다. 유럽 국가들은 미국인들이 민간시장을 위한 여객기, 컴퓨터 및 기타 수천 가지 제품 제작에서 불공정한 우위를 확보하기 위해 정부 보조금을 받는 연구에 의존하고 있다고 비난했다. 유럽의 항공기 제조업체들이 생존을 위해 고군분투하면서 대부분 국영기업이던 프랑스, 독일,

---

i 원문은 'why look a gift horse in the mouth?'이다. 영어 속담에는 'Never look a gift horse in the mouth(선물로 받은 말의 입 속을 들여다보지 마라)'라는 표현이 있다. 말은 자라면서 잇몸이 후퇴하기 때문에 말의 입속을 들여다보면 나이를 알 수 있다. 선물도 받은 말의 입속을 들여다본다는 것은 선물의 가치를 의심하고 흠을 잡으려 하는 일종의 결례인 것이다.

네덜란드, 영국, 스페인의 업체들은 1970년 범汎유럽 기업 에어버스 Airbus Industrie로 고통스럽게 합병됐다. 미국은 즉각 에어버스가 받는 대규모 보조금에 대해 불만을 터뜨렸다. 유럽인들은 보잉Boeing과 록히드 Lockheed 같은 미국 항공우주 기업의 상업용 비행기 역시 동등한 보조금을 받았다고 주장하며 맞섰다. 분쟁은 수십 년 동안 계속됐고, 항공 산업을 둘러싼 이런 분쟁은 한 회사가 경쟁업체보다 더 많은 판매를 기록할 때마다 주기적으로 반복됐다.

EU는 '구조적 조정structural adjustment'이라는 명분을 통해 철강, 조선, 화학, 제지 등 어려움에 처한 산업의 위축을 관리해 국제 경쟁에서 버틸 수 있는 강한 기업을 만들고자 했다. 유럽 정치인들은 산업 붕괴를 방치할 경우 유럽 공동체의 생존이 위태로워질 수 있다고 우려했다. 미국 정부는 개별 기업에 대한 현금 지급에는 관대하지 않았지만, 주 및 지방 정부는 일반적으로 보조금과 저리 대출을 이용하여 신규 기업을 유치하고 기존 기업을 유지했다.

다른 국가들은 미국이 무역 장벽을 공격적으로 활용하여 문제가 있는 산업을 부양하고, 정부 자금을 통해 조달되는 물품은 수입이 아닌 미국 국내 생산품으로 한정하는 데 대해 크게 불평했다. 미국의 막대한 국방예산은 항공기, 컴퓨터 및 민간용으로 쉽게 용도를 변경할 수 있는 기타 제품을 위한 첨단 기술 개발에 자금을 지원했다. 캘리포니아의 미세전자 산업은 부분적으로는 미군이 이후 '실리콘밸리'로 알려지게 되는 지역에 위치한 회사에 막대한 자금을 투입했기 때문에 세계적 선두주자로 부상할 수 있었다. 1967년 이전에는 미국 집적회로 생산량의 절반 이상이 미사일 시스템에 투입되어 미국 제조업체에 다른 국가의 칩 제조업체가 따라할 수 없는 시장 규모를 제공했다. 이러한 공공지출이 미국 수출업자에게 혜택을 주는 부당한 보조금에 해당하는지 여부는 그 뒤로 몇 년 동안 논쟁의 대상이 되었다.[3]

철강 및 화학과 같은 자본집약적 산업에 대한 보조금을 둘러싼 논란은 1950년대 초반부터 불타오르기 시작했다. 역사적 이유로 인하여, 세계적으로 이러한 산업의 생산 능력 가운데 상당 부분은 미국 오하이오의 영스타운[i]이나 독일 남서부의 루트비히스하펜[ii]과 같은 단일 산업 도시에 집중되어 있었다. 이들 도시는 이 분야를 선도하던 기업들이 수십 년 전에 공장을 건설한 곳이었다. 이들 지역의 높은 임금은 별로 문제가 되지 않았다. 자본집약적 산업 특성상 노동력이 생산비에서 차지하는 비중이 작았고, 기존 공장의 규모는 커서 다른 나라의 신규 공장이 시장에 진입하기 어려울 정도로 높은 비용상 이점을 제공했다. 이 때문에, 자체적으로 국내 철강 및 화학 산업을 육성하기로 결정한 아시아와 중남미 국가의 정부들은 국가 차원에서 공장을 지원하고 수입을 차단하여 자국 내 공장에서 생산된 상품들

---

i   오하이오주 마호닝 카운티에 있는 도시로 현재 인구는 약 6만 5000명이다. 전통적으로 철강 산업의 중심지로서 알려졌으며 1970년대 미국 철강 산업의 하락과 함께 쇠락했다.

ii 독일 서부 라인란트팔츠주에 있는 도시로 19세에 라인강 연안의 항구이자 철도의 교차점으로 발전했다. 특히 독일 화학 공업의 중심지로 알려져 있으며 세계 최대 화학기업인 바스프(BASF) 본사가 이곳에 위치하고 있다.

의 국내 판매를 보장하지 않으면 성공할 가망이 없었다.

앞서 4장에서 살펴보았듯이 수입 대체 전략은 자주 실패했다. 인도와 아르헨티나와 같은 국가에서 대부분의 새 공장은, 훨씬 더 저렴한 비용으로 수입할 수 있던 것을 만들어냈고 경제 성장이나 빈곤 감소에는 어떤 도움도 되지 않는 애물단지였다. 그러나 일본에서는 수입 대체 전략이 대성공을 거두었다. 수입 제한 및 보조금과 같은 강력한 지원을 토대로 일본 제조업체는 의류 봉제, 회로기판 납땜과 같은 노동집약적인 작업에서 시작하여 점차 기계, 자동차, 화학 및 금속 제품 등 대규모 제조업으로 발전했다.

일본은 성공했지만 다른 나라들이 실패한 가장 큰 이유는, 일본 정부가 외국 경쟁자들을 막는 한편 국내 기업들에 치열한 경쟁과 수출에 전념하도록 강요했기 때문이었다. 도전에 부응하지 못한 회사는 퇴출됐다. 이런 과정을 통해 성공한 기업들은 해외 최고의 기업만큼 생산적이었다.[4]

일본의 수입은 전후 20년 동안 수출을 초과했지만, 1965년부터 그 뒤 46년 동안 일부 짧은 기간을 제외하고 지속적인 무역흑자를 기록하기 시작했다. 값싼 닷선$_{Datsuns}$[iii] 자동차와 도요타$_{Toyota}$ 자동차가 미국 도시의 거리에 등장했고, 일본 철강은 캘리포니아에 진출했다. 캘리포니아에서는 피츠버그와 시카고에서 철도로 운송돼 오는 것보다 일본에서 출발해 태평양을 가로질러 배로 도착하는 철강 코일의 비용이 저렴했기 때문에 일본산이 선호됐다. 1968년 컨테이너선 서비

---

iii 일본 닛산자동차 산하의 브랜드이다. 1958년 미국에 최초로 진출한 일본 자동차였지만, 이후 1986년 닛산자동차 브랜드로 통합됐으며 2022년에 폐기됐다.

스가 시작되어 운송비용을 낮추고 화물 손상을 줄일 수 있게 되자, 미국과 캐나다의 가전 매장에는 선반이 삐걱거릴 정도로 일본산 텔레비전, 스테레오 및 전자레인지가 가득 들어찼다. 1970년까지 일본은 고도로 산업화되고 매우 번영하는 국가가 됐으며, 제조업은 국민소득의 45퍼센트를 생산했다. 한편, 공식적이거나 비공식적인 다양한 장애물로 인해 외국 제조업체들은 일본에서 상품을 판매하기가 어려웠다. 1966년에 이 나라는 약 250만 대의 자동차를 조립했지만 수입량은 단 1만 5244대에 그쳤다.

1968년 미국의 철강 산업이 불공정하다고 비난하기 시작하자, 미 국무부는 일본과 유럽에 철강 수출을 '자율적으로' 제한할 것을 요구했다. 몇 달 후 리처드 닉슨 대통령 후보가 일본산 직물 수입을 억제하겠다고 약속한 시기에, 미국의 컬러텔레비전 제조사들도 일본에서 수입되는 텔레비전이 국내 산업을 훼손하고 있다고 주장하고 나섰다. 1969년 1월 닉슨은 대통령으로 취임한 직후 기자들에게 "자발적으로 이 문제를 처리하는 것을 선호"한다고 말했다.

수출시장과 군사적 방위 양쪽에서 미국에 의존하고 있는 상황에서 일본 정부는 무엇을 해야 하는지 금방 알아챘다. 일본의 강력한 통상산업성은 섬유 수출을 제한하고, 일본 기업에 새로운 가이드라인을 제시했다. 1972년 통상산업성은 "이제 '어떤 일이 있어도 수출을 확대해야 한다'는 개념은 더 이상 적절하다고 볼 수 없으며, 이러한 정책은 상황에 따라 다른 나라의 불만을 야기하는 경향이 있다"라고 발표했다.[5]

◇◇◇

　1973년 10월 시작된 석유위기는 수출 보조금을 공개적인 통상 전쟁의 도구로 만들었다. 중동 산유국의 감산으로 인한 유가의 급격한 상승은 세계적인 경기침체를 불러왔다. 자체적으로 석유를 생산하지 못하는 일본보다 더 위험한 나라는 없었다. 석유 수입에 필요한 달러를 조달하기 위해 일본 정부는 필사적으로 수출을 강화하기를 원했다. 그러나 일본은 이제 물건을 만들기에 값싼 곳이 아니었다. 석유는 일본 에너지의 4분의 3을 제공했으며, 평균 제조업 임금은 달러를 기준으로 할 때 1971년과 1973년 사이에 38퍼센트나 인상됐다. 통상산업성은 일본이 번영하려면 값싼 에너지나 값싼 노동력에 의존하는 산업이 이제는 '지식 산업'에 자리를 내줘야 한다고 판단했다. 통상산업성의 비전에 따르면 일본은 장난감, 의류, 트랜지스터라디오가 아닌 자동차, 첨단 전자 제품 및 정밀 기계를 판매하는 부유한 국가로 성장해야 했다.

　통상산업성은 비전을 실행에 옮길 수 있는 힘과 돈을 가지고 있었고, 곧 특정 산업에서 경쟁하는 기업들이 어떤 알루미늄 제련소, 제지 공장, 조선소를 폐쇄할지 스스로 결정하도록 독려했다. 그 결과, 지난 1972년에 미국에 합성섬유 수출을 제한하겠다고 약속할 필요가 없었을 정도로 많은 섬유 공장이 문을 닫았다. 통상산업성의 권고를 따랐던 기업은 새로운 사업 부문으로 진출하기 위해 정부 보조금과 은행 대출 지원을 받을 수 있었고, 당연히 수입 제품과의 경쟁에서 보호받을 수 있었다. 이와 같은 너그러운 지원은 1973년과 1979

년 사이에 산업 구조조정으로 일자리를 잃은 80만 명의 제조업 노동자들의 고통을 덜어주었다.[6]

일본 정부가 선호하는 산업 목록의 상위에 있던 것은 자동차 제조업이었다. 일본 차량은 작았고 특별히 편안하지는 않았지만, 연료 소모가 많은 캐딜락과 BMW를 굴리기에는 너무 부담이 커진 석유위기에는 완벽한 존재였다. 일본의 연간 자동차 수출은 1973년과 1980년 사이에 거의 세 배가 됐고, 트럭 수출은 훨씬 더 빠르게 증가했다. 일본의 자동차는 1980년 미국 자동차 시장의 4분의 1을 차지했지만, 일본에서는 두둑해진 월급으로 자동차를 사려는 노동자들이 쉐보레나 폭스바겐을 선택할 가능성은 거의 없었다. 관세는 외국산 차량의 가격에 30~40퍼센트를 추가했으며, 자동차 등록비용은 소형 일본산보다 대형 수입차의 경우 훨씬 높았다. 삿포로나 후쿠오카의 자동차 딜러 가운데 수입차를 기꺼이 취급하는 사람은 거의 없었다.[7]

통상산업성의 기획자들이 구상한 대로 '경박단소經薄短小[i]'라는 신조어는 일본 경영진의 마음을 사로잡았다. 1975년까지 기계와 운송 장비는 일본 수출의 절반을 차지했는데, 이는 20년 전보다 네 배나 많은 수치였다. 통상산업성의 R&D 지원 덕분에 컴퓨터, 고급 광학 기능이 있는 카메라, 수치제어 공작 기계, 고용량 컬러복사기가 일본 공장에서 쏟아져 나오기 시작했다. 그렇다고 통상산업성이 건드린 모든 것이 금으로 변한 것은 아니었다. 정부 당국의 독려에도 불구하고 일본 기업들은 상업적 타당성을 갖춘 제트엔진을 생산해내

---

i '가볍고 얇고 짧고 작다'는 뜻이다.

지 못했다. 하지만 일본은 수입을 차단하면서 수출을 촉진하는 데 성공했고, 이는 정교한 공산품 시장을 둘러싼 다른 국가들과의 경쟁에서 막대한 무역흑자를 창출하는 데 큰 도움이 됐다. 일본의 새로운 무역 패턴은 곧 국제적 문제가 됐다. 미국, 캐나다, 서유럽 전역의 정치인과 노동조합원은 일본에 대해 격분했다. 일본산 제품의 수입 증가에 따라 미국 중서부, 영국 중서부, 독일 루르, 프랑스 북부의 산업지역이 황폐해져 공장 폐쇄가 전면적으로 확산되었고, 곧 '탈산업화 deindustrialization'라는 새로운 단어가 경제 사전에 추가됐다.[8]

일본이 첨단 제조업을 밀어붙이고 전 세계적으로 경제 성장이 하향 국면에 접어들면서, 제2차 세계대전 이후 세계화에 중요한 역할을 해온 브레튼 우즈 체제는 중대한 도전을 맞게 됐다. 그 협정을 진행한 사람들은 보조금에 대해서는 크게 관심을 기울이지 않았다. 그들은 모든 정부가 노동자, 기업 및 지역 사회를 지원하라는 압력에 직면해 있다는 것을 알고 있었다. 하지만 보조금이 더 개방적인 세계경제에 대한 지지를 약화시킬 정도로 크게 증가할 것이라고는 예상하지 못했다. 그런데 이제 일본은 보조금 지급으로 만들어낸 고부가가치 수출 상품을 세계시장에 쏟아내면서 자국 시장은 빗장을 걸었다는 비난을 받고 있었다. 비판론자들은 통상산업성이 수출 규모에 지나치게 관여함에 따라 무역이 다른 나라에 해를 끼치고 일본에만 이익을 주게 됐다고 비난했다.[9]

1960년에 체결된 17개 최대 교역국 간의 협정은 이러한 상황을 다루기 위해 마련됐다. 이 협정에 따르면 보조금을 받은 수출품이 수입국의 산업에 '실질적 피해material injury'를 가할 경우, 해당 국가는 보조금 액수와 동일한 수입 관세로 보복하여 수입품의 비용 우위를 박탈할 수 있었다. 이 조항은 효과적인 위협으로 판명됐다. 일본 정부는 국제적인 규칙 위반자로 지목되는 것을 원치 않았기 때문에, 1972년 닉슨 대통령을 달래며 자발적인 합성섬유 수출 제한을 했으며 다른 분야에서도 '자발적으로' 수출을 제한하는 데 여러 차례 동의했다. 일본 정부는 1977년에는 대영국 자동차 수출과 대미국 컬러텔레비전 수출을 제한했다. 1978년에는 자동차, 오토바이, 철강, 텔레비전, 선박, 복사기, 시계, 카메라의 수출업자에 대해 '강화된 모니터링 및 가이드라인'을 부과했는데, 이러한 조치는 미국과 캐나다로 공작 기계 수출 시 최저가격을 제한하도록 함으로써 일본 기업들이 시장 점유율 확보를 위해 할인을 제공할 수 없도록 했다. 이듬해 미국은 일본에 위협받는 미국 산업을 '구제'하기 위해 일본산 볼트, 너트 및 나사에 15퍼센트의 관세를 부과했다. 그 구제받는 산업이 낙후되고 비효율적인 것으로 잘 알려져 있었음에도 불구하고 말이다.[10]

같은 해인 1979년에는 미국에서 세 번째로 큰 자동차 제조업체인 크라이슬러_{Chrysler Corporation}가 거의 파산할 뻔했다. 대량 실업에 대한 경고 속에서 미국 의회는 크라이슬러를 살리기 위해 최대 15억 달러의 대출을 보증하기로 동의했다. 1980년이 미국 자동차 산업 역사상 최악의 해가 되면서 다른 자동차 회사들도 위기에 처했다. 미국 자동차 기업들의 판매 감소는 기본적으로 높은 이자율과 더불어 소형 차종 부족으로 인한 것이었지만, 정치인과 노조 지도자는 일본을 크게 비난했다. 자유무역주의자로 알려진 로널드 레이건은 그해 대통령 선거 운동 기간 동안 디트로이트에 있는 크라이슬러 공장 노동자들에게 미국 정부는 "일본인들을 어떻게든 설득해서 그들 자신의 최선의 이익을 위해, 우리 산업이 다시 일어서는 동안 홍수처럼 몰아치는 대미 자동차 수출을 늦추도록 해야 한다"라고 강조했다. 일본은 1981년 자동차 부문의 서유럽과 캐나다 수출에 대한 엄격한 통제와 함께 미국 수출에 대한 '자율적' 규제를 수락했다. 1983년까지 일본은 VTR, 전자시계, 선반, 지게차 및 기타 여러 제품을 유럽으로 수출하는 것을 통제하기로 합의했으며, 물론 이때도 각각의 경우 '자율적'으로 하기로 했다.[11]

결과는 실망스러운 것으로 판명됐다. 각각의 새로운 '자율 수출 규제'는 일본의 무역흑자를 축소하는 것이 아니라 오히려 확대하는 것처럼 보였다. 일본의 제조업체는 수출할 수 있는 자동차와 텔레비전의 수가 제한되자 더 정교한 제품을 더 높은 가격에 선적했다. 추가된 이윤은 일본 기업이 북미와 서유럽에 공장을 건설할 자금이 되었고, 일본식 자본주의가 세계를 정복하고 있다는 인식을 강화했다. 나중에서야 첨단 제조업을 발전시키려는 열정에 빠져 일본이 서비스 부문의 비효율성을 망각하고 있었음이 분명해졌다. 은행에서 환전하려면 무능력한 은행원들의 서명이 필요했고, 도쿄 긴자의 화려한 백화점은 기모노를 입은 젊은 여성들에게 고객이 방문하면 정중하게 인사를 하게 했다. 전반적으로 서비스의 생산성, 즉 노동 시간당 생산량은 1970년보다 1980년에 더 낮았다. 이후에 일본의 혼란스러운 서비스 부문이 경제 성장의 걸림돌로 인식될 것이지만, 1980년대에는 일본 제조업이 전성기를 누리면서 서비스 산업의 침체는 거의 주목받지 못했다.[12]

◇◇◇

세계 경제가 곤경에 처했을 때 교역 상대국을 화나게 한 나라는 일본만이 아니었다. 일본의 경험에서 한국보다 더 많은 것을 배운 나라는 없었다. 인구는 상당히 적었지만 한국은 일본을 뒤따라 보조금을 성공적으로 사용하여 국제무역의 패턴을 바꾸었다.

1960년대까지 한국 경제는 침체되어 있었다. 한반도는 1910년부터 1945년까지 조선을 주로 쌀과 텅스텐 공급원으로 삼았던 일본에 의해 점령됐으며, 제2차 세계대전이 끝날 때에는 소련이 통제하는 북부 지역과 미국이 관리하는 남부 지역으로 분할됐다. 1950년에서 1953년 사이에 벌어진 한국전쟁은 한반도의 기반시설과 산업의 대부분을 파괴했으며, 100만 명 이상의 사망자를 냈다. 한국전쟁이 끝났을 때 남쪽의 정부는 급속한 산업화를 약속했다. 첫 번째 단계는 많은 사람이 옷과 신발을 만드는 일을 하도록 하는 것이었다. 그러나 경제 정책은 내수지향적이었다. 수입 장벽은 높았고 수출은 1963년까지만 해도 미미했다.

1965년 박정희 대통령은 국정연설을 통해 "우리 역시 국제 수출에서 성공적으로 경쟁할 수 있다"라고 선언하면서 새로운 노선을 선포했다. 정부는 해외에서 한국 제품의 가격을 낮게 유지하기 위해 원화 환율을 평가절하했고, 수출을 위한 자금 지원을 관대하게 시행했으며, 수출에 사용되는 원부자재에 대한 세금을 면제했다. 특정 상품의 연간 수출 목표를 설정하고 중앙은행인 한국은행을 이용하여 기업이 목표를 달성할 수 있도록 저비용 신용 거래를 제공했으며, 수출업체 간의 경쟁을 촉진하기 위해 수출 목표를 달성한 기업에 대출 관련 우대 혜택을 주었다. 한국의 경제 전문가들은 기업의 규모가 중요하다고 확신하여 유럽, 일본, 북미에 기반한 다국적 기업과 세계적으로 경쟁할 수 있을 만큼 충분히 큰, '재벌'로 알려진 다양한 산업 그룹의 성장을 지원했다. 정부 기획자들은 수입 관세와 국영 은행의 대출을 이용하여 재벌이 자동차 및 전자 제품과 같은 특정 부문에 투자하도록 지시했다. 미국 경제학자 앨리스 암스덴_{Alice Amsden}[i]은 "1960년대와 1970년대의 십수 년 동안 산업 다각화의 모든 주요 변화는 국가에 의해 촉발됐다"라고 쓰기도 했다.[13]

많은 다른 가난한 나라와 달리 한국은 교육에 막대한 투자를 하여 개발도상국으로서는 특이하게 글을 읽을 수 있는 노동력을 제공했다. 이는 세계 경제가 침체된 시기에 정부의 지원을 받아 수출할 신제품을 찾아 나서던 한국 기업들에 큰 이점이 됐다. 수출이 본격화되기 전인 1962년에는 식품과 원자재가 한국 수출품의 5분의 4를 차지했고, 주요 수출품은 해조류였다. 1980년까지 한국의 제조업 부문은 1962년보다 열네 배 성장했다. 주로 공산품을 중심으로 한 대외무역이 전체 경제 생산량의 3분의 2 이상을 차지했는데, 이는 유럽, 북미 또는 일본보다 훨씬 높은 수준이었다. 하지만 이런 성장은 해외에서 환영받지 못했다. 1980년대 초반 한국의 선진국에 대한 수출품 가운데 거의 절반이 불공정 무역을 심사하는 규제와 제한에 직면했

---

i 정치경제학자로 MIT 교수로 재직했다. 국가 주도의 개도국 산업화에 대한 연구를 통해 효과적인 정부 개입이 경제 성장을 가능하게 한다는 것을 보여주었다. 그녀의 연구 결과는 국가 개입을 억제하려는 신고전주의 경제이론에 기반한 '워싱턴 컨센서스(Washington Consensus)'에 대한 반박으로 여겨지곤 했다.

다. 1980년대 초반 세계적인 경기침체로 잠시 휴지기를 가진 뒤, 한국 정부는 수출 주도형 성장을 이제는 혁신과 첨단 기술을 강조하는 방향으로 변화시키고자 했다. 초창기 국민들의 반발을 불러왔던 일본 기업들의 한국에 대한 투자는 재벌이 자동차, 컬러텔레비전, 의약품을 만들 수 있도록 도움을 제공했다.[14]

이러한 국가 주도의 경제 정책은 이전에 대내지향적이던 국가에 혁명을 일으켰다. 1986년 한국의 만성적인 무역적자는 수십 년 만에 흑자로 전환됐다. 1988년까지 한국은 세계 10위의 무역 대국이 됐고, 인플레이션을 적용해도 1인당 소득은 1960년의 여덟 배가 됐다. 기업들이 엔지니어들을 고용하고 이제 더 이상 값싼 노동력에 의존하지 말라는 정부의 요구에 귀를 기울이면서, 1990년에는 10년 전 54개와 비교할 때 크게 증가한 996개의 민간 R&D 센터가 존재하게 됐다. 한국의 보조금과 수입 장벽, 인위적으로 저평가된 환율에 대한 교역 대상국들의 불만이 사라지지 않은 상태에서, 이제는 한국이 첨단 기술 분야의 시장 점유율을 부당하게 빼앗고 있다는 주장이 등장했다. 반도체 산업은 대표적인 한국의 성공 사례였다. 반도체는 주로 미국의 영역이었지만 1990년까지 한국은 미국 시장에서 두 번째로 큰 컴퓨터 메모리 반도체 공급자가 됐다. 1993년 미국국제무역위원회US International Trade Commission가 몇몇 한국 기업이 공정가치보다 낮은 가격에 메모리 반도체를 판매함으로써 미국 산업을 해치고 있다고 판결했지만, 그 판결은 한국산 메모리 반도체가 자국에서 생산된 반도체보다 더 신뢰할 수 있고 더 빨리 확보될 수 있다는 점을 인정하는 것이기도 했다.[15]

한국의 고부가가치 제조업 진출은 신중하게 계획됐다. 1992년 발표된 '기계·소재·부품 국산화 5개년 계획'에 따라 정부는 국내 기업들이 자동차 부품 및 기계에서 반도체, 컴퓨터 부품에 이르는 4천 개 품목의 수입량을 줄이는 것을 지원했다. 이전에는 이러한 상품 대부분을 일본 수입에 의존했지만 정부 자금 지원을 통해 국내 공장에서 만들 수 있게 됐다. 다시 한번 보조금은 무역 패턴에 극적인 영향을 미쳤다. 목표한 부문에서 무역흑자는 1997년 30억 달러에서 2014년 1080억 달러로 급증했다. 한국은 처음으로 대규모 중간재 수출국이 됐다. 그중 많은 부문이 국제 공급망을 통해 중국의 공장으로 이동했는데, 중국은 다른 어떤 나라의 제품보다 한국의 반도체와 광학 장치에 더 많이 의존했다.[16]

11장. 중국 가격

1980년대 초반 중국은 국제 경제적 관점에서 거의 존재감이 없었으며, 국제적인 사안에 있어서도 그러했다. 문화대혁명의 정치적 혼란은 1970년대 내내 중국을 뒤집어놓았다. 계획 경제를 당이 통제해야 한다는 중국 공산당의 고집과 더불어 문화대혁명은 중국을 빈곤하게 만들었다. 변화는 1978년 최고 지도자 덩샤오핑鄧小平이 일본과 싱가포르를 방문한 뒤 "우리는 후진적이고 우리의 많은 방식이 부적절하며 변화해야 한다는 것을 인정해야 한다"라고 선언한 이후 시작됐다. 하지만 가야할 길은 멀었다. 경제는 원시적 상태였으며, 문화대혁명이 아니었다면 현대화에 크게 기여했을 수백만 명의 학생은 강제적으로 교육을 포기하고 집단 농장에서 육체노동을 하고 있었다. 중국은 너무 가난하여 주변에 힘을 투사할 수 없었기 때문에 군사적 또는 외교적 영향력이 미미한 수준이었다.[1]

많은 이의 기억에 따르면, 중국은 수십 년 동안의 불안정한 상황 끝에 연속된 성공의 스토리를 써내려가면서 힘을 얻게 됐고 번영을 이루게 됐다. 그러나 1978년 세계에 문을 연 이후 초기 몇 년 동안 중국은 경제 부문에서도 또 그 외 다른 부문에서도 결코 강대국이 아니었다. 영국 언론인 조 스터드웰Joe Studwell[i]은 "중국은 자급자족을 추구하면서 국제적으로 경쟁할 수 있는 단 하나의 산업적 제품도 개발하지 못했다"라고 언급했다. 대부분의 사회주의 경제와 마찬가지로 중국의 국가 계획자들은 오랫동안 중공업 건설을 강조해왔다. 덩샤오핑이 집권한 이후 첫 번째 10개년 계획은 1985년까지 철강 생산량을 두 배로 늘리고 제련소, 탄광, 유전, 항구, 발전소 및 철도를 건설하기 위한 단기적이며 집중적인 노력을 요구했다. 하지만 이러한 야심찬 프로그램들을 실현시키기에는 중국이 동원할 수 있는 수단이 매우 부족했다. 이에 따라 원래의 계획은 소비재 생산을 늘리기 위한 보다 현실적인 계획으로 빠르게 대체됐다. 중국의 엄청난 인구가 필요로 하는 신발, 화장품, 트랜지스터라디오를 만드는 것은 강철을 생산하는 것보다 훨씬 더 많은 노동력을 필요로 했다. 이러한 노동력 수요는 낙후된 중국의 농업 부문이 현대화됨[ii]에 따라 쫓겨난 수천만 명의 농촌 노동자를 흡수할 수 있었고, 중국 가계의 생활 수준 향상에 필요한 소비재를 공급할 수 있었다.[2]

덩샤오핑이 미국을 방문한 이후 1979년부터 중국 정부는 조심

i 작가이자 언론인이다. 저서 『How Asia Works』의 경우 우리나라에서 『아시아의 힘』(프롬북스)이라는 제목으로 2016년 발간됐다.
ii 1958년 농업 집단화를 위해 만들어진 대규모 집단농장인 '인민공사'의 해체를 의미한다.

스럽게 대외무역을 장려하는 몇 개의 경제 특구를 설정하여 외국에 개방했다. 홍콩의 제조업 임금 수준은 1981년 중국에 비해 스무 배 수준으로 높았기 때문에, 중국의 유리한 노동비용을 활용하기를 원하는 홍콩과 대만의 제조업체들이 중국 남부 지역에 공장을 건설하기 시작했다. 다른 곳에서 만들어진 화학 제품과 플라스틱, 직물 및 각종 부품은 선전과 광둥으로 배송되어 인형, 드레스 또는 전동 드릴 등으로 조립된 후 다시 홍콩을 통해 전 세계 고객에게 수출됐다. 이 과정에서 중국은 장시간 노동에 익숙하며 저렴하고 순종적인 노동력을 제공함으로써 전체 과정에 기여했다.

부유한 국가들은 다른 대부분의 개발도상국과 동일한 관세율을 적용하는 방식으로 중국의 개방을 강력하게 지원했고, 이로써 이전까지 중국이 겪던 큰 불이익을 제거해주었다. 북미, 일본, 유럽이 부과하는 관세가 낮아짐에 따라 중국이 다시 무역 국가가 되는 것이 현실화됐다. 무역 파트너인 서방 국가들은 중국에 대하여 무역 차원의 균형보다는 냉전 시대의 세력 간 균형에 더 관심을 기울였다. 서방 국가들의 중국에 대한 관세 인하는 서방과 대립적인 관계였던 소련으로부터 중국을 떼어놓기 위한 것이었다. 하지만 이 선물에는 조건이 있었다. 미국은 중국에 대한 최혜국 대우[iii]를 매년 검토하여 연장하는 방식을 채택했으며, 이에 따라 중국은 최혜국 대우를 받지 못할 수도 있다는 지속적인 위협을 받았다.[3]

중국의 국제무역은 1978년에서 1980년 사이 2년 동안 두 배로

---

iii 국제무역에 관한 협정에서 특정 국가에만 차등적인 특혜를 부여하지 않는다는 원칙으로, 서로 다른 수출국에 동일한 경쟁 기회를 제공해준다.

증가했지만 곧 벽에 부딪혔다. 외국인 투자는 반드시 지방 정부 또는 중앙 정부가 소유한 기업과의 합작 투자 형태로 진행되어야 한다는 정부의 요구는 해외 제조업체들의 중국 투자를 망설이게 했다. 중국은 외국인 투자를 불신했지만 스스로 현대적인 산업을 구현할 수는 없었다. 중국 경제를 지배하는 국유기업들은 고객의 취향이 아니라 기획자의 지시에 따라 생산했다. 자본을 조달할 수 있는 주식시장과 같은 곳이 없었기 때문에 이윤을 창출해 R&D에 투자하는 민간기업은 존재하지 않았으며, 1978년부터 허가된 은행의 경우도 민간기업에 대출해주지 않았다. 심지어 국영기업조차도 대출받기가 쉽지 않았다. 일본 기업과의 합작 투자를 통해 섬유 공장을 건설하는 데 필요한 자금을 조달하기 위해 1980년 해외에 채권을 매각한 일을 둘러싼 논란이 불거지면서, 중국 정부는 이러한 방식을 다시 적용하는 일을 주저하기도 했다.

1986년까지만 해도 중국은 세계 제조업 수출의 극히 일부를 생산하고 있었고 중국의 시장 점유율은 증가하지 않았다. 중국이 국제 경제의 허브가 되는 것은 머나먼 꿈으로 여겨졌다.[4]

제2차 세계대전 중 연합군 편에서 싸운 중화민국(대만)은 1947년 GATT의 창설 회원국이었다. 1949년 공산당이 본토를 장악하고 중화인민공화국 건국을 선포했을 때, 중화민국은 타이완섬으로 도피했다. 이후 1950년 대만은 GATT 탈퇴를 선언했다. 새로 들어선 중화인민공화국은 이러한 행동의 정당성을 인정하지 않았지만 별로 문제될 것은 아니었다.[i] 공산당은 수십 년간의 전쟁으로 황폐해진 나라에서 새 정부를 수립하기 위해 고군분투하고 있었고, 그 지향점은 중국 내부였다. 중국은 식민 열강과의 불행한 관계로 점철된 역사를 경험했으며, 유럽 국가들은 여전히 홍콩과 마카오에서 중국 영토를 점유하고 있었다. 중국을 국제 경제에 개방하는 일은 중국 본토에 새롭게 들어선 정부의 관심사에서 후순위로 밀려날 수밖에 없었다.[5]

30여 년이 지난 1980년대 외향적으로 변화하기 시작한 중국은 외국의 기술과 투자, 해외시장에 대한 필요성을 절실히 인식했다. 그러자 중국이 GATT 회원국이 아니라는 점이 갑자기 중요해졌다. GATT에 소속되지 않는 것은 위험했다. GATT는 국가들이 국제무역을 규율하는 규칙을 정했다. 예를 들어, 한 국가가 일본의 폴리우레탄이 자국의 화학 산업에 피해를 주고 있다고 주장하는 경우, 문제가 되는 제품의 수입을 제한하기 전에 GATT가 정해놓은 특정한 절차를 따라야만 했다. 비회원국인 중국은 그러한 규칙의 보호를 받지 못했다. 중국이 GATT에 가입할 수 있다면, 다른 국가가 중국의 무역에 자의적으로 간섭하기가 어려워지게 되는 것이다.

국제무역에 관심을 보이면서 중국은 1981년부터 시작된 다양

---

i 1949년 중화민국 정부가 중국 공산당에 패퇴하여 타이완섬으로 후퇴하자 GATT에서 규정하고 있는 권리와 의무의 실행이 불가능해졌고, 모든 특전과 혜택은 본토를 점령한 중화인민공화국에게 귀속됐다. 이에 미국 정부는 중국이 GATT에 무임승차하는 일을 막기 위해 대만의 탈퇴를 종용했고, 대만의 중화민국 정부는 1950년 3월 GATT에서 자진 탈퇴했다. 그 후 대만은 1965년부터 옵저버 자격으로 다시 GATT에 참여했지만 1971년 UN이 중화인민공화국을 중국의 유일한 합법 정부로 인정하면서 GATT에서 옵저버의 자격마저 박탈당했다. GATT에 참여할 수 있는 기회가 없어진 대만은 각종 국제 경제기구에서 소외됐다.

한 GATT 회의에 참석할 수 있도록 초청받았지만 그 자격은 옵저버로 제한됐다. 다른 나라들은 중국이 GATT의 회원국이 되기에 적합한지 의구심을 표하곤 했다. 1986년 중국은 GATT 회원 자격 복귀를 요청했지만 거절당했다. 대부분의 산업을 정부가 소유하고 수출입에 대한 결정을 국가 차원의 문제로 간주하며 법을 자의적으로 집행하는 중국이라는 나라는 시장 경제를 염두에 두고 설계된 무역 시스템과는 맞지 않는 것처럼 보였다. 그 후 몇 년 동안 보츠와나, 코스타리카, 모로코, 베네수엘라 등 다른 개발도상국은 시장가격에 따른 자유무역이 자국 경제에 도움이 된다는 점을 인정하고 GATT 가입을 위한 협상에 나섰지만, 중국은 논의에 참가하지 못하고 외부에 남아 내부의 움직임을 들여다보고 있을 수밖에 없었다.[6]

1978년에 시작된 중국의 경제 개혁이 본격화된 이후 1980년대 후반이 되자 중국의 경제 성장은 둔화됐다. 《비즈니스 위크Business Week》에는 "중국은 달팽이의 속도로 걷고 있고, 나머지 세계는 질주하고 있다"라고 주장한 미국 기업인의 말이 실리기도 했다. 임금인상은 급격하게 이루어졌으며 인플레이션은 두 자릿수에 이르렀다. 중국 내에서 부패에 대한 분노와 보다 민주적인 정치체제에 대한 요구는 전국적인 시위로 이어졌으며, 이는 1989년 6월 베이징 톈안먼광장에 투입된 군대가 수백 또는 수천 명의 시위대를 살해하는 사태로 절정에 달했다. 톈안먼사건은 외국인 투자자들을 겁먹게 했다. 공산당 내부의 투쟁 이후 당 지도자들은 공산당의 주도적 역할을 약화시킬 수 있는 어떠한 변화도 거부했지만, 중국 경제의 개방을 위한 개혁을 계속 추진하라는 덩샤오핑의 조언은 따랐다. 덩샤오핑은 "개혁과 개방이 없다면 우리의 발전은 멈추고 우리 경제는 내리막길을 걷게 될 것"이라고 경고하면서 "만약 우리가 후퇴한다면 생활 수준이 하락할 것이다. 개혁의 추진력은 멈출 수 없다"라고 강조했다.[7]

덩샤오핑은 1989년 11월 주요 공직에서 물러났다. 그는 배후에서 영향력 있는 목소리를 유지했지만 그의 정책은 정통 노선의 공산당 지도자들의 비판을 받게 됐다. 민간기업을 진작시키고 시장의 영향력을 확대하며, 심지어 선전과 상하이에 증권 거래소를 열 수 있도록 허용하기도 한 정책들이 당을 훼손하고 자본주의를 조장한다는 것이었다. 덩샤오핑은 이에 공개적으로 반발하며 1992년 1월 예정에 없던 한 달간의 중국 남부 지역 여행을 통해 은퇴 상태에서 벗어나 공개적으로 모습을 드러냈다. 그는 각 방문지에서 연설을 거듭하면서 지방 및 지역 지도자에게 낡은 생각에서 벗어나야 하며, 자본주의적이든 아니든 생산성과 생활 수준을 향상시킬 수 있는 정책을 채택해야 한다고 촉구했다. 그는 자신이 8년 전에 시장지향적 개혁을 위한 시범적인 장소로 승인했던 경제 특구를 방문하여 실험의 성공을 선언했다.

덩샤오핑의 이런 담화는 '남순강화南巡講話'로 불리는데, 이것이 중국의 세계화에 있어 전환점이 됐다. 1992년 3월, 공산당 중앙위원회 정치국은 시장지향적 개혁 노선을 유지하기로 합의했다. 10월 공산당 전국대표회의를 앞두고 장쩌민江澤民 총서기는 당의 지도적 역할을 재확인하면서 당이 "개혁의 흐름과 외부 세계에 대한 개방 수준, 현대화 추진의 속도를 높여야 한다"라고 촉구했다. 결국 덩샤오핑이 승리한 것이다.[8]

1992년 말 중국 정부가 외국인 투자 규제를 완화하자 홍콩, 일본, 미국 등에서 자금이 쏟아져 들어오기 시작했다. 중국이 어느 방향으로 나아갈지 아직 확실하지 않던 1991년에도 외국인들은 중국의 공장, 건축물 또는 비즈니스에 40억 달러를 투자했다. 1993년이 되자 이 수치는 여섯 배 높아졌으며 중국 경제는 본격적으로 날아오르기 시작했다. 이러한 투자 가운데 일부는 빠르게 성장하는 중국 내수시장을 목표로 했지만, 대부분의 투자는 유니클로_{Uniqlo} 및 까르푸_{Carrefour} 등 세계적인 유통기업과 휴렛패커드_{Hewlett-Packard} 및 제너럴모터스_{General Motors} 등 제조업체를 위한 생산 활동에 투입됐다.[9]

1990년대에 중국의 공산품 수출은 다섯 배 증가했는데, 이전까지 거의 수출이 이루어지지 않던 화학, 기계, 통신 장비 등의 성장이 두드러졌다. 1998년이 되자 중국 수출의 45퍼센트는 외국 자본이 투자된 공장에서 생산됐다. 중국 정부가 수출용 제품 제조에 사용되는 원부자재에 대한 관세를 낮추자 제조업 생산성은 높아졌다. 중앙 정부는 부풀려진 국유 부문을 축소함으로써 결정적인 도움을 제공했다. 지역 및 지방 정부는 "큰 것만 잡고 작은 것은 버리라"라는 지시를 받았다. 소규모 국유기업은 민간기업가에게 매각됐지만, 많은 대형 국유기업은 각 산업별로 몇 개의 시장지향적인 기업으로 통합되어 여전히 국가의 통제하에 있으면서도 서로 경쟁하기 시작했다. 국유기업이 세계시장에서 경쟁력을 갖추기 위한 비용절감 목적으로 해고한 2000만 명의 산업 노동자는 아마도 제3차 세계화의 과정에서 희생된 첫 번째 중국인이었을 것이다.[10]

◇◇◇

    장기간 이어진 우루과이라운드 협상은 국제무역의 감독자로서 GATT를 대체할 세계무역기구_{WTO, World Trade Organization}의 창설로 이어졌다. WTO는 중국의 참여 없이 만들어졌지만, WTO가 1995년 초 전에 GATT가 사용하던 스위스 제네바의 윌리암라파드 센터_{Center William Rappard}[i] 에 사무소를 개설한 이후 중국은 WTO 참여를 희망했다.

    WTO 가입을 위해 중국은 회원국들이 우려하는 중국의 경제 정책에 대해 논의하고, 수출 관련 문제들에 대한 해결 방안을 제시하면서 각 회원국과 합의를 도출해야 했다. 이러한 회담 가운데 일부는 논쟁적이었는데, 특히 미국과 EU와의 회담이 그러했다. 미국과 유럽의 여러 전문가는 중국이 수출로 해외시장을 장악하면서도 외국 기업에 자국시장에 대한 동등한 접근 권한을 부여하지 않을 것이라고 경고하면서 중국의 가입을 반대했다. 중국이 의도적으로 위안화 가치를 낮춰서 인위적으로 다른 나라에 수출하는 제품의 가격을 인하하려 한다는 불만도 나왔다. 한편, 중국의 급속한 경제 성장과 거대한 잠재시장은 다국적 기업의 경영진들에게 거부할 수 없는 유혹이어서, 이들은 중국의 WTO 가입을 허용할 것을 강력하게 압박했다. 최종적인 합의는 매우 상세하게 작성됐다. 중국은 관세를 자동차에 대해서는 80퍼센트 이상에서 25퍼센트로, 유럽 파스타에 대해서는 25퍼센트에서 15퍼센트로, 미국산 냉동 돼지고기에 대해서는 20퍼

---

[i] 국제노동기구(ILO, International Labour Organization)를 위해 1923년에서 1926년에 걸쳐 지어진 건물이다.

센트에서 12퍼센트로 인하하기로 했다. 외국 기업은 중국 기업에 기술을 이전하거나 제품에 중국제 부품을 사용하도록 요구받지 않아도 됐다. 민간기업들은 정부 승인 없는 수출입을 할 수 있게 됐으며, 외국 은행의 중국 내 영업도 허가됐고, 통신 분야 합작기업의 경우 외국인 지분이 최대 49퍼센트까지 허용됐다.[11]

각 국가의 특정한 상업적 이익의 우선권을 반영하는 수천 개의 약속을 하는 대가로 중국은 142개국 수출시장의 고객들에게 자유롭게 접근할 수 있도록 보장받았다. 이제 중국인이든 외국인이든 관계없이 제조업자와 도매업자 및 소매업자는, 다른 나라가 갑자기 관세를 인상하거나 중국산 제품에 쿼터제를 적용하여 자신의 계획을 망칠수도 있다는 걱정 없이 공급망을 중국으로 전환할 수 있게 됐다. 또한 중국은 개발도상국으로 분류되는 데 성공했는데, WTO 규정에 따르면 개발도상국은 선진국에는 허용되지 않은 방식으로 수입 및 무역 관련 투자를 제한할 수 있는 권한을 보유했다.[12]

2001년 12월 이루어진 중국의 WTO 가입에 따른 영향은 즉각적이었다. 이제 다른 국가의 제조업체들은 고임금 국가에 소재한 공장에서 만든 제품이 '중국 가격'과 차이가 날 경우 협력업체에 중국에서 생산해 납품하라고 요구하기 시작했다. 1985년 당시 미국의 작은 마을에서 소규모의 할인점을 운영하던 월마트 스토어Walmart Stores는 매장에서 미국산 제품을 판매할 것을 공약했다. 하지만 2002년 기준으로 세계 최대 소매업체가 된 월마트Walmart는 글로벌 구매 본부를 중국 센젠으로 이전하고, 거기서 브라질에서 일본에 이르는 각국에 위치한 수많은 판매점에 납품하는 수천 개의 중국 공장을 관리함으로써 신규 WTO 회원이 된 중국의 이점을 최대한 활용하고자 했다. 수백 개의 다른 소매업체가 월마트의 뒤를 따랐다. 수입 의류에 대한 미국의 마지막 쿼터가 2005년 1월 소멸된 직후 1820만 벌의 중국산 면 니트 셔츠가 미국에 도착했는데, 이는 전년 1월보다 열아홉 배 증가한 수치였다. 미국에 기반을 둔 의류 제조업체인 리즈클레이본Liz Claiborne의 임원은 《월스트리트 저널The Wall Street Journal》에 "중국은 우리의 조달sourcing 전략에서 가장 중요한 국가가 될 것"이라고 말했으며, 이를 주주들이 승인할 것임을 확신했다. 2005년 당시 중국은 미국 전체 섬유 및 의류 수입량의 3분의 1 미만을 공급했는데, 8년 후에는 절반 이상을 공급하게 됐다.[13]

중국이 경제 강국으로 등장하며 그 무역 발전 방식은 세계 경제의 골칫거리가 되었다. 1990년대 초 공산당 지도부가 덩샤오핑이 주창한 경제 개혁 유지 여부를 토론할 당시 중국의 대외무역은 비교적 균형을 이뤘고, 1993년에는 수입이 수출을 초과하기도 했다. 그러나 1995년부터 중국의 무역은 중상주의적 방향으로 바뀌었다. 중국의 공장들은 엄청난 양의 구리, 석탄, 철을 수입하여 공산품을 만들어 수출함으로써 대규모 무역흑자를 창출했다. 2005년까지 중국 공장의 수출은 중국 전체 GDP의 거의 3분의 1을 차지했다. 이러한 수출 확대는 소득이 낮고 노동력이 제대로 훈련되지 않았던 다른 일반적인 개발도상국에 비해 훨씬 더 정교하게 진행됐다. 생활비의 차이를 감안하여 조정된 중국의 1인당 소득은 21세기까지 튀니지와 도미니카 공화국보다 낮았지만, 이들 국가가 수입한 원부자재로 만든 의류와 전자 제품을 수출하는 동안 중국은 엔진, 주방용 가전 제품 및 태양광 패널 등을 제작하게 됐다. 외국 제조업체들은 종종 자신의 기술이 도난당했다고 주장했다. 외국 특허 보유자의 권리를 보호하는 법률은 중국에서 거의 집행되지 않았으며, 외국 기업들은 중국의 합작 파트너들이 디자인과 제품 생산 방식을 도용하는 일이 만연하고 있다고 불평했다.[14]

보조금은 중국이 세계 경제의 주요 국가로 부상하는 데 필수적이었다. 1980년 공산당이 자유시장 방식과 외국인 투자에 경제를 개방하기 시작했을 때, 중국 경제에서 상품과 서비스 수출이 차지하는 비중은 세계 평균보다 훨씬 낮은 6퍼센트 미만에 불과했다. 25년이 경과한 이후 중국의 수출은 전체 경제 생산량의 35퍼센트에 이르렀는데, 이는 세계의 평균 기준을 훨씬 웃도는 것이었다. 높은 관세 등의 장애물로 인해 다른 나라에서 생산한 물건은 중국에서 판매되기 어려웠지만, 중국 내에서 생산한 공산품을 수출할 경우 중국 정부는 그 제품에 들어간 수입 부품에 대한 관세를 환급해줌으로써 같은 제품이라도 내수 제품보다 수출 제품이 더 저렴해지게 했다. 수출업체에 대한 이보다 더 노골적인 보조금은 상상하기 어려웠다.[15]

한 연구에 따르면, 1995년에서 2005년 사이 중국 정부는 3100억 달러를 산업 보조금으로 지출했으며, 중앙 정부가 아닌 지방 정부가 통제하는 국유기업들이 수혜자의 거의 절반을 차지했다. 2000년 3100억 달러는 중국 총 경제 생산량의 4분의 1에 해당하며, 기업에 직접 지급된 금액만 포함됐다. 여기에는 연간 약 150억 달러에 달하는 수출에 대한 세금 환급액은 포함되지 않았으며, 할인된 전력요금, 첨단 산업 지역에 위치한 제조업체에 대한 세액 공제액 등도 배제됐다. 특별 기업 지구에 투자한 해외기업은 매우 낮은 소득세율을 적용받았으며, 일부 테크기업은 소득세 면제 혜택을 받기도 했다. 자동차 수출업체는 대출과 외화 획득에 있어 우선권을 가졌다. 이 기간 동안 정부 보조금의 절반 이상은 기존 수출기업이 해외에서 판매할 신제품을 개발하는 데 지원됐으며, 해당 기업의 혁신을 촉진시켜 첨단 제품을 수출할 수 있도록 했다. 이러한 정책의 목표는 전 세계적으로 경쟁할 수 있는 중국 다국적 기업을 만드는 것이었다.[16]

중국의 자동차 산업이 성장함에 따라 타이어 산업도 성장했다. 1990년 이전 중국 타이어 제조업체의 규모는 작았으며, 거의 독점적으로 국내시장에서 제품을 판매했다. 1990년에서 2014년 사이에 승용차와 경트럭용 타이어를 제조하는 공장은 거의 60개에 달했다. 세계 최대의 타이어 제조업체들이 중국에 몰려들었지만 엄격한 조건에 따라 많은 회사는 중국 회사와 합작 투자를 해야만 했으며, 일부 공장은 수출용으로만 제조할 수 있었다. 국유 은행의 저렴한 대출부터 수입 장비에 대한 면세, 지방 정부의 보조금에 이르는 다양한 도움으로 중국은 모든 나라의 타이어 제조업체들에 거부할 수 없는 최적의 공장 건설 입지가 됐다. 경자동차ⁱ용 타이어의 생산량은 2004년 8400

ⁱ 미국에서는 통상 공차 중량 8500파운드(약 3855킬로그램) 이하의 차량을 가리켜 '경상용차(light-duty vehicle)'라고 분류한다. 대형 트럭을 제외한 대부분의 승용차와 승합차를 포함하는 개념으로 이해하면 된다.

만 개에서 2014년 3억 9900만 개로 급증했으며 절반 이상이 해외로 수출됐다."

알루미늄에 대해서도 비슷한 이야기를 할 수 있다. 세계 17개 1차 알루미늄ⁱ 생산업체를 대상으로 상세하게 진행된 2019년 연구에 따르면, 모든 개별 업체가 정부 보조금을 받았지만 중국 기업은 캐나다, 바레인, 사우디아라비아, 카타르의 기업들보다 더 많이 받은 것으로 나타났다. 알루미늄 업체에 대한 중국의 보조금은 2013년부터 2017년까지 5년 동안 전 세계 업체가 받은 보조금 127억 달러의 60퍼센트 이상을 차지했다. 1995년에 중국은 널리 펴져 있는 알루미늄 산업에서 미미한 역할을 했다. 하지만 2017년에는 에너지 보조금, 세금 감면, 국유 은행의 매우 저렴한 신용 제공 등에 힘입어 전 세계 1차 알루미늄 생산량의 절반 이상을 차지하게 됐다. 동시에 중국 정부는 1차 알루미늄 수출에 15퍼센트의 세금을 부과하여 중국의 알루미늄 제품 제조업체에 값싼 금속 공급을 보장했다.ⁱⁱ18

제지 원료인 나무의 부족으로 다른 국가와 비교할 때 뚜렷한 비교우위가 없는 제지 산업에서부터 첨단 비디오 디스플레이 제조에 이르는 다른 산업에서도 동일한 패턴이 나타났다. 중국 정부는 외국 기업의 중국 진출을 유치하기 위해 보조금을 이용했다. 또한 무역 장벽을 통해 그들이 수입보다는 중국 내 생산을 선택하도록 하여 빠르

ⁱ 맥주 캔을 녹여서 재활용한 낮은 품질의 금속이 아닌 보크사이트 광석을 제련하여 만든 고품질 제품을 가리킨다.

ⁱⁱ 수출세는 주로 주요 원료의 유출 억제, 국가 재정 수입 확보, 가격 안정 등을 목적으로 하며, 독점 생산품에 부과되기도 한다. 대부분 국가에는 수출세가 없지만, 중국과 같이 브라질은 커피에, 가나는 코코아에, OPEC은 원유에 관세를 부과하고 있다.

게 성장하는 거대한 국내시장에 기여하게 했으며, 외국인 투자에 대한 제한을 통해 중국 파트너와 기술을 공유하도록 압박했다. 2006년까지 중국 수출의 40퍼센트는 외국 소유 기업에서, 20퍼센트는 합작 투자 기업에서 이루어졌으며, 글로벌 기업들은 중국에 투자함으로써 세계시장에 공급할 제품을 만들었다. 점차 많은 해외 기업이 중국 법률 시스템이 특허와 디자인에 대한 제도적 보호를 거의 제공하지 않는다는 사실을 알게 됐다. 국유기업이든 민간기업이든 관계없이 중국 기업은 외국 제품이나 기술을 모방하려고만 하면 그 행위의 결과에 대한 두려움이 없이 그렇게 할 수 있었다.[19]

2001년부터 2008년까지 7년 동안 중국의 공산품 수출은 464퍼센트나 증가했다. 거의 하룻밤 사이에 중국은 세계시장에서 전자 장비, 자동차 부품 및 철강의 주요 공급자가 됐다. 이제 중국은 국제 비즈니스를 위한 거대하고 수익성 높은 시장이었다. 다른 어떤 나라도 급박한 주문 처리가 가능한 노동력 확보를 위해 기숙사를 갖춘 노동자 10만 명 규모의 신발 공장, 또는 30만 명 규모의 전자 제품 조립 공장을 보유하고 있지 않았다. 외국 자동차 제조업체들은 중국 지방정부가 소유한 기업과의 합작 투자를 통해 중국에 속속 공장을 건설했다. 중국의 WTO 가입 전인 2001년 중국 내 자동차 공장은 약 70만 대의 승용차를 생산했지만, 2009년에는 900만 대를 생산하면서 중국은 세계 최대의 자동차 생산국이 됐다. 2000년에는 중국에 공장이 없던 일본 자동차 회사들도 2009년이 되자 전체 생산량의 7분의 1을 중국 내 합작 투자로 건설한 공장에서 충당하게 됐다.[20]

중국의 빠른 산업화는 수억 명의 생활 조건을 변화시켰다. 개혁이 시작된 1978년에 중국인의 82퍼센트는 농촌 지역에 살았으며, 이들의 생활 여건은 매우 열악했다. 농촌 인구는 1991년경에 정점에 이르렀지만, 새로운 공장들이 멀리 떨어진 지역에 거주하던 농민들의 이주를 촉진하면서 계속 감소하기 시작했다. 2010년까지 도시 지역에 거주하는 인구가 중국 전체 인구의 절반이 됐다. 개혁 초기에 66세이던 출생 시 기대 수명은 30년 후에는 75세에 이르렀으며, 유아 사망률은 같은 기간 동안 4분의 3으로 떨어졌다. 상수도와 하수도는 도시와 농촌 지역 모두에 보급됐다. 1978년에는 500가구 중 1가구에만 전화기가 있었지만 2010년이 되자 모든 곳에 휴대전화가 존재했다. 구매력을 고려한 1인당 소득은 열다섯 배 증가했으며, 많은 사람의 가처분 소득이 높아지면서 중국은 세계 최대의 자동차 시장이 됐다. 역사적으로 이렇게 많은 사람이 빈곤에서 번영으로 빠르게 옮겨간 적은 없었다.

12장. 가치를 포획하다

　실리콘밸리에 위치한 업무단지에서 한 팀의 엔지니어들이 스마
트폰을 디자인했다. 그들은 컴퓨터, 인스턴트 메시징, 비디오로 연결
된 유럽과 아시아 소재 연구센터의 동료들과 함께 작업했다. 설계가
완료됐을 때, 미국에 본사를 둔 연구원의 고용주는 소액의 수수료를
받고 아일랜드에 있는 자회사로 해당 제품 설계의 소유권을 이전했
다. 아일랜드에 있는 법인은 다시 중국에 위치한 대만 소유의 제조업
체가 이 디자인에 따라 생산하도록 계약을 체결했으며, 중국의 공장
은 일본에서 디스플레이, 한국에서 프로세서 칩, 독일에서 카메라, 미
국에서 헤드폰을 주문했다. 그다음 중국 공장은 지시에 따라 부품을
조립하여 최종 완제품을 생산하고 이를 실리콘밸리의 회사로 보냈
고, 이 회사는 많은 나라에서 자신의 브랜드 이름으로 이 제품을 판
매했다.

그럼 이 스마트폰은 어디에서 만들어졌을까? 이 질문에 어떻게 답을 해야 할까?

1980년대 후반까지 이런 질문은 대답하기 쉬운 것이었다. 대부분의 제품은 직원이 설계한 회사의 공장에서 만들어졌으며 거기에 들어가는 부품은 바로 그 공장에서, 또는 인근에서 생산됐다. 실리콘밸리의 첨단 제조업체들이 1980년대에 회로기판 납땜과 컴퓨터 조립 등 매우 낮은 수준의 기술적 작업을 아웃소싱하기 시작했지만, 어쨌든 대부분의 작업은 거의 항상 인접한 지역에 있는 소규모 회사들의 몫이었다. 시게이트테크놀로지Seagate Technology와 같은 회사가 저임금 국가에서 컴퓨터 하드 드라이브를 제조하는 것이 더 저렴하다고 판단한 경우에도, 그들은 싱가포르에 위치한 자체 공장에서 생산했다. 마찬가지로 쇼핑객이 니콘Nikon, 코닥Kodak 및 라이카Leica 중에서 카메라를 선택할 때, 그는 일본, 미국 및 독일에서 거의 전적으로 설계되고 제조된 상품들 중에서 선택하는 것이었다. 무역의 흐름은 간단하게 계산할 수 있었다. 독일 공장에서 프랑스 유통업체로 배송된 라이카 카메라는 프랑스 상인에게는 수입이었고, 독일 공장에는 수출로 등록됐다.

제3차 세계화를 이전의 세계화와 차별화한 것은 무엇보다 이러한 등식의 변화였다. 국가 간의 경제적 장벽이 해소되는 듯 보였던 제1차 세계대전 발발 이전 40년과 제2차 세계대전 종식 이후 40년이라는 두 기간 동안 무역과 투자는 국가 단위로 측정됐다. 연간 상품 무역의 적자와 흑자, 한 국가의 국민이 다른 국가에서 소유한 자산 규모가 종종 특정 국가의 경제적 성공의 척도로 사용됐다. 개인이 국민인 것처럼 기업 역시 국민으로 간주됐으며, 기업의 성공은 해당 기업의 모국에도 좋은 일로 간주됐다.

1980년대 후반부터 국제 경제관계는 매우 다른 성격을 띠게 됐다. 제조업체와 소매업체는 공급망을 광범위하게 확산시켰다. 컨테이너선과 항공화물 덕분에 스마트폰을 설계한 회사는 안테나, GPS 수신기 및 플라스틱 케이스를 생산하는 곳 가운데 가격이 가장 유리하거나 품질이 가장 높은 곳을 지정하고, 아주 저렴한 비용으로 조립 공장으로 운송할 수 있게 됐다. 이러한 부품 가운데 하나가 국경을 넘을 때마다 상품의 수출입으로 등록됐고, 조립 공장에서 완성된 스마트폰은 해외로 보내질 때 다시 수출로 등록됐다. 이러한 과정은 통신 장비의 무역이 급증했음을 의미한다. 마찬가지로 혼란스러운 것은 물리적 형태가 없는 투입, 즉 스마트폰 전체와 내부의 개별 반도체에 대한 디자인, 문자 메시지를 보내고 사진을 찍을 수 있도록 하는 다양한 소프트웨어가 스마트폰 가치의 상당 부분을 차지한다는 점이다. 완성된 스마트폰은 수출 상품으로 간주되지만, 스마트폰을 가치 있게 만든 것은 하드웨어적인 상품만이 아니다. 실제로 제품 생산과 관련한 일련의 거래는 공급사슬supply chain이라기보다는 가치사슬이었다.

공급사슬과 가치사슬의 차이는 단순한 명칭 그 이상이었다. 공급사슬은 주로 두 가지 종류의 비즈니스 관계를 포함했다. 기업이 공장, 농장 또는 기업 전체와 같은 자산을 건설하거나 구매함으로써 핵심적인 요소를 통제하는 투자가 하나의 비즈니스 관계였으며, 국제적 또는 국내적으로 근거리 거래를 통해 다른 회사로부터 상품 또는 서비스를 구매하는 무역이 다른 하나의 관계였다. 기업의 국제무역은 다른 국가에 대한 투자와 직접적인 관련이 있었다. 이를테면, 미국 의류회사는 중미에 위치한 계열사인 봉제 공장에 면직물을 수출한 다음 완성된 면 블라우스를 다시 미국으로 보내 판매했다. 1940년대 후반부터 1980년대 후반까지의 전형적인 다국적 기업들은 제2차 세계화 기간 동안 사업을 하고 싶은 나라에서 자체적으로 공장, 광산 및 발전소 등을 운영했다. 보통 현지 공급업체로부터 일부 필요한 것을 구입하기도 했지만, 생산 기술과 핵심적인 투입 요소는 본국의 시설에서 나왔다.

대조적으로 가치사슬은 라이선싱 계약, 합작 투자, 연구협력, 장기적-전략적 파트너십, 다른 기업에 대한 소규모 지분 투자와 같이 회사 간의 더 복잡한 연결을 수반할 가능성이 높다. 이제 제조업체가 자체 공장을 소유하거나 항공사가 자체 제트기를 소유할 필요는 없다. 두 산업의 많은 기업은 새로운 제품을 설계 및 마케팅하거나, 항공 여행자를 위한 독특한 경험을 제공하는 것과 같은 비즈니스의 특정 측면에만 집중하고, 나머지는 계약을 통해 다른 기업이 처리하도록 할 수 있다. 기업이 가치사슬에 있는 다른 회사의 소유권 지분을 보유하거나 보유하지 않는 것은 비즈니스 전략의 문제일 따름이다. 2019년의 한 연구는 일부 국제적인 의류 및 신발 회사들의 경우 매출 10억 달러당 25개의 다른 기업과 관계를 맺고 있는 반면, 다른 회사들의 경우 이러한 관계가 거의 없는 것으로 나타났다. 이러한 관계 가운데 제품 생산을 중심으로 하는 관계는 거의 없었다. 연구자가 설명했듯이, 생산 과정에 조립과 같은 상대적으로 가치가 낮은 작업이 포함될 경우, 해당 가치사슬을 구성한 회사는 해당 생산자에 대해 투자하거나 합작 투자를 하기보다는 조립된 제품을 단순 구매할 가능성이 높았다.[1]

가치사슬의 가장 큰 경제적 이점은 '전문화specialization'이다. 트랙터 제조업체는 트랙터를 설계, 조립 및 마케팅하고 농부들에게 트랙터 사용법에 대해 조언하는 데 노력을 쏟을 수 있다. 트랙터 엔진 제작에는 트랙터 조립과는 다른 기술과 생산 지식이 필요하기 때문에 트랙터 제조업체로서는 엔진을 직접 설계하고 제작하는 것보다 전문업체에서 엔진을 구입하는 것이 더 나을 수 있다. 역시 마찬가지로 엔진 제조업체는 캠축camshaft[i]'에 대한 전문지식을 갖춘 금속가공 회사에 의존하는 것이 합리적일 수 있으며, 캠축 공장에서 자체적으로 강철을 생산하는 것을 선호할 이유가 없다. 사슬에 속한 각 기업은 다양한 트랙터 부품을 소규모로 생산하기보다 세계시장을 겨냥한 특정 유형의 제품을 대량으로 생산하여 비용을 절감할 수 있다.

이 경우 제조업체들의 가치사슬에 있는 가치의 대부분은 공장 현장에서 금속을 스탬핑stamping[ii]하거나 부품을 조립하는 데서 나온 것이 아니다. 트랙터 공급사슬의 각 회사는 캠축에 가장 적합한 강철의

---

i 4사이클 엔진에서 흡입 및 배기 밸브를 개폐하는 캠을 설치한 축을 일컫는다.

ii '우표(stamp)를 찍다' 또는 '도장을 찍는다'는 의미에서 유래된 용어로서, 포괄적으로 얇은 금속판재에 힘을 가해 원하는 형상으로 물체를 연속적으로 변형시키는 작업을 지칭한다.

유형을 결정하고 엔진에 가장 적절한 설계가 무엇인지를 식별하기 위하여 엔지니어를 채용하고 외부 컨설턴트를 고용하여 제품을 제작했다. 21세기에 들어 공장이 점점 더 자동화됨에 따라 제품 생산 과정에서 만들어진 부가가치의 절반은 서비스 부문에서 나오게 됐다. 이러한 서비스의 대부분은 정보 기술 컨설턴트, 물류 계약자, 광고회사 등을 통해 구매한 아웃소싱이었지만, 2015년까지 부유한 경제권의 제조업 기업에 고용된 노동자 열 명 중 네 명은 물리적 생산 작업이 아닌 서비스 관련 업무에 종사했다.

상거래 활동이 가치사슬을 중심으로 조직된 세계에서 무역에 대한 전통적인 개념들은 더 이상 의미가 없게 됐다. 자국 제철소를 보호하기 위해 관세를 부과하면 국내 캠축 제조사들이 사용하는 철강의 비용 역시 인상될 수밖에 없었다. 그러면 엔진 제조업체들은 핵심 재료인 철강을 가격이 저렴한 나라들로부터 구매함으로써 캠축 제작비용을 낮추고자 했다. 엔진 제조업체로서는 선택의 여지가 없었다. 고가의 강철을 단조하여 만든 캠축에 추가적인 비용을 지불해야 한다면, 고객인 트랙터 제조업체들의 가격 경쟁력이 떨어질 것이기 때문이다. 각 당사자가 글로벌 시장에서 경쟁력을 유지하기 위해 노력함에 따라, 이 가치사슬의 연결에 영향을 미치는 무역 장벽은 사슬의 일부 또는 전부를 이동시킬 수도 있었다.

이러한 변화들은 21세기 국제 경제에 대한 대중의 이해를 혼란스럽게 했다. 그리고 국제적인 기업의 의미를 다시 정의했다. 거대 컴퓨터 기업인 IBM의 CEO였던 사무엘 팔리사노Samuel Palmisano는 2006년에 "국경은 기업의 사고나 실행의 범주를 결정하는 데 있어 점점 그 중요성이 낮아지고 있다"라고 인정했다. 이런 변화들은 무역은 물건이 만들어지거나 재배된 곳과 관련이 있어야만 한다는 오랜 생각을 송두리째 뿌리뽑았다. 이제 서비스 역시 물건처럼 쉽게 국경을 넘어 배송될 수 있는 것으로 드러났다. 구매 주문을 감사하거나 보험 청구를 처리하는 노동자의 경우, 양말 공장의 편물공이나 오토바이 공장의 조립공과 마찬가지로 그들의 업무가 해외에서 처리될 수 있다는 사실에서 실업의 위험에 취약해졌다.

가치사슬의 확산은 수출과 수입, 무역흑자와 적자에 대한 기존 통계들을 통해 경제가 어떻게 돌아가고 있는지, 어떻게 서로 다른 국가의 경제가 관련되어 있는지, 또 노동자들의 생활 수준과 지역 사회의 발전 상황이 어떤 상태인지 파악하는 것을 점점 어렵게 만들었다.[2]

데이비드 리카도는 1817년 자신의 비교우위 이론을 발표할 때, 영국의 대포르투갈 직물 수출과 포르투갈의 대영국 와인 수출을 통해 무역이 양국 모두에게 더 이익이 되는 이유를 설명했다. 포르투갈의 자본과 노동력이 포도주를 만든 것처럼, 영국 옷감은 영국의 자본과 노동력의 결과물로 간주됐다. 리카도에게 무역은, 그가 거부했던 이념을 주장하는 중상주의자들과 마찬가지로 국가가 관여하는 것이었다. 대부분의 수입과 수출이 양국의 민간 당사자 간의 거래에서 발생했다는 사실은 그의 분석과 관련이 없었다. 경제학자들은 이후 200년 동안 동안 무역을 같은 렌즈를 통해 바라보았다.[i] 20세기 석유회사들이 유정부터 유조선, 석유 시추지에서 바다 건너에 위치한 주유소에 이르는 사업의 모든 단계를 확실하게 장악했을 때에도, 그 '검은 황금'이 어디에서 끌어올려지고 어디에서 정제되는지에 대해서는 의문의 여지가 없었다.

그러나 국제적 가치사슬이 도래하면서 무역은 점차 국가보다 기업이 더 관심을 갖는 주제가 됐다. 2010년대에 영국 스윈던[ii]에 위치한 혼다자동차Honda Motor Company 공장의 두 개의 조립 라인은 교대근무 시간마다 1만 개 컨테이너 분량의 내용물을 사용했는데, 전체 부품의 4분의 3은 유럽 전역에 흩어져 있는 부품 공장에서 생산된 것이었다. 많은 경우 이들 공장 역시 다른 곳에서 수입된 부품에 의존하고 있었다. 스윈던에서 제작되어 미국으로 수출된 혼다 시빅 자동차의 경우 영국산 부품 20퍼센트, 일본산 부품 20퍼센트, 북미산 부품 20퍼센트로 구성됐고 변속기는 인도에서 제작된 것이었다. 이렇게 만들어진 자동차를 '일본 자동차'라고 부른다면 아주 잘못된 표현일 것이다.[3]

소규모 기업들이 단순한 연결고리만 이루고 있던 것을 가치사슬로 조직한 것은 기업들, 그 가운데서도 초대형 기업들이었다. 대부분 북유럽, 북미, 일본, 한국 또는 중국에 본사를 둔 이 회사들은 각 부품과 최종 제품의 생산지와 각 서비스의 구매지를 결정했다. 또 어

---

i 무역 거래의 대상이 되는 상품을 특정 국가의 것으로 간주하는 관점을 의미한다.
ii 영국 서남부에 위치한 인구 72만 명의 도시로 19세기에 철도 산업을 통해 성장했다. 20세기 후반 유럽에서 가장 빠르게 성장하는 도시 가운데 하나이다.

느 나라에서 수입과 수출을 할지, 어디에 직접 투자한 공장을 건설하고 대리점을 매입할지, 언제 외부의 회사와 거래할지 등에 대한 결정도 내렸다. 제품에 가치를 추가할 지역에 대한 기업의 선택은 특정 국가나 도시의 고유한 장단점과는 거의 관련이 없는 경우가 많았다. 컨테이너 운송 및 항공화물 덕분에 1950년대 제조업체를 끌어들이는 데 있어 주요요소였던 항구와의 근접성은 이제 별로 중요하지 않게 됐다. 인접한 밀밭, 광산 또는 천연 가스 파이프라인이 필수적인 산업은 21세기에 거의 없으며, 많은 국가에서 교육 수준이 너무 빨리 상승함에 따라 심지어 빈곤한 국가에서도 숙련 노동자를 찾을 수 있게 됐다. 기업들이 그들의 가치사슬을 어떻게 배치하고, 누가 어디서 무엇을 만들지를 결정하는 과정에서 정부의 지원은 종종 결정적인 요소가 됐다.

진정한 글로벌 기업은 매우 소수에 불과했다. 미국의 경우 상위 1퍼센트의 기업이 2007년 미국 대외무역의 82퍼센트를 담당했는데, 이는 그다음 1퍼센트에 해당하는 기업이 차지한 점유율의 열다섯 배에 해당하는 수치였다. 이들 대규모 무역상은 일반적으로 수십 개의 다양한 상품을 거래했으며, 종종 18개국에서 직접 수입하여 31개국으로 수출하는 식이었다. 전 지구적 규모 덕분에 이들 기업은 다른 기업보다 생산성이 높아져서 더 쉽게 규모를 확장할 수 있었다. 다른 나라의 무역에서도 초대형 기업의 역할은 비슷했다. 캐나다 제조업체들에 대한 한 연구는 흥미로운 결과를 보여주었다. 그에 따르면 한때 글로벌 가치사슬의 일부였지만 이제 수입 또는 수출을 중단하거나 둘 다 중단한 회사는 즉시 생산성 하락을 보였다. 성장과 이익 증

대를 희망하는 성공적인 기업에 세계화 외에 다른 대안은 없었다.[4]

리카도와 그를 따랐던 여러 세대의 경제학자들은 국가의 비교우위가 어떤 제품을 수출하고 어떤 제품을 수입할지 결정하는 근거라고 주장했다. 그러나 가치사슬이 확산되면서 글로벌 기업은 어느것도 분명하지 않은 곳에서도 비교우위를 창출할 만큼 강력해졌다. 예를 들어, 미국의 인텔Intel Corporation은 1996년에 중미의 코스타리카에서 마이크로프로세서를 조립하고 테스트할 것이라고 발표했다. 그결정은 유리한 세금 및 관세법, 노동조합을 환영하지 않는 친기업적환경, 그리고 다양한 지역에 자사 공장을 두고 싶다는 의지에 기반해있었다. 중미 국가가 반도체를 생산하는 데 있어 특별하게 적합한 이유는 없었다. 하지만 인텔은 곧 코스타리카 수출의 5분의 1을 차지하게 됐고, 인텔의 존재는 기술적으로 정교한 노동력을 창출하게 됐다. 인텔이 마이크로프로세서 조립 라인을 아시아로 이전한 2014년까지 코스타리카의 인텔 엔지니어링 및 디자인 센터는 코스타리카 출신의엔지니어로도 충분했다.[i] 실제로 인텔은 마이크로프로세서 조립 라인에 대한 대규모 투자를 통해 이전에는 없었던 전자 제품 제조 분야에서의 비교우위를 확보할 수 있었다.[5]

기업의 가치사슬에 속한 국가의 수출량은 그 나라의 경제에 대해 거의 아무것도 드러내지 못한다. 이러한 수출에는 부품이든 아이

---

i 인텔의 코스타리카 사업장은 수도인 산호세 북쪽에 위치한 헤레디아주에 위치하고 있다. 2000명 이상의 직원이 집적회로 및 소프트웨어 솔루션 설계, 프로토타입, 테스트 및 검증 업무와 더불어 재무, 인력, 조달, 영업 및 마케팅 지원을 제공한다. 인텔은 지난 2020년 12월 코스타리카에 3년간 3억 5000만 달러를 투자하겠다고 발표했으며, 최근에는 이를 세 배 가까이 늘려 10억 달러를 투자하겠다고 발표한 바 있다.

디어든 다른 곳에서 유래한 내용물이 포함되어 있기 때문이다. 경제적으로 중요한 수치는 수출액이 아니라 부가가치에 관한 것이다. 부가가치는 충분히 간단한 개념이다. 예를 들어, 회사가 8달러 가치의 투입물을 구매하여 11달러에 판매하는 제품으로 전환하면 3달러의 가치가 추가되는 것이며, 이러한 가치 추가는 이익, 직원 보상 및 세금 납부의 조합으로 나타난다. 그러나 세계화된 경제에서는 부가가치를 추적하는 일이 어려워진다. 기업이 가치를 창출했다는 사실은 명백하지만, 그 가치가 어디에서 창출됐는지, 그런 가치 창출이 노동자나 특정 지역 공동체에 어떻게 영향을 미쳤는지는 잘 보이지 않기 때문이다.

이 장의 시작 부분에서 소개한 스마트폰 이야기는 애플_{Apple Inc.}에서 판매한 아이폰 3G와 관련된 것이다. 2009년에 아이폰 3G 제조비용은 대당 약 178.96달러였다. 이 가운데 3.6퍼센트인 6.50달러만 제품을 조립한 중국 공장의 몫이었다. 나머지 172.46달러는 휴대폰 부품을 공급한 일본, 독일, 한국 및 미국의 다양한 기업에 주로 돌아갔다. 불행히도, 가치의 원천에 대한 조사는 이 단계에서 끝난다. 공개된 정보로는 스마트폰의 카메라 모듈을 생산한 독일 기업 또는 터치스크린을 제조한 일본 기업이 자체적으로 보유한 해외 공급업체를 이용했는지의 여부를 알 수 없다.[6]

아이폰 3G의 복잡한 공급 방식이 상품 거래 통계에 어떻게 등록됐는지 생각해보자. 중국은 2009년에 약 20억 달러 상당의 휴대폰을 미국에 수출했다. 반면에 애플은 미국에서 중국으로 직접 제품을 수출하지 않았으며, 아이폰 제조 공장으로 배송된 기타 미국산 부품의 가치는 대략 1억 달러에 불과했다. 따라서 이들 국가가 당시 아이폰 3G의 무역에 관한 공식 통계를 발표했다면, 중국이 미국과의 무역에서 19억 달러 흑자를 기록했다고 했을 것이다. 그러나 실제로 아이폰에서 미국과 중국 간의 관계는 다른 방향으로 움직였다. 2009년 중국에서 미국으로 출하된 모든 아이폰 3G에 추가된 총 가치는 대당 6.5달러로 약 7300만 달러에 이르렀으며, 이는 중국으로 출하된 미국산 부품의 가치보다 적다. 아이폰의 가치 가운데 중국보다 열 배 가까이 많은 가치가 일본에서 창출됐지만, 이러한 사실은 중국에서 미국으로 아이폰이 배송됐을 때 미국의 대일 공식 무역적자에는 전혀 영향을 미치지 않았다.[7]

여기서 끝이 아니다. 2009년에 아이폰 3G는 미국에서 대당 500달러에 판매됐다. 반도체에서 카메라, 안테나, 조립 작업에 이르는 모든 물리적 제품의 총 비용과 스마트폰을 구동시키는 데 필요한 소프트웨어의 비용은 모두 합하더라도 아이폰 판매 가격의 3분의 1에 불과했다. 나머지 3분의 2, 대당 321달러는 공장이 없는 제조업체인 애플사로 향했다. 이 가운데 일부는 제품을 개발한 엔지니어와 디자이너의 급여로 사용됐으며, 다른 큰 부분은 광고에 사용됐다. 애플이 소유한 애플스토어와 독립적 업체를 포함한 소매업체는 판매비용을 삭감하고 중국에서 미국으로 완성된 휴대폰을 운송하는 비용을 약간 부담했다. 한 대의 아이폰 3G가 판매되면 약 95달러는 애플의 이윤이었다. 이 이익에는 회사의 디자인과 브랜드 가치에 대한 보상과 애플에 투자한 주주들의 투자 수익이 포함됐다. 종합하자면, 아이폰 3G 대당 500달러라는 판매 가격은 제품을 물리적으로 제조하는 비용과는 거의 관련이 없고, 대신 제품을 설계, 포장 및 판매하는 데 사용되는 지적재산의 가치와 많은 관련이 있다.[8]

이 간단한 산술적 계산은 글로벌 가치사슬이 무역의 미적분을 변화시킨 몇 가지 중요한 방식을 보여준다. 아이폰에 관한 양국 간 상품수지는 의미가 없다. 비록 스마트폰은 중국의 수출로 등록됐지만, 실제로 2009년에 아이폰 3G를 구입한 미국인은 중국보다 일본과 독일에 훨씬 많은 비용을 지불했다. 아이폰과 관련된 서비스 무역의 균형을 계산하려는 시도도 똑같이 무의미하다. 애플의 디자인 팀에는 인터넷을 통해 자신이 수행한 소프트웨어 관련 결과물을 캘리포니아 연구센터로 가져온 다른 국가의 엔지니어가 포함됐을 수 있지만, 이들이 모두 애플 소속 직원이라면 공식 무역 통계에 등록될 국가 간 거래는 없을 것이다. 애플은 아이폰 개발 총 비용의 몇 퍼센트가 인도나 아일랜드에 있는 엔지니어에 의해 추가됐는지 신경 쓸 이유가 없으며, 데이터 수집을 담당하는 정부 담당자 역시 이에 대해 알 수 없을 것이다.

주목할 만한 사실이 하나 더 있다. 미국에서 아이폰 3G의 인기가 높아짐에 따라 아이폰 판매에서 발생한 대부분의 돈이 애플의 금고로 흘러들어 갔지만, 정작 아이폰과 관련한 미국의 상품무역 적자는 꾸준히 커졌다는 것이다. 애플의 활동은 미국의 해외 수출을 창출하지 못했고 미국 내 전자 제품 공장의 근로자에게 일자리를 제공하지 않았다. 하지만 표면적으로 국제무역과 아무 관련이 없는 엔지니어링, 마케팅, 재무 및 영업 부문 근로자를 위한 고용을 창출했다. 이들 중 알 수 없는 상당수는 애플이 아닌 다른 회사에 의해 고용된 이들이다. 이와 같이, 애플이 산출한 2009년의 부가가치는 어느 특정 국가의 경제가 창출한 부가가치와는 관련이 없는 것이었다.

2004년 토마스 프리드먼_{Thomas Friedman}ⁱ은 세계화에 관한 자신의 베스트셀러를 통해 "세계는 평평하다"라고 주장했다. 어떤 면에서 세계는 20세기 초에 이미 평평해졌다. 인터넷 덕분에 맨체스터와 멤피스의 은행 고객들로부터 걸려온 전화를 처리하는 마닐라와 뭄바이의 콜센터 노동자들은 비용 효율적인 존재가 됐으며, 기발한 아이디어나 유혹적인 제안 또는 귀여운 고양이가 있는 사람이라면 누구나 저렴한 비용으로 이를 즉시 전 세계에 알릴 수 있다. 그러나 사람들이 생산하고 소비하는 재화와 서비스에 관한 세계화는 널리 알려진 것만큼 '평평하지' 않다. 자세히 들여다보면, 20세기 가치사슬을 통한 무역의 흐름은 평평하기보다는 상당히 덩어리져 있는 것으로 드러난다.

장거리 가치사슬이 급성장했다는 점은 의심의 여지가 없다. 초반에는 일반적으로 인건비 때문이었다. 대규모 공장은 한곳에서 작

---

i 미국인 언론인, 칼럼니스트로서 현재 《뉴욕타임스》를 통해 국제관계에 관해 주기적으로 칼럼을 기고하고 있다.

업이 중단되면 전체 기업이 타격을 받기 때문에 노동쟁의에 취약했고 관리에 어려움을 겪었다. 운송 및 통신 관련 비용이 하락함에 따라, 기업들은 노동조합 활동이 미미하고 임금이 저렴한 곳에 더 작고 전문화된 공장을 건설하기 위해 부지를 찾게 됐다. 부품을 내부적으로 만드는 것이 아니라 다른 회사에서 구매하는 아웃소싱은 비용을 절감했을 뿐만 아니라, 강점에 집중하고 다른 요구는 해당 분야 전문가들을 활용해 해결할 수 있도록 했다. 애플이 아이폰 3G의 반도체와 안테나를 자체 제작하지 않고 타사에서 구매한 것도 이 때문이다. 아웃소싱은 또한 소규모 기업이 빠르게 성장할 수 있게 함으로써 소규모 기업도 세계화된 경제체제에서 경쟁하는 것을 가능하게 했다. 이들은 자체 공장을 건설하기 위해 자본을 조달하는 대신, 물리적으로 제품을 생산하는 실제 작업을 수행하기 위해 다른 제조업체와 계약할 수 있었다.

그러나 대부분의 제조업체는 국내 가치사슬에서 글로벌 가치사슬로 도약한 적이 없었다. 2000년대 초반에는 공산품의 약 90퍼센트가 해외 구매자가 아닌 국내 소비자에게 바로 전달됐다. 다른 말로 하자면, 수출용 제품을 생산하는 전형적인 공장들은 주로 국내업체의 부품 공급에 의존했고, 고급 부품의 경우에만 해외 공급에 의존했다. 미국 경제학자 테레사 포트_{Teresa C. Fort}는 제품 생산에 필요한 투입물 공급을 위해 국제 가치사슬을 조직한 미국 내 공장이 가장 효율적이고 생산적이라는 사실을 발견했다. 그들만이 컴퓨터 지원 설계 및 제조 시스템을 보유하고 있었으며, 복잡한 국경을 뛰어넘는 생산 네트워크의 선적을 조정하는 첨단 통신 기술을 보유하고 있었다. 다른 곳에서도 마찬가지였다. 실제로 국내 부가가치를 극대화하는 것은 국내 재화나 서비스 비용이 외국 제품보다 비싸거나 품질이 낮을 경우 역효과를 낳을 수 있었으며, 자국에서 더 많은 가치를 추가하려고 하는 기업은 스스로 해외에서의 경쟁력을 잃게 될 수도 있었다.

경제학자 리차드 볼드윈_{Richard Baldwin}ⁱ이 지적했듯이, 값싼 노동력을 제공하는 대부분의 '공장 경제_{factory economy}'는 단일한 '본사 경제_{headquarter economy}'와 연결되어 있었고, 본사 경제에서 제품 개발, 생산 네트워크 구성 등 고임금을 수반하는 작업이 이루어졌다.[9] 세계적인 상품무역의 엄청난 증가를 부추긴 것은 이러한 네트워크였다. 종종 가치사슬은 원자재에서 시작됐다. 미국은 아시아의 방직 공장에 공급하기 위해 수백만 더미의 면화를 선적했다. 벌크선이 브라질과 호주에서 중국과 한국으로 운반한 철광석은 철과 강철로, 다시 송풍 장치 커버나 피스톤 같은 기초적인 산업재로 변화했다. 소비자를 위한 완제품이 아니라 이러한 종류의 중간재가 세계 항구를 막고 있는 대부분의 컨테이너선을 채우고 있었다. 중국에서 만든 송풍 장치 커버는 결국 일본에서 조립된 송풍기에 들어갔고, 한국에서 만든 피스톤은 미국의 자동차 엔진 공장으로 운송됐다. 2000년대 초반에 중간재는 전 세계 제조 수입품 총 가치의 약 55퍼센트를 차지했다. 전자, 운송 장비, 화학과 같은 일부 산업에서는 글로벌 가치사슬이 중요했지만 다른 산업에서는 그렇지 않았다.[10]

그러나 세계화에 대한 그 모든 논의와 주장에도 불구하고, 21세

---

i   1991년부터 세계화와 무역을 연구해온 제네바 국제개발대학원의 국제경제학 교수이다.

기 초의 제조업은 그렇게 '세계적'이지는 않았다. 글로벌 공급사슬이 막 형성되던 1986년에 미국, 일본, 독일, 소련 등 4개국은 전체 공업 제품의 58퍼센트를 책임지고 있었다. 25년 후, 중국은 가장 큰 제조업 국가로 부상하고 소련은 해체됐지만 여전히 중국, 미국, 일본, 독일 등 4개국이 세계 공업 제품 생산량의 55퍼센트를 생산했다. 세계 중간재 무역의 절반 이상은 EU 내에서, 또는 EU와 인접한 국가 사이에서 이동했다. 한국과 인도를 비롯한 소수의 다른 국가가 제조업 강국이 됐고, 이 외 또 다른 소수의 국가가 빠르게 산업화됐다. 베트남의 수출은 인플레이션을 감안할 때 1990년에서 2010년 사이에 스무 배 증가했으며 인도네시아는 네 배 증가했는데, 양국은 모두 신발과 의류의 핵심적인 공급자로 부상했다. 그러나 다른 많은 국가에서는 제조업이 번성하지 못했다. 대부분의 개발도상국은 글로벌 가치사슬에서 거의 어떤 역할도 하지 못했다. 이들 국가는 수시로 발생하는 정전과 느린 트럭 운송 등으로 인해 플라스틱 양동이나 손전등과 같은 간단한 가정용품조차도 중국에서 수입하는 것보다 저렴하게 생산할 수 없었다. 이들은 산업화 사다리의 첫 번째 단계로 의류와 신발을 만들기 위해 풍부한 노동력을 사용했던 한국, 대만, 중국과 같은 방식으로 발전할 수 없었다."

몇몇 국가는 농산물 수출로 눈을 돌렸다. 예를 들어, 멕시코는 아보카도, 케냐는 꽃, 인도네시아는 망고에 주력했다. 농산물 세계무역은 1985년에서 2017년 사이에 5.5배 증가했으며, 많은 개발도상국에서 선진국의 기준에 따라 재배한 대규모 물량을 공급하기 위해 육성한 산업적 농업이 전통적인 농업과는 별개로 생겨났다. 그러나 산업적 농업은 한때 공장이 제공했던 것과 같은 수준의 많은 일자리를 제공할 수 없었으며, 전통적 농업이 축소되면서 일자리를 잃은 모든 소작농을 고용할 수도 없었다. 농업 생산국들은 종종 태양빛과 값싼 노동력을 제외하고는 어떤 부가가치도 더하지 못했다. 농산물 교역 증가의 혜택 상당 부분은 채소 수확과 같은 노동집약적인 활동에서 이주 노동자의 도움을 받는 부유한 국가가 차지했다. 2010년에 채소 8대 주요 수출국에는 미국, 네덜란드, 스페인, 캐나다, 프랑스가 포함돼 있었다.

제3차 세계화 기간 동안 많은 산업 부문의 무역 패턴은 세계적 차원보다는 지역적 차원에서 더 많이 발달했다. 예를 들어, 유럽에서 독일은 자동차 조립 1위를 유지했지만 독일산 자동차에 사용되는 여러 부품은 동유럽의 저임금 국가에서 생산된 것이었으며, 이 비중은 점점 더 커지고 있다. 일본과 한국의 자동차 제조업체는 가장 단순한 부품들을 중국에 크게 의존했고, NAFTA는 미국, 캐나다 및 멕시코의 자동차 공장들이 부품, 조립된 엔진 및 완성차가 정기적으로 국경을 넘어 이동하는 지역 네트워크로 통합되는 데 도움을 주었다. 브라질과 남아프리카공화국과 같은 몇몇 국가는 중요한 산업 분야를 보유했지만 제조업이 위축되는 모습을 보였는데, 이는 지리적 위치나 높은 운송비용 또는 부적절한 경제 정책으로 국제적인 제조생산 네트워크 구축 면에서 덜 매력적으로 여겨졌기 때문이다.

4부.

불황의 공포

13장. 떠다니는 거인들

아시아 국가들이 글로벌 가치사슬에 통합되면서 해상무역은 크게 확대됐다. 1994년과 2003년 사이에 아시아와 북미를 오가는 컨테이너의 수는 연평균 9퍼센트 가까이 늘어났다. 1997년 동남아 국가들이 경제위기에서 벗어나고, 세계에서 두 번째로 인구가 많은 인도가 오랜 고립적 경제 정책을 포기하면서 해상 교통량이 가장 많던 아시아-유럽 경로의 상품 이동 수요는 더욱 빠르게 증가하게 됐다. 2001년에서 2004년 사이 불과 3년 만에 인도의 수출은 두 배 이상 증가했다.

그러나 해운업계에서 가장 중요한 사실은 중국이 세계의 공장으로 부상한 것이었다. 중국의 공장들은 화물 운송수요에 큰 영향을 미치는 글로벌 생산 네트워크와 밀접하게 연결됐다. 중국 공장의 생산 증가는 더 많은 상품의 수입을 의미했다. 그것이 벌크선으로 운반되는 광석이든, 전용 수송 선박으로 운송되는 화학물질이든, 컨테이너선에 실린 플라스틱이든 간에 말이다. 중국은 내수시장도 거대했지만, 제조업 생산량의 약 4분의 1은 바다를 통해 멀리 떨어진 유럽과 아메리카의 고객에게 수출했다. 수출한 것의 대부분은 결국 폐지와 중고 전자 제품과 같은 재활용 재료 형태로 중국으로 돌아왔는데, 중국으로 향하는 컨테이너선은 종종 절반이 비어 있었기 때문에 선사들은 이 공간을 채우기 위해 이와 같이 가치가 낮은 화물에 최저요금을 제시했다. 한 해운 컨설턴트가 이야기한 것과 같이 중국으로 가는 운송의 중요성은 아무리 강조해도 지나치지 않았다. 국제무역은 과거 어느 때보다 훨씬 더 많은 교통수단을 필요로 하게 됐다.[1]

1990년대에 아시아에서 일어난 수출 호황은 최대 컨테이너 해운회사인 머스크라인에 절호의 기회를 제공했다. 머스크라인은 다른 회사들처럼 세계화의 흐름을 탔고, 유럽-아시아 및 태평양 횡단 무역에서 가장 높은 시장 점유율을 차지했다. 이 회사는 1999년에 남아프리카공화국 해운사인 사프마린Safmarine과 맬컴 맥린[i]이 오래전에 설립했던 시-랜드Sea-Land사를 인수하여 전체 선단에 120척의 선박을 추가했고, 거대한 크레인이 컨테이너를 하역하는 항구 터미널의 주

---

i 앞서 잠시 소개했듯이, 1956년 금속 컨테이너를 개발하고 컨테이너선을 통해 이를 운반함으로써 운송업에 혁신을 가져온 미국의 운송 사업가이다. 저자의 책 『더 박스: 컨테이너는 어떻게 세계 경제를 바꾸었는가』(청림출판)에서 이와 관련한 사항을 자세히 다루고 있다.

요 운영자가 됨으로써 선두업체로서의 주도권을 확대했다. 2003년에 이르러서는 280척의 컨테이너선을 소유하고 30개의 항구에서 터미널을 운영하며, 심지어 선적 컨테이너를 제작하는 두 개의 공장도 소유하고 있었다. 머스크라인의 선단은 거의 최대 능력치로 운영됐으며 이익도 좋았다.²

머스크라인의 경영자들은 해운업계가 전체적으로 순조롭게 성장할 것으로 전망했다. 그러나 2003년 초반 몇 달 사이에, 머스크라인이 이러한 성장 대열에 참가하지 못할 수도 있다는 우려가 제기됐다. 새로운 선박이 없다면 머스크라인은 경쟁사의 확장을 지켜보는 수밖에 없었다. 만약 그런 일이 벌어진다면 경쟁사에 비해 컨테이너당 비용이 높아져 수익은 낮아지고 결국 시장 점유율이 하락할 것이었다. 하지만 새로운 선박을 확보할 수 있다면, 40피트짜리 컨테이너를 매주 태평양 횡단 노선에 8천 개, 수에즈운하 통과 노선에 7천 개 추가적으로 운송하여 2008년까지 전체 수송 횟수를 25퍼센트 이상 증가시킬 수 있을 것으로 추정했다. 이제 코펜하겐 해안가에 자리 잡은 머스크라인의 흰색과 파란색 본사 건물에서는 선복량 부족의 해결이 가장 중요한 문제로 여겨졌다.³

2003년 6월 18일, 머스크라인의 경영진은 새로운 선박 건조를 위한 제안서를 작성할 목적으로 비밀 위원회를 구성했다. 열다섯 명의 위원들은 "당신은 특히 업무 중 적재량 경쟁에서 앞서는 것이 우리 회사에 이익이 된다는 것을 고려해야 하며, 여기에는 가급적이면 특허를 받을 수 있는 혁신적인 기능을 포함시켜야 한다"라는 기밀 메모 지시를 받았다.

위원회는 서둘러야 했다. 최종 제안은 머스크라인의 모회사인 A.P. 몰러-머스크_{A. P. Moller-Maersk}의 최고 경영진들을 위해 3개월 내에 준비되어야만 했다. 위원회는 선박 라인의 주요 시장별로 하나씩, 총 두 가지 솔루션을 제시했다. 중국-미국 항로의 경우, 중국 옌텐항에서 파나마운하를 거쳐 미국 뉴어크까지 3주 이내에 운항할 수 있는 작고 빠른 선박을 제안했다. 거의 30노트(시속 약 55킬로미터)의 속도로 달리는 이 선박들은 일반적인 수송 방식보다 빨리 미국 북동부로 중국의 수출품을 운송할 수 있을 것이었다. 일반적인 수송 방식은 파나마운하를 거치는 느린 속도의 전로 수로수송 노선이나, 캘리포니아 또는 브리티시컬럼비아에서 하역 후 일주일 동안 북미 대륙을 가로지르는 빠른 속도의 수로-육로 복합 노선 중 하나를 따라 움직였다. 화주들은 일반적으로 배송과 관련한 가격에 매우 민감했지만, 위원회는 패션업체 및 장난감 업체 등 일부 고객은 중국산 제품을 며칠 더 빨리 시장에 내놓기 위해서 프리미엄을 지불할 것이라고 생각했다. 머스크라인은 2006년부터 이러한 개념에 따라 제작된 고속 화물선 일곱 척을 인도받기 시작했다. 하지만 이들 선박들은 상업적 측면에서 재앙이었다. 고속 엔진은 대량의 연료를 소모했기 때문에, 유가가 오르자 이들 선박의 운영비용은 너무 비싸졌다. 조선소에서 인도받은 일곱 척의 고속 화물선은 2010년까지 모두 스코틀랜드 호수에 묶여 있는데, 이들의 모습은 마치 텔레비전의 어린이 프로그램에서 세트로 사용되는 뗏목과 같았다.[4]

'유로맥스_{Euromax}'로 알려진 위원회의 다른 아이디어는 더 견고함을 증명했다. 유로맥스는 혁명적인 선박으로 구상됐다. 새로운 컨테이너선의 크기는 수년에 걸쳐 점진적으로 증가했지만 유로맥스는 비약적인 도약에 해당했다. 위원회는 선박의 길이는 약 402미터로 미식 축구장 4개보다 길어야 한다고 생각했다. 갑판에는 나란히 18~22개의 컨테이너가 적재돼야 했는데, 이는 당시 가장 큰 선박의 두 배에 이르는 규모였다. 컨테이너들은 각 선창에 9단 또는 10단 높이로 적재돼야 했다. 완전히 적재됐을 때 용골은 흘수선 아래 14미터에 있어야 했다. 위원회는 머스크라인의 경영진이 요청했던 독특한 기능적 설계를 제안했다. 일반적인 컨테이너선은 두 개의 작은 스크루로 구동됐지만 유로맥스는 하나의 거대한 스크루로 구동되도록 하는 것이었다. 스크루는 무게가 2300톤인 거대한 엔진에 의해 회전되며, 배기가스는 엔진으로 다시 유입되어 재활용되도록 했다. 이러한 혁신을 통해 화물을 만재한 선박은 25.2~27.1노트라는 빠른 속도로 항해하면서도, 다른 선박에 비해 컨테이너당 적은 연료를 소모하고 오염물질을 덜 배출할 수 있었다.

위원회는 이러한 선박은 여러 가지 한계가 있을 것이라는 점을 알고 있었다. 구상된 선박은 너무 커서 작은 배와 비교했을 때 화물을 하역하고 적재하기가 더 복잡했다. 47일간의 루프$_{loop}$ 중 25퍼센트는 바다를 항해하는 대신 항구에 정박한 채 화물을 내리고 실어야 했다. 뉴욕, 함부르크, 나고야와 같은 주요 항구도 이 배가 정박하기에는 수심이 얕았다. 이 선박은 단지 아시아-유럽 루프에서만 적절하기 때문에 유연성이 없었다. 파나마운하를 통과할 수 없었으며, 태평양을 가로지르는 머스크의 항로에 투입하기에는 너무 컸다. 이 배의 수리 작업을 수행할 수 있는 수용력이 충분한 드라이도크를 보유한 조선소도 전 세계적으로 몇 군데 되지 않았다. 그러나 유로맥스는 머스크라인이 절실히 필요로 하던 추가적인 선복량을 제공해줌으로써 시장 점유율을 확보하고 가장 수익성이 높은 해운업체로서의 위상을 되찾게 해줄 수 있었다.

코펜하겐에서 서쪽으로 기차로 2시간 거리에 있는 오덴세의 머스크라인 조선소는 새로운 선박에 대한 열 가지의 설계 옵션을 분석했다. 그중 한 가지 옵션은 네덜란드해양연구소$_{MARIN}$[i]에서 추가 테스트를 거쳤다. 바다에서 약 96킬로미터 떨어진 고요한 대학 도시 바헤닝언에 있는 유서 깊은 연구센터인 MARIN은 스크루 날개깃의 곡률과 뱃머리의 정확한 모양을 포착할 수 있을 만큼 상세하게 선박의 축소 모형을 제작하고, 이를 바닷물이 채워진 긴 수조에서 앞뒤로 운항시키는 실험을 전문으로 하는 곳이다. 모형 선박 위 갠트리$_{gantry}$[ii]에 장착되어 수조를 왕복 운동하는 계측기 및 센서를 통해 MARIN의 엔지니어들은 다양한 바람과 파도가 만들어내는 상황 속에서 모형 선박의 성능을 측정하고, 무거운 하중이나 가벼운 하중이 안정성 문제를 일으키거나 원치 않는 응력을 생성할지 예측한다. 유로맥스와 같은 선박 설계를 본 적이 없었던 MARIN은 "제한된 통계 데이터를 감안할 때 (……) 이 유형의 선박에 대한 실험 정확도는 다른 경우에 비해 좋지 않을 수 있다"라고 머스크라인에 경고하기도 했다. 그러나 테스

---

i 유체역학 연구 및 해양 기술 분야에서 세계 최고의 연구소 중 하나로 꼽히는 곳으로, 'MARIN'은 'Maritime Research Institute Netherlands'의 약자이다.

ii 크레인, 조명, 카메라 등 장비를 지지하는 다리 모양의 구조물을 말한다. 무거운 기계, 재료 따위를 끌어 올리거나 운반하는 데 쓰기도 한다.

트를 통해 머스크라인이 가장 알고 싶어 했던 사실이 확인됐다. 만약 유로맥스가 위원회의 제안 속도보다 조금 더 천천히 운항한다면 연료 효율성이 매우 높다는 점이 드러난 것이다.

모든 출발 신호가 떨어졌다. 머스크라인의 계획자들은 24노트(시속 약 44킬로미터)의 최고 속도로 항해하는 여덟 척의 선박이 중국 남부에서 출발해 홍콩과 말레이시아, 수에즈운하를 거쳐 스페인 및 북유럽까지 간 다음 다시 중국으로 복귀하는 일정으로 매주 운항할 수 있을 것이라고 계산했다. 그들은 선박 한 척이 그 루프로 운항할 경우 평균 4만 4001개의 40피트 컨테이너가 선적 및 하역될 것이라고 추정했다. 운항에 필요한 선원은 열세 명으로 더 작은 규모의 선박이 필요로 하는 인력보다도 많지 않았다. 건설비와 운영비를 감안하면 새 선박의 컨테이너 한 개당 비용은 기존 머스크라인 선단의 최대 선박에 비해 18퍼센트 저렴한 것으로 산출됐다.

머스크라인은 이들 선박이 아시아에서 유럽으로 향하는 구간에서는 선복량의 90퍼센트를 채우지만 그 반대의 경우에는 56퍼센트에 머물 것으로 예측했다. 하지만 세계 경제가 나빠지거나 국제무역이 둔화되더라도 8년 6개월 만에 수익분기점에 도달할 수 있어서 전반적인 수익성은 매우 높을 것으로 예상했다. 머스크라인의 경영을 맡고 있던 고위 간부들은 2003년 11월 "컨테이너당 비용의 우위는 다른 경쟁사들이 따라잡기 힘들 것"이라는 보고를 들었다. 의사결정권을 가진 그들을 설득하는 일은 어렵지 않았다. 그들은 2006년부터 2008년까지 여덟 척의 선박을 인도하며, 전례 없는 규모인 12억 4000만 달러를 지출하기로 합의했다. 그들이 이렇게 서두른 한 가지 이유는 EU가 조선 보조금을 단속하고 있었기 때문이다. EU는 덴마크 정부에 2007년 3월까지 인도된 선박에 한해서만 6퍼센트의 보조금을 지불할 수 있도록 허용했다.

머스크라인은 언론을 통해 대형 선박의 등장이 임박했음을 암시하기도 했지만, 유로맥스를 오덴세의 자사 조선소에서 건조하며 관련 세부사항은 비밀로 유지했다. 첫 번째 선박이 건조 중이던 2005년에 머스크라인은 세계 3위 해운사인 P&O 네들로이드_{P&O Nedlloyd}를 28억 달러에 인수하는 또 다른 초대형 인수합병을 발표했다. 두 회사가 합병하면 머스크라인은 전 세계 컨테이너 운송시장의 약 6분의 1을 차지하는 최대 기업이 될 것이었다. 머스크라인은 지배적인 시장 점유율과 고효율의 최신 선박들을 내세워 소규모 해운사들이 자신과 함께하거나 문을 닫게 만들어, 과잉건조와 주기적으로 업계를 뒤흔드는 요금 경쟁을 보다 쉽게 통제할 수 있기를 바란다고 암시했다. 머스크라인의 CEO는 경쟁업체들이 이런 암시를 알아채지 못할까 봐 은근한 경고 메시지를 날리기도 했다.[5] "우리는 단지 업계 통합의 필요성에 주목할 뿐이다."

컨테이너선의 선복량은 20피트 등가 단위_{TEU}[i]로 측정되는데, 표준적인 트럭 크기의 컨테이너는 길이 40피트로서 2TEU로 등록된

---

i 20피트 길이의 컨테이너 박스 한 개를 나타내는 단위로 'Twenty foot Equivalent Units'의 약자이다.

다. 유로맥스의 첫 번째 선박인 엠마 머스크호가 2006년 8월 취역할 때 이 선박의 용량은 1만 1000TEU로 발표됐고, 이는 트럭 5500대가 수송할 수 있는 양이었다. 이것은 다른 컨테이너선의 선복량과 비교하면 20퍼센트나 더 큰 매우 인상적인 수치였다. 그러나 머스크라인은 자사만의 독특한 방식으로 용량을 계산했다. 얼마 후 머스크라인은 엠마호가 1만 2504TEU를 적재할 수 있다고 주요 해운 잡지를 통해 발표했다. 해운 전문지들은 엠마호의 실제 크기가 1만 3400TEU에 이를 것이라고 추측했다. 결국 머스크라인은 해운업계가 일반적으로 사용하는 표준 방식으로 측정한 이 선박의 실제 용량은 약 1만 5500TEU임을 밝혔다. 다시 말해, 엠마호는 진수 당시에 이미 취역 중이거나 주문 중인 다른 선박과 비교할 때 1.5배 이상 큰 배였다. 해운업 전체가 그 규모에 놀랐다. 한 기사는 다음과 같은 제목으로 감탄을 표하기도 했다. "엠마 머스크호는 컨테이너선이 구현 가능한 최대 규모일지도 모른다."[6]

하지만 사실은 이와 달랐다. 엠마호의 크기와 연료 효율성은 가장 운항 거리가 길고 가장 수익성이 높은 노선에서 머스크라인에 압도적인 비용상 이점을 제공해주었다. 이에 머스크라인의 보조 역할을 할 생각이 없던 다른 해운사들의 경영진은 그들 역시 대형 선박을 주문해야 한다는 압박에 사로잡혔다. 그들은 이왕이면 더 큰 선박을 발주해야 한다고 생각했으며, 더 많은 것을 얻기 위해 경영난에 처한 경쟁 해운사를 인수했다. 2005년 9월 해운 잡지 《페어플레이Fairplay》는 "거의 매주 아시아에서 새로운 부두가 건설되고 새로운 설비가 도입되었으며, 심지어 완전히 새로운 조선소가 등장했다는 소식이 이어지고 있다"라고 보도하기도 했다.

한 달 동안에만 5개의 아시아 조선소가 확장 계획을 발표했다. 엠마호가 진수된 지 16개월 후인 2007년 말까지, 선주사들은 1만 TEU 이상을 적재할 수 있는 컨테이너선 118척을 주문했다. 이런 규모의 선박은 2년 전에는 유로맥스를 제외하면 단 한 척도 없었다. 규모의 장점은 모든 사람을 사로잡았고, 조선소를 계속 운영하려는 정부가 저금리와 관대한 보조금을 제공한 덕분에 매우 매력적인 가격으로 선박을 건조할 수 있었다. 새롭게 등장한 대형 선박에 맞춰 육상 기반시설과 항구는 새로운 요구사항에 맞춰져야 했으며, 더 대형화된 크레인, 추가적인 터미널 게이트, 더 많은 고속도로와 더불어 대양에서 부두로 진입하기 위한 더 넓고 깊은 수로를 갖추어야 했다. 하지만 어떤 해운사도 새로운 선박을 주문할 때 이러한 비용을 고려하지 않았다. 해운사 입장에서 보자면 새 배를 도입하지 않을 이유가 없었다. 세계의 상선 선단은 거의 하룻밤 사이에 재편성됐다. 2010년에는, 2006년 컨테이너 물동량의 1.5배를 훨씬 저렴한 비용으로 운송할 수 있을 것으로 기대됐다.[7]

코펜하겐의 머스크라인 경영진은 그들이 촉발한 선박 군비 경쟁에 대해 다시 생각하기 시작했다. 해운사가 확실하게 용선 약속을 할 때에만 선박을 건조하던 유명한 함부르크 선박회사도 용선 계약 없이 한국 조선소에 1만 3000TEU급 선박을 발주했고, 엠마 머스크호보다 훨씬 더 큰 선박을 계획하고 있음을 발표했다. 당시 머스크라인의 공동 CEO였던 크누트 스텁키에르Knud StubKjaer는 2007년 4월 동료에게 "이것은 매우 나쁜 소식입니다. 시장에 이런 투기적인 과잉용량이 투입되면 업계 전반에 매우 부정적인 영향을 미치게 된다는 것을 모든 기회를 활용하여 알려야 합니다"라고 썼다.

유로맥스 계획자들이 약속한 이점은 이루기 힘든 것으로 판명됐다. 머스크라인은 2005년 P&O 네들로이드 인수에 실패했고, 고객들이 배송 지연과 호환되지 않는 컴퓨터 시스템에 대해 불평함에 따라 시장 점유율은 하락했다. 유가 상승으로 인해 머스크라인이 제조업체 및 소매업체와 체결한 아시아와 북미 간 1년 계약은 적자로 돌아섰다. 대부분의 주요 경쟁업체가 2006년에 수익성을 유지했지만, 머스크라인은 운반하는 컨테이너당 45달러의 손실을 기록했다. 비용을 줄이기 위해 머스크라인은 선박의 속도를 감속해 연료 소비를 줄였다. 그 결과, 조선소에서 갓 나온 새로운 유로맥스 선박은 설계 시 속도로 항해하지 못했고, 아시아-유럽-아시아 노선을 항해하는 데 더 많은 시간을 소비했다. 머스크라인이 당초 고객에게 약속했던 '모든 항구에서 주 1회 운항'이라는 약속을 지킬 수 없게 됐다. 내부 메모에는 "고객이 정시 서비스를 정말로 원하는가(즉, 그 비용을 지불할 의사가 있는가)?"라는 애처로운 질문도 등장했다. 다른 선박회사들도 운항 속도를 늦추긴 했지만 경쟁사보다 더 안정적인 서비스를 제공한다던 머스크라인의 명성은 훼손됐다.[8]

아놀드 머스크 맥키니 몰러_{Arnold Maersk Mc-Kinney Møller}[i]보다 그러한 평판에 더 신경을 쓴 사람은 없었다. 93세의 몰러는 더 이상 A.P. 몰러-머스크 또는 이 지주회사가 소유한 해운사의 일상적인 업무에 관여

---

i 덴마크의 선박왕으로 머스크사를 설립한 아놀드 피터 몰러의 아들이다. 1965년 부친이 사망하고 머스크사의 회장이 되었으며, 2012년 98세로 사망했다.

하지 않았다. 그러나 1904년 머스크라인을 창업한 선장들의 아들이자 손자로서 그는 지주회사 지분의 대부분을 장악하고 있었고, 주저하지 않고 자신의 의견을 피력했다. 그는 2005년 P&O 네들로이드의 인수에 반대했다고 알려졌다. 2007년 봄, 그는 머스크라인이 갈피를 잡지 못하고 있으며 관료화됐다고 불만을 터뜨렸다. 너무 많은 사업이 진행 중이었고, 아무도 그 우선순위를 알지 못했다. 몰러는 제네바 소재의 가족회사이자 세계 2위 컨테이너 화물 선사인 '메디테리안시핑컴퍼니Mediterranean Shipping Company'를 존경했다. 머스크라인의 많은 사람이 이 회사를 낮은 수준의 경쟁자로 얕보았지만 몰러는 검소하고 결단력 있는 경영을 칭찬했다. 그는 머스크라인이 "몇몇 우선순위를 정해야 하며, 관리·경상·비즈니스 운영에 드는 비용이 경쟁사보다 훨씬 높다는 분명한 문제를 해결해야 합니다"라고 말하기도 했다.

컨테이너 물동량이 2008년에 9퍼센트, 다음 해에는 11퍼센트 증가할 것으로 예상했던 머스크라인의 경영진은 시장 점유율을 유지할 수 있도록 더 많은 대형 컨테이너선을 주문하기를 원했다. 하지만 몰러는 이에 반대했다. 그는 시장 점유율 대신 이익을 원했다. 2007년 중반까지 P&O 네들로이드 인수의 실패를 책임지고 최고 경영진 중 세 명이 퇴진했다. 이제 머스크라인은 선복량 확대가 아니라 주주 수익 증대에 중점을 두게 됐다.

머스크라인의 경영진은 바뀌었지만 유로맥스가 해운 산업을 근본적으로 위험한 방향으로 변화시켰다는 사실은 바뀔 수 없었다. 1966년 국제 컨테이너 운송이 시작된 이래 세계 경제의 성장에 따라 사업은 요동쳤고, 시간이 지남에 따라 많은 해운사의 투자자들은 이러한 변동성을 견딜 수 없어 사업을 포기하곤 했다. 그러나 엠마 머스크호와 이를 뒤따르는 거대한 선박들의 출시와 함께 '변동성'은 완전히 새로운 의미를 갖게 됐다. 조선대造船臺에서 천천히 내려오는 이 최신 선박들은 이들이 교체한 구형 선박 2~3척보다 더 많은 선복량을 시장에 도입했다. 이 선박들은 그 수익 창출 성공 여부에 관계없이 상환해야 하는 매우 큰 담보대출과 함께 등장했다. 20년 동안 그랬던 것처럼 국제무역이 계속해서 강하게 성장한다면 머스크라인과 선두권의 경쟁자들은 상황 변화에 대처할 수 있을 것이었다. 그러나 무역 성장이 둔화된다면 해운 산업이 치명적인 영향을 받을 것이 분명했다.

14장. 측정되지 않은 위험들

2002년 9월 29일, 미국 태평양 연안의 모든 항구가 조용해졌다. 샌디에이고에서 시애틀 그리고 더 북쪽 알래스카에 이르는 지역에서 해운사들과 항만 터미널을 대표하는 태평양해사협회Pacific Maritime Association 는 서부항만노조International Longshore and Warehouse Union에 맞서 직장폐쇄 조치를 단행했고 노조원 1만 500명의 출입을 차단했다. 협회는 노조가 매우 느린 속도로 하역 작업을 진행함으로써 분쟁을 일으켰다고 주장했고 노조는 항만 일자리를 없애는 새로운 기술을 도입하려는 고용주들을 비난했다. 다가오는 크리스마스 휴가철을 위한 상품을 싣고 있던 100척 이상의 컨테이너선은 하루 만에 부두에 발이 묶이거나 연안에 정박할 수밖에 없었다.

공황이 뒤따랐다. 수출품이 부두에 갇힌 오리건의 농산물 취급자는 "어딜 가나 양파가 있다"라고 한탄했다. 혼다자동차는 수입 부품 공급 부족으로 북미 조립 공장 세 군데서 생산을 중단했고, 도요타자동차 내장 플라스틱 부품 제조업체인 인젝스인더스트리Injex Industries는 로스앤젤레스 인근 공장 직원들을 해고했다. 의류 제조업체인 존 폴리차드John Paul Richard의 여성의류 12만 벌이 로스앤젤레스 항구 밖에 버려졌으며, 새크라멘토에 묶여 있는 선박에서는 3400미터톤에 이르는 목재가 하역되지 못했다. 조지 W. 부시George W. Bush 대통령이 항만 조업 재개를 명령한 10월 10일까지 수입화물을 실은 약 220척의 외항선은 파도 위에서 하릴없이 흔들리고 있었고, 이동할 화물이 없는 철도열차는 미국 서부 전역의 선로에 멈춰 서 있었다. 혼란을 수습하고 원래 목적했던 곳으로 화물을 옮기는 데에는 며칠이 아니라 몇 주가 필요했다.[1]

　국가적 차원에서 볼 때 항만폐쇄로 인한 경제적 피해는 아시아 국가와 미국 모두에 그리 크지 않았다. 반면에 많은 기업이 큰 비용을 지출했다. 의류 소매업체인 갭Gap은 연말연시를 겨냥한 의류의 25퍼센트가 운송 중 발이 묶이게 된 후 투자자들에게 이익이 감소할 것이라 경고하기도 했다. 전자회사인 링크시스Linksys는 배송되지 않은 부품 때문에 컴퓨터 네트워크를 연결하는 새로운 스위치의 도입을 연기해야 했다. 미국 최대 단일 수입업체인 월마트도 적자를 냈다. 수십 개의 미국 소매업체가 크리스마스 판매 시즌에 맞춰 중국산 장난감을 선반에 올리기 위해 항공화물에 의존할 수밖에 없었다. 그들은 장거리 공급망의 위험을 잘못 판단한 대가로 해상 운송비용의 몇 배나 되는 대가를 지불했다.[2]

◇◇◇

모든 비즈니스는 위험에 직면해 있고, 공급망은 본질적으로 많은 위험을 내포하고 있다. 화재는 주요 공급업체의 공장에 큰 타격을 줄 수 있고, 수로의 문제는 배로 운반되는 필수 원료의 선적을 차단할 수 있으며, 휘발유 부족은 근로자들의 출근을 어렵게 만들 수 있다. 과거 제조업체는 공급망을 직접 제어함으로써 이러한 위험을 관리했다. 대표적인 사례로 포드자동차는 한때 산림, 광산, 고무 농장을 소유했으며, 회사 소유 철도로 원자재를 공장으로 운송했다. 포드자동차는 디트로이트 인근의 거대한 리버루즈 단지에 용광로에서 주조 공장, 철강 압연 공장, 유리 공장, 타이어 공장, 섬유 공장까지 건설했고 모래, 철광석, 생고무를 자동차 부품으로 탈바꿈시켜 모델 A 자동차를 조립했다. 포드가 생산 과정의 거의 모든 단계를 제어하여 조립 공장은 자동차를 계속 생산하는 데 필요한 부품을 확보할 수 있었다. 경제학자들은 이러한 방식을 '수직 통합$_{vertical integration}$'이라고 부른다. 1929년 기준, 리버루즈에는 10만 명이 넘는 노동자가 고용돼 있었다.[3]

당연히 수직 통합은 그 자체로 위험을 초래했다. 약 4.5제곱킬로미터의 큰 면적을 차지한 리버루즈와 같은 거대한 산업 단지는 관리하기 어려웠다. 한곳에 너무 많은 생산 능력이 집중되면 파업, 홍수 또는 눈보라가 회사 전체를 어렵게 만들 수 있다. 제조업체가 하나의 거대한 공장 단지를 여러 개의 작은 단지로 대체하더라도 수직 통합에는 큰 단점이 있었다. 모든 부품을 사내에서 만드는 것은 외부 공급업체에서 구매하는 것보다 더 비쌀 수 있었다. 수천 개의 다양한 제품을 만드는 '수직적으로 통합된' 회사는 환기용 모터나 스키 바인딩과 같은 특정 틈새시장에 집중하는 업체보다 새로운 아이디어를 발전시키는 데 더 느릴 수 있다. 하지만 주식시장에 상장한 회사들에게 가장 중요했던 것은, 1980년대에 기업들이 건물, 연구소, 토지 및 기계에 자본을 묶는 일을 피해야 한다고 주장하는 투자자들 사이에서 수직 통합이 인기가 떨어졌다는 사실이었다. 기업이 더 큰 이익을 얻는 길은 '자산을 가볍게' 하는 것이라는 얘기였다.

많은 회사에서 자산 경량화에 점차 '아웃소싱'을 포함시키게 됐다. 회사가 중요한 업무를 다른 회사에 위탁한다는 생각은 새로운 것이 아니었다. 뉴욕과 파리와 같은 패션 중심지에서는 유명 의류 제조업체들이 피크 타임에 집중되는 주문을 처리하기 위해 오랫동안 하청업체에 의존해왔으며, 일본과 미국의 전자회사는 1960년대부터 회로기판 생산을 홍콩과 한국에 아웃소싱해왔다. 반도체를 생산하려면 고도로 전문화된 공장과 장비가 필요했고, 컴퓨터 및 기타 전자장비 제조업체는 일반적으로 자체 반도체 생산 공장을 운영하기보다 외부에서 칩을 구입했다. 1988년에는 일본의 메모리 칩 부족으로 컬러스크린이 장착된 최초의 애플 컴퓨터 출시가 지연되기도 했다. 그때까지 유명 상표를 달고 판매된 많은 텔레비전은 한국의 삼성 및 금성(LG)과 같이 잘 알려지지 않은 회사에서 조립된 것들이었다. 한편 아웃소싱의 가장 큰 위험은, 전자 산업의 대기업 사례에서 알 수 있듯, 아웃소싱을 수행하는 기업들이 해당 사업의 비밀을 익히고 고객을 가로채는 것이었다.[4]

수입 관세가 사라지고 화물운송이 더 안정되고 비용부담이 감소하면서, 생산비용의 차이가 기업이 어디에서 제품을 만들지 결정하는 핵심요인이 됐다. 특히 20세기의 마지막 해에는 두 가지 요인이 크게 부각됐다. 하나는 임금이었다. 중국, 멕시코, 터키의 공장 노동자와 유럽, 일본, 북미의 노동자는 그 임금 격차가 너무 컸다. 같은 시간 동안 저임금 노동자가 훨씬 미미한 성과를 내더라도 국내보다는 해외에서 생산하는 것이 경제적으로 합리적이었다. 다른 요인은 '규모의 경제economies of scale'였다. 자동차 제조업체의 부품 사업부는 모회사에 사용될 제품만 만드는 경우가 많다. 하지만 차량용 전조등 제작업체는 여러 자동차 제조업체에 판매할 다양한 제품을 만들 수 있으며, 대규모 생산을 통해 관리 및 엔지니어링 비용을 더 광범위하게 분산시킴으로써 각 단위 생산비용을 감소시킬 수 있다.

상품을 만들고 배송하는 데 가장 비용이 적게 드는 방법을 찾는 것과 같은 이런 기본적인 재정적 고려사항은 가치사슬 구성에 대한 결정을 주도했다. 한때 외국인 투자는 수출입과 밀접한 관련이 있었지만 이제 더 이상 그렇지 않게 됐다. 아웃소싱을 하면, 최종 제품에 자기네 상표를 붙여서 도소매 업체나 최종 사용자에게 판매하는 사슬 꼭대기의 회사들로서는 부품 또는 완제품을 생산해줄 나라에 대규모 투자를 감행할 필요가 없었다. 종종 이런 기업들은 현장에 잠재적인 공급업체를 방문하고 거래에 서명하는 일을 하는 구매 직원만 두는 경우가 많아졌다. 이제 필요한 상품을 만들기 위해서는 여러 다른 기업의 공장들에 의존하고, 해운사, 트럭회사 및 철도회사와의 협상을 위해서는 화물 운송업체들에 전적으로 의존할 수 있게 됐다. 품질 표준에서 기밀 유지 계약, 가치사슬 위 여러 회사 간의 관계에 이르는 모든 것을 계약으로 설정할 수 있게 된 것이다.

유럽, 북미, 일본, 한국, 대만의 주요 기업 경영진은 생산시설을 해외로 이전함으로써 얻을 수 있는 비용절감 효과에 매료됐다. 10개의 대규모 국제 제조업체, 도매업체 및 소매업체를 대상으로 한 연구에 따르면, 매번 "최고 경영진이 조달 관련 결정을 내릴 때 가장 초점을 맞추는 것은 개당 비용"이었다. "글로벌 소싱global sourcing[i] 결정을 매력적으로 보이게 만드는 암묵적인 압력이 있다"라고 이 연구는 밝혔다. "그중 하나가 구매 및 운송의 비용에만 집중하라는 것이었다." 조사 대상 기업의 절반은 품질 저하, 긴 리드타임, 배송 지연, 재고 부족, 주요 제품 생산의 단일 공급원 의존 등이 수익을 저해할 수 있다는 가능성에 대해 전혀 주의를 기울이지 않았다. 전체 사슬이 원활하게 작동하려면 각 작업이 일정대로 완료돼야 하는데, 하나의 작업에 관련될 수 있는 기업의 수가 너무 많아서 발생하는 위험에도 별로 신경 쓰지 않았다. 그저 저렴한 것이 가장 중요했다.[5]

제품 생산의 투입물이 고임금 국가에서 제공됐든 저임금 국가에서 제공됐든, 최상위 회사는 종종 공급업체의 공급업체, 즉 사슬 하부의 여러 연결에는 관심이 거의 없었다. 이러한 무관심은 2005년 독일 자동차 제조업체 BMW에 수천 대의 자동차 리콜이라는 큰 비용을 지출하게 만들었다. 원인은 미국 화학회사 듀폰DuPont이 미국 자

---

i   제조업체가 국경을 넘어 해외시장에서 가격이 싼 부품을 구매, 조달하여 생산단가를 낮추고 비용을 절감하는 전략을 일컫는다.

동차 부품 제조업체인 페더럴-모굴Federal-Mogul에 판매한 오염된 코팅제 때문이었다. 페더럴-모굴은 이 코팅제를 작은 금속 소켓에 칠한 뒤, 그 소켓을 당시 세계 최대 자동차 부품 공급업체인 로버트보쉬Robert Bosch에 개당 몇 센트에 판매했다. 보쉬는 독일에서 디젤 엔진의 연료 공급을 조절하는 펌프 조립에 이 소켓을 사용한 뒤, 그 펌프를 BMW 에 판매했다. BMW는 듀퐁과 직접적인 관계가 없었지만, 자동차 구매자는 누구의 잘못인지 알지도 못했고 신경도 쓰지 않았다. BMW 는 독일 내 자동차 조립 공장 중 한 곳을 사흘 간 폐쇄한 것 이외에도, 가치사슬 아래에 위치하던 코팅 공장의 문제에 영향을 받은 자동차들을 리콜해야 했기 때문에 명성에 타격을 입었다.[6]

2년 후인 2007년에 지진이 일본 중부의 가시와자키에 있는 피스톤 링 및 기타 철강 부품 전문 제조 공장을 강타했다. 예전에는 대부분의 자동차 제조업체가 자신이 통제하는 자동차 부품회사에서 이러한 것들을 구입했었다. 하지만 점차 많은 자동차 기업이 이런 부품들을 독립적 기업인 리켄Riken에 아웃소싱하기 시작했다. 비용을 최소화하고 규모의 경제를 달성하기 위해 리켄은 의도적으로 여러 공장을 인접한 지역에 배치했다. 그러나 지진으로 인해 리켄의 복합 단지에 용수와 전력 공급이 차단되고 두 개의 공장이 손상되자, 이러한 전략은 비용이 많이 드는 것으로 드러났다. 일본 전역의 자동차 및 트럭 조립 라인은 몇 시간 만에 가동을 멈췄다.《월스트리트 저널》은 "1.5달러짜리 피스톤 링이 부족해 일본 자동차 생산 부문의 거의 70 퍼센트가 일시적으로 마비됐다"라고 보도했다. 부품을 확보하고 공장을 가동하기 위해 자동차 제조업체들은 미국에서 중요한 부품들을 급히 주문해야만 했으며, 이는 린 제조 방식[Lean Production System]ⁱ 채택으로 절감했던 비용을 갉아먹었다.⁷

국제적인 기업들은 자신의 새로운 비즈니스 모델이 어떻게 새로운 위험을 만들어내는지 빨리 알아채지 못했다. 1980년대와 1990년대에는 제품 출하 중단 가능성이 조달 관련 결정에 거의 영향을 미치지 않았으며, 애플의 컬러스크린 장착 컴퓨터 출시를 지연시킨 칩 부족과 같은 사건은 단순한 '불운'으로 간주됐다. 2001년 9월 미국에 대한 테러 공격으로 항공기가 결항되고 캐나다에서 미국으로 자동차 부품을 운반하는 트럭이 이전보다 강화된 검색 절차를 밟게 되자, 미국 자동차 조립 공장은 잠시 가동을 멈출 수밖에 없었다. 그러나 2002년 미국 태평양 연안 항구의 노동쟁의 및 2011년 동일본대지진과 같이 장기적 영향을 가져오는 혼란은 공급망 위험에 대한 근시안적 인식이 얼마나 심각한지를 여실히 보여주었다.⁸

사업의 중단은 세계화에서 발생하는 유일한 유형의 위험이 아니었다. 강력한 글로벌 브랜드는 수익성만큼 취약성의 원천이 될 수도 있음이 드러났다. 그러한 브랜드를 소유한 기업은 종종 외국 공급업체와 일정한 거리를 두고 그들과 단순한 거래관계에 있을 뿐이라고 생각했지만, 소비자는 그들이 원거리에서 수많은 연결고리로서

---

i 일본 도요타사가 독자적으로 개발한 생산 기법이다. 적시에 제품과 부품이 공급되는 시스템을 갖춤으로써 재고비용을 줄이고 생산 품질을 높이는 방식을 가리킨다.

존재하는 공급망 전체의 노동 및 환경 조건에 대해 책임져야 한다고 생각했다. 인도네시아의 공장에 운동화 생산을 아웃소싱하거나, 스위스의 무역회사를 통해 가나산 코코아를 구매한다고 해서, 그 공급업체들의 작업 조건 및 환경 영향에 대한 신발회사 및 제과회사의 책임이 면제되지는 않는다. 조선 및 플라스틱 제조와 같이 소비자와 직접 거래하지 않는 분야의 기업 고객 역시 비슷한 기대치를 갖고 있다. 인터넷 시대에는 CEO의 들어본 적도 없는 비윤리적 행위에 대한 주장으로 인해 기업의 브랜드가 쉽게 손상될 수 있었고, 그러한 평판 손상은 만회하기 어려웠다.[9]

무역 장벽의 위험은 망각돼 있었다. 글로벌 가치사슬은 시장의 힘이 우세하던 시기에 형성됐다. 각국은 수입 관세를 낮추고 외국인 투자자에 대한 규제를 완화했다. 북미는 무역 장벽을 제거한 NAFTA를 체결했고, 유럽은 사람과 상품 및 자본이 유럽 대륙 내에서 자유롭게 이동할 수 있도록 함으로써 단일시장을 형성하기로 하고 마스트리히트 조약Maastricht Treaty[ii]을 체결했다. 수입과 외국인 투자자를 막고 있던 많은 개발도상국도 이러한 변화들을 환영하기로 결정했다.

이후 국제 상거래가 점차 덜 억제되리라는 예상은 잘못된 것으로 판명됐다. 1995년에 WTO 회원국이 국내 산업에 피해를 주는 것으로 의심되는 수입품을 막기 위한 움직임을 보인 것은 두 차례뿐이다. 하지만 선진국 내부에서 보호무역주의 압력이 급증함에 따라, 이

---

ii 1992년 2월 7일 네덜란드의 마스트리히트에서 유럽공동체(EC) 12개 회원국이 체결한 조약으로 1993년 11월 1일에 발효됐으며 단순한 단일시장을 넘어 정치경제적 공동체로 나아가는 기반을 제공했다. 주요 내용은 EU로의 개칭, 단일 통화 도입, 노동 조건 통일, 공동방위 정책 채택, 유럽시민권 규정 등이다. 정식 명칭은 '유럽연합조약(Treaty on European Union)'이다.

후 25년 동안 이런저런 제품의 수입을 불가능하게 만들어 기업의 가치사슬을 혼란에 빠뜨리는 위협이 되는 약 400건의 보호무역 조치가 시도되었다. 일부 개발도상국은 무역과 투자의 자유에 대해 다시 생각하기 시작했다. 세계에서 가장 빠르게 성장하는 경제권 중 하나인 인도는 소매 상인들을 보호하기 위해 외국 소매업체의 시장 접근을 거의 금지했다. 중국에 있는 외국인 투자자들은 종종 국유기업과 의무적으로 협력해야 했고 수입품 대신 중국 국내에서 생산된 원료와 부품을 사용하고 관련 기술을 공유해야 했다. 빈틈없이 긴밀하며 원활한 무역관계는 확실한 것이 아니었다.[10]

공급망과 관련된 위험의 증거가 증가함에 따라, 점차 투자자들은 기업의 이사회에 조달 관련 계약에 더 많은 관심을 기울일 것을 요구하기 시작했다. 공급망에 포함되어 있는 먼 나라의 불분명한 공급업체가 유독성 화학물질을 방출하거나 미성년자를 고용하는 것으로 밝혀지면, 그 문제에 대한 직접적인 책임이 없더라도 이들과 계약한 대기업의 주식 가치가 떨어질 수 있었다. 대기업들은 공급업체를 위한 행동 강령을 수립했다. 그리고 저비용 유지를 요구하는 자신의 지속적인 압력으로 인해 이러한 약속이 종종 이행되지 않았음에도 불구하고 검사관을 고용하여 관련 기준이 제대로 지켜지고 있는지를 모니터링했다. 한때 매출과 이익을 설명하는 도표가 주된 내용이었던 연간 재무 보고서는, 단일 공급업체 또는 단일 국가에 대한 의존도뿐만 아니라 공급망 전체에 걸쳐 온실가스 배출을 줄이기 위한 기업의 노력을 공개하고 공급업체의 공장에서 어린이들이 일하고 있지 않음을 확인하는 내용으로 변화했다.

◇◇◇

공급망 위험의 해결은 비용을 수반했다. 동일본대지진이 이를 잘 보여주었다. 2011년 3월 11일, 일본 역사상 가장 강력한 지진이 도쿄에서 북쪽으로 4시간 거리에 있는 도호쿠 지역을 강타했다. 40미터 높이에 이르는 쓰나미가 일어나 해안가에서 내륙으로 약 9.8킬로미터 떨어진 집들을 침수시켰다. 이 재앙으로 2만 명이 넘는 사람들이 목숨을 잃었고 도시 전체가 사람이 살 수 없는 곳이 됐다. 쓰나미로 원자력 발전소 세 곳이 가동을 중단하면서 일본 전역에 정전이 발생하여 수백 개의 자동차 공장이 폐쇄됐으며, 고무 부품에서부터 자동차 도색용 페인트에 이르는 모든 것이 전 세계적으로 부족하게 됐다. 크라이슬러와 포드는 미국 내 딜러들에게 페인트 공급업체가 더 이상 생산할 수 없는 특정 색상의 차량을 주문하지 말라고 요청했다. 추정치에 따르면 지진으로 인해 일본 경제 규모는 약 1.2퍼센트포인트 감소했으며, 재해 지역의 산업 생산은 1년 넘게 지진 전 수준으로 회복되지 못했다. 태평양 전역에서 미국 제조업 생산량은 일본산 부품이 부족한 일본 기업들이 미국 내 생산을 줄이고 다른 기업의 주문을 가로챔에 따라 6개월 동안 눈에 띄게 감소했다.[11]

도호쿠 지역은 그 몇 년 전 일본의 주요 전자회사 세 곳이 반도체 사업을 통합하여 만든 기업인 르네사스일렉트로닉_{Renesas Electronics}의 제조 기지였다. 이 업체는 자동차 산업용 반도체 및 마이크로컨트롤러의 최대 공급업체였다. 이들의 공장이 가동을 중단함에 따라 한때 여러 칩 제조업체로부터 부품을 공급받던 세 대륙의 자동차 조립 라인이 멈춰 섰다. 자동차 산업의 손실 규모만도 수십억 달러에 달했다. 마침내 생산을 재개한 후 르네사스사는 유연성에 투자하여 특정 마이크로컨트롤러 생산이 중단될 경우 다른 마이크로컨트롤러를 신속하게 생산할 수 있도록 공장을 재편했으며, 주요 고객 중 하나인 도요타자동차는 65만 곳에 저장된 부품 데이터베이스를 수집하여 주요 부품 공장이 폐쇄되더라도 조립 라인을 계속 가동하는 데 필요한 부품을 확보할 수 있게 됐다.[12]

　소매업체들도 공급망을 유연하게 만드는 데 더 많은 관심을 기울이기 시작했다. 아마존은 2014년에 또 다른 항만 노동쟁의로 위협받았을 때 미국 동부의 항구를 통해 중국 수입 경로를 신속하게 변경할 수 있도록 배송 및 창고 네트워크를 재편했다. 2015년 미국 판매가 급격히 증가함에 따라, 아마존은 의도적으로 수입되는 제품의 3분의 2를 대서양과 태평양 연안의 항구로 나눠 받기 시작하여 운송 시스템의 모든 부분에서 물류망 중단으로 인한 취약성을 감소시켰다. 아마존의 주요 경쟁자이자 상당한 격차로 미국에서 컨테이너 화물을 가장 많이 수입하는 월마트는 휴스턴 근처에 서쪽과 남쪽을 향하도록 설계된 수입 유통센터를 건설했다. 월마트 수입물량의 87퍼센트를 차지하는 중국산 제품은 캘리포니아 항구에서 하역된 후 철도를 통해 운송될 뿐만 아니라, 파나마운하를 통과해 물류센터와 가까운 휴스턴 항구에서 하역되는 방식으로도 운송될 수 있게 됐다.[13]

　글로벌 가치사슬을 보다 안정적으로 만드는 가장 보편적인 방법은 재고를 늘리는 것이었는데, 이는 가장 비용이 많이 드는 방법이었을 것이다. 재고는 선창, 창고 선반, 공장 현장 또는 자동차 딜러의 차고 등에 있는, 생산됐지만 판매되지는 않은 상품이다. 경제학자들은 재고는 돈을 묶어놓으며 시간이 지날수록 가치가 감소될 수 있기 때문에 '쓰레기'로 취급하곤 했다. 재고 감소는 제2차 세계대전 이후 도요타자동차가 '적시 물류 시스템Just-In-Time' 제조 방식을 고안하게 된 주요 동기 중 하나였다. 이는 1980년대에 각종 부품을 창고에 보관하지 않고 필요할 때 만들어 사용한다는 개념의 '린 제조 방식'이라는 명칭으로 전 세계에 퍼졌다. 미국 경제 통계 당국은 1980년대부터 2000년대 초반까지 기업의 월 매출 대비 재고 비율이 꾸준히 하락하자, 재고를 줄이기 위한 모든 사업 분야의 노력을 추적했다.

그러나 재고는 완전히 낭비적 요소는 아니었다. 그것은 완충 장치이기도 했다. 21세기에 국제무역의 신뢰성이 점차 낮아짐에 따라 제조업체, 도매업체 및 소매업체는 모두 가치사슬이 자신이 의도한 대로 필요한 것들을 제공하지 않을 수도 있다는 걱정을 하기 시작했다. 그들은 더 많은 상품을 보유함으로써 그러한 위험으로부터 스스로를 보호하고자 했다. 이에 따라 재고 수준은 점점 더 높아졌다.

재고를 늘리고, 여러 곳에서 동일한 상품을 생산하고, 중복된 운송 경로를 설정하고, 공급업체를 더 주의 깊게 모니터링하는 일이 모두 전 세계에서 사업을 수행하는 비용에 추가됐다. 정부가 수입 및 외국인 투자에 새로운 제한을 가함으로써 기업이 정치적 압력에 굴복할 위험성은 매우 현실적이 됐다. 제품을 어디에서 생산할지에 대한 기업의 계산에 이런 위험을 완화하기 위한 잠재적 비용이 추가됨에 따라 글로벌 가치사슬은 더 이상 저렴한 것처럼 보이지 않았다.

15장. 글로벌 금융의 위기

두 차례의 분명한 세계화 물결을 통해 1948년부터 2008년 사이에 세계의 무역은 세계 경제보다 세 배나 빠르게 성장했다. 1940년대에는 상점에서 보기 드물었던 외국 상품들은 공산품 수출이 세계 경제 생산량의 4분의 1을 넘어서게 되는 2000년대 초반이 되자 일반화됐다. 가구, 플라스틱, 자동차 헤드램프로 가득 찬 40피트 컨테이너의 증가세는 과거 상상할 수 없는 수준에 이르렀다. 60년 전에는, 자동차 부품으로 거의 가득 채워진 컨테이너를 탑재한 1만 대에 육박하는 트럭이 캐나다 온타리오주 윈저와 미국의 미시간주 디트로이트를 오갈 것이라고 아무도 상상도 할 수 없었다.

대중은 오래전부터 많은 소중한 '국산' 제품의 상당 부분이 실제로는 해외에서 제조된다는 사실을 알고 있었다. 그러니 통신업체의 친절한 고객 상담사들이 실제로는 폴란드나 필리핀에서 일하고 있다는 사실을 알게 된다고 해서 더 이상 놀라운 것도 없었다. 경제학자들이 '외국인 직접 투자FDI, Foreign Direct Investment'라고 부르는, 기업 소유권을 목적으로 국경을 넘어 흐르는 자금은 2007년에 3조 달러를 넘어섰다. 대기업들은 외국 경쟁업체를 인수했고, 은행들은 경영진 가운데 그 나라가 어디에 있는지 아는 사람이 거의 없는 국가의 길모퉁이에 지점을 세웠다. 월마트, 까르푸Carrefour 및 테스코Tesco와 같은 소매기업들도 자사의 규모라면 전 세계 거의 모든 곳에서 수익성 있는 매장을 열 수 있을 것이라고 확신했다. 30년 전 저개발 국가의 부채위기 당시 은행의 외국인 대출 규모는 약 1조 달러였지만, 이제는 숨이 멎을 만큼 큰 규모인 30조 달러에 이르게 됐다.

　1940년대 후반부터 1980년대 후반 사이에 진행된 제2차 세계화는 주로 부유한 경제권의 긴밀한 연결을 의미했다. 부유한 국가에 원자재를 제공하고 선진국에서 만든 공산품을 구매하는 역할을 하는 많은 가난한 나라 사람들은 이러한 세계화의 혜택을 거의 보지 못했다. 아프리카, 아시아, 라틴아메리카의 많은 지역에서 1985년의 1인당 소득은 1955년보다 약간 높을 뿐이었고, 소수 경제 엘리트의 경우를 제외하고는 생활 수준의 개선은 미미했다. 해외무역과 외국인 투자는 번영이 아니라 착취와 관련이 있었다.

　반면에 제3차 세계화는 지구상에서 가장 가난한 곳에도 실질적인 경제적 이득을 가져다주었다. 불과 몇 년 전만 해도 절망적으로 가난하고 낙후된 것으로 여겨졌던 방글라데시, 중국, 인도네시아, 베트남은 1980년대 후반부터 중요한 무역국으로 부상했다. 많은 국가가 광물 및 농산물의 불안정한 수출에 대한 의존도를 낮추면서, 20세기 말이 되자 공산품은 개발도상국 수출의 80퍼센트 이상을 차지하게 됐다.

안전하지 않은 공장의 작업 조건과 참혹한 환경 피해에 대한 불만은 전적으로 타당하지만, 이 과정에서 지급된 돈이 건강, 교육 및 물질적 복지에 급속한 개선을 가져왔다는 점은 부인할 수 없다. 이제 외딴 산간 마을에서도 소비자들은 국내 공급업체가 따라올 수 없는 저렴한 가격으로 거의 헤아릴 수 없을 만큼 다양한 수입품을 선택할 수 있게 됐다. 국제 경쟁이 치열해짐에 따라 한때 보호 대상이던 산업들은 현대화의 압력을 받게 됐고, 새로운 기술들은 더 빨리 시장에 출시됐다. 많은 케냐 농부는 국내에서 안정적인 전기 사용이 가능해지기 전에 중국산 휴대전화를 통해 전자은행을 이용할 수 있게 됐다.

세계은행의 측정에 따르면, 제3차 세계화가 시작됐을 때는 세계 인구의 3분의 1 이상이 극심한 빈곤 속에 살고 있었지만, 20년 후에는 그 비율이 절반 이상 감소했다. 경제학자 조반니 페데리코_{Giovanni Federico}와 안토니오 테나 준귀토_{Antonio Tena Junguito}는 "2007년이 되자 세계는 100년 전에 비해 훨씬 더 개방됐고, 사람들은 선조들에 비해 무역을 통해 훨씬 더 많은 이득을 얻게 됐다"라고 상황을 요약했다.[1]

하지만 2008년 하반기부터 국제무역이 붕괴되기 시작했다. 그 붕괴는 최초의 진정한 글로벌 경기침체라고 부를 수 있는 것의 원인이자 결과였다.

◇◇◇

2007년 말 미국에서 시작된 경기침체는 미국 주택 가격 하락에 뿌리를 두고 있었다. 주택 가격 하락 사태는 수년간에 걸친 과도한 주택 공급과 지불 능력이 부족한 주택 구매자를 대상으로 한 기만적인 담보 대출 상품 '서브프라임모기지subprime mortgage'의 결과였다. 일부러 낮게 설정된 최초 금리 덕분에 많은 차용인이 대출 자격을 얻었지만,[i] 3~4년 후 이자부담이 가파르게 커지자 더 이상 매달 이자를 지불할 수 없게 됐다. 일부 대출기관은 소득이나 보유 자산을 문서로 증명할 수 없는 차용인에게 신용을 제공하기도 했다. 이 은행들은 이러한 대출 상품을 투자자에게 매력적인 수익을 제공하는 증권으로 포장했다. 그러나 많은 차용인이 대출금을 상환하지 못하게 되자 서브프라임모기지를 포함한 증권의 가치는 급락했다. 2007년 6월, 서브프라임모기지 부실이 월가 투자 은행인 베어스턴스Bear Stearns가 운용하는 두 개의 펀드를 뒤흔들었다. 이 사태에 대한 뉴스는 투자자들의 탈출 러시를 촉발했다. 투자자들은 위험이 어디에 존재하며 얼마나 큰지 잘 알지 못한 채 자신이 찾을 수 있는 가장 안전한 투자처로 돈을 옮기려 했다. 이들에게 정부는 주변에서 찾을 수 있는, 신용 리스크가 없는 유일한 존재였다.[2]

세계화는 미국의 서브프라임모기지 사태를 전 세계로 퍼뜨렸

---

i 미국의 서브프라임모기지는 초반의 담보대출 이율은 매우 낮게 설정하고 뒤로 갈수록 높아지는 구조인 경우가 많았다. 따라서 초반에 적었던 부담이 시간이 지날수록 커질 수밖에 없었지만, 주택시장이 호황일 때는 이자부담이 커지기 전에 주택을 매도하여 대출을 상환하고 양도차익을 누릴 수 있었다.

다. 며칠 또는 몇 달 동안 일상적으로 돈을 빌리던 은행과 기업은 돈을 빌려주었던 채권자들이 갑자기 대출 연장이나 갱신을 거부하자 현금을 마련하기 위해 필사적으로 움직여야 했다. 많은 외국계 은행, 특히 서유럽의 은행들이 미국 주택 담보대출에 대한 투기에 적극적으로 참여했었다. 금융시장의 경색이 심화하자 미국과 유럽의 주요 금융기관은 무릎을 꿇을 수밖에 없었다. 2007년에는 상황 능력이 매우 의심스러운 차용인도 쉽게 받을 수 있었던 신용 대출은 2009년이 되자 거의 차단됐다. 돈을 빌려주어야 할 대출기관들이 취약해짐에 따라 몇 년 전 저금리로 대출을 받았던 많은 소매업자, 제조업자, 부동산 개발업자 등은 돈을 빌리기가 너무 힘들어졌다. 2년 동안 거의 200만 개의 건설 부문 일자리가 사라진 미국의 경우 2009년 10월까지 노동자 열 명 중 한 명이 실직 상태였다. 대서양 건너 미국에 비해 주택거품이 훨씬 더 심했던 스페인의 성인 실업률은 20퍼센트에 이르게 됐다. 집값 하락으로 인해 수천만 명의 차용인이 집 가치보다 더 많은 빚을 진 상황이 됐고, 지출을 줄임으로써 이에 대응했다.

미국은 다른 어떤 나라보다 훨씬 더 많은 물품을 수입했는데, 2009년 미국이 수입을 줄이자 전 세계의 제조업체들은 생산량을 줄이고 노동자를 해고하기 시작했다. 독일과 프랑스, 칠레와 베네수엘라, 말레이시아와 남아프리카공화국이 모두 비틀거리며 경기침체에 빠졌다. 한국과 필리핀 역시 경기침체와 유사한 상태에 놓였다. 세계 경제 성장이 둔화되면 국제무역은 종종 후퇴하곤 했지만, 서브프라임모기지 사태와 뒤이은 유럽의 부채위기는 국제무역을 전례 없이 황폐화시켰다. WTO에 데이터를 보고한 104개국 전부 2008년 하반기와 2009년 전반기에 수입과 수출이 모두 감소했다. 더욱이 각 국가에서 무역은 산업 생산보다 더 빠르게 더 큰 폭으로 감소했다. 어떤 전문가도 이런 시나리오를 예상하지는 못했다. 은행이 탄탄하고 주택시장이 건전하며, 미국 주택담보 대출의 은밀한 거래와 관련이 없던 국가들조차 위기의 핵심 국가들보다 수출이 훨씬 더 많이 급락했다. 전 세계적으로 국제무역은 2008년 2/4분기와 2009년 2/4분기 사이에 17퍼센트나 감소했다. 경제학자 리차드 볼드윈_{Richard Baldwin}과 다리아 태그리오니_{Daria Taglioni}는 "밝혀진 바에 따르면, 세계무역의 대부분은 지연시킬 수 있는 것들로 구성되어 있다"라고 논평하기도 했다.ⁱ 소득이 감소하고 불안이 높아지면서 늦출 수 있는 모든 구매 활동이 보류됐다. 2009년 세계 총 경제 생산은 세계은행이 1961년에 통계를 작성하기 시작한 이후 처음으로 하락했다.³

무역 대붕괴의 배후에는 무엇이 있었는가? 국제적인 가치사슬의 확산 덕분에 무역의 성장은 수년간 세계 경제의 성장을 앞질렀다. 하지만 그 과정은 갑자기 역전됐다. 미국의 공장이 독일에서 생산하는 기계 구매의 계획을 연기하자 그 조치는 독일 수출을 감소시켰을 뿐만 아니라, 다른 나라에서 부품이나 원자재를 조달하는 독일의 수입까지 위축시켰다. 취소된 하나의 주문은 5~6개 또는 12개에 이르는 당초 예정된 국제 거래를 취소시켰다. 수출과 수입의 오래된 구분은 더 이상 의미가 없었다. 수출은 수입과 너무 밀접하게 연결됐기 때문에, 하나의 급격한 하락은 다른 것도 같이 끌어내렸다. 일본

---

i 지금 당장 필요한 상품이 아닌 나중으로 미뤄도 크게 문제없는 상품들이 무역 거래에서 차지하는 비중이 높다는 의미이다.

이 이를 보여주는 좋은 사례이다. 2009년 4월부터 9월 사이에 일본의 수출량은 전년 동월 대비 36퍼센트 감소했는데, 놀랍게도 수입량도 40퍼센트 감소했다. 일본은 미국과 같은 담보대출 위기나 취약한 은행 시스템은 없었지만 기업 가치사슬의 붕괴로 인해 다른 어떤 경제 대국보다 훨씬 더 심각한 경기침체를 겪었다.[4]

세계화된 경제의 효율성은 이제 적으로 다가왔다. 적시 물류 시스템이 보편화됨에 따라 가치사슬 전반에 걸쳐 구매 의향의 변화와 구매 감소 사이의 시차는 매우 짧아졌다. 유럽 소비자가 책상 램프 구매를 줄이면 소매업체의 데이터 시스템은 며칠 안에 추세를 파악할 수 있다. 소매업체는 재고를 줄이려고 노력하면서 중국의 램프 공장에 선적을 연기하도록 지시하는 이메일을 보낼 것이다. 중국의 공장들은 마찬가지로 전기 코드와 에나멜 공급업체에 선적을 연기하라는 통지를 할 것이며, 이는 차례로 구리선과 이산화티타늄 구매 지연으로 이어진다. 수요와 공급이 긴밀하게 결합되는 '적시 경제Just In Time Economy'에서 빨리 팔리지 않는 상품으로 창고 선반을 채우고 싶어 하는 사람은 아무도 없다. 그러나 다양한 소매업체의 소규모 구매 축소로 시작된 흐름은 램프 스위치와 지구본 등 특정 제품만 만드는 전문 회사의 대규모 구조조정을 가져왔다. 지구 반대편에 있는 공장들은 급히 생산을 중단하고 불필요한 노동자들을 거리로 내보냈다.

세계의 물류 시스템은 즉시 그 영향을 체감하게 됐다. 항공화물 운송은 급감했으며, 대부분이 수입품인 미국 철도의 컨테이너 수송량은 사상 최대폭의 하락세를 보였다. 2009년은 컨테이너 해운업 역사상 최악의 해가 됐다. 바다를 가로질러 운송되는 컨테이너의 숫자는 4분의 1로 감소했다. 운임이 너무 낮아지자 많은 컨테이너선은 연료비를 충당하기도 어려워졌다. 500척 이상의 컨테이너선이 운항을 중단하고 항구에 처박히게 됐다. 머스크라인은 1년에 20억 달러 이상의 손실을 보았으며, 다른 모든 경쟁업체 역시 대규모 적자를 기록했다.

　지난 수십 년 동안, 수출과 수입의 침체는 짧았고 국제무역의 성장률을 보여주는 그래프의 곡선은 항상 장기 추세로 되돌아갔다. 경제학자들은 2009년의 무역침체 역시 비슷하게 끝날 것이라고 판단했다. 무역침체의 주요 원인은 불안한 소비자 심리와 기업의 수요 부진으로 여겨졌다. 유럽과 북미, 아시아의 정부가 일제히 경제를 살리기 위해 행동하면 고용주와 소비자는 자신감을 되찾을 것이고, 노동자는 일터로 돌아갈 것이며, 수입 수요는 다시 활력을 되찾으리라고 예측한 것이다. 예측의 첫 번째 부분은 실현됐다. 그리스, 포르투갈, 스페인, 이탈리아의 정부가 유럽 은행의 차입금에 대해 채무 불이행을 할 수도 있다는 위협이 유럽 경제의 약세를 연장시켰지만, 세금 인하와 긴급 지출 프로그램 및 0퍼센트에 근접한 이자율은 경제성장을 결국 회복시켰다. 그러나 예측의 두 번째 부분은 크게 빗나갔다. 수입은 이전의 성장 추세로 돌아가지 않았다. 세계 경제 규모로 측정된 공산품 무역은 2009년 급락한 후 2010년과 2011년에 증가세를 보였지만, 그 이후에 다시 감소했다. 2017년까지 무역이 세계 경제에서 차지하는 비중은 12년 전보다 낮아졌다.

순전히 산술적으로만 따져보더라도 공산품 무역의 급격한 성장은 유지되기 어려웠다. 1990년대부터 2008년까지 많은 제조업체는 고임금 국가에 있던 공장을 저임금 국가로 이전시켜 그곳에서 만든 제품을 수출하거나, 아예 다른 회사 소유의 공장에서 구매한 물건을 수출했다. 여러 건의 무역협정 체결에 따른 북미와 유럽의 대규모 자유무역 지대 형성과 중국, 대만, 베트남, 사우디아라비아의 WTO 가입은 제조업체들이 국경을 넘어 생산 시스템을 구축하도록 힘을 실어주었다. 2006년 터키와 모로코, 2008년 일본과 인도네시아, 2009년 미국과 페루와 같은 여러 국가가 서로의 공산품 수출에 대한 장벽을 낮추는 데 동의했으며, 여기에는 종종 서비스 부문도 포함됐다. 이러한 각각의 협상은 세계화를 훨씬 더 멀리까지 확장시켰다.

그러나 대침체_{Great Recession}'가 끝날 무렵 유럽, 일본, 미국, 캐나다에서 제조업의 해외 이전은 감소하고 있었다. 자유무역 협정에 대한 열망은 시간이 지남에 따라 점차 약화됐다. 미국의 대멕시코 수입액은 1994년 1월부터 2008년 10월 사이에 4.5배 증가했지만, 그 후 10년 동안의 증가율은 두 배에도 미치지 못했다. 이와 유사하게, EU 내 무역 역시 12개국이 유로를 공동 통화로 채택한 2002년부터 그 뒤 2008년 사이 매년 약 6퍼센트씩 증가했지만, 2008년 이후에는 겨우 2퍼센트씩 증가하는 데 그쳤다. 이 시점에는 중국, 인도, 멕시코 또는 기타 개발도상국에서 더 경제적으로 운영될 수 있다고 여겨지는 제

---

i 2008년 글로벌 금융위기 이후의 침체를 1930년대 대공황과 구별하기 위해 사용하는 명칭이다.

조업은 대부분 이미 이전해 있었다. 고임금 국가에 남아 있던 제조업이 주로 최첨단이거나 고도로 자동화됐거나 매우 비밀스러운 것들이었다. 이와 더불어 정부 조달 규칙이 너무 민감하여 법체계가 약하고 특허 및 기타 지적 재산권에 대한 보호가 거의 없는 국가로 이전하기에는 곤란한 제조업 부문도 남아 있었다. 제조업의 저임금 국가로의 지리적 이전은 일정 기간 동안 무역을 강화시켰지만 점차 이러한 세계화의 단계는 막을 내리게 됐다.[5]

무역의 부진한 성장은 지난 20년 동안 세계 경제가 세계화한 가치사슬에 반영됐다. 가치사슬의 중요성을 측정하는 한 가지 방법은 한 국가의 수출 가치 중 다른 국가에서 생산된 부분을 고려하는 것이다. 전 세계적으로 이 수치는 처음 계산된 1990년대 초반과 2008년 사이에 거의 세 배나 증가했다. 그해에, 가치사슬 내의 무역은 세계 총 경제 생산량의 거의 5분의 1을 차지하여, 전적으로 단일 국가에서 만들어진 제품의 무역을 훨씬 능가했다. 그러나 수출에서 외국 부가가치가 차지하는 비중은 2009년에 갑자기 떨어졌다가 이듬해 약간 증가한 뒤, 다시 서서히 감소하기 시작했다. 수년 만에 처음으로 제조업체는 해외 투입물에 덜 의존하고 국내 가치 원천에 더 많이 의존하게 됐다.[6]

전 세계의 정부 정책은 국내 부가가치 확대를 더욱 주도했다. 중국보다 더 공격적인 곳은 없었다. 수십만 명의 중국 근로자가 수입 부품으로 아이폰 3G를 조립하기 훨씬 이전부터 중국 경제학자들은 중국의 급성장하는 수출이 국내에서 창출하는 가치는 거의 없다고 우려했다. 21세기로 접어들면서 중국이 WTO 가입을 협상하고 있을 당시, 수입 부품과 원자재는 중국 제조업 수출액의 거의 절반을 차지했다. 하지만 중국은 노동력을 제외하고는 가치를 추가하지 못했다. 일본은 대조적으로 수출액의 91퍼센트가 국내에서 추가된 가치였다. 첨단 기술 분야에서 중국이 제공할 수 있는 것은 훨씬 적었다. 2000년에 수출한 590억 달러의 전자 및 광학 제품 가운데 중국 노동자와 공급업체의 몫은 160억 달러에 불과했다. 나머지는 일본, 미국, 한국, 대만 등 다른 곳에서 유래했다. 중국 대외무역의 대부분은 제조업자들이 외국산 상품을 가져와 저임금 노동을 사용하여 조립하거나 포장한 다음, 그 결과물을 수출하는 가공무역과 관련이 있었다. 중국산 제품은 해외시장에 넘쳐났지만 대부분 외국 브랜드의 이름으로 판매됐다. 보수가 더 좋은 일자리와 이익의 대부분은 여전히 해외에 남아 있었다.

이러한 부를 더 많이 차지하기 위해 중국 정부는 당근과 채찍을 모두 사용했다. 빠르게 성장하는 중국의 국내시장은 매우 매력적인 당근이었으며, 이를 공략하기 위해서 외국 기업은 중국에 더 정교한 제조시설을 배치하거나 기술적 기밀을 중국 파트너와 공유해야 했다. 12년 후, 중국 제조업 수출액의 거의 3분의 2가 중국 내에서 창출됐다. 중국이 브랜드 없는 부품 대신 하이얼Haier 냉장고와 레노버Lenovo 컴퓨터를 수출하기 시작하면서 2008년경부터 가공무역은 급격히 감소했다. 이는 비행기와 전기 자동차 생산이 이미 아시아로 이전한 저임금 조립 작업과 같은 길을 따를까 봐 우려하던 다른 나라들을 분노케 한 대가였다. 애플이 2018년 아이폰 X를 공개할 당시 중국산 내용물은 판매 가격의 10.4퍼센트였는데, 그 9년 전 아이폰 3G의 경우에는 1.3퍼센트에 불과했다. 중국의 수출이 경제 총 생산량에서 차지하는 비중은 2007년 3분의 1 이상에서 2019년에는 6분의 1로 감소했다. 가치사슬의 더 많은 단계가 중국 내에서 일어나고, 단지 더 적은 구성 요소만이 국경을 넘어 오가고 있다는 징후였다.[7]

중국의 경제 규모는 너무 커서 외국 기업이 중국에서 부가가치를 창출하도록 하려는 노력은 전 세계에 파장을 일으켰다. '신에너지 자동차'가 여러 전략적 신흥 산업 중 하나로 정부의 지원을 받을 자격이 있다고 결정된 이후, 중국의 국가와 지방 정부는 2009년부터 2017년 사이에 배터리 구동 차량에 590억 달러 규모의 보조금을 지급한 것으로 추정된다. 이는 그 기간 동안 중국 전기 자동차 전체 판매액의 42퍼센트에 해당하는 금액이었다. 해당 기간 동안 국가의 전기 자동차 판매 보조금 중 일부는 중국 완성차 업체로 향했으며, 다른 일부는 전기차에 대한 판매세 면제 등을 통해 소비자에게 직접 돌아갔다. 정부는 보조금 지급 및 세제 혜택과 더불어 수입 자동차에 대한 25퍼센트의 관세 부과로 외국 기업이 중국에서 전기차를 생산하도록 유도했는데, 그것도 중국 합작 파트너와 기술을 공유하는 경우에만 허용했다. 유럽, 미국, 일본, 한국도 전기차 보급을 위해 보조금을 지급했지만 중국에 비하면 그 노력은 미미한 수준이었다.[8]

유인책과 통제의 유사한 조합이 다른 많은 산업에도 적용됐다. 이러한 조합은 중국을 세계 최대 수출국으로 만드는 데 도움을 주었을 뿐만 아니라 미국, EU, 일본이 생산하는 것과 같은 유형의 제품을 수출할 수 있도록 해주었다. 중국의 경제 정책은 현대적인 경제를 건설하는 데 있어 엄청나게 효과적이었다. 1991년에서 2013년 사이에 중국 정부가 세계화에 뛰어들면서 중국 경제는 매년 최소 7.5퍼센트씩 성장했다. 그 기간의 마지막 해에 중국의 경제 생산량은 초기의 여섯 배에 이르렀다.

하지만 보조금은 중국에 함정이 됐다. 보조금을 받는 중국 산업의 성장으로 인해 많은 제품에서 글로벌 공급과잉이 발생하면서 이윤이 줄어들었다. 정부는 공장을 유지하고 노동자를 고용하기 위해 보조금을 계속 지급해야 했다. 정확히 확인하기는 어렵지만 액수가 상당했을 것으로 추정된다. 한 추산에 따르면, 2017년 중국 기업에 들어간 국가 보조금은 4300억 위안(약 640억 달러)에 이르렀다. 또 다른 보고서는 2018년에 주식시장에서 거래되는 기업들의 재무 보고서에 기록된 보증금만 해도 1540억 위안(220억 달러)이라고 밝히기도 했다. 주식시장에 상장되지 않은 훨씬 더 많은 수의 기업에 얼마의 보조금이 지급되었는지는 알 수 없었다. 자동차 제조사 등 보조금 수혜자 중 상당수는 중국이나 해외시장에서 외국 기업과 경쟁했다. 보조금은 공공연하게 그들에게 유리한 혜택을 주기 위해 고안된 것이었다.[9]

중국의 보조금이 21세기의 첫 수십 년 동안 무역의 흐름에 끼친 영향에 대해 다른 나라들은 심하게 불평했다. 하지만 그들도 모두 비난받을 여지가 있었다. 경제학자들 사이에서 오랫동안 전해진 '진리'는 국제무역 패턴은 비교우위를 나타낸다는 것이다. 즉, 각 국가는 가장 효율적으로 생산할 수 있는 재화와 서비스를 수출하고 나머지는 수입한다는 뜻이다. 그러나 이러한 가정은 거래의 패턴이 시장의 힘에 의해 결정되는 경우에만 유효하다. 재화와 서비스가 별 규제를 받지 않고 저비용으로 유통되는 세상에서, 보조금은 누가 무엇을 어디서 만들어서 이익을 얻는지 결정하는 데 있어 비교우위보다 더 중요할 수 있다. 제3차 세계화와 제4차 세계화에서 화물운송이 매우 저렴해지고 통신비용이 거의 0에 수렴하면서, 보조금은 이전에 없던 방식으로 국제 경제를 형성하게 됐다. IMF와 세계은행의 연구에 따르면, 대부분의 개발도상국들은 새로운 일자리 창출을 내세우는 제조업체들에 부분적인 법인세 면제, 일시적인 세율 인하 및 기타 유인책을 제공하는 것으로 나타났다. 많은 경우에 이러한 인센티브는 외국 기업들을 끌어들었다. 수출관세와 관련한 새로운 인센티브는 외국 자동차 제조업체들이 남아프리카공화국을 수출 거점으로 삼도록 했으며, 세금 인센티브가 도입된 1996년에 5억 달러이던 남아프리카공화국의 자동차 수출액은 10년 후에 거의 25억 달러로 증가했다.[10]

부유한 국가들도 이러한 흐름에 동참했다. 덴마크는 2017년에 기업의 화석연료 사용량 감축 지원 등을 명분으로 전체 국민소득의 1.5퍼센트라는 놀라운 금액을 산업 보조금으로 지출했다. 같은 해 EU 전체에서 철도나 농업 부문을 제외한 총 산업 보조금 지급액은 1160억 유로(약 1300억 달러)에 이르렀다. 캐나다 최대 면적의 주에서,

기업은 2005년에서 2015년 사이에 매년 시민 한 명이 700~1200캐나다 달러(약 630~1050미국 달러) 규모의 보조금을 받았으며, 이는 주로 국제 경쟁에 직면한 농가나 제조업체의 비용을 낮추는 세금 감면을 통해 이루어졌다. 미국에서는 주 정부와 지방 정부가 고용을 약속하는 기업들을 유치하기 위해 연간 약 700억 달러를 지출했다. 2012년, 앨라배마주는 네덜란드의 에어버스Airbus사가 모빌시에 새로운 공장을 개설하도록 1억 5800만 달러를 제공했다. 3년 후 사우스캐롤라이나주는 에어버스의 경쟁사인 미국 기업 보잉사Boeing사에 찰스턴시 비행기 조립 공장 건설을 위해 9억 달러를 제안했는데, 바로 직전 워싱턴주는 시애틀 인근으로 보잉 777 공장을 이전하는 데 대해 87억 달러 규모의 지원을 승인했다. 독일 자동차 제조업체인 폭스바겐, 벤츠Mercedes-Benz 및 BMW는 모두 미국 남동부에 자동차 조립 공장을 건설하는 대가로 대규모 인센티브를 받았으며, 만약 이 공장들이 없었다면 유럽이나 멕시코에서 생산했을 수도 있는 차량을 미국에서 제조하여 수출했다. 보조금 열풍 속에서, 대만 제조업체인 폭스콘Foxconn도 2017년에 40억 달러 이상의 보조금을 받고 위스콘신 주에 TV용 패널을 제조하는 대규모 공장을 건설했다. 이 프로젝트는 전자 제품 생산을 중국에서 미국으로 이전하기 위한 수단으로 알려졌지만, 미국인들이 악명 높은 폭스콘의 엄격한 조립 라인에서 일하기를 원하겠느냐는 의구심 때문에 부분적으로 실패했다."

공장 소유주에 대한 현금 보조금만이 유일한 미끼는 아니었다. 인도는 태양 전지와 모듈을 국내에서 제조하도록 규제적인 조건을 설정했고, 인도네시아는 스마트폰에 현지 부품을 사용하도록 했다.

러시아는 국영기업에 수입품보다 훨씬 더 비싸지 않다면 국내 상품과 서비스를 우선 구매하도록 지시했다. 미국에서는 정부가 "승자와 패자를 선택"해서는 안 된다는 것이 신조였지만, 연방 자금 지원을 받는 운송 차량은 비록 부품은 수입되더라도 국내에서 조립되어야 했다. 한 식기류 제조업체는 2019년 의회에서 군대의 식당에서 사용할 포크와 숟가락은 모두 미국에서 제조된 것만을 구입하도록 해야 한다고 의원들을 설득했다. WTO에 따르면, 수입이 어려워지도록 하는 제품 표준 등 무역에 대한 '기술적 장벽'의 수가 2007년에는 27개였는데 불과 9년 후에는 449개로 급증했다.

이러한 종류의 유인책들과 규제들은 기업이 어느 곳에 투자하고 어떻게 가치사슬을 구성할 것인지를 결정하는 데 점점 더 많은 영향을 미쳤다. 유럽중앙은행ECB, European Central Bank 은 2016년에 유럽에 기반을 둔 44개의 다국적 기업을 조사했는데, 상품이 판매되는 시장에서 생산을 하고자 하는 경향이 증가하는 추세를 발견했다. 이는 불가피하게 수입과 수출을 덜 중요하게 만드는 추세였다. 유럽중앙은행은 보고서에서 "현지시장에서의 조달과 생산이 이전의 무역 흐름을 대체하고 있다"라고 언급했다. 전 세계적으로 수출이 세계 경제보다 빠른 속도로 성장하지 않게 되면서, 1960년대 이후 유지됐던 추세는 막을 내리게 됐다.[12]

무역의 부진한 성장만이 세계화가 예측을 벗어나고 있다는 것을 알려주는 유일한 신호는 아니었다. 공격적으로 해외시장에 뛰어들던 투자자들은 이제 점차 뒤로 물러났다. 전 세계적으로 외국인 직접 투자는 2008년에 정점을 찍었고 2018년에는 18년 전보다 감소했다. 금융 부문의 경우 국경을 초월한 인수합병 건수가 급감했으며, 은행들은 세계시장 진출에 대한 열정을 잃었다. 더 강력한 규제는 은행의 해외 확장에 따르는 수익성을 낮췄다. 국경을 넘어서는 대출은 2008년 초 뒤로 축소된 후, 그다음부터는 훨씬 낮은 수준으로 유지됐다. 국제 채권시장도 성장을 멈췄다. 국제적인 소매업자들은 한 국가를 위해 잘 다듬어진 판매 기술이 다른 국가에서는 거의 매력적이지 않을 수도 있음을 큰 비용을 치르면서 알게 됐고, 그 뒤 해외 교두보에서 후퇴하기 시작했다. 여러 가지 면에서, 세계화는 전성기를 지난 것처럼 보였다.

5부.

네 번째 세계화

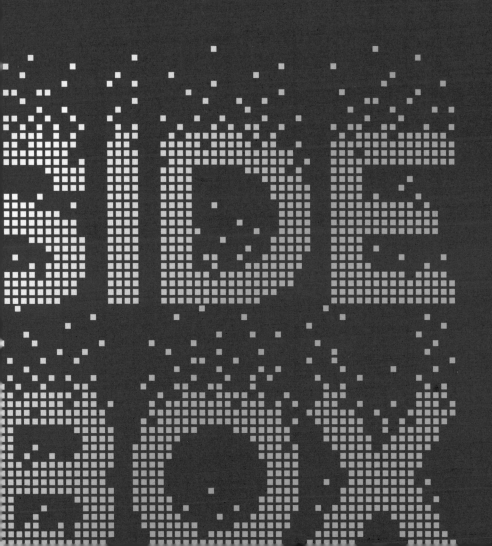

16장. 반발

중국 연안의 번화한 산업 도시와 멀리 떨어진 곳에서는 제3차 세계화로 인한 사회적, 경제적 영향이 심대했다. 제조업 생산이 멕시코, 아시아, 동유럽으로 이전되면서 기존의 산업 도시들은 통째로 비워지고 실업과 황폐함만 뒤에 남겨졌다. 영국은 1990년 이후 25년 동안 제조업 일자리의 거의 절반을 잃었고, 일본은 3분의 1, 미국은 4분의 1을 잃었다. 일부 일자리 감소는 자동화로 인한 것이었지만, 글로벌 공급망의 생성은 부유한 경제권에서 진행되던 제조업 일자리의 지속적이면서도 단계적인 감소를 고통스럽고 급속한 붕괴로 바꾸어놓았다. 노르웨이에 대한 한 연구는, 중국산 수입과 제조업 일자리 감소 사이에 강한 상관관계가 있음을 보여주고 있다. 중국으로부터의 수입이 1999년 40억 달러에서 2007년 250억 달러로 급증한 스페인에서는 중국 경쟁자들로 인해 34만 개의 제조업 일자리가 사라졌다. 미국에서 제조업 일자리는 1990년에 전체 고용의 약 17퍼센트를 차지했지만, 2010년대에는 9퍼센트로 감소했다. 일부 추정에 따르면 전체 제조업 일자리 감소의 5분의 1은 중국산 수입량의 증가 때문이었다. 미국 내 타이어 공장의 생산량은 2004년 2억 2200만 개였지만, 한때 오하이오, 켄터키, 텍사스에서 타이어를 생산했던 회사들이 중국에서 타이어를 수입하면서 2014년 1억 2600만 개로 감소했다. 중국 다롄과 칭다오에서 타이어 제조업이 번창하는 동안 미국 타이어 산업은 붕괴했다.[1]

　평균적으로 제3차 세계화는 전 세계의 생활 조건을 개선하는 데 도움이 됐다. 극단적 빈곤 상태에 놓인 인구는 급감했고, 기대 수명과 글을 쓰고 읽을 수 있는 능력은 거의 모든 곳에서 향상됐으며, 20억 명의 사람들이 전기를 사용할 수 있게 됐고, 휴대전화는 일부 극빈 국가를 제외한 모든 곳에서 보편화됐다. 특히 아시아는 그 소득이 유럽과 북미 수준에 가까워졌다. 1980년과 2016년 사이에 1인당 평균 소득은 EU에서 66퍼센트, 미국과 캐나다에서 84퍼센트 증가했지만 아시아에서는 230퍼센트 증가했으며, 특히 중국에서는 무려 1237퍼센트나 증가했다. 그러나 평균은 기만적일 수 있다. 아프리카와 라틴아메리카 대부분의 지역은 소득 격차 축소가 아닌 확대 경향을 보였다. 생활비의 차이를 감안할 때, 1980년 라틴아메리카의 평균 성인 소득은 중국의 아홉 배였다. 중국은 이후 수십 년 동안 세계화에 집중적으로 참여했지만, 라틴아메리카 국가 대부분은 그렇지 않았다. 그런데 2016년에 중국과 라틴아메리카의 성인 1인당 평균 소득은 거의 같았다.[2]

이러한 평균은 많은 국가에서 소득의 더 큰 불평등을 모호하게 만든다. 거의 모든 국가에서 제3차 세계화 기간 동안 소득 증가의 상당 부분이 불균형적으로 소수의 계층에 집중됐다. 부분적으로 이러한 현상은 1982년의 전 세계적인 인플레이션 퇴조 이후 금융시장의 호황이 발생했기 때문이다. 주식과 채권의 가격이 임금보다 훨씬 더 빨리 오르고 금융시장 호황에 참여할 수 있는 부를 가진 사람들이 혜택을 보았던 것이다. 기술적 변화는 많은 노동자에게 새로운 기회를 제공하기도 했지만, 사무실과 공장 현장의 일상적인 작업이 자동화로 대체됨에 따라 다른 많은 사람은 피해를 입었다. 부유한 경제권의 경제 성장 둔화로 제조업자들은 자신이 생산하는 제품에 대한 수요가 더 빨리 증가할 국가에 투자하게 됐고, 그 결과 높은 실업률이 뒤따랐다. 제조업에서 쫓겨난 노동자들은 종종 기술이 덜 필요하고 급여가 더 적은 다른 분야에 취직하는 것 외에 다른 대안이 없었다.[3]

세계화는 국제적인 기업을 경영하거나 보유한 기술 덕분에 국제 경제에서 특별한 이점을 누릴 수 있는 사람들에게 더 많은 급여를 제공해주었다. 하지만 많은 사람의 교섭력을 약화시키면서 소득 격차를 확대시키는 데 훨씬 중요한 역할을 했다. 무역의 증가로 많은 국가에서 수입품 가격이 하락하면서 국내 제조업체들은 큰 압박을 받게 됐다. 이는 제조업뿐 아니라 공장을 떠난 노동자들이 일자리를 찾을 수 있었던 다른 산업에서도 임금을 하락시키는 요인이 됐다. 기업들에 노동자들과 더 많은 이윤을 공유하도록 요구하는 노동조합의 능력은 거의 모든 곳에서 감소했다. 노동비용이 너무 높을 경우, 기업이 다른 나라로 이전하겠다고 위협할 수 있기 때문이었다. 어느 캐나다 싱크탱크의 연구는 "세계화로 인한 경제적 이득의 대부분은 캐나다 인구의 상위 20분위에게 귀속됐다"라고 결론내리기도 했다.[4]

덜 부유한 국가들도 세계화의 고통에서 자유롭지 못했다. 2010년까지 중국이 개발도상국으로부터 수입하는 상품의 약 70퍼센트는 각종 원자재였으며, 개발도상국으로 수출하는 것은 공산품이었다. 다시 낡은 중상주의적 무역 패턴이 반복됐다. 중국 제품의 수입은 미국 오하이오와 프랑스 북부에서와 마찬가지로, 브라질 상파울루 교외 지역에 위치하던 산업을 심각하게 황폐화시켰다. 제조업을 통해 일본, 홍콩, 한국처럼 번영하는 경제를 건설하고자 했던 아프리카와 동아시아의 국가들은, 이제 자국의 저임금 노동자들이 가장 단순한 제품 제조에 있어서도 더 이상 경쟁력이 없다는 사실을 알게 됐다. 반면에 이들 국가의 상인들은 중국 선전과 광둥에 가게를 열고 우산, 전기 어댑터, 플라스틱 핸드백 등을 사들여 컨테이너에 실어 본국으로 배송했다. 중국이 더 많이 수출할수록, 상대 수입 국가의 노동집약적 산업은 무역 부문에 비해 더 적은 일자리만을 만들어낼 수 있었다.[5]

많은 국가의 공장들이 과거에 비해 일자리를 창출하지 못했으며, 다른 산업 역시 그 차이를 메울 만큼 빠르게 성장하지 못했다. 세계화가 아닌 기술이 이런 현상의 원인일지도 모른다는 경제학자들의 논쟁은 소득이 감소한 사람들에게 관심 밖의 일이었다. 노조 계약의 보호를 받는 중장년 노동자는 안정적인 급여와 60세 퇴직이라는 권리를 유지할 수 있었지만, 젊은 구직자는 2003년부터 독일에서 허용되기 시작한 저임금 파트타임 형태의 일자리인 '미니잡mini job'이나, 근로시간이 보장되지 않는 고용 계약을 포함하는 영국의 혁신인 '제로시간 계약zero-hours contract'과 같은 불안정한 일자리밖에 찾을 수 없었다. 부유한 경제권에서 이와 같은 임시적인 일자리가 전체 일자리 아홉 개 가운데 한 개의 비율로 나타났는데, 그 가운데 스페인에서는 네 개 중 한 개에 이르기도 했다. 정체된 임금과 불안정은 세계화의 대가였다. 일자리 제공을 위한 수단으로 선전된 외국인 투자의 대규모 증가조차도 임금 상승을 저해하는 것으로 나타났다. 일본의 중앙은행인 일본은행Bank of Japan의 연구에 따르면, 수출에 크게 의존하는 일본 산업에 외국인 투자를 유치하고자 하는 갈망은 기업이 낮은 임금을 유지하도록 만들었다.[6]

금융의 세계화는 고소득 그룹의 사람들이 소득과 자산을 조세 피난처로 이전하는 일을 훨씬 쉽게 만들어 불평등을 심화시켰다.

---

i 2000년대 초반 독일의 국내외 경제 상황은 바닥을 치고 있었다. 2001년 308만 명(15~64세 기준)이던 실업자는 매년 증가세를 기록해 2005년 최고점(457만 명)을 찍었다. 이에 2003년 게르하르트 슈뢰더(Gerhard Schroder) 총리가 이끄는 사회당 정부는 노동시장과 사회보장 제도 전반을 개혁했다. 실업률을 낮추기 위해서는 고용 형태의 유연화, 다변화가 필요하다고 판단하여, 2년 이내 3회까지 연장 가능토록 제한했던 기간제 및 단시간 근로 계약 형태를 단체협약으로 최대 기간 및 연장 횟수를 조정할 수 있도록 하고, 창업기업에는 4년간 기간제 근로 계약을 허용토록 개정했다. 또 미니잡과 미디잡(midi job) 등 산재 보험이 적용되는 시간제 일자리 확산에 집중했다.

ii 제로시간 계약은 미리 정해둔 근로시간 없이 사용자의 필요에 따라 근로자가 호출에 응해 근로를 제공하고, 그 시간만큼의 임금을 받는 것을 내용으로 한다. 이 계약은 대기시간의 길이와 보수가 정해져 있지 않다는 점에서 '호출 근로(on-call)'와 다르고, 아무 때나 마음대로 근로 계약을 해지할 수 있는 재량권을 사용자에게 부여하고 있지 않다는 점에서 미국의 '임의 고용(at-will employment)'과도 다르다.

2007년에 발표된 추정치에 따르면, 소수의 개인이 전 세계 부의 8퍼센트를 소유하고 있으며, 이 돈은 세금이 거의 부과되지 않는 국가에 존재하고 있는 것으로 나타났다. 저축이 거의 없는 사람의 입장에서는 무모할 수 있는 투자 기회를 활용하는 부유한 사람들의 능력과 결합된 조세 피난처는 부자가 더 쉽게 부자가 될 수 있도록 했다. 유럽, 미국, 중국의 데이터를 기반으로 한 추정치에 따르면, 1985년에는 상위 1퍼센트의 인구가 전체 부의 26퍼센트를 차지했지만 2015년에는 33퍼센트를 차지했다. 이러한 증가 추세는 같은 기간 동안 전체 부에서 중산층 가계가 차지하는 비중의 감소와 더불어 나타났다. 전체 인구의 하위 50퍼센트는 처음부터 재산이 거의 없었기 때문에 영향을 받지 않았다.[7]

직간접적으로 부유한 개인이 대부분의 주식을 소유하고 있는 기업들도 조세 회피 게임을 하고 있다. 사실 세계화와 관련된 가장 중요한 보조금은 소득 이전profit shifting 형태를 취했다. 거의 모든 기업은 소득세를 납부해야 하지만, 글로벌 규모로 운영되는 대기업들은 납부할 곳을 결정할 수 있는 고유한 능력이 있다. 그들은 한 자회사에서 다른 자회사로 제품을 판매하는 형태로 세율이 낮은 국가에 이익을 적립해놓거나, 고율의 세금을 부과하지만 소득에서 지불된 이자를 공제해주는 폭이 가장 큰 국가의 자회사를 통해 차입하는 구조를 만들 수도 있다. 또한 점점 더 많은 수의 '조세 피난처 국가'들이 외국 기업들이 현지 사무소를 개설하거나 공장을 건설하는 대가로 고유한 세금 특혜를 제공하고 있다. 경제협력개발기구OECD, Organization for Economic Cooperation and Development가 확인한 바에 따르면, 2018년을 기준으로 할 때만 해도 전 세계에서 2만 1000건 이상의 비밀스런 법인세 거래가 있었다.

주로 부유한 국가의 정부가 2013년 한 해에만 이러한 형태의 법인세 회피로 인해 1230억 달러의 세수를 상실했다는 추계도 있다. 경제학자 토마스 라이트~Thomas Wright~[i]와 가브리엘 주크먼~Gabriel Zucman~[ii]은 "소득 이전은 미국 기업이 세금을 줄이고 해외 사업에 대한 세후 수익을 높이는 효과적인 방법임이 입증됐다"라고 보고했다. 다른 나라에 기반을 둔 기업들도 마찬가지였다. 주주들은 더 높은 주가와 배당금으로 이익을 얻지만, 세금 인상, 정부 서비스 축소, 정부 세수 부족을 충당하기 위한 차입금 이자 등으로 이루어진 부담 가운데 상당 부분은 해당 국가의 납세자들이 떠안고 있다. 기업이 국내보다 해외에 투자하고 법인세를 회피하는 것이 더 유리하도록 함으로써 소득 격차는 확대됐고, 국내에서 제조하는 것보다 수입하도록 장려함으로써 그러지 않았다면 의미가 없었을 수도 있는 국제 가치사슬이 구축됐다.[8]

1992년 북미자유무역협정~NAFTA, North American Free Trade Agreement~에 반대하며 출마한 로스 페로 미국 대통령 후보의 19% 득표율, 1999년 시애틀에

---

i 브루킹스연구소 선임연구원으로 2017년부터 이 연구소의 미국유럽센터장을 맡고 있다. 미국 외교정책과 강대국의 경쟁, EU, 브렉시트 분야의 연구 전문가이다.

ii 캘리포니아대학교 버클리 골드만 공공정책대학원의 공공정책 및 경제학 전공 과정에 부교수로 재직 중인 프랑스 출신의 경제학자이다.

서 열린 WTO 회의에 반대하는 수만 명 규모의 무정부적 시위, 2001년 제노바에서 열린 세계 정상회담에서 시위대에 대한 경찰의 폭력적인 대응 등 세계화에 대한 격렬하고 오래된 갈등과 논쟁에 의해 발생한 사건들을 떠올려보면 금융위기 이후 나타난 국제무역과 투자의 감소는 적어도 부유한 경제권에서는 환영받을 사건이 될 것으로 예상되었지만 실제로는 거의 주목받지 못했다. 금융위기는 세계화가 아니라 점점 더 불평등해지는 소득과 부의 분배에 관심을 집중시켰다. 2011년 9월 '월스트리트 점령 Occupy Wall Street' 운동이 뉴욕 증권 거래소에서 몇 블록 떨어진 곳에서 일어났을 때, 참가자들은 수입 제품과 미국 제조업 일자리의 상실이 아닌 기업의 탐욕과 '거대 금융'에 공격을 가했다.[9]

세계화의 힘은 피할 수 없었지만, 노동자와 가구에 미치는 영향은 국제무역 및 금융보다는 개별 국가의 사회 정책 및 세금 시스템과 더 관련이 있었다. 소득이 감소한 가구에 추가적인 사회적 편익을 제공하고 노동자의 교육 및 훈련에 더 많이 지출하는 국가는 노동자 스스로 생계를 꾸려야만 했던 국가보다 더 평등하게 소득 증가분을 분배했다. 1990년대 러시아는 민영화의 흐름 속에서 끼리끼리 잘 연결된 소수의 개인이 대부분의 국유 자산을 인수하는 것을 허용했다. 이와 마찬가지로, 고소득층에게 대폭적인 소득세 감면을 제공하고 상속세를 완전히 없앴던 미국과 같은 국가들은 예상대로 소득과 부의 분배가 훨씬 더 불균등해지는 현상을 보였다. 세계화는 더 큰 불평등의 원인이라기보다는 세계화된 경제의 현실을 다룰 능력이나 의지가 없는 정부들의 만만한 핑곗거리였다.

세계화된 경제의 현실은 정부가 상업의 흐름을 통제하기 위해 오랫동안 사용했던 주요 도구인 무역 정책이 더 이상 예전 방식으로 작동하지 않는다는 것을 의미한다. 관세를 낮추고, 수입 할당량을 없애고, 정부 조달 규제와 같은 다른 조치들에 제한을 두는 수년간의 무역 정책의 직접적인 결과로 나타난 국제적 가치사슬의 확산은 그들이 최선이라고 생각하는 대로 상품의 흐름을 조직하려는 기업들의 노력을 예기치 않게 방해할 수 있었다. 가치사슬이 점차 발전함에 따라 종전의 무역 정책 수단들은 쓸모없어지거나 심지어 역효과를 초래했고, 무역 규칙을 만들고 시행하는 데서 경력을 쌓아왔던 관료와 외교관, 정치인을 혼란스럽게 했으며, 정부가 세계화의 부작용에 정치적으로 수용할 수 있는 대책을 제시하기 더욱 어렵게 만들었다.

역사적으로 모든 국가의 무역 정책은 외국과의 경쟁에 직면한 상황에서 일자리를 유지해야 하는 단기적 과제와 경제 성장을 촉진하고 국가 안보를 보호하는 장기적 목표 사이에서 균형을 찾는 일과 관련됐다. 한때, 대부분의 정부는 중상주의적 사상에 입각하여 특정 산업을 육성하거나 다른 나라로 향할 수도 있는 경제 활동들을 붙잡아놓기 위해 무역을 관리해왔다. 반대 측에 서 있던 대부분의 경제학자는 수입 장벽이 국내 소비자들에게 손해를 끼친다고 목소리를 높이곤 했다. 20세기 후반에 수입 규제를 통해 일자리를 '보호'하는 과정에서 경제가 치러야 했던 연간비용은 보호받는 근로자가 번 임금보다 규모가 큰 경우가 빈번했으며, 소비자는 더 높은 가격의 비용을 지불해야 했다. 이러한 보호의 더 해로운 영향은 정확히 파악하기가 무척 어려웠지만 분명히 존재했다. 보호는 경쟁력 없는 좀비기업을 유지시키고, 경쟁력이 없는 산업에 대한 투자를 장려하고, 농장과 공장이 보다 혁신적이고 보다 효율적이 되도록 하는 압력을 완화시킴으로써 장기 성장 전망을 거의 틀림없이 우울하게 만들었다. 만약 보호 조치로 인해 다른 나라들이 수입에 대한 장벽을 세우게 된다면, 소비자들은 지출을 줄이고 수출업자들은 매출이 줄어들어 심각한 타격을 입을 수 있다.[10]

그러나 보호에 따른 경제적 비용이 이익보다 크다는 주장은 공장이 휘청거리고 농민들이 곤경에 처해 있는 곳에서 이루어지는 노동조합과 기업가, 지역 지도자의 보호주의적 로비로 인해 실행에 옮기기 어려웠다. 일단 고율의 관세와 수입품에 대한 쿼터 또는 특정 회사나 산업에 유리한 정책이 시행되면, 이것들을 제거할 충분한 지원을 얻기가 매우 힘들어졌다. 이러한 딜레마는 1860년에 영국과 프랑스가 상호 간의 수출품에 대한 관세를 줄이기로 합의한 최초의 근대 무역협정으로 이어졌다. 1934년 미국 의회가 미국의 높은 관세를 낮추기 위한 전략으로 상호무역 협정을 승인한 것 역시 비슷한 시도였다. 이러한 협정들을 정치적으로 강력한 산업의 요구를 충족하기 위해 신중하게 조정됐다. 우선 1934년의 미국-쿠바 협정은 미국이 쿠바산 바닥 타일과 설탕 및 오이에 대한 관세를 인하한 대가로, 미국산 식기와 전구에 대한 관세를 낮추도록 쿠바에 요구함으로써 미국 수출업자를 만족시킬 수 있었다. 미국의 공식 관세율은 여전히 높았지만 1940년까지 미국은 전체 무역의 60퍼센트 이상을 차지하는 21개국과 이러한 특별한 합의를 이끌어냈다.[11]

이런 방식의 양국 간 협정은 협상 과정에 많은 어려움이 있었으며, 국제무역으로 얻을 경제적 이익의 일부를 희생시킬 수밖에 없었다. 다시 말해, 미국이 단지 쿠바와 낮은 관세율에 합의했기 때문에 포르투갈이 아닌 쿠바로부터 바닥 타일을 수입한다면 이 무역협정으로 기대한 효율성을 얻을 수 없었다. 이는 제2차 세계대전 이후 양국 간 협상에 대한 선호가 감소한 요인 가운데 하나이며, 이런 협상은 결국 GATT와 유럽경제공동체EEC 내 여러 국가 간의 협상으로 대체됐다. 하지만 이 역시 한계가 있었다. 중국이 가입한 2001년 WTO에는 이미 140개 이상의 국가가 참여하고 있었다. 이들을 모두 회의 테이블에 앉히는 것 자체가 어려운 일이었으며, 이들 모두가 새로운 국제무역 협정을 승인하도록 설득하는 것 역시 불가능했다. 특히 항상 그랬던 것처럼 정치적으로 민감한 제품의 수입은 통제하면서 자국의 수출을 늘리는 거래를 모색할 때는 더욱 그랬다. 2014년 체결된 칠레, 콜롬비아, 멕시코, 페루 4개국 간에 체결된 경제적 유대를 확대하기 위한 역내 경제 통합 협정이나, 2016년 타결된 EU와 남아프리카 6개국 간의 자유상품 무역조약과 같은 지역적 규모의 협정 체결이 유행했던 것은 더 큰 무역협정을 맺을 수 없었기 때문이다.

세 번째 세계화는 무역협상의 기초가 되는 정치적 계산을 어렵게 했다. 글로벌 가치사슬에 참여하는 수출업체는 종종 수입업체도 겸하면서 원자재 또는 부분 완제품을 자국으로 가져와 가공한 후 다시 보냈다. 예를 들자면, 1킬로그램의 철광석을 용해해 정방형 철강 반제품을 만들고 이를 말아 선재線材를 만들며, 이것을 다시 두들겨서 편직기의 부품을 고정시키는 나사산이 있는 볼트로 제작한다. 이런 과정에서 처음 철광석이었던 것은 모양과 형태가 바뀌며 수십 번에 걸쳐 국경을 넘는다. 선재 공장을 지원하기 위한 목적으로 선재 가격을 인상하는 수입 쿼터가 실시되면 공급망을 따라 형성된 모든 단계에서 가격이 인상된다. 볼트 제조가 이루어지는 국가에서 인상된 선재 가격을 기준으로 수입 관세를 부과하는 경우에는 더욱 그렇다. 이런 조건에서 만들어진 편직기는 국제시장에서 경쟁력이 없으며, 결과적으로 당초 정책이 지원하려고 했던 선재 공장뿐만 아니라 편직기 생산에 관련된 다른 국내 제조업체들도 피해를 입을 수 있다.

문제를 더욱 복잡하게 하는 것은 제3차 세계화 기간 동안 제조물의 가치에서 서비스가 차지하는 비중이 점차 더 커졌다는 점이다. 인터넷 덕분에 다양한 서비스를 국제적으로 쉽게 거래할 수 있게 됨에 따라, 국내 제조업을 보호하기 위한 국가적 무역 정책은 결국 국내 서비스 산업에 피해를 주게 됐다. 미국에서 판매되는 일본산 픽업 트럭의 가치 중 일부가 캘리포니아의 엔지니어, 디자이너 및 컴퓨터 전문가의 몫이라면, 일부 미국 노동자의 일자리를 보호하기 위한 미국 정부의 관세는 차량 제작에 참여한 다른 미국 노동자들에게는 위협이 될 것이다. 사실 관세가 수입 가격을 기준으로 한다면 미국은 완제품에 대한 미국 노동자의 기여도에 세금을 부과해야 한다. 서비스 부문 무역 규제로 인한 영향은 일반적으로 거의 관심을 끌지 못하지만 종종 큰 영향을 미친다. 한 추정에 따르면, 2009년에 지불된 관세의 30퍼센트는 제조 제품에 통합된 서비스 가치에 대한 것이었다. 유럽의 신발 제조에 대한 연구는, 유럽 소비자에게 판매되는 중국산 신발 가치의 절반 이상이 유럽에서 제공되는 서비스 형태를 취하고 있다고 분석했다. 만약 중국 신발에 대한 잠재적 무역 규제가 시행된다면 유럽의 신발 노동자들에게 돌아가는 이익보다 유럽의 신발 디자이너, 생산 엔지니어, 해운업 종사자 및 본사의 관리직 등이 입는 피해가 더 클 것이다.[12]

무역 정책에 대한 비난이 마땅하든 아니든, 세계화는 안정적이며 높은 급여를 지급하던 일자리들을 위협하고 사회 안전망을 무너뜨리고 있다는 믿음은 훨씬 견고해졌다. 세계화가 가난한 나라의 빈자보다 부유한 나라의 다국적 기업을 선호한다는 생각은 좌파 정치 세력으로부터 시작됐지만, 금융위기 이후 이민, 금융 및 무역에 대한 보다 강력한 국가적 통제가 필요하다고 주장하는 우파에 의해 더 효과적으로 수용됐다. 극단적 우파의 압력은 2016년 영국의 EU 탈퇴를 가져온 국민투표로 이어졌다. 당시 영국인들은 "통제권을 되찾자"라는 슬로건을 외치며 EU 탈퇴를 지지했다. 국민투표 직후 실시된 여론 조사에 따르면 영국 성인, 특히 45세 이상은 세계화를 더 큰 불평등 그리고 더 낮은 임금과 강하게 연관시켰다. 시리아 내전과 아프리카의 빈곤을 피해 유럽으로 피난민이 쏟아지던 2017년에 프랑스 대통령 선거에 출마한 마린 르펜은 "좌파에 맞서는 우파가 아닌, 세계주의에 애국자들이 맞서는 완전히 새로운 전선"을 예견했다. 르펜은 대통령 당선에 실패했지만 테레사 메이Theresa May 영국 총리와 같은 주류 정치인이 그녀의 메시지를 귀담아 들었다. 2017년 1월 스위스 다보스에서 열린 세계 엘리트 모임인 세계경제포럼World Economic Forum에서 메이 총리가 인정했듯이 "더 큰 세계화에 대한 이야기는 사람들을 두렵게 만들 수 있다."[13]

17장. 적조

베욘 다리는 경이로운 건축물이다. 1931년 11월에 개통한 이 다리는 뉴저지주 베욘과 뉴욕시 자치구인 스태튼섬 사이의 경계를 형성하는 선박 수리 조선소와 유류 저장시설이 늘어서 있는 지저분한 조수 수로인 킬 밴 쿨을 가로지르고 있다. 베욘 다리는 북쪽으로 몇 킬로미터 떨어진 곳에 위치한 조지 워싱턴 다리와 같은 위엄은 없지만 그 자체로 웅장하다. 약 505미터의 강철 아치는 수십 년 동안 세계에서 가장 긴 것이었으며, 평균 만조 수위로부터 약 46미터 위에 놓인 도로를 떠받치고 있다. 1956년에 컨테이너 혁명을 일으킨 선박은 뉴어크에서 휴스턴으로 가는 도중에 그 아래로 항해했으며, 여러 세대의 유조선과 컨테이너선도 킬 밴 쿨 수로를 따라 북미 대륙 대서양 연안에서 가장 큰 항구로 드나들었다.

2006년 엠마 머스크호의 진수가 기존 선박들을 난쟁이로 보이게 만드는 초대형 선박 건조 수주 열풍으로 이어지자, 이 우아한 다리는 장애물이 됐다. 그런 열풍으로 대형트럭 8000여 대에 해당하는 화물을 실을 수 있는 선박이 발주되었고 2010년에 이르자 취항할 준비가 됐다. 2015년 파나마운하 확장 공사가 마무리되면서 동아시아와 뉴욕 사이의 해상 운송비용을 극적으로 감소시킬 대형 선박 통과가 가능해졌다. 하지만 초대형 컨테이너선이 등장하기 전에 지어진 베욘 다리는, 북미 대서양 연안의 가장 큰 항구에 있는 대부분의 터미널에 초대형 선박이 기항하지 못하도록 하는 방해물이 됐다. 미국 항만 유지 관리를 담당하는 미 육군 공병대는 2009년에 "베욘 다리는 경제적이며 효율적인 적재 방식을 통해 규모의 경제를 현실화할 수 있는 선박들의 능력을 위협하고 있다"라고 평가했다. 그리고 이런 선박들이 뉴욕을 건너뛰고 볼티모어나 노펙으로 항해하거나, 컨테이너의 철도운송에 용이하도록 태평양 연안 항구로 향해할 수도 있다고 경고했다. 공병대는 어느 경우든 미국에서 가장 큰 이 도시 지역은 항구 관련 사업, 일자리, 세수를 잃게 될 것이며, 국가적으로는 무역에 대해 평균적으로 더 많은 비용을 지불하게 될 것이라고 결론 내렸다.' 새로운 다리를 건설하거나 킬 밴 쿨 아래에 해저 터널을 만드는 일은 불가능할 정도로 비용이 많이 들었지만 다른 해결책이 있었다.

지역 정치인과 노동조합 지도자들은 베욘 다리의 높이를 높이라고 한목소리로 주장했다. 2013년에 뉴욕-뉴저지 항만청Port Authority of New York and New Jersey은 베욘 다리의 아치를 가로지르는 고속도로를 철거하기 시작해, 그 자리에 새로운 도로를 약 19.5미터 높여 건설했다. 기적과 같은 공학 기술에 따라 다시 만들어진 다리가 2017년에 개통되면서 초대형 선박들이 뉴저지 부두에 도달할 수 있게 됐다. 이 프로젝트는 항구를 사용하는 화주, 항구에 서비스를 제공하는 해상 운송업체, 그리고 이후에 대형 선박이 기항할 터미널의 소유주에게 이익이 됐다. 하지만 이 다리를 이용하던 지역 통근자들에게는 덜 유익했으며, 이에 소요된 17억 달러라는 비용의 대부분은 해운회사나 화물 소유주가 아닌 항만청이 운영하는 터널과 다리를 지나는 자동차 운전자들이 더 높은 통행료를 지불하여 부담했다.

공적이든 사적이든 이러한 막대한 지출은 지난 수십 년 동안 그랬던 것처럼 세계화가 번창할 것이라는 확고한 확신에 근거했다. 하지만 그 확신은 참담할 정도로 잘못된 것임이 드러났다. 세계무역은 확장되는 대신 정체됐다. 경제위기는 유럽과 미국을 뒤흔들었고 아시아의 공장에서 바다를 건너 고객에게 상품을 운반할 필요성을 감소시켰다. 항공화물에 대한 수요는 증발했고, 컨테이너선은 텅 빈 상태로 항해했다. 일단 위기가 지나면서, 공급망이 더 느려졌다는 점과 그렇게 신뢰할 수만은 없다는 점이 분명해졌다. 파업, 폭풍, 지진은 멀리 떨어진 공장의 생산을 중단시켰다. 2012년이 되자 신발 컨테이너를 상하이에서 시애틀로 보내는 데 1990년대보다 며칠이 더 걸렸고 상품이 제시간에 도착할 가능성은 낮아졌다. 이에 대해 도소매 업체 및 제조업체는 더 많은 장소에 창고를 짓고 더 많은 상품을 비축하는 방식으로 대응했지만, 이러한 방식은 비용 증가를 가져옴으로써 애초에 지구적 차원의 가치사슬이 탄생하도록 했던 많은 근거를 붕괴시켰다.

컨테이너 시대의 시작부터 2009년까지 연간 컨테이너 물동량은 한 번도 감소하지 않았다. 세계 경기둔화에 따라 촉발된 성장률 하락에는 매번 호황이 뒤따랐다. 2010년 세계가 경제위기에서 벗어나면서 '스마트 머니smart money[i]'는 이러한 추세가 되풀이될 것이라고 생각했다. 머스크라인은 컨테이너 운송 수요가 향후 매년 7퍼센트씩 성장할 것으로 예측했다. 이렇게 예상되는 화물의 폭주를 처리할 선박이 부족하다는 점을 우려한 머스크라인은 경쟁자들과 격차를 크게 벌이기로 결정했다. 2011년에 자신들이 보유한 컨테이너선들이 그 어느 때보다 훨씬 더 많은 컨테이너를 적재했음에도 불구하고 컨테이너당 약 75달러의 손실을 입자 머스크라인은 엠마 머스크호만큼 큰 제5세대 컨테이너선 건조를 시작했다.

2013년부터 인도되기 시작한 이 선박들은 '규모의 경제Economies of Scale', '에너지 효율성Energy Efficiency', '환경 개선Environmental Improvement'이라는 주요 특징을 강조하기 위해 '트리플-E_{Triple-E}'라고 불렀다. 이 컨테이너선들은 9천 대의 트럭에 적재된 하중과 동일한 1만 8000TEU 이상의 화물을 운반할 수 있었으며, 컨테이너 마일container-mile[ii]당 온실가스 배출량을 절반으로 줄일 수 있었다. 머스크라인은 한국의 조선소에서 30척의 트리플-E를 건조함으로써 컨테이너당 비용을 경쟁업체의 4분

---

i 기관이나 개인이 고수익의 단기 차익을 노려 투자하는 자금을 의미한다.
ii 한 개의 컨테이너를 1마일, 즉 1.64킬로미터 이동시키는 것을 의미한다.

의 1로 줄일 수 있을 것으로 예상했다.[2]

다시 머스크라인의 공격성은 다른 해운사들을 놀라게 했다. 해운사들은 또 다시 달갑지 않은 선택에 직면했다. 아무것도 하지 않고 최대 경쟁사인 머스크라인에 비해 훨씬 더 높은 비용을 지출해야 하는 미래를 그냥 기다리거나, 충분한 수요를 장담할 수 없는 새로운 컨테이너선을 주문하기 위해 재정 부담을 감당하는 것 중 하나를 택해야 했던 것이다. 하지만 선택의 여지가 없었다. 프랑스의 CMA CGM은 엠마 머스크호보다 큰 선박 세 척을 주문했는데, 이러한 결정은 이 비밀스러운 가족 소유의 해운사에 큰 부담을 안겼고 결국 외부로부터 투자를 받게 만들었다. 2012년이 되자 세 번째로 큰 해운사인 메디테리안시핑컴퍼니의 설립자는 자신의 회사가 1만 8000TEU 선박을 구매하지 않을 것이라고 밝히며, 곧 보다 더 큰 선박을 주문했다. 다른 해운사도 그 뒤를 이어 엠마호보다 훨씬 큰 수십 척의 선박을 건조했다. 실제로 1만 1000대의 대형 트럭에 해당하는 화물을 운송할 수 있는 배가 필요한지는 나중에 생각할 일이었다. 2015년 OECD의 국제운송포럼International Transport Forum은 "지난 10년 동안 이루어진 세계 컨테이너 선단의 발전은 세계무역 및 실제 수요의 발전과 완전히 동떨어져 있다"라고 논평하기도 했다.[3]

대부분의 주요 해운사가 국가 또는 가족에 의해 운영됐으며, 이들의 강력한 지도자들은 덴마크 회사에 이어 두 번째 자리에 머무를 생각이 없었다. 무모한 확장으로 인해 운임이 너무 낮아지면서 선박회사의 수익은 운영비용을 충당할 수 없게 됐고, 선박을 담보로 하는 대출이 줄어들면서 적자는 눈덩이처럼 불어났다. 경제학자인 미셸

아치아로~Michele Acciaro~[i]는 2015년에 "모든 논리와 반대로, 대형 해운사들은 시장의 기존 공급량을 감축하는 대신 공급을 늘이기 위해 서두르고 있다"라고 짚으며, 이러한 병적 현상을 가리켜 '해양 거대주의~Naval Gigantism~'라고 진단했다.[4]

거대주의는 해운사를 넘어 확산됐다. 초대형 선박은 거대한 터미널을 건설했다. 컨테이너선에서 화물을 싣고 내리는 회사들은 15층 건물 높이의 크레인 설치, 컴퓨터로 제어되는 화물 야적장 건설, 부두의 연장 등에 필요한 비용을 분담할 자신의 합병 파트너들을 찾았다. 그들의 고객들도 기회가 있을 때마다 합병을 했다. 큰 배들이 정박하는 동안 해수면은 높아지고, 더 커진 선박들에 하역 서비스를 제공하려면 더 무거운 크레인이 필요했기 때문에 부두 강화 공사는 필수적이었다. 기존의 컨테이너 야적 공간은 한 번에 수천 개의 컨테이너를 싣고 내리는 선박의 수요를 감당하기에는 너무 작았고, 컨테이너 수 증가에 따라 새로 추가되는 수천 대의 트럭 입출입을 관리할 새로운 터미널 출입시설도 확보돼야 했다.[5]

각국 정부는 새로운 초대형 선박이 기항할 수 있도록 더 깊은 항구, 더 큰 수로, 더 높은 다리와 같은 거대한 기반시설에 투자했다. 더 많은 화물을 수용할 수 있도록 고속도로가 확장됐고 철도 야적장이 보강됐으며 신규 철도 노선이 설치됐다. 남아프리카공화국에서 가장 큰 항구인 더반을 관리하는 국영회사는 2018년에 대형 선박의 정박을 위해 5억 달러를 투자하는 데 합의했다. 이집트 정부는 남아

---

i 현재 코펜하겐 경영대학원의 전략 및 혁신학과 교수로, 주요 연구 분야는 해운 및 항만의 지속 가능성과 혁신이다.

시아와 북대서양 간의 해상 물동량이 새로 확장된 파나마운하로 우회하는 것을 막기 위해 수에즈운하의 폭을 넓히고 더 깊은 수심을 확보하는 데 80억 달러를 지출했다. 환경 운동가들과 10년에 걸쳐 길고 긴 전투를 벌이느라 아무것도 할 수 없었던 함부르크는 시 산하 항만 당국이 일단 이들과의 싸움에서 승리한 이후, 한번에 1800TEU를 추가로 운송할 수 있도록 7억 달러를 들여 엘베강을 준설하기로 결정했다. 이러한 결정은 400미터 길이의 초대형 컨테이너선인 CSCL 인디안 오션CSCL Indian Ocean호가 2016년 2월 엘베강에서 엿새 동안 좌초된 직후 내려졌다. 2015년 스웨덴 최대 항구인 예테보리 관련 연구는 "예테보리가 북유럽의 다른 항구에 대한 경쟁력을 유지하기 위해서는 해상 접근성을 개선해야 한다"라고 결론지었다. 이것은 수로와 정박지의 수심을 16.5미터로 유지하기 위해 4억 달러 이상의 국가 자금을 지출해야 한다는 의미였다. 이탈리아 제노바의 항만 당국은 초대형 선박이 항구에 들어올 수 있을 만큼 충분한 방파제를 건설하는 데 10억 유로를 투자하고, 기존 방파제를 철거하기 위해 수억 유로를 추가로 지출하기로 했다. 미국의 마이애미항은 2015년에 폭약 15.24미터의 수로를 준설하는 2억 500만 달러 규모의 프로젝트를 완료했지만, 불과 3년 후에 도선사들이 대형 선박이 항구에 진입하는 데 어려움을 겪고 있다고 불평함에 따라 추가적인 준설이 필요함을 발표했다.[6]

이제 초대형 선박들이 어디로 향할 것인가가 문제였다. 1983년 마가렛 대처 수상이 국가가 보유하던 영국교통부두위원회British Transport Docks Board를 민간 운영자에게 매각하도록 밀어붙인 이후, 점차 영리를 추구하는 민간기업이 배가 화물을 싣고 내리는 터미널을 책임지게 됐다. 그러나 항구를 유지하고 항행을 보호하는 책임은 확고하게 공공기관의 몫이었다. 무역상이 항구를 통해 상품을 이동시킬 경우 정부는 이러한 상업 활동에서 세금을 징수할 수 있기 때문에, 안전한 항해를 유지하도록 하는 것은 가치 있는 투자가 될 수 있었다. 하지만 소수의 선박만이 항구에 기항한다면 이러한 투자는 헛수고가 될 것이었다.

이와 같은 비용은 아시아의 정부들이 주도하여 개발한 진정한 대규모 화물운송 프로젝트에 투입된 비용에 비한다면 보잘것없었다. 하천의 물이 바다로 흘러들어 갈 때 조수의 영향을 받는 조류세곡潮流細谷을 따라 위치한 곳에서 조용히 교역을 하던 두바이 토후국은 1973년과 1979년 유가 급등 시기에 하룻밤 사이에 부자로 변신했다. 국왕이 경제를 다각화하기로 결심함에 따라, 국영 항만기업은 쓸모없어 보이던 모래톱을 세계에서 가장 큰 항구 중 하나로 만들기 위해 페르시아만을 준설했다. 그리고 이들이 연속적으로 인공섬을 만들면서 건설한 제벨알리 항구는 세계 최대 항만 가운데 하나가 됐다.

1997년을 기준으로 할 때, 중국은 자치 지역인 홍콩을 제외할 경우 세계 10위권에 포함되는 항구가 하나도 없었다. 이후 20년에 걸친 국유기업의 막대한 투자의 결과로 중국은 세계 10대 항구 가운데 7개의 자리를 차지하게 됐다. 연해의 얕은 수심을 극복하기 위해 중국 정부는 상하이에서 꽤 떨어진 몇 개의 섬을 세계 최대의 컨테이너 터미널로 바꾸고, 항구로 향하는 연료 파이프라인이 부착된 총연장 37킬로미터의 다리를 건설하여 섬에 위치한 항구와 본토를 연결했다. 총 180억 달러에 이르는 비용은 여러 터미널 운영자가 일부를 부담했다. 하지만 대부분은 다수의 정부기관에서 부담했는데, 이는 중국이 세계 최대 제조업체로 탈바꿈하면서 수출을 촉진하는 국가 전략을 추진했기 때문이다. 2013년에 채택된 정책 '일대일로_帶-路'는 중국 산업에 필수적인 원자재를 수입하고 완제품을 수출하는 새로운 경로를 제공하기 위해 고안된 육상 및 해상 운송 프로젝트로 수천억 달러가 투입되는 것이었다. 이 과정에서 중국의 전략적 위치는 강화됐다. 널리 알려진 이 프로젝트에는 약 1만 2000킬로미터에 이르는 철도망을 통해 중국과 영국 간의 화물을 운송하는 방안도 포함됐다. 하지만 중국-유럽 철도는 대규모 기반시설 건설을 위한 막대한 비용 이외에도 중국 지방 정부의 대규모 운영 보조금을 필요로 했다. 40피트 컨테이너를 컨테이너선으로 이동시킬 경우 화주가 부담하던 3000달러는 열차 운송비용의 3분의 1에 불과했기 때문이다.[7]

이러한 기반시설 투자를 통해 이익을 얻는 해운사와 수출입 관계자가 이와 관련한 비용을 지불할 것을 요구받는 경우는 거의 없었다. 선박은 일반적으로 입항할 때 수수료를 납부했으며, 일부 정부는 수입화물에 대한 세금을 부과하기도 했다. 그러나 제3차 세계화 기간에 이루어진 항만 준설과 교량 건설, 인공섬 건설 및 고속 기중기 설치비용 등을 충당하기 위한 수수료와 세금은 거의 조정되지 않았다. 또한 선사들을 장기적으로 옭아매는 조건도 없었다. 정부기관은 항만 개선비용 조달을 위해 판매한 채권에 대한 지불 의무를 져야 했지만, 해운사들은 이러한 장기적인 의무도 없었다. 그래서 이러한 개선을 요구했던 선사들은 자유롭게 다른 항구로 화물과 선박을 이동시켰고, 이에 따라 막대한 비용의 공공 투자를 통해 얻을 것으로 기대됐던 이익들이 사라지곤 했다. 항구를 준설하고 부두를 확장해야 한다는 끊임없는 압력에 따라 모든 대륙의 항구들은 실제 화물을 처리하는 데 필요한 용량보다 훨씬 더 큰 규모로 만들어졌다. 이는 항구가 위치한 지역 및 지방 정부의 재정을 위태롭게 했을 뿐만 아니라 개선된 항만시설과 저렴한 비용 모두를 요구하는 해운사에 더 큰 교섭력을 부여하는 요인이 됐다.

컨테이너 해운 산업 초창기 시절과 마찬가지로 확장지향적인 선사들은 무슨 수를 써서라도 조선소를 지키기로 결심한 정부의 부추김을 받게 됐다. 한국의 조선업은 전체 국내 철강 수요의 5분의 1 이상을 차지했기 때문에 한국 정부는 조선업을 결정적인 산업으로 판단했다. 중국 조선소들보다 선진적이었던 한국의 대형 조선소들은 엠마 머스크호 진수 이후 대형 컨테이너선 발주 물결에 올라탔다. 2008년 말 국제무역이 붕괴되고 신규 선박 주문이 중단되자 한국 정부가 개입했다. 2008년과 2013년 사이에 산업은행을 비롯한 국영 금융기관은 조선소에 450억 달러 규모의 대출 및 보증을 제공했다. 조선소 가운데 일부가 대출금을 상환할 수 없게 되자 정부는 이를 출자 전환하여 2개 주요 조선소의 최대 주주가 됐다.

이러한 구제 금융을 통해 한국의 조선업은 세계 조선시장의 3분의 1과 컨테이너선 시장의 절반 이상을 차지할 수 있었다. 하지만 수익성이 문제가 됐다. 2015년 대규모 손실 이후 산업은행은 대우조선해양의 대출금 가운데 많은 부분을 주식으로 전환했고, 이에 따라 정부는 큰 곤경에 처한 대우조선해양 주식의 79퍼센트를 보유하게 됐다.

한진해운이 세계적인 컨테이너선 공급과잉에 따라 2016년 8월 파산한 이후 한국 정부는 조선소와 해운사에 대한 더 많은 지원을 단행했다. 두 달 후, 한국 정부는 한국에서 유일하게 살아남은 컨테이너선 운영사인 현대상선을 살려두기 위해, 현대상선이 보유한 컨테이너선 중 일부를 시장 가치로 구매한 이후 저렴한 가격으로 다시 임대해주었다. 하지만 이러한 구제금융도 현대상선을 살리기에 충분하지 않은 것으로 판명되자, 한국 정부는 필요하지 않은 20척의 컨테이너선을 인수하는 명목으로 2018년에 28억 달러를 다시 해운사에 대출해주었다. 당연히 이 선박들은 한국 조선소에서 건조됐다. 이렇게 정부 보조를 받은 컨테이너선들은 과잉공급에 시달리고 있던 세계 해운시장에 추가적인 용량을 더하게 됐다.[8]

한국만 이렇게 행동한 것은 아니었다. 2016년 11월, 대만 정부는 초대형 선박 인수비용으로 엄청난 돈을 지출하고 있던 에버그린 마린Evergreen Marine과 양밍마린 트랜스포트Yang Ming Marine Transport라는 두 개의 컨테이너선 해운사에 19억 달러의 저비용 대출을 제공했다. 대만 정부의 장관은《월스트리트 저널》과의 인터뷰에서 "해운은 우리 경제 발전의 핵심"이라고 언급하기도 했다. 신조 초대형 선박 가격이 척당 2억 달러 수준까지 떨어지자 보조금을 받지 못하는 소규모 해운사들은 더 이상 버틸 수 없었다. 2014년 12월, 칠레의 해운사인 CSAV는 독일의 하팍로이드Hapag-Lloyd[i]와 합병했다. 2015년 중국 정부는 두 개의 대형 국유 컨테이너 해운사에 합병을 명령했다. 새로운 선박 인수를 위한 자금 조달에 어려움을 겪고 있던 일본의 3개 해운사는 2016년 컨테이너 사업에 합작 투자를 하기로 결정했다. 이 가운데 가장 규모가 큰 기업이었던 니폰유센NYK Line의 사장은 "이 시점에서 합작 투자를 하는 목적은 아무도 망하지 않도록 하기 위한 것"이라고 인정했다. 그러나 합작회사가 적자 탈출에 실패하자 3개 해운사는 결국 2018년에 합병했다. 하팍로이드와 유나이티드아랍시핑United Arab Shipping은 동맹을 결성했으며, 머스크는 독일 해운사인 함부르크-쥬트Hamburg-Süd를 집어삼켰다. 2016년 8월 세계 7위 컨테이너 해운사였던 한진해운이 파산했다. 2018년에는 싱가포르 정부가 소유하고 있던 해운사인 오버시즈오리엔트Overseas Orient가 중국에 매각됐다.[9]

이 시점이 되자 전 세계 선복량의 18퍼센트를 차지하는 선두업체인 머스크라인은 열위에 있는 경쟁업체들을 쥐어짠다는 목표를 거의 달성했다. 4개의 컨테이너선 동맹이 세계시장을 지배하면서 모든 대륙에 서비스를 제공하고, 가장 큰 세계적 기업들의 업무를 처리하게 됐다. 작은 선사들은 이런 거인들에게 몸을 맡겨야만 살아남을 수 있었다. 몇 년 사이에 경쟁이 치열했던 산업은 과점 상태가 됐다.[10]

머스크라인은 초대형 컨테이너선이 세계화를 최고 단계로 끌어올리는 수단이 될 것이라는 생각을 가지고 있었다. 초대형 컨테이너

---

i 1847년 설립된 독일의 최대 컨테이너 정기선 회사로 현재 해운 분석기관 알파라이너(Alphaliner)가 선정한 100대 기업 중 선복량 5위를 차지하고 있다. 1970년 9월 1일 독일 해운회사인 함부르크-아메리칸 라인과 NDL이 합병해 탄생했다.

선들은 매우 적은 비용으로 많은 컨테이너를 효율적으로 운반할 수 있기 때문에 이미 낮은 수준이던 화물운송 비용을 매우 미미한 수준까지 낮출 수 있을 것으로 여겼다. 고객이 장거리에 걸친 가치사슬을 구성하는 일이 훨씬 더 저렴하고 쉬워질 것이며, 이는 자사 선박 이용에 대한 더 많은 수요를 창출할 것이라 예상했다. 이렇게 되면 운송 과정에서 발생하는 온실가스 배출량은 감소하고 전 세계적 차원에서 거래는 더욱 번창할 수 있었다. 컨테이너당 수익은 확실히 감소하지만, 비용이 훨씬 더 큰 폭으로 낮아지면 업계 선두인 자사를 따르는 소수의 회사로 해운업계가 통합될 것이기 때문에 편안하게 이익을 남길 수 있으리라고 생각했다.

머스크라인은 항로상 교통량과 고객의 요구사항을 주의 깊게 조사했는데, 낙관적인 예측에 따를 경우 새로운 1만 8000TEU급 선박이 그를 가장 잘 충족할 수 있었다. 이미 보유하고 있는 선박 가운데 가장 큰 엠마 머스크와 같은 1만 5000TEU급 선박은 덜 혼잡한 항로로 이동 배치되어, 즉 산업 용어로 전배(Cascading)[ii]되어 머스크라인에게 추가적인 용량을 제공할 것이었다. 머스크라인은 사업이 호전될 경우 가장 유리한 위치에 있을 수 있었지만, 글로벌 물류 시스템의 효율성은 해운사의 관심사가 아니었다. 머스크라인의 자매회사인 APM 터미널APM Terminals을 포함한 터미널 운영사들과의 협의는 이루어지지 않았다. 일부 항구 또는 터미널이 더 큰 선박을 처리하는 데 필요한 투자를 원하지 않는다면 다른 항구와 터미널이 이 기회를 활

---

ii 전배(轉配)란 선박 대형화에 따라 기존 선박이 보다 규모가 큰 선박에 운항하던 항로를 내주고 물동량이 더 적은 항로로 배치되는 것을 말한다.

용할 것이었다. 머스크라인은 거대한 선박이 항구를 오가는 컨테이너의 이동에 미치는 영향에 대해서도 걱정하지 않았다. 철도와 트럭 그리고 바지선이 어떻게든 교통량을 처리할 것이라고 가정했다. 머스크라인의 뒤를 이어 초대형 선박을 주문한 경쟁사들도 같은 생각을 가지고 있었으며, 이들이 주문한 선박은 2만 3000TEU급으로 머스크라인의 선박보다 훨씬 컸다. '바다에서는 더 큰 것이 유리하다'는 가정은 의심의 여지가 없어 보였다. 그리고 가격이 더 저렴해지면 고객도 함께 이익을 볼 것이었다.

선사들의 계산은 새로운 선박이 거의 만재 상태로 항해할 것이라는 가정에 근거했다. 그러나 컨테이너 물동량은 당초 예상했던 대로 연간 6~7퍼센트 증가하는 대신 3~4퍼센트만 증가하는 데 그쳤으며, 심지어 몇 년 동안은 감소하기도 했다. 새로 만들어진 초대형 컨테이너선들이 화물 부족으로 전체 용량의 절반만 적재하고 항해함에 따라 당초 초대형 선박을 구상했던 사람들이 약속했던 효율성 향상이나 환경적 이점은 전혀 달성되지 못했다.

컨테이너 운송비용 차체는 감소했지만, 화주들은 이전보다 더 느리고 불안정한 운송을 감내해야 했다. 선사들이 과잉용량을 감소시키기 위해 선박들을 정박시키거나 서비스를 취소함에 따라, 컨테이너들은 선박에 적재되기 전에 더 오랫동안 컨테이너 집하장에서 대기하게 됐다. 컨테이너를 선박에서 내리고 다시 싣는 과정도 훨씬 더 오래 걸리게 됐는데, 단순히 싣고 옮겨야 할 컨테이너가 더 많았기 때문만은 아니었다. 트리플-E와 그 뒤를 이은 더 대형화된 선박은 엠마 머스크호 세대의 선박 길이와 거의 같았지만 너비는 3미터 더 넓었기 때문에 선박 측면에 추가 크레인을 배치할 공간이 없었다. 그래서 각 크레인은 선박을 가로질러 이전보다 더 멀리 있는 컨테이너를 옮겨야 했고, 이에 따라 적재에 평균 몇 초씩을 더 사용해야만 했다. 더 많은 컨테이너에 개당 소요되는 추가 처리시간을 곱하면 항구에 머물러야 하는 시간은 몇 시간 또는 며칠이 추가됐으며, 지연은 아주 대규모가 됐다. 이 시기 한 시점에는 중국을 떠나는 선박의 30퍼센트가 예정보다 늦어지기도 했다.

한때는 컨테이너선이 항로에서 보다 빠르게 운항하면서 지연을 메울 수 있었다. 그러나 이런 방식은 더 이상 가능하지 않았다. 초대형 선박들은 하나같이 연료를 절약하기 위해 이전의 선박들보다 더 천천히 운항하도록 동일하게 설계됐다. 24노트나 25노트 대신 19노트나 20노트로 항해하자, 아시아와 유럽 사이 긴 항로의 경우 운항기간은 이전에 비해 며칠이 추가됐다. 과거의 선박은 예정대로 복귀해야 하는 경우 속도를 높일 수 있었지만 초대형 선박은 그러지 못했다. 배가 상하이에서 늦게 출발했다면 말레이시아, 스리랑카, 스페인에도 늦게 도착할 가능성이 커졌다. 빡빡한 일정에 따라 가치사슬을 통해 상품을 이동시키는 일은 훨씬 더 복잡해졌다.

해운 사업의 다른 한 축인 육상 부문도 뒤죽박죽이었다. 초대형 선박은 풍요 또는 기근을 가져왔다. 더 적은 수의 선박이 입항했지만 각 선박에서 더 많은 컨테이너를 싣고 내려야 했기 때문에 관련 장비와 기반시설들은 유휴 상태에 있다가 어느 순간에 넘치는 물량에 압도됐다. 수입품과 수출품으로 채워진 산더미 같은 컨테이너들이 야적장을 가득 채웠다. 야적장에서 컨테이너를 쌓아놓는 층이 높아질수록, 크레인이 고객에게 배달해야 하는 특정 컨테이너를 찾아 이를 빼내고 다음 선박에 적재하기 위해 부두나 철도 야적장 또는 트럭 터미널로 가져갈 운송업체에 싣는 데 더 많은 시간이 걸렸다. 화물 철도는 열차의 길이와 운행 편수 같은 물리적 한계가 있었기 때문에 단순히 배가 커졌다는 이유로 쉽게 수용력을 늘릴 수 없었다. 한때 하루 안에 수입된 화물을 내륙 목적지로 운송할 수 있었던 곳에서 이제는 2~3일이 소요될 수 있었다. 해상운송을 지배하는 4개 동맹 중 하나의 회원사들이라고 해도 한 항구에서 각자 다른 터미널을 사용하는 일이 잦았기 때문에, 한 터미널에 입항하는 선박에서 물건을 내리고 다시 다른 터미널에서 출항하는 선박으로 컨테이너를 옮기기 위한 의미 없는 트럭 이동을 필요로 하곤 했다.

정직한 대차대조표는 초대형 선박이 운송의 신뢰성을 떨어뜨리고, 당초 강화하려 했던 글로벌 가치사슬을 오히려 약화시킨다는 사실을 보여주었다. 경쟁을 시작한 머스크라인에 이런 초대형 선박은 장애물로 판명됐다. 재정적 부담은 대기업이 감당할 수준조차 넘어섰다. 머스크라인 역시 여러 압력에 따라 2014년에 보유하고 있던 덴마크 최대 소매체인의 지분 49퍼센트를 매각했다. 1년 후에는 보유 중이던 덴마크 최대 은행의 지분 5분의 1도 처분했다. 2016년에 이르자 머스크라인을 지배하고 있던 가문은 CEO를 해고하고 회사 전체 수익의 25퍼센트를 차지하는 에너지 관련 사업을 매각할 것이라고 발표했다. 이러한 필사적인 대응 노력과 규모의 경제를 약속하는 초대형 선박으로 이루어진 선단에도 불구하고, 2018년 6월 머스크라인의 주가는 2003년 12월 엠마 머스크호를 발주했을 때보다 더 낮아졌다. 머스크라인의 시장 점유율은 증가했지만 컨테이너 운송 사업은 시장에서 밀어내고자 했던 경쟁자들보다 더 나은 성과를 거두지 못했다. 머스크라인의 CEO는 "평균 이상의 이익을 거두지 못하면 최대 선사라는 것은 의미가 없다"라고 말하며 한숨을 내뱉기도 했다. 쉽게 말해, 초대형 선박은 관련된 모든 사람들에게 재앙이었다."

조선소도 마찬가지였다. 2019년 2월 대우조선해양을 관리하던 한국의 산업은행은 업계 최대 규모였던 대우해양조선과 현대중공업의 합병에 동의했고, 이와 같은 움직임은 여러 국가의 경쟁자들을 경악하게 했다. 몇 달 후, 중국 정부는 양대 국영 조선소인 중국국영조선소China State Shipbuilding와 중국조선공업총공사China Shipbuilding Industry Corporation의 합병을 지시하는 방식으로 대응했다. 이러한 합병은 한국과 중국에 각각 하나씩 살아남은 두 조선업체가 세계 조선시장의 56퍼센트를 장악하도록 설계되었다. 하지만 이 합병으로 그동안 거의 이익을 기록하지 못했던 조선소들이 마침내 이익을 얻게 될 수 있을지는 누구도 알 수 없었다.

18장. 식량 마일

2019년 5월 31일, 한때 'APL 파나마_{APL Panama}'로 불렸으나 이제는 '바바리아_{Bavaria}'로 불리는 라이베리아 선적의 16년 된 컨테이너선이 캐나다의 가정용 쓰레기와 구형 전자 제품으로 가득 찬 69개의 컨테이너를 포함한 화물을 싣고 필리핀 수빅만을 떠나 대만으로 향했다. 이 배는 덴마크의 머스크라인을 대신해 싱가포르 기업이 운영 중이었다. 표면상으로는 재활용을 위해 필리핀에 수출하는 것이지만, 사실은 저렴하게 쓰레기를 처분할 목적이었다. 5년 넘게 컨테이너들을 압수하던 필리핀 정부는 그것들을 원래 출발한 곳으로 돌려보내는 것이 적절하다고 판단했다. 대만에서 환적돼 캐나다로 되돌아간 폐기물들은 6월 29일 밴쿠버에 도착하여 전기를 생산하기 위해 소각로에서 태워졌다.

컨테이너가 등장하기 이전에는 플라스틱 청량음료 병에서 위험한 의료 폐기물에 이르는 쓰레기의 대량 거래는 존재하지 않았다. 재활용을 위해 신문지들을 8000킬로미터 떨어진 곳으로 이동시키는 일은 돈이 되지 않았기 때문이다. 2010년대에 불거진 쓰레기의 수출은 이전보다 거리와 국경이 덜 중요해진 세상을 보여주는 또 하나의 징후였다. 쇠고기, 대두, 야자유에 대한 수출 수요는 산림과 습지의 손실을 가져왔으며, 결과적으로 여러 동물 및 식물의 멸종에 기여했다. 자유무역은 제조업체로 하여금 엄격한 환경 통제가 있는 국가를 떠나, 독성 화학물질을 버리고 물을 오염시키는 데 대한 환경 규정이 제대로 집행될 가능성이 낮은 국가로 떠나도록 부추겼다. 파키스탄의 석탄화력 발전소에서 연소된 인도네시아산 석탄의 미세입자들은 국경을 넘어 아시아의 다른 지역으로 확산됐다. 장거리 무역의 폭발적인 성장은 거의 모든 경제를 더욱 교통집약적으로 만들면서 석유에 기반한 연료의 사용을 증가시켰고, 결국 지구의 기후를 변화시키는 온실가스 농도의 지속적인 증가에 기여했다.

환경파괴가 세계화 때문이라고 비난하는 것은 도덕적으로 문제가 있다. 세계화는 많은 사람을 뒤처지게 하거나 일자리와 안전함을 찾아 다른 나라로 떠나도록 했지만, 증가하는 해외무역과 외국인 투자 그리고 외국으로부터 차입 확대를 통해 수십억 명의 소득을 증가시켜 더 많은 사람을 빈곤에서 탈출시켰다. 과거 늪과 논이던 세계의 많은 지역에서 솟아난 고층 아파트와 쇼핑몰은 콘크리트, 유리, 강철 빔 및 구리 파이프의 생산 및 운송을 필요로 했다. 가정에서 전기를 사용할 수 있는 사람의 수는 1980년대 후반 약 35억 명에서 2017년에는 65억 명으로 증가했다. 이를 위해 수백 개의 발전소가 신속하게 건설됐으며, 이들 가운데 많은 수는 가장 '더러운' 연료인 석탄을 수입하여 가동됐다. 급속도로 팽창하는 중산층은 텔레비전과 비행기 여행을 향유할 수 있게 됐고, 한때 여러 국가에서 사치품이었던 쇠고기의 소비량은 1990년과 2017년 사이에 세계적으로 절반 가까이 증가했다. 이러한 성과들은 무시할 수 없다.'

그러나 더 많은 사람이 그 어느 때보다 더 많은 물질적 부를 향유하면서 환경적으로 더 큰 부담을 지게 됐다는 점은 부인할 수 없다. OECD 보고서는 "세계화는 종종 전기톱의 동맹국"이라는 기억에 또렷이 남는 표현을 했는데, 이는 사실이다. 짧은 시간 내에 원시적인 경제에서 자본주의 경제로 전환한 많은 국가는 새롭게 등장하는 공장, 폐기물 처리장 및 플랜테이션 농장을 제대로 감독할 수 있는 과학적 전문성과 관료체계가 부족했다. 중국의 급속한 제조업 확대 과정에서 공장들은 오염된 물을 거의 아무런 통제 없이 하수구나 인근 강에 버릴 수 있었으며, 이로 인해 많은 강의 수질은 음용수로 사용할 수 없는 수준까지 이르렀다. 분진에 대한 노출 수준으로 측정한 대기질은 위험할 정도로 나빠졌으며, 이 문제를 해결하기 위한 긴급 계획은 중국 도시 대기의 오존 농도 상승이라는 대기화학적 변화를 가져왔다.' 한 연구에 따르면, 수출용 상품을 생산하는 과정에서 배출된 대기오염 물질의 양은 중국 전체에서 배출된 이산화황의 3분의 1을 차지했으며, 질소 산화물의 4분의 1, 일산화탄소의 5분의 1 이상인 것으로 조사됐다. 중국의 온실가스 배출량은 석탄 화력 발전

---

i 석탄 사용을 줄이고 석유 사용을 늘리면 연소 과정에서 발생하는 질소산화물로 인해 오존 농도가 상승하게 된다.

소와 연기를 내뿜는 공장 수백 개가 새로 생겨나며 1978년과 2000년 대 초반 사이에 세 배로 증가했으며, 중국 산업체에서 배출하는 미세 먼지는 한국과 일본의 대기를 오염시켰다. 너무 많은 오염물질이 태평양을 건너 미국으로 이동해서, 미국 서부 지역 대기의 황산염 농도의 최대 4분의 1은 중국으로부터 기인했을 정도였다.[2]

고위 공무원과 밀접한 관련이 있는 국영기업이 있는 국가들은 종종 최악의 환경 성적을 보여준다. 이들의 환경법은 취약하며 집행 과정도 구멍이 많다. 이는 기업들이 진정한 경제적 비용과 직면하지 않음을 의미하며, 생산 및 수송과 관련한 의사결정에 환경적 비용이 반영되지 않음을 뜻한다. 기업들이 그 활동에 따르는 환경적 비용을 인정하게 만든 대중적 압력의 증가는 결국 세계화를 재편하는 데 도움이 됐다.

보다 통합된 세계가 환경을 해칠 수 있다는 위험은 '세계화'가 경제에 적용되기 훨씬 이전부터 명백했다. UN 산하기구인 유네스코 UNESCO[i]는 창설 2주년이 된 1947년 자연보호와 천연자원에 관한 국제 회의를 소집하기로 했다. 1년 후 33개국에서 파견된 정부 및 민간조직 대표들은 파리 남쪽의 퐁텐블로에서 개최된 첫 번째 회의에서 세계자연보호연맹IUCN, International Union for the Protection of Nature을 창설했다. 이 시기 전

---

i   정식 명칭은 '국제연합교육과학문화기구(United Nations Educational, Scientific and Cultural Organization)'이다.

세계 어느 나라에도 환경을 담당하는 부처는 없었다. 1948년은 캘리포니아가 로스앤젤레스에서 최초의 현대적 대기오염 제어 계획을 막 만들던 시기로, 4000명의 사망자를 낸 런던의 '살인 스모그'로 인해 영국 의회가 대기청정법Clean Air Act을 승인하기까지 4년이 더 남은 시점이었다. 미국 의회는 1955년에야 첫 번째 환경법인 대기오염통제법Air Pollution Control Act을 통과시켰다. 퐁텐블로에서 열린 회의에서 오염 통제에 대한 논의는 전혀 이루어지지 않았다. 참가자들은 무역과 경제 발전이 아프리카에 위치한 유럽 식민지의 동식물을 위협할 것이라고 우려했다. 자연보호 구역을 만들고 대형 사냥감을 보호하는 것이 주요 관심 주제였던 것이다.[3]

1950년대와 1960년대를 지나면서 살충제 DDT가 물고기와 새 그리고 인간에 미치는 영향을 기록한 레이첼 카슨Rachel Carson의 『침묵의 봄Silinet Spring』, 과잉인구가 피할 수 없는 기아를 초래한다고 경고한 미국 스탠포드대학의 생물학자 폴 에를리히Paul Ehrlich가 1968년에 출간한 베스트셀러 『Population Bomb(인구폭탄)』, 새로운 컴퓨터 모델을 사용하여 과소비로 인한 "인구와 산업 능력의 갑작스럽고 통제할 수 없는 감소"를 예측하면서 논란을 일으킨 1972년작 『성장의 한계Limits to Growth』와 같은 영향력 있는 저서들이 등장하면서 환경 문제는 매우 중요한 위치를 차지하게 됐다. 과학자들이 대기 및 수질 오염 그리고 독성 화학물질로 인한 건강 위험을 입증함에 따라, 소득이 증가하고 생활 여건이 개선될수록 환경에 대한 우려가 대두됐던 부유한 국가들을 중심으로 보다 깨끗한 환경에 대한 요구가 더욱 커졌다. 1970년에서 1972년 사이에 캐나다, 미국, 일본 및 서유럽의 많은 국가는 공해 문제에 정면으로 맞서기 위해 국가 차원의 환경기관을 신설했다. 하지만 부유한 세계를 중심으로 생겨난 과잉소비에 대한 새로운 우려는 가난한 나라들이 부유한 나라들의 생활 수준을 열망해서는 안 된다고 암시하는 듯이 보였고, 이러한 긴박함은 개발도상국들과는 공유되지 않았다.[4]

새로운 환경 규정들은 우선적으로 처리되지 않은 오염물질들을 하천에 배출하고 유독한 오염물질을 대기로 방출하는 공장과 발전소와 같이 가장 눈에 띄는 오염원에 초점을 맞추었다. 오염자 또는 적어도 오염물질 배출 기업들이 사회에 끼친 부정적 영향에 대한 모든 비용을 지불해야 한다는 원칙은 간단해 보였다. 그러나 자유무역이 점점 더 증가하는 상황에서 국가별로 다른 환경 규제 수준은 경제적으로 큰 영향을 미칠 수 있었다. 배출가스 규정이 없는 국가에서 생산된 금속주물 부품을 수입하는 것이 더 저렴한데, 굳이 값비싼 새로운 배기가스 제어 시스템을 설치하는 데 비용을 지불해야 하는가? 광범위한 빈곤과 실업으로 인해 오염 통제가 사회적으로 중요한 문제가 아닌 국가로 공정이 이전되면, 일자리 감소와 이익의 손실과 같은 문제를 감내해야 하는데 왜 익숙한 화학물질 제조공정을 포기해야 하는가?

1974년에 두 명의 미국 과학자는 스프레이 캔과 에어컨에 널리 사용되는 화학물질인 염화불화탄소가 자외선으로부터 지구를 보호하는 성층권의 오존가스를 파괴하고 있음을 발견했다. 자외선이 인간에게 더 많은 피부암을 유발하고, 식물과 동물에게 돌연변이를 일으킬 수 있다는 경고가 뉴스 헤드라인을 장식하면서 공포가 뒤따랐다. 가장 높은 자외선에 노출되는 국가 중 하나인 칠레의 한 엔지니어는《뉴스위크Newsweek》와의 인터뷰에서 "마치 하늘에서 에이즈AIDS가 쏟아지는 것 같다"라고 걱정스럽게 이야기하기도 했다. 여러 국가가 해당 화학물질을 신속하게 금지했지만 오존층 파괴는 개별 국가 차원에서 해결할 수 없는 문제였다. 국제협상은 이례적인 속도로 진행됐다. 1987년에 몬트리올의정서Montreal Protocol에 서명한 국가들은 100종 이상의 화학물질에 대한 단계적 생산 및 사용 중단에 동의했으며, 협정 서명을 거부한 국가로부터 해당 화학물질이 포함된 물품을 수입하지 않기로 합의했다. 이것은 GATT에 명시된 자유무역을 향한 움직임이 환경에 대한 우려에 가로막힌 첫 번째 사례이며, 개발도상국도 합의 내용을 준수하도록 유도되고 요청된 첫 번째 사례였다. 이제 냉장고와 에어컨 제조업체는 규제가 약한 국가에서 생산하여 규제가 강한 국가로 수출하는 방식으로는 새로 도입된 규제를 피할 수 없었다. 이들은 새로운 냉각 방법을 개발해야 했다.[5]

산성비는 다른 종류의 국경을 뛰어넘는 문제였다. 1970년대 후반을 거치면서 연구자들은, 발전소와 제련소에서 석탄을 태울 때 생성된 이산화황이 바람을 타고 북동쪽으로 이동해 비에 섞이면서 캐나다와 미국 북동부의 수천 개 호수에서 단풍나무와 자작나무 숲을 파괴하고 호수의 물고기를 소멸시키고 있다고 보고했다. 미국과 캐나다 모두 오염물질 배출에 책임이 있었지만, 캐나다가 피해가 훨씬 더 컸고 더 감정적이었다. 1981년 3월 로널드 레이건 미국 대통령이 취임 후 첫 번째 해외순방을 위해 오타와를 방문했을 때 "산성비를 멈추라"라는 플래카드를 든 시위대들로부터 '환영'을 받았을 정도였다. 해결 방법은 정치적으로 복잡했다. 미국 오하이오와 인디애나의 전력 사용자는 캐나다의 공기를 맑게 만들기 위해 발전소에 탈황시설을 설치한 데 따른 인상된 고지서를 받아들게 됐고, 강경한 미국 석탄 산업계는 산성비와 관련한 어떠한 책임도 거부했다. 캐나다가 국내 배출통제 계획을 수립하고, 미국이 자국 내 발전소의 황 배출을 억제하기 위한 새로운 대책을 마련하고, 양국이 양자 간 대기질협정에 서명하는 데까지 10년이 걸렸으며, 산성비로 황폐해졌던 호수의 산성 농도가 낮아져 다시 물고기가 호수를 채울 때까지는 더 오랜 시간이 걸렸다.

국제무역이 확대됨에 따라 환경 문제는 무역 정책과 정면으로 충돌하곤 했다. 덴마크는 1990년 맥주병을 재활용할 뿐만 아니라 그 가운데 상당수를 실제로 재사용하도록 했는데, 이로써 빈 병을 멀리 떨어진 양조장으로 운반해야 하는 외국 맥주회사들은 큰 부담을 지게 됐다. 1991년 독일 법률은 소매업체가 고객으로부터 사용된 포장재를 받아서 이를 재활용을 위해 제조업체에 반환할 것을 의무화했다. 생태학적 목적이라는 측면에서는 충분히 합리적이었지만, 소규모 수입업체의 경우 독일을 주요시장으로 공략하는 업체에 비해 훨씬 더 큰 부담을 져야 했다. 가장 감정적인 조치는 미국이 태평양 돌고래에 대한 우발적 피해를 줄이기 위한 대책을 마련하지 않은 멕시코, 베네수엘라, 바누아투, 파나마, 에콰도르 등으로부터의 참치 수입을 금지한 것이었다. 이 사건은 1991년 초 NAFTA를 만들기 위한 회담이 막 시작되던 때에 발생했는데, 멕시코는 GATT에 대해 참치 수입 금지 조치를 허가하는 미국의 해양포유류법US Marine Mammal Act이 무역을 부당하게 간섭하는 것은 아닌지 판단해줄 것을 요청했다. 멕시코의 청원은 예기치 않게 민감한 환경 논쟁이 무역협상에 도입되는 계기가 됐다.[6]

외채에 시달리던 멕시코는 불과 그 4년 전에 GATT에 가입했다. 멕시코는 장기간에 걸친 부채위기에서 탈출하기 위해 조심스럽게 경제의 일부를 외국인 투자자에 개방했으며, NAFTA를 통해 자국의 경제가 노동집약적인 청바지 재봉과 자동차용 와이어 하네스 조립을 넘어 보다 정교한 제조업으로 이행하기를 원했다. 미국과 캐나다 기업은 멕시코를 매력적인 수출시장이자 멀리 떨어진 아시아보다 더 가까운 수입원으로 생각했으며, 미국 정부는 NAFTA가 점점 더 흔들리는 이웃 국가를 안정시키는 데 도움이 되기를 희망했다. 1992년 말에 체결된 이 협정은 미국의 노동조합과 일부 농업 관계자뿐만 아니라, 통제되지 않은 대기오염과 멕시코 국경 쪽에서 이루어지는 폐기물 무단 투기에 항의하는 환경단체의 격렬한 반대에 부딪혔다. 이러한 비난과 반대를 달래기 위해 3국은 NAFTA와 별도로 환경위원회를 만드는 부수적 합의에 도달했는데, 이는 모든 국제무역 협정에 가운데 환경 개선 관련 공약이 포함된 최초의 사례였다.

모순적이게도 NAFTA는 결국 멕시코의 환경에 도움이 됐다. 멕시코에서 가장 시급한 환경 문제 가운데 하수처리 부족, 포장되지 않은 도시의 도로로 인해 끊임없이 발생하는 먼지구름 등은 NAFTA가 생기기 전부터 수십 년은 아니더라도 수년 동안 지속되던 문제였다. 환경위원회는 멕시코 일부 지역에 도로포장과 하수처리장 건설을 위한 자금을 제공했고, 멕시코에 대한 투자를 고려하는 외국 기업들은 다른 문제들에 대한 개선을 요구했다. NAFTA에 따라 허용된 수입 제품과 멕시코에 새로 들어선 신규 공장은 연기를 내뿜는 오래된 공장과 시멘트 공장을 폐업시켰다. 캐나다와 미국에서 조립된 현대식 자동차들이 오랫동안 멕시코 그 자체로 여겨지던, 오염물질을 대량으로 배출하던 오래된 차량들을 대체하게 됐다. 아마도 가장 중요한 것은 멕시코 국내 환경단체가 마침내 국가의 일부 지역에서 정치적 영향력을 획득함으로써 삼림벌채에 대한 조치, 새로운 자연보호 구역 조성, 더 강력한 환경법을 요구하게 됐다는 점일 것이다.[7]

기후 변화는 세계화에 전통적인 형태의 환경오염과는 매우 다른 도전을 제기했다. 유럽의 재활용 정책 및 NAFTA 협상으로 인해 제기된 환경 문제와 달리, 주로 화석연료 연소로 인한 대기 중 온실가스 농도 증가는 본질적으로 세계적인 문제였다. 대부분의 국가에서 국제무역은 결코 온실가스 증가의 주요 원천이 아니었다. 한 연구에 따르면, 2000년대 초반 수입 및 수출과 관련한 생산 및 운송 과정에서 발생하는 온실가스는 전체 생산 과정에서 배출되는 양의 4분의 1 미만에 불과했으며 총 배출량에서 차지하는 비중은 훨씬 적었다. 미국의 경제학자인 조셉 샤피로(Joseph Shapiro)의 계산에 따르면 국제무역은 매년 1.7기가톤의 온실가스를 증가시켜 세계 전체 배출량의 약 5퍼센트를 증가시켰다.[8]

1997년에는 주로 유럽을 중심으로 하는 37개국이 온실가스 배출량을 줄이기 위한 협정인 교토 의정서_{Kyoto Protocol}에 서명했다. 21세기 초반이 되자 이들 국가 중 상당수는 약속한 대로 지내고 있는 것처럼 보였지만, 그들의 온실가스 배출 하향 추세선은 사실 환상이었다. 난방 시스템의 연료 효율성 향상과 풍력 및 태양열 발전으로 인한 석탄 시장 점유율 축소 등과 같은 진정한 개선이 이루어지기도 했다. 그러나 글로벌 가치사슬은 이산화탄소 및 메탄, 그 외 다른 가스 배출을 줄이기 위한 노력을 거의 하지 않는 국가들로부터의 수입을 증가시켜 자국의 이산화탄소 배출량을 줄이고 있는 국가들이 많다는 사실을 숨기는 데 기여했다. 더욱이 특정 상품의 생산과 관련된 온실가스 배출에 대해 관세율을 조정할 때, 많은 국가는 온실가스를 덜 배출하는 상품보다 많이 배출하는 상품에 더 적은 관세를 부과함으로써 해당 산업이 해외로 이전하도록 효과적으로 장려했다. 제련소와 철강 공장을 폐쇄하고 가난한 나라의 수출품을 사는 것은 부유한 나라의 온실가스 관련 통계 결과를 돋보이게 했지만, 정작 대기로 유입되는 온실가스의 양을 줄이지는 못했다. 수출로 인한 전체 배출량은 1990년부터 2008년까지 매년 4.3퍼센트씩 증가했으며 이는 세계 인구 증가율의 세 배에 이른다. 부유한 경제권의 국가들은 무역을 통해 온실가스 배출 문제를 눈에 띄지 않는 곳으로 밀어놓을 수 있었다.[9]

경제학자들은 거의 하나같이 온실가스 배출을 억제하기 위해 조세 제도를 활용하는 것을 선호한다. 경제이론은 배출가스에 세금을 매기면 공장과 발전소가 가스 배출을 줄일 이유를 찾게 될 것이라고 주장한다. 개별 운전자와 농부에게 세금을 부과하는 것은 정치적으로 위험한 일이지만, EU, 미국의 몇몇 주, 캐나다의 여러 지역은 발전소와 공장이 굴뚝에서 내뿜는 이산화탄소에 톤당 비용을 지불하도록 강제하려 했다. 그러나 세계화된 경제에서 배출량에 세금을 부과하는 것은 그리 간단한 문제가 아니다. 공장이 연료 효율적인 장비를 더 많이 설치하도록 유도할 정도로 높은 세금은 결국 고객들이 지불하는 가격을 올릴 것이다. 그러면 고객들은 온실가스 배출에 세금이 부과되지 않는 국가에서 수입하는 상품을 선택할 수 있다. 시멘트의 장거리 운송은 제품 가치에 비해 비용이 많이 들기 때문에, 시멘트 공장의 배출량에 세금을 부과하는 것은 무역에 거의 영향을 미치지 않는다. 하지만 전기는 알루미늄을 만드는 데 드는 가장 큰 비용이며, 세금으로 전기요금이 더 비싸진다면 수입 잉곳$_{ingot}$과 빌릿$_{billet}$[i]에 유리한 상황이 될 수 있다.[10]

공산품 교역은 세계화와 관련된 온실가스 배출원 중 하나일 뿐이다. 2010년대까지 매년 농부들이 생산하는 전체 칼로리의 5분의 1 이상이 거래됐으며, 그 대부분은 대두, 옥수수, 목화 및 기타 작물에서 압착된 기름 형태로 사고팔렸다. 농산물 수출의 가장 큰 부분은 EU 내에서 이루어지지만, 칠레는 대량의 체리(2018~2019년 동안 16만 6304톤)와 자두(7만 6784톤)를 중국으로 수출했으며, 멕시코는 캐나다와 일본에서 급성장하는 아보카도 시장의 공급자이다. 알래스카 어류 유통업자들은 갓 잡은 대짜은행게를 중국으로 항공수송해 그곳에서 게살을 분리해 미국 고객을 위해 포장했으며, 아프리카 나미비

---

i　'주괴(鑄塊)'라고도 한다. 제련된 금속을 압연·단조 등의 가공처리를 하거나 다시 용해할 목적으로 적당한 크기와 형상으로 주조한 금속의 덩어리를 가리킨다. 빌릿은 잉곳의 일종으로 철봉이나 철선을 만들기 위한 것이다.

아에서 잡은 생선은 보잉 747기로 스페인 사라고사로 논스톱 이동해 그곳 생선가공 업체인 칼라데로_{Caladero}에서 순살로 만들어져 스페인 슈퍼마켓에서 판매됐다.[11]

팜유 농장과 가축 목장을 만들기 위한 대규모 삼림벌채는 온실가스 발생의 주요 원인이었으며, 음식이 이동하는 긴 거리가 그 배출을 가중했다. 기후 변화에 대한 우려는, 대기업과 장거리 화물운송이 자급자족하던 지역 경제를 파괴한다는 수십 년 동안 지속된 비판과 맞물렸다. 영국의 단체인 '지속가능한 농업, 식량 및 환경 연합SAFE, Sustainable Agriculture, Food, and Environment'은 1994년 보고서에서 '식량 마일food mile' 개념을 도입하여 소비자에게 수입 식품의 실제적 비용을 측정할 수 있는 방법을 제시했다. 그 주장의 핵심은, 식품의 장거리 이동으로 대형 슈퍼마켓 체인점은 이익을 보지만 그 과정에서 에너지와 식품 모두가 낭비되며 오염이 증가한다는 것이다. 지역에 위치한 농장에서 식품을 구입하여 이동 거리를 최소화하는 것이 수입품을 구입하는 것보다 환경에 더 좋다는 주장이었다.[12]

'식량 마일'은 반세계화 운동의 확산과 더불어 큰 반향을 일으켰다. 수입식품 가격이 인위적으로 저렴한 것은 소비자들이 온실가스 배출을 포함한 환경 피해에 대한 비용을 모두 지불할 필요가 없기 때문이라는 SAFE의 주장은 정확했다. 그러나 현지에서 생산된 음식을 사는 것이 환경에 더 좋다는 근본적인 주장이 항상 사실은 아니다. 영국 농부들은 일반적으로 가축에게 풀을 먹이기보다는 공장에서 만든 농축된 사료를 먹인다. 이런 이유로 영국에서 사육된 양은 뉴질랜드에서 수입된 양에 비해 톤당 네 배에 달하는 온실가스를 배출했으며, 이에 반해 뉴질랜드산 분유는 영국산 분유에 비해 절반 이하의 온실가스만을 배출했다. 이와 유사하게 영국 정부의 한 연구는, 미국에서 해상운송을 통해 유기농 밀을 수입하는 것이 영국에서 같은 밀을 재배하는 것보다 훨씬 적은 대기오염과 낮은 온실가스 배출로 이어진다고 발표했다. 이 연구는 또한 식량 마일을 줄인다고 해서 반드시 온실가스 배출량이 줄어드는 것은 아니라고 지적했다. 소규모의 지역 식품 생산업체는 대형 업체에 비해 에너지 효율이 낮으며, 유통 시스템 역시 그와 마찬가지일 수 있기 때문이다. 환경에 국한해서 보자면 글로벌 구매는 때때로 더 나은 것으로 드러났다.[13]

와인 애호가들이 잘 알고 있듯이, 가장 값비싼 종류의 프랑스 와인에는 '미장 부테이유 오샤토Mis en bouteille au château'라는 라벨이 붙어 있다. 와인을 만드는 데 사용되는 모든 포도가 재배되고 발효되는 샤토의 농장에서 와인이 주병되었음을 보증하는 이 라벨은 가장 순수하고 최고 품질의 술에 대한 보장으로 여겨진다. 이러쿵저러쿵 이야기하기 좋아하는 사람들은 라벨의 타당성에 이의를 제기할 수도 있다. 그러나 논쟁의 여지가 없는 것이 있다. 바로 농장에서 주병한 와인을 운송하는 것은 와인을 대형 스테인리스 탱크에 넣어 소비할 장소 근처로 옮긴 이후 주병하는 것보다 온실가스를 약 40퍼센트 더 많이 배출한다는 사실이다.[14]

2010년대에 접어들자 화물운송으로 인한 온실가스 배출량을 줄이는 일이 최우선 과제가 됐다. 모든 종류의 운송에서 비롯되는 온실가스 배출량은 2007년 전체 온실가스 배출량의 약 10분의 1을 차지했으며, 대기오염에 있어서도 큰 부분을 차지했다. 트럭의 내연기관이 온실가스의 주요 배출원이지만, 국제 해상운송도 전 세계 배출량의 약 3퍼센트를 차지했으며 국제화물 항공도 1퍼센트 내지 2퍼센트를 차지했다. 화물운송에서 배출되는 온실가스의 양은 개발 및 제조 과정에서 배출되는 양보다 훨씬 적다. 하지만 여기엔 중요한 차이가 있다. 발전소와 오염물질 배출이 심한 공장은 한 자리에 고정되어 있어 위장하기 어렵고 특정한 정부의 관할하에 있는 반면, 선박과 항공기는 종종 한 국가의 거주자가 소유하지만 다른 국가에 등록되어 있으며 등록지와 소유주와 관계없는 국가 간의 경로를 따라 이동한다는 사실이다. 선박과 비행기는 쉽게 규제되지 않았다. 2012년에 EU가 항공사에 국경 내에서 이착륙하는 모든 항공편에 대해 온실가스 배출권을 구매하도록 요구했을 때, 다른 국가들은 이것이 국제협약을 위반한다고 크게 반대했다. 그리고 결국 이러한 요구사항은 EU 항공편에만 적용됐다.

항공화물은 제3차 세계화 시대에 번영했다. 가장 최고의 척도인 톤-킬로미터ton-kilometer 지표는 1987년보다 2017년에 다섯 배나 증가했는데, 이는 주로 항공화물이 훨씬 저렴해졌기 때문이다. 물가 인플레이션을 적용했을 때 항공화물의 평균비용은 1990년대 후반과 2000년대 초반에 매년 2퍼센트 이상 하락했다. 부피로 따지면 2017년에 항공으로 이동한 세계무역양의 극소수에 불과했다. 그러나 화물의 가치로 측정하면 상하이로 향하는 미국 반도체에서 암스테르담으로 향하는 케냐 장미에 이르기까지, 항공화물은 전체 수출입의 3분의 1 이상을 운반했다. 최신 제트기는 구형 제트기보다 톤-킬로미터당 연료를 덜 소모하지만 시간이 지남에 따라 개선 속도가 감소했다. 연료를 마구 퍼먹는 낡은 항공기는 수십 년 동안 계속 사용됐는데, 종종 좌석이 제거되어 화물기로 바뀌는 경우가 많았다. 항공 산업의 급속한 성장은 온실가스 및 기타 오염물질의 배출을 줄이는 일을 거의 불가능하게 만들었다.[15]

해운업계도 비슷한 난관에 봉착했다. 대부분의 원양 선박은 원유를 휘발유, 항공유 및 기타 고부가가치 제품으로 정제한 뒤 남은 끈적거리는 낮은 품질의 연료를 사용한다. 선박 연료는 엔진의 연료 탱크, 즉 벙커라고 하는 저장 공간에 보관되기 때문에 선박 연료는 종종 '벙커유bunker fuel'라고 불린다. 벙커유는 더럽고 유독한 제품이기는 하지만 저렴하다는 장점이 있다. 대양을 항해하는 선박은 개별 국가의 오염 통제법이 적용되지 않는 국제 해역에서 대부분의 시간을 보내기 때문에 선박을 보유한 선주사는 더 깨끗하고 값비싼 연료를 사용할 이유가 없었다. 연료비는 선박 사용과 관련된 가장 큰 비용이기 때문에 이를 줄이는 것은 해운사와 고객 모두에게 이익이 됐다. 2007년경 해운사들은 연료를 절약하기 위한 목적으로 선단을 낮은 운항 속도로 운행했고, 화주들은 이에 반대하지 않았다. 동시에, 선사들은 최소한 선박이 만재 상태일 때 연료 소모량이 적은 신규 선박을 인수하기 시작했다. 해운사들 가운데 특히 소비자와 직접 거래하는 업체는 공급망을 보다 친환경적으로 만들어야 한다는 압력을 받았으며, 결과적으로 각 컨테이너 또는 밀 1톤을 운송할 때 발생하는 평균 온실가스 배출량이 감소하고 있다고 과시할 수 있게 됐다. 그러나 해상운송의 총 배출량이 감소하고 있는지 여부는 국제화물의 총량이 계속 증가함에 따라 끊임없이 논쟁의 대상이 됐다.[16]

국제 해운 산업은 UN의 한 분과인 국제해사기구IMO, International Maritime Organization에 의해 느슨하게 감독되고 있다. 합의에 따라 운영되기 때문에 이 기구는 빠르게 움직이지 않았지만, 개별 국가가 점차 국제적인 해상운송에 영향을 미칠 환경 규제들을 연이어 채택함에 따라 행동에 나서야 한다는 압박감을 느꼈다. 2005년에 새로 만들어진 국제해사기구의 규정은 선박의 질소산화물 배출을 제한했으며, 산성비의 원인이 되는 화학물질인 이산화황 배출을 통제하기 위해 선박 연료의 황 함량 허용치를 제한했다. 6년 후 국제해사기구는 새로운 선박에 에너지 효율적인 설계를 의무화했으며, 2018년에는 2050년까지 선박의 온실가스 배출량을 2008년 수준의 절반으로 줄이는 전략을 발표했다. 이러한 계획 가운데 어느 것도 즉각적인 결과를 가져오지는 않았지만, 시간이 지나자 회원국 모두 운송비용을 증가시키는데 합의했다. 약 11만 척의 선박이 2020년부터 저유황 연료만 사용해야 한다는 국제해사기구의 요구를 충족시키기 위해서 연료를 생산하는 정유소들은 시설을 개선해야 했다. 이에 따라 추가된 연간 화물운송 비용은 약 600억 달러로 예상됐다.[17]

2020년까지 환경 문제의 압박은 세계화에 어두운 그림자를 드리우고 있었다. 비록 개별 국가의 환경 정책은 일관되지 않았지만, 더 엄격한 환경 관리와 통제로 변화한다는 방향은 분명했다. 고소득 국가들은 석탄화력 발전소를 단계적으로 폐지하고, 배터리로 구동되는 전기차에 보조금을 지급했으며, 소각로나 매립지로 향하는 폐기물의 양을 줄이기 위한 행동을 본격화했다. 최근 들어서 환경 문제에 눈을 돌린 개발도상국들은 새로 등장한 중산층 시민이 더 이상 더러운 공기와 오염된 물을 경제 성장에 따른 불가피한 비용으로 받아들이지 않는다는 것을 알게 됐다. 중국, 인도네시아, 말레이시아, 태국, 베트남은 모두 부유한 나라로부터의 쓰레기 수입을 단속했고, 케냐와 탄자니아와 같은 가난한 나라들조차 수로를 막고 나뭇가지에 매달리는 '전지전능'한 비닐 봉투의 사용을 금지했다. 연료 및 온실가스 배출에 대한 더 높은 세금은 화물운송 비용을 중요한 사전 고려사항으로 대두되도록 했다.[18]

무엇보다도 가장 중요한 것은 투자자와 소비자가 기업들이 환경에 미치는 영향을 최소화하기 위해 어떤 노력을 기울이고 있는지에 대한 알 권리를 요구하게 되었다는 사실이다. 기업이 무엇을 생산하고 어떻게 운송할지 결정할 때 환경비용에 더 큰 비중을 두자 글로벌 가치사슬은 기업의 회계 담당자가 예상했던 것보다 더 위험하게, 또 잠재적으로 더 비싸 보이기 시작했다.

19장. 부서진 연결망

미국 펜실베니아주 서남부에 위치한 'Monessen(모네센)'은 그 이름 자체가 세계화를 넌지시 뜻하는 곳이다. 'Mon'은 피츠버그 제철소로 향하는 석탄 바지선으로 분주한 이곳에서 북쪽으로 약 32킬로미터 떨어진 'Monongahela(머낭거힐러강)'의 앞 글자에서 따온 것이고, 'essen'은 독일 루르 지역에 위치한 동명의 제철 중심지를 암시한다. 1897년에 도시를 건설한 피츠버그의 금융 자본가는 국제적인 느낌이 주민들을 끌어들일 것이라 생각했을 것이다. 모네센에 핀란드, 스웨덴, 독일 출신 시민들을 위한 루터교회가 있기는 했지만, 이곳은 이민자들을 제외하고는 세계적인 것은 거의 없었다. 한때 6000명을 고용할 만큼 20세기 대부분의 시기 동안 지역의 주력 산업을 구성했던 제철소는, 1962년부터 1986년에 최종 폐쇄될 때까지 외국의 경쟁자들을 막기 위한 수입 제한 조치들을 요구했다. 그때 이미 모네센은 '쇠퇴하는 기업 도시'로 간주됐으며, 여러 문제는 시간이 지나도 개선되지 않았다. 이곳에서 세계화된 경제는 결코 기회가 아니라 위협이었다.'

대통령 후보로 나선 도널드 트럼프가 2016년 6월 모네센을 선거 연설 장소로 선택했을 때 이곳의 인구는 1940년 최고 수준과 비교했을 때 3분의 2로 줄어 있었다. 남아 있는 가장 큰 공장은 석탄을 이용하여 코크스_coke를 만드는 곳이었는데, 코크스는 액체 상태의 강철을 정제할 때 쓰인다. 이 공장은 피츠버그의 활기찬 의료 및 첨단 산업에 종사하는 노동자들이 이 근처에서 거주하거나 사업을 할 수 있다는 생각을 전혀 할 수 없을 정도로 매운 유황 냄새를 내뿜고 있었다. 모네센을 염두에 두고 작성된 듯한 연설문을 통해 트럼프는 세계화를 정면으로 공격했다. "세계화는 (……) 수백만 명의 노동자에게 단지 가난과 마음의 고통만을 남겼을 뿐이다." 비록 트럼프의 연설이 모네센 유권자들을 사로잡기에는 부족했지만 그 메시지는 서부 펜실베이니아의 낙후된 석탄 및 철강 도시에서 큰 반향을 불러일으켰다. 2016년 11월 대통령 선거에서 모네센 남서쪽에 자리잡고 있는 웨스트모어랜드 카운티는 거의 2 대 1로 트럼프를 지지했다.'

이러한 분노와 고뇌는 아마도 이미 쇠퇴하고 있는 세계화의 단계와 관련이 있을 것이다. 예상치 못한 트럼프의 선거 승리, 영국의 EU 탈퇴 브렉시트_Brexit, 유럽과 라틴아메리카 및 아시아에서 보이는 국수주의적 정치인의 부상 등이 자기성찰을 촉발하기 한참 이전부터 이미 세계 경제는 매우 다른 모습을 보여주고 있었다.

◇◇◇

　1980년대 후반 이후의 시기를 정의하는 특징은 세계 경제를 하나로 묶기 위해 성장한 복잡한 가치사슬이었다. 이러한 사슬이 구축됨에 따라 세계적인 기업들은 자신의 상품 생산 대부분을 유럽, 북미 그리고 일본을 벗어나 낮은 임금과 기업친화적인 노동법이 적용되는 동유럽, 멕시코, 중국 및 동남아시아의 국가로 이전했다. 이 과정에서 유명 브랜드 기업들은 종종 항상 자신들이 제조 과정에서 핵심으로 여겨왔던 사출, 성형 및 조립 공정을 잘 알려지지 않은 기업들에 아웃소싱하고, 본사의 직원들은 재무, 디자인 및 마케팅에 집중시켰다. 인도네시아의 세랑에서는 잘 알려지지 않은 대만 회사가 1만 5000명의 직원을 고용하여 캐나다에 판매할 대표적인 독일 기업의 운동화를 만들었다. 아일랜드의 워터포드에서는 미국 기업이 소유한 공장에서 유명한 유럽 기업의 상표를 부착하여 판매될 정밀의료 기기의 사출성형과 조립이 이루어졌다. 과테말라 수도인 과테말라시티 인근에서는 5000명의 직원이 한국 기업 소유의 공장에서 미국 소매업체의 상표를 부착한 의류를 재봉하는 일을 했다. 비록 해외무역, 외국인 투자, 해외 대출 및 국경 간 이주는 전혀 새로운 현상이 아니었지만, 제조 과정에서 여러 나라가 이렇게 긴밀하게 연결된 것은 전에 없는 일이었다.[3]

　1990년대와 2000년대에는 이러한 가치사슬이 더 길어지고 더 복잡해지면서 무역이 번성했다. 생산 과정이 가장 복잡한 자동차의 경우 특정한 모델 제조에 있어 가치사슬은 여덟 개 이상의 계층이 존재할 수 있으며, 하위 계층의 공급업체는 보다 정교한 제품 제조를 담당하는 상위 계층의 업체에 원자재와 간단한 부품을 제공했다. 원유가 플라스틱 수지가 되어 운전대에 부착되는 오디오 컨트롤패널의 버튼으로 변화하는 각 공정은 단계마다 분리된 지역에서 이루어질 수 있기 때문에 여러 차례 국경을 넘곤 했다. 2019년 미국 연방항공청FAA, Federal Aviation Administration이 일부 보잉 737 항공기 날개의 결함 부품을 조사한 결과, 보잉의 조립 공장에서 공급망의 연결고리를 최소 네 번은 거쳐야 하는 금속도금 업체에 문제가 있었다.[4] 컨테이너 선단은 소매점에서 즉시 판매할 수 있는 물건들을 이동시킬 뿐만 아니라 무엇인가 다른 것이 될 수 있는 재료와 구성요소를 운반하면서 세계화의 상징적인 존재가 됐다. 이와 유사하게, 영국과 프랑스를 연결하는 유로터널을 왕복하는 트럭들은 산업적 투입물들로 채워졌으며, 제트기들은 일본 반도체 공장과 남아시아에 위치한 검사 및 패키징 설비 그리고 중국의 스마트폰 공장들을 연결했다.[5]

2007년 말 미국 주택시장 붕괴로 시작된 심각한 경기침체는 그리스, 포르투갈, 스페인 등의 부채가 유럽 최대 은행들을 붕괴시킬 것이라는 위협으로 이어지면서 제3차 세계화에 제동을 걸었다. 경기침체기에 언제나 그렇듯이 세계무역량은 감소했다. 거대한 선박과 컨테이너 터미널에 투자하도록 영감을 불어넣었던 기존의 통념은 경기침체가 끝나면 수출입이 다시 세계 생산량보다 더 빠르게 성장할 것이라는 생각이었다. 하지만 이러한 통념은 들어맞지 않았다. 2010년과 2011년 반등이 있었지만 수출은 제자리걸음을 했다. 세계 경제는 1990년대 후반과 2000년대 초반과 같이 두 배 속도로 성장하는 대신, 상품교역은 연간 0.8퍼센트의 빈약한 성장으로 그보다 낮은 수준에 머물렀다. 세계은행의 계산에 따르면, 상품 및 공산품의 수출입을 합한 총 상품무역은 2008년 세계 총 생산량의 51퍼센트를 기록하면서 정점을 찍었고 10년 후에는 5퍼센트포인트 감소했다. 다시 말해서, 금융위기 이후 세계 경제의 거의 모든 성장은 국내 고객을 위한 제품과 서비스를 생산하는 기업들로 인한 것이었다. 해외무역 증가로 인한 성장은 거의 없었다.

위기에 휩싸인 세계적인 거대 기업들은 위축되기 시작했고, 수익이 거의 나지 않는 사업을 폐지하고 유리하지 않은 해외 지역으로부터 철수하기 시작했다. 투자자의 고국이 아닌 곳에서 공장을 건설하고 기업과 자산을 매입하는 데 사용되는 돈을 가리키는 '외국인 직접 투자'의 연간 흐름은 이전 최고점과 비교할 때 3분의 2로 감소했다. 매우 낮은 이자율에도 불구하고 국제적인 은행들의 대출과 해외 시장에서의 채권 발행도 감소했다. 2016년까지 이민자들의 고국 송금 역시 낮은 수준에 머무르면서, 외국으로부터의 송금에 의존하여 학비를 지불하거나 주택을 건설하고 사업을 시작하는 많은 빈곤국들의 경제를 압박했다.

제3차 세계화의 약화는 부분적으로 간단한 산술적 문제였다. 지난 20년 동안 미국 단독으로만 7만 개 이상, 전체 선진국을 합하면 수십만 개의 공장과 기업들이 임금이 더 낮거나 수요가 더 빠르게 증가하는 곳으로 옮겨가면서 문을 닫았다. 일본 전자회사들은 조립 작업을 말레이시아로 이전했고, 유럽의 의류 체인점들은 방글라데시에 더 많은 의류를 주문했다. 이에 따라 엄청난 양의 외국인 투자가 해외에 신규 제조시설 건설에 투입됐으며 전체 해외 교역 규모는 증가했다. 그러나 작업을 해외에 재배치하여 이익을 낼 수 있는 선진국의 공장들은 한정됐다. 일단 고임금 국가로부터의 제조업 대탈출이 사라지자 생산 이동은 더 이상 무역을 촉진하지 못했다.

동시에 많은 제조업체와 소매업체는 복잡한 장거리 공급망이 당초 예상과 달리 수익성이 낮다고 결론을 내렸다. 화물운송은 점차 느려지고 신뢰성이 감소했으며, 더 많은 단독 소싱sole-source[i] 공장에서 계획하지 않은 가동 중단이 발생함에 따라 경영진과 주주들은 기업 전략으로 발생하는 취약성에 더 잘 적응해야만 했다. 생산비용 감소는 더 이상 유일한 우선적인 목표가 아니게 됐으며, 상품을 필요할 때 활용할 수 있는지를 확인하는 것이 높은 순위를 차지하게 됐다.

사업 중단 리스크를 낮추는 일은 저렴하지도 간단하지도 않았다. 재고의 증가는 더 많은 돈을 상품에 묶어놓게 된다. 작년에 유행했던 패션을 처분하기 위해서 백화점들은 의류를 할인해서 판매할 수밖에 없으며, 자동차 딜러의 차고에 있는 작년 자동차들은 점차 가치를 잃을 수밖에 없다. 단일한 대규모 공장이 아닌 여러 지역에서 핵심적인 부품들을 생산하는 것은 유연성 측면에서 좋지만, 귀중한 투자비용과 각 품목 생산비용을 증가시킨다. 실제 위기가 닥치지 않는 한 해당 제조업체는 경쟁에서 불리할 수밖에 없다. 여러 선박을 동원하고 수출 경로를 다양화하여 각기 다른 항구로 보낸다면 탄력성은 향상되지만 운임은 폭증하게 된다. 장거리 가치사슬과 현지의

---

i 해당 제품이나 서비스를 제공하는 공급업체가 소수 또는 하나인 경우를 말한다.

가치사슬을 맞바꾸는 것은 그 자체로 위험을 초래하게 되는데, 그 지역이 지진이나 치명적인 화재에 직면할 경우 치명상을 입을 수 있기 때문이다.

한편, 보다 신뢰할 수 있는 가치사슬에 대한 열망은 고객의 변화하는 기대와 정면으로 충돌하게 됐다. 가계, 기업 등 모든 고객은 점차 익일 배송 또는 심지어 당일 배송을 요구하게 됐다. 많은 산업 부문의 판매자, 특히 소매업 판매자에게 빠른 회전은 더 이상 비싼 요금을 청구할 수 있는 옵션이 아니라 게임에 계속 참여하기 위한 기본적인 요구사항이 됐다. 기업들은 인공지능을 활용한 정교한 물류 시스템이 빠른 배송을 가능하게 해준다고 평가했다. 그러나 결국 상품은 여전히 상품이었다. 제조업체, 도매업체 및 소매업체가 거의 즉시 배송할 수 있는 유일한 방법은 더 많은 상품을 유통센터에 보관하고 클릭 한 번으로 배송할 준비를 하는 것뿐이었다. 적시 제조가 등장한 초기 이후 처음으로 재고가 증가하기 시작했다.

세계화에 대한 반발은 더 큰 위협감을 가중시켰다. 1944년 연합국 정부들의 브레튼 우즈 회의 이후, 세계 여러 정부들은 국경의 높이를 낮추기 위해 힘을 합쳤다. 전쟁 직후부터 몇 년 동안 부유한 경제권으로 향하는 많은 수입품은 가격을 20퍼센트 이상 상승시키는 높은 관세에 직면하곤 했다. 여기에 더해 대부분의 국가는 특정 제품에 대한 할당, 수입비용 지불을 위한 외화 사용 통제, 정부가 구매하는 특정 상품의 국내 생산 요구 등 외국 제품을 차단하기 위한 다양한 정책을 활용했다. 하지만 2010년대까지 GATT를 통한 반복적인 협상으로 부유한 국가들의 평균 수입 관세는 약 3퍼센트 수준까지 낮아졌으며, 많은 국가가 서로 관세를 완전히 철폐하는 FTA를 체결했다. 사업가들은 국경에서의 세금 징수로 자신들의 계획이 엉망이 될 것이라는 걱정 없이 공급망을 확장할 수 있었다.[6]

부유한 국가들은 상대적으로 공산품 수입에 개방적이었지만, 많은 개도국은 막 성장하기 시작한 자신의 제조업 부문을 보호하기 위해 높은 관세를 유지했다. 개도국에서의 평균 관세율은 베트남 9퍼센트, 인도 10퍼센트, 중국 11퍼센트, 에티오피아 17퍼센트 등으로, 부유한 국가들과 비교할 때 3~4배 수준에 이르렀고 수입품에 대한 면세는 매우 작은 부분만을 차지했다. 또한 많은 개도국은 공식적인 관세와 별도로 장벽을 세움으로써 중국에서의 자동차 수입과 인도에서의 의약품 수입을 극단적으로 어렵게 만들었다. 개도국들이 불공정한 이익을 누리고 있다는 생각은 제조업 일자리가 사라지고 임금이 정체된 유럽과 북미 지역에서 강력한 반발을 가져왔다. 20년 동안 세계화에 반대해온 세력들은 2008년 164개국이 참여한 도하라운드 Doha Round 가 농산물 및 은행, 통신과 같은 서비스업을 둘러싼 악다구니 속에서 결렬되면서 처음으로 중요한 승리를 거두었다. 협상 테이블에 참가한 많은 국가는 외국 경쟁자로부터 국내시장의 이익을 지켜야 한다는 압박을 받고 있었기 때문에 또 다른 세계적인 합의는 불가능해 보였다. 무역에 대한 장애물들을 제거하기 위한 미래의 합의는 보다 규모가 작은 국가 간 그룹들 사이에서 도모될 필요가 있었다.

당시 부유한 국가의 정치인 대부분은 보다 더 확대된 무역과 외국인 투자를 강력하게 지지했다. 그러나 금융위기의 여파로 인해 합의는 붕괴됐다. 보다 강력한 국경을 선호하는 새로운 정치적 세대가 두각을 나타냈다. 그리스에서 스웨덴에 이르는 많은 지역에서 민족주의자들은 EU 내 상품과 노동의 자유로운 이동을 반대하는 캠페인을 벌였으며, 네덜란드의 반이슬람주의자인 헤에르트 빌더러스Geert Wilders는 EU를 "브뤼셀의 괴물"이라고 불렀다. 이탈리아에서는 19개 국가가 채택한 공동 통화인 유로에 대해 "인류에 반하는 범죄"라고 비난한 마테오 살비니Matteo Salvini가 북부동맹의 당수가 됐고 나중에 부총리까지 오르게 됐다. 제3차 세계화로 가장 큰 혜택을 본 중국의 시진핑習近平 주석은 자유무역을 칭찬하면서도 외국 기업이 독점 기술을 공개하고 중국에서 더 많은 부품을 생산하도록 하는 조치들을 도입했다. 2012년 대통령 선거 직전 미국의 오바마Barack Obama 행정부는 중국이 자동차 및 자동차 부품 수출에 보조금을 지급하면서 불법적으로 미국의 자동차 수출을 차단하고 있다고 판결해줄 것을 WTO에 요구했으며, 경쟁자였던 밋 롬니Willard Mitt Romney는 환율을 조작하는 중국에 대응하기 위해 중국산 수입품에 관세를 부과하겠다고 약속하기도 했다.[7]

이러한 반갑지 않은 분위기는 그들의 제품을 어디에서 어떻게 만들지 고민하는 기업 임원들을 괴롭혔다. 만약 수출을 위해 제조한 핵심 제품들이 갑자기 수입 제한에 직면하게 된다면 재정적 손실이 매우 크기 때문이다. 그때 아웃소싱으로 인기 있는 지역들에서 인건비가 급격하게 상승했다. 부유한 국가의 기업들은 저렴한 노동력을 이용하기 위해 노동집약적 작업을 중국과 동유럽으로 이전했었지만 이제 그들의 전략은 더 이상 의미가 없어졌다. 2011년을 전후하여 세계 최대 다국적 기업 일부가 자신들의 공급망에 대해 다시 생각하고 독자적으로 결정을 내리면서 무역 패턴은 변화하기 시작했다.

그러한 결정의 효과는 수출입 숫자뿐만 아니라, 한 국가의 제조업체가 다른 국가로부터 수입된 투입물을 사용하는 정도를 계산하는 일련의 어려운 계산에서도 드러났다. OECD의 데이터에 따르면, 2011년 현대차의 승용차와 대우해양조선의 유조선 같은 한국 수출품 가치의 42퍼센트는 수입 자재 및 부품으로부터 왔지만 6년 후 해당 수치는 30퍼센트로 낮아졌다. 중국의 경우 수입된 물품이 2011년 수출된 제조업 제품 23퍼센트의 가치를 차지하고 있었지만, 5년 후에는 17퍼센트에 불과했다. 미국, 영국, 독일, 이탈리아, 일본, 스웨덴 모두 같은 경향을 보였다. 대만, 인도네시아, 말레이시아도 마찬가지였다. 두 가지 설명만이 가능했다. 하나는 이들 국가의 제조업체들이 해외에서 생산된 투입물을 많이 사용하는 제품의 수출을 줄였다는 것이다. 다른 하나는 해외에서 조달하기보다는 국내에서 더 많은 투입물을 확보하기로 결정했다는 것이다. 어느 쪽이든 이제 제조업은 과거에 비해 '덜 글로벌하게' 된 셈이었다.

경제적 측면에서 이런 변화가 반드시 긍정적인 것은 아니었다. 관련 연구는 글로벌 가치사슬에 광범위하게 참여하는 국가일수록 최신 외국 지식을 전파받아 생산성을 높이게 된다는 가설을 강력하게 뒷받침하고 있다. 반면에 가치사슬의 모든 연결고리를 손에 넣고자 하는 시도는 다른 곳에서 더 효율적으로 할 수 있는 작업을 낭비적으로 수행하도록 할 수 있다. 말레이시아는 외국 제조업체의 투자를 간

절히 원하는 국가였지만, 2017년 자국 중앙은행은 공장에서 일할 저숙련 이민자를 너무 많이 허용함에 따라 제조업체가 첨단 기술에 투자할 유인을 줄인다고 정부 정책에 반대했다. 말레이시아 중앙은행은 "저임금, 저비용 생산 방식에 의존하는 것은 말레이시아가 뒤처진 상태에 머무르게 만드는, 지지할 수 없는 장기 전략"이라고 경고했다. 세계 최고의 수출국인 중국 정부는, 외국 기업을 압박하고 외국으로부터의 투입을 배제하는 일이 한 국가의 성장을 가속화하기보다는 지연시킬 가능성이 더 높다는 충분한 증거에도 불구하고, 제조업체들이 중국 내에 연구센터와 첨단 기술 공장을 건설하도록 공격적으로 압박했으며, 전기 자동차, 합성 소재, 로봇 공학 및 기타 첨단 산업의 자급자족을 요구하는 '중국제조 2025'라는 10년 전략을 공개했다.[8]

이러한 모든 경향은 영국 유권자들이 브렉시트를 지지하고, 도널드 트럼프가 전체 득표에서는 뒤지고도 미국 대통령으로 선출된 해인 2016년 이전에 이미 뚜렷해졌다. 당시 다른 민족주의 지도자들과 마찬가지로 트럼프는 여러 방면에서 세계화에 대해 의구심을 가지고 있었다. 그는 WTO에 대해 그랬듯이 29개국의 군사 동맹인 북대서양조약기구NATO, North Atlantic Treaty Organization에 대해서도 비판적이었다. 또한 이민 단속 강화를 주장하고, EU의 분열을 조장했을 뿐만 아니라, 중국의 성장하는 경제력을 억제하기 위해 2015년 환태평양 12

개국이 체결한 무역협정인 환태평양경제동반자협정TPP, Trans-Pacific Partnership Agreement을 단호히 거부했다. 결국 미국을 제외한 다른 11개 국가만 파트너십을 계속 진행함에 따라 미국은 가입국이었던 때보다 이들 국가의 시장에 대한 접근성이 열악하게 됐다.

2017년에 집권한 트럼프는 다양한 외국산 수입 상품에 관세를 부과하는 것보다 훨씬 더 많은 좋은 조치를 시행할 것을 약속했다. 그는 NAFTA를 끝내겠다고 위협했고, 미국에 투자하는 외국인에 대한 조사를 강화했다. 이에 다른 국가들은 미국 수출품에 대한 관세를 인상하고 외국인 투자에 대한 새로운 통제를 가하는 등 동일한 수단으로 대응했다. 당시 미국의 최대 교역국이었던 중국은 미국산 돼지고기, 대두 및 기타 수백 가지 제품의 수입을 단속했다. 중국 회사가 만든 두 종의 통신 장비를 통해 중국이 다른 나라를 염탐할 수 있다고 미국이 주장하자, 중국은 미국에 기반한 자동차 회사에 가격 담합 혐의로 벌금을 부과하며 보복했다. 중국 내에서 중요한 가치사슬을 완전히 유지하려는 중국 정부의 분명한 열망은 이미 호주부터 독일에 이르는 많은 국가에 경보를 울렸고, 다른 국가들을 활활 타오르는 미중 갈등으로 끌어들였다. 중국이 미국의 관세 인상 효과를 상쇄하기 위해 환율을 조작하고 있다는 미국의 비난은 긴장 국면을 더욱 고조시켰다. 세계 최대 강대국 간의 무역 전쟁이 가열되면서 기업들은 가치사슬의 일부를 중국 밖으로 옮기기 위해 분주해졌다.

트럼프 행정부에 이러한 모습은 환영할 만한 결과였다. 트럼프가 선호하는 국제 경제 관련 성공 척도는 개별 국가와의 미국 무역 수지였다. 미국의 대중국 전자 제품 무역 적자는 주로 다른 국가에서 생성된 투입물 때문이고, 이 과정에서 발생하는 이익의 대부분은 미국에 기반한 기업의 주주에게 돌아간다는 사실은 트럼프 대통령에게 깊은 인상을 주지 못했다. 그의 자문 가운데 한 명이 2017년 초에 공개한 바에 따르면, 트럼프 대통령은 "주로 외국 부품으로 만들어진 '미국' 제품을 포장하는 큰 상자 공장만 유지하는 것은 미국 경제에 장기적으로 도움이 되지 않는다"라고 했으며, "우리에게 필요한 것은 강력한 국내 공급망으로 구성되어 고용과 임금 성장을 촉진할 제조업이다"라고 강조했다.[9]

중국의 정책과 마찬가지로 공급망에서 더 많은 연결을 자국 내에 두고자 하는 미국의 새로운 계획은 국내 제조업을 자극하지 못했다. 두 나라 모두 공장에서 일하고자 하는 잉여실업 노동자가 없었기 때문이다. 세계은행에 따르면, 중국의 노동력 규모는 2017년에 최고점을 찍었고, 미국 역시 라틴아메리카에서 유입되는 서류 미비 이민자가 사라짐에 따라 노동력이 거의 성장하지 못하고 있었다. 양국 모두 생활과 교육 수준의 향상으로 노동자의 진로 기대치career expectation가 높아져 공장 근무에 대한 선호도는 쇠퇴했다.

국가주의 정책은 국내 제조업을 활성화하는 대신 다른 경향을 강화했다. 여러 유형의 제품 제조에서 세계화가 점차 지역화에 자리를 내주게 된 것이다. 단계적으로 잇따른 투자를 통해 세계 경제는 세 개의 허브를 중심으로 재편됐다. 첫째, 독일이 러시아에서 아일랜드에 이르는 수십 개국을 포괄하는 무역 네트워크의 중심지로 부상했다. 독일의 특화된 부품 수출은 유럽의 다른 지역 제조업체가 수입하는 물량 대부분을 차지했다. 둘째, 한때 미국의 영향권에 있었던 아시아 및 태평양 국가들은 이제 중국을 중심으로 움직이게 됐다. 1990년대까지 아시아의 산업 강국이었던 일본은 오래전 이 지역의 경제적 주도적 자리에서 내려왔다. 셋째, 미국의 상품 생산은 멕시코 및 캐나다와 긴밀하게 연결되었다. 지리적 이점과 더불어 3개국 간의 자유무역 협정 덕분에 무역은 간편하고 저렴해졌다. 미국과 세계 다른 지역과의 가장 중요한 무역관계는 상품이 아닌 서비스와 관련되어 있다. 가치사슬은 여전히 강력했지만, 전 세계를 하나로 묶는 힘은 훨씬 약해졌다.[10]

20장. 다음 물결

무엇보다도 제3차 세계화를 주도한 것은 물질적 생활 수준의 급격히 향상이라는 추세였다. 1987년 중국의 거리는 자전거로 붐볐고, 자동차 공장에서는 단 1만 7840대의 신차만을 생산했다. 30년 후 베이징은 범람하는 교통량으로 유명해졌고, 중국은 다른 어떤 나라보다 훨씬 더 많은 자동차를 생산하게 됐다. 미국 정부의 통계 분석가에 따르면 여자 어린이용 의류 가격은 1980년대보다 2010년대에 훨씬 낮아졌다. 아마도 이것이 영국의 일반인들이 2017년에 30년 전보다 다섯 배나 많은 의류를 구매한 이유일 것이다. 2017년에 미국에서 지어진 신축 주택 가운데 중간값에 해당하는 주택의 면적은 1987년보다 38퍼센트 커졌으며, 약 225제곱미터의 넓이에 라운지 의자와 바닥 깔개 및 웨이트 트레이닝을 위한 공간을 갖출 수 있게 됐고, 냉장고가 두 대 이상 있을 확률은 3분의 1에 이르렀다. 말 그대로 과장

없이, 제3차 세계화의 시기는 '물건의 시대'라고 불러도 지나치지는 않을 것이다.[1]

사람들은 여전히 물건을 샀지만, 기술과 인구 통계 및 소비자 취향 등의 변화가 경제 지형을 다시 한번 변화시키면서 2010년대 후반에 세계화는 후퇴하는 것처럼 보였다. WTO부터 국제해사기구에 이르는, 세계 경제를 지탱하는 규칙을 제정하고 운영하는 많은 국제기구가 공격을 받았다. 중국이 그 유명한 '만리방화벽Great Firewall'을 실시하듯이 여러 나라가 디지털 정보의 흐름을 통제하려 했고, 이에 거의 규제되지 않던 글로벌 인터넷이 정부의 엄격한 통제를 받는 국가적 인터넷으로 대체될 것이라는 전망이 커졌다. 테러와 불법 이주에 대한 두려움으로 국경 보안이 더욱 엄격해짐에 따라 신속한 국경 간 쇼핑 여행은 매력을 많이 상실했다. 2020년 1월 중국에 있는 수천 개의 공장을 폐쇄하도록 만든 코로나-19의 폭발적인 대유행은 2월에 한국을 마비시켰고 3월이 되자 유럽에서 모든 사업을 중단시켰으며, 이 사태는 가치사슬들이 기회와 동시에 위험도 가져왔음을 다시 상기시켜주었다. 각국 정부가 바이러스를 통제하기 위해 고군분투하면서 국제 항공사 서비스를 중단시켰고, 그로써 세상이 오랫동안 당연하게 여겼던 연결이 단절됐다.

하지만 다른 면에서, 세계화는 그 어느 때보다 강력한 힘을 발휘했다. 미국의 KFC는 이제 멀리 떨어진 중국에서 가장 큰 레스토랑 체인이 됐고, 영국인이 주전으로 뛰거나 소유한 경우가 드물게 된 영국 프리미어리그의 주요 축구팀 경기는 아프리카 전역에서 널리 시청됐다. 빛나는 햇살을 찾아 두바이의 몰 오브 두바이Mall of Dubai를 방문하는 러시아인들은 이제 프랑스의 고급 백화점 갤러리 라파예트_{Galeries Lafayette} 지점에서 가정용품을, 고가 액세서리 브랜드 반클리프아펠_{Van Cleef & Arpels} 에서 보석류를, 명품 브랜드 샤넬_{Chanel} 에서 향수를 둘러보고, 유명 프랑스 제빵점 라뒤레_{Ladurée} 에서 마카롱을 먹으며 쇼핑을 마무리할 수 있었다. 파리로 날아가는 번거로움 없이도 말이다. 전 세계적으로 2019년 관광객은 1987년의 네 배인 15억 명에 이르렀으며, 페이스북의 데이터에 따르면 매일 세계 인구의 5분의 1이 페이스북_{facebook} 을 사용했다. 소프트웨어, 숙박, 부동산, 컴퓨터 서비스와 같은 무형 제품을 다루는 산업의 기업은 초대형 다국적 기업 중 많은 비율을 차지하게 됐지만, 기존의 다국적 제조기업들은 끊임없는 경쟁 압력으로 인해 위축됐다. 떠오르는 제4차 세계화에서 아이디어와 서비스 및 사람을 전 세계로 확산시키고 이동시키는 일은 화물선에 실린 상품을 운송하는 일보다 더 중요해졌으며, 이전과는 매우 다른 승자와 패자를 만들 가능성이 높아 보였다.[2]

제조업은 제3차 세계화를 주도했다. 생선, 과일, 꽃, 석탄, 석유도 긴 가치사슬을 통해 이동했지만 공장에서 만든 상품이 훨씬 더 많았으며 더 큰 가치가 있었다. 그러나 수년에 걸쳐 제조업은 점차 경제적 중요성을 잃게 됐다. 제조업의 쇠퇴는 별로 주목받지 못하는 성공 사례였다. 일반적으로 외국과의 경쟁이 덜한 서비스 부문에 비해 훨씬 치열한 공산품을 둘러싼 무역 경쟁은 공산품들의 가격을 더 큰 폭으로 낮췄다. 세계은행의 추정에 따르면 2002년에 제조업은 세계 총 생산량의 17퍼센트 이상을 차지했지만, 이 비율은 2010년대에 거의 2퍼센트포인트 감소했다. 중국, 멕시코, 인도네시아, EU 모두 같은 경향을 보였다. 이제 제조업은 이전만큼 중요하지 않았다.[3]

이러한 경향은 가계와 기업이 돈을 쓰는 방식에서도 나타났다. 많은 국가의 데이터에 따르면 이제 가정에서는 공산품보다 서비스와 경험에 점점 더 많은 비용을 지출하는 것으로 나타났다. 예를 들어, 제3차 세계화가 시작될 당시 프랑스에서 서비스 부문은 소비자 지출의 43퍼센트를 차지했지만 2018년에는 55퍼센트로 증가했으며, 같은 기간 가치사슬을 통해 선박으로 배송되는 커피 메이커부터 운동화에 이르는 각종 공산품에 대한 지출 비중은 감소했다. 선진국에 비해 훨씬 더 가난한 국가인 남아프리카공화국에서도 동일한 패턴이 분명하게 나타났다. 남아프리카공화국의 2017년 서비스 부분 지출은 전체 소비자 지출의 43퍼센트를 차지했는데, 이는 1987년 이후 8퍼센트포인트 증가한 수치이다. 소비자 지출은 유형의 공산품보다는 점차 교통, 교육, 의료 및 통신 등으로 기울어지게 됐다.

공산품의 비중이 감소하는 데에는 몇 가지 이유가 있다. 첫 번째는 세상이 '늙어'가고 있다는 점이다. 1985년 23.3세였던 세계 인구의 중위 연령은 2019년 31세로 증가했다. 아프리카와 남아시아에는 여전히 젊은 소비자가 많았지만, 부유한 경제권에서는 그렇지 않았다. 2018년이 되자 일본과 독일의 인구 중 절반이 47세 이상이었고, 러시아, 중국, 미국의 중위 연령은 40세에 육박하게 됐다. 고령 가구는 오랫동안 가구와 옷장을 의류로 가득 채워왔으므로 이제는 옷에 돈을 쓰는 것을 꺼리는 경우가 많았다. 전체 소득에서 휴가 여행, 외식비 및 의료비에 지출하는 비중은 가구 및 각종 비품 관련 지출 비중보다 더 커졌다. 물론 레스토랑과 병원에서도 테이블과 의자를 구매하지만, 이러한 상업 부문의 요구가 가정의 가구 구매 감소를 만회하지는 못한다. 1960년대 후반에 38퍼센트에 이르던 세계 15세 미만 인구의 비율은 반세기 후에 겨우 25퍼센트로 줄어들었다. 고령층을 대체할 젊은 소비자가 줄어들면서, 주택과 그에 걸맞은 가구에 대한 수요 역시 하락했다. 유럽중앙은행의 집계에 따르면 2018년 EU 내 총 주택 수는 2년 전보다 감소했다.[4]

공산품에 대한 수요를 억제하는 또 다른 요인은 이들 공산품이 서비스로 전환된 것이다. 제3차 세계화가 시작될 때만 해도 CD케이스와 함께 모든 학생의 침실을 장식했던 스테레오 시스템은, 2000년대 초반 데이터 저장을 위한 내장 디스크 드라이브와 CD 재생이 가능한 광학 드라이브가 있는 컴퓨터로 바뀌었다. 2010년대가 되어 데이터 저장과 콘텐츠가 모두 일반 개인용 컴퓨터보다 훨씬 더 집중적으로 사용되는 인터넷 서버를 통해 제공되면서 기존의 CD나 오디오 시스템 등은 차례로 사라졌다. 문화는 그 어느 때보다 글로벌화됐지만 디지털 다운로드 및 스트리밍 서비스 덕분에 한때 서점과 음반 매장에서 판매됐던 물리적으로 가공된 종류의 상품을 소유하지 않고도 영화, 책, 음악을 즐길 수 있게 됐다.

주요 자동차 제조업체들은 개인 운송 수단도 유사한 형태의 서비스가 될 것이라고 예상하고 있다. 이들은 미래의 소비자들이 전용 차량을 구입하기보다 필요할 때 차량 사용 비용을 지불하기를 선호할 것으로 보고, 이런 기대에 따라 차량 공유 서비스에 투자하고 있다. 인터넷에 기반한 회사가 개인이 소유한 의류를 필요에 따라 사용할 수 있는 대여 형태의 서비스로 전환할 때까지만 해도 아무도 많은 여성이 한 벌의 드레스를 서로 공유할 수 있을 것이라고는 상상하지 못했다. 경제적 측면에서 공유는 유휴 상태에 있는 자산의 낭비를 줄임으로써 해당 자산에 대한 수요를 감소시킨다. 이를테면, 한 사람이 매일 몇 분 동안만 타던 자전거 한 대를 공유 서비스의 여러 사용자가 차례대로 계속 탈 수 있기 때문이다.

공산품 시장을 재편하는 세 번째 힘은 더 작은 규모로 제조하는 것을 더 쉽게 만드는 기술이다. 제3차 세계화는 대량생산의 시대였다. 대만의 하청 제조업체인 폭스콘이 소유한 중국 정저우 소재의 면적 약 5.7제곱킬로미터의 공장에서 매일 50만 대가 조립되는 애플 아이폰이 그 대표적인 모습이었다. 2016년이 되자 폭스콘은 이제 200개가 넘는 공급업체의 부품을 사용하여 스마트폰을 생산했다. 스크린, 마이크, 반도체를 먼 곳에서 정저우로 배송하는 것은 대량 배송이 저렴했기 때문에 합리적이었다. 이러한 방법으로 동일한 스마트폰을 대량으로 조립하여 많은 비용을 절약할 수 있었다. 하지만 생산 공정의 단축이 경제적으로 실현됨에 따라, 거대한 공장의 강점이던 규모 경제는 이제 중요성이 낮아졌다. 제조업체들이 소규모 시장을 대상으로 하는 제품을 생산하거나 경쟁력 있는 가격으로 맞춤형 제품을 만들 수도 있게 됨에 따라, 이제 쇼핑객들은 원하지 않는 기능을 제외하고 원하는 기능만을 구매할 수 있게 됐다.[5]

기업도 예전처럼 지출하지 않게 됐다. 한때 사업적 투자는 건물과 기계와 같은 고정 자산의 구매를 의미했으며, 불도저와 같이 공장에서 생산된 제품 및 생산설비에 대한 수요를 창출했다. 그러나 2010년대가 되자 많은 국가에서 전체 기업 지출의 5분의 1 이상이 연구, 소프트웨어 및 기타 비물리적 부문에 사용됐으며, 이러한 비중은 1980년대 후반의 2~3배에 해당했다. 정보기술의 아웃소싱은 가장 세계화된 방식으로 생산되던 컴퓨터와 관련한 지출을 억제했다. 특히나 컴퓨터가 아닌 테크기업이 관리하고 인터넷을 통해 접근할 수 있는 클라우드cloud에 데이터를 저장하게 되면서 이런 경향은 더 강화됐다. 점차 산업용 기계를 업데이트한다는 것이 하드웨어를 교체하는 것이 아니라 소프트웨어를 다운로드하여 설치하는 것을 의미하게 되면서 공장에서 생산되는 제품의 매출은 더 많이 잠식됐다.

시간이 지남에 따라 '제조업'이라는 의미 자체가 세계화에 지대한 영향을 미치는 방식으로 변화했다. 기술을 통해 제조업체들은 물리적 제품의 성형, 압출, 스탬핑 및 조립보다는 제품의 판매와 관련된 서비스에 훨씬 더 많은 관심을 기울일 수 있게 됐다. 영리한 엔지니어링, 창의적인 마케팅, 판매 후 수리 및 유지 보수가 더 나은 투자 수익을 제공하게 됐으며, 이는 잠재적 경쟁자에게 조립 라인의 운영보다 잠재적 경쟁자에게 더 높은 장애물이 됐다. 항공기 제조업체는 날개와 동체를 조립하는 것 외에도 날개의 플랩을 조정하고, 항법 신호를 보내고, 유지 보수 요구사항을 감지하고, 수십 가지 다른 작업을 수행하기 위해 각각의 새로운 상업용 비행기에 수천만 줄의 코드를 삽입하게 됐다. 2019년 3월, 두 대의 보잉 737 맥스 제트기가 추락하여 치명적인 충돌을 일으킨 것은 하드웨어 결함이 아니라 소프트웨어 결함 때문이었다. 2018년에 컨설팅 업체인 맥킨지McKinsey & Company 는 2030년에는 소프트웨어가 대형 자동차 가치의 30퍼센트를 차지할 것으로 추산했다. 차량에 설치된 프로그램 중 상당수는 어느 국가에서 제작되었는지 식별할 수 없지만, 여러 국가에 위치한 팀에서 만들었을 가능성이 높다. 새로운 차량의 출시가 어떻게 관련된 국가의 노동력에 영향을 미치는지 알아보기는 어렵다. 브레이크 시스템 공급처를 미국에서 멕시코로 옮길 경우, 미국에서는 그로 인한 일자리 손실이 발생하고 멕시코에서는 새로운 일자리가 생길 가능성이 높다. 하지만 브레이크를 관리하는 소프트웨어의 일부 출처가 멕시코의 과달라하라라고 작성됐다고 해서 로스앤젤레스의 프로그래머가 실직하게 됐는지 여부를 알 수 있는 방법은 없을지도 모른다.[6]

많은 산업에서, 제조 공정 자체가 더 단순해지면서 훨씬 더 적은 노동력만을 필요로 하게 될 것이다. 환경적인 이유로 많은 정부가 가솔린 또는 디젤 엔진으로 구동되는 차량을 전기 차량으로 전환하는 것을 장려하는데, 전기차는 엔진, 변속기 또는 배기가스 제어 장비가 없다. 따라서 그 시장 점유율이 높아지면 노동자가 기어와 피스톤 링을 생산할 필요가 줄어들고 기업이 이러한 부품 생산을 저임금 국가로 이전시킬 이유도 줄어든다. 처음에는 공장에서 인간에게 너무 불편하거나 위험한 작업을 대신하여 수행하던 로봇은 이제 티셔츠를 대량 생산할 수 있을 만큼 정교해졌는데, 이는 고임금 국가가 일부 유형의 의류를 만드는 데 경쟁력을 가질 수 있게 하는 발전이다. 자동화된 공장은 미국과 독일에서 운동화를 만들면서 인도네시아의 공장 노동자에게서 일자리를 빼앗고 있다. 컴퓨터가 플라스틱 또는 금속 재료 층 위 정확한 위치에 다른 층을 증착하여 물체를 만들도록 프린터에 지시하는 적층 제조기법을 사용하면, 제조업체는 멀리서 배송하는 대신 필요한 곳 근처에서 소량으로 특수 부품을 만들 수 있다. 이러한 기술은 인건비를 축소함으로써 원거리 가치사슬 구축의 주요 근거 중 하나를 없애버리고 있다.'

이러한 모든 발전은 2015년 중국이 '중국제조 2025' 계획을 발표하고, 2016년 영국이 브렉시트 투표를 실시하고, 2017년 미국이 다자간의 무역협정과 거리를 두기 훨씬 전부터 진행됐다. 이러한 추세는 미국과 중국이 무역 전쟁 직전에서 물러서거나 세계가 점점 지역적 무역 블록으로 분열되는 일과 관계없이 계속될 것이다. 제조업체와 조선소 및 해상 운송업체에 대한 관대한 보조금에도 불구하고 긴 가치사슬이 더 비싸고, 더 위험하고, 신뢰성이 떨어지며, 덜 중요해졌다는 인식은 코로나-19가 세계적으로 창궐하기 훨씬 이전부터 21세기 초반의 세계화를 종식시켰다. 정부들이 어떤 조치를 취하든지 공산품 무역은 앞으로 몇 년 동안 세계 경제보다 더 느리게 성장할 것이며, 곧 감소하기 시작할 수도 있다.

그렇다면 세계화는 끝났는가? 전혀 그렇지 않다. 오히려 새로운 단계에 접어들었다. 세계화는 제조업 및 외국인 투자와 관련해서는 후퇴하고 있지만, 서비스와 아이디어의 이동과 관련해서는 빠르게 발전하고 있다. 제3차 세계화의 비전은 선진국의 대기업에서 일하는 엔지니어와 디자이너가 임금이 낮은 곳에서 생산되는 제품을 설계하고, 그 대기업이 전 세계에 판매할 수 있도록 하는 것이었다. 제4차 세계화에서 세계화되고 있는 것은 연구, 엔지니어링 그리고 디자인 작업이다. 전 세계 모든 기업 R&D 지출의 3분의 1 이상을 차지하고 있는 세계 100대 기업은, 지역 인재를 활용하고 지역적 취향에 적합한 제품을 개발하기 위해 여러 국가에 위치한 기술센터에 연구개발비를 분배하는 경우가 많다. 한편, 제조업은 거의 모든 곳에서 가능하게 됐다. 물리적 생산의 역할 감소는 제조기업들이 주주들의 돈을 투자하고 해외에서 생산 직원들을 직접 고용하기보다는 해외 현지기업과의 라이선스 계약 및 제조 서비스 공급업체와의 계약을 통해 해외 진출을 구조화하는 경향을 반영하는 것이다. 이는 외국인 직접 투자가 감소하는 이유이기도 하다. 이런 변화 속에서, 필요한 기술 교육을 받은 근로자는 임금이 높은 고도로 자동화된 공장에 취업할 수도 있을 것이다.

반면에, 많은 서비스 산업의 근로자들은 그들의 경력에서 처음으로 외국과의 심각한 경쟁에 직면할 수 있다. 외국과의 경쟁은 일부 서비스 산업에서는 이미 오래된 이야기이다. 이미 1981년, 미국의 아메리칸항공American Airlines은 카리브해에 위치한 섬나라 바베이도스로 데이터 처리 사업을 이전했는데, 그곳에서는 수백 명의 여성이 승객의 티켓 반쪽에서 얻은 정보를 컴퓨터에 입력하여 위성을 통해 미국으로 전송했다. 몇 년 후, 미국 보험사들은 데이터 처리를 위해 청구서들을 아일랜드의 섀넌으로 전송했고, 처리된 청구서들은 대서양을 가로질러 다시 미국으로 전송됐다. 10년도 되지 않아 광학 스캐닝은 데이터 입력의 필요성을 상당 부분 없앴고, 아일랜드의 청구서 처리센터들은 유럽 은행과 미국 테크기업 고객들의 전화에 약 1만 명의 직원이 응답하는 콜센터에 자리를 내주었다. 이러한 투자는 제조업 가치사슬에 대한 많은 투자와 유사하게 정부 보조금과 임금비용의 차이로 추진됐다. 아메리칸항공은 바베이도스 센터의 항공권 처리 업무 운영비용이 오클라호마 털사의 절반 수준에 불과하다고 추정했다.[8]

시간이 지남에 따라 서비스 무역은 더 정교한 작업을 포함하게 됐다. 1989년, 당시 최대 다국적 기업의 하나로 미국에 본사를 두고 있던 GE General Electric Company 는 소프트웨어 코딩을 인도에 아웃소싱하기 시작했다. 2017년까지 인도의 기술 아웃소싱 산업의 매출은 연간 약 1500억 달러에 달했다. 항공기 유지보수를 위해 도급 계약을 했던 항공사들은 그 업무의 일부를 인건비가 낮은 곳으로 이전하기 시작했고, 2006년에 미국 항공사들은 중정비의 3분의 1이상을 해외에서 처리했다. 미국과 유럽의 인물사진 작가들은 디지털 사진을 파키스탄에 보내 수정하고, 런던 소재 은행의 경비 계좌는 폴란드의 사무직원들이 처리하게 되었다. 교통, 여행 및 상품 관련 서비스를 제외한 기타 상업 서비스의 국경 간 무역은 21세기 초반 20년 동안 매년 약 8퍼센트씩 증가하여 2018년에는 3조 1000억 달러에 달했다. 고임금 국가의 고학력 노동자들은 이러한 변화의 영향을 체감했다. 정보 기술 활용이 대규모로 증가했음에도 불구하고, 인도와의 경쟁으로 인해 미국 컴퓨터 시스템 설계자와 프로그래머의 임금 상승률은 인플레이션율보다 낮게 유지됐던 것이다.[9]

세계화가 물리적으로 국경을 넘지 않는 제품의 교환과 점점 더 관련이 높아지면서 서비스와 정보 산업 종사자들은 더 많은 타격을 입게 됐다. 인공지능은 음성인식과 번역 능력의 급속한 발전을 이루며 예전에는 개방되지 않았던 산업과 국가를 해외 경쟁자에 개방할 것이다. 만약 이탈리아어를 교육받지 않은 외국인들이 컴퓨터의 도움을 받아 이탈리아의 주택담보 관련 업무를 더 저렴하게 할 수 있게 된다면, 이탈리아 국경 너머에 그 언어를 사용하는 사람이 거의 없다는 사실은 더 이상 이탈리아어가 모국어인 주택담보 업무 관련자의 직업을 보장해주지 못할 것이다. 영화는 어디서나 제작될 수 있을 것이다. 영상편집 프로그램을 전 세계에 판매하는 다국적 기업들은 비용이 가장 저렴한 곳이라면 어디서든 영상을 제작 및 편집할 수 있는 인센티브를 제공하고 있다.[10]

각국 정부는 이러한 충격을 완화하기 위해 규제를 활용할 것이지만 제한적인 효과만 볼 수 있을 것이다. 가령 국내에서 면허를 받은 건축가만이 건물을 설계하도록 하는 것은 쉽지만, 그가 다른 나라의 제도공으로부터 디지털 포맷 형태의 상세 도면을 수입하는 일까지 막기는 어렵다. 상품의 물리적 이동보다 금융 데이터, 의료 차트 또는 놀이기구의 국제적인 교환을 억제하기는 훨씬 더 어렵고, 해외에서 생산되고 인터넷을 통해 제공되는 서비스로 인해 어떤 사람들이 피해를 받고 있는지를 알아내기는 거의 불가능하다. 일자리가 어디로든 이동할 수 있다면, 그것을 붙잡기 위해 정부는 무역 정책보다는 교육 정책에 초점을 맞출 필요가 있다. 저임금 노동자의 대량 공급은 제3차 세계화 기간 동안 일부 국가의 산업화를 도왔지만, 제4

차 세계화에서 가장 큰 경제적 힘의 원천은 유연한 기술을 가진 고도로 훈련된 노동력일 것이기 때문이다. 일자리가 갑자기 사라지는 서비스와 정보 부문 노동자들을 지원하고 재교육하는 사회보험 제도는 사회의 안정성 보호를 위해 보다 더 중요해질 것이다.

이것은 한가한 걱정이 아니다. 중국과 몇몇 다른 나라의 강력한 산업화와 저금리의 대규모 신용 자금은, 제3차 세계화 기간 동안 벌어진 2001년의 IT 버블 붕괴로 인한 경기침체와 2008년과 2009년의 심각한 글로벌 금융위기를 극복하고 세계 경제를 정상화할 수 있도록 해주었다. 그러나 2010년대가 되자 전 세계에 걸쳐 1인당 평균 소득 증가는 연간 1.7퍼센트 수준에 머물렀다. 이러한 수준은 1940년대 이후 가장 낮은 것이었다. 수치가 너무 낮아 평균 소득이 두 배로 증가하기 위해서는 40년 이상이 걸릴 것으로 예상될 정도였다. 여기에 더해 대부분의 국가에서 소득 분포가 더 왜곡됐기 때문에 많은 노동자가 소득 증가를 거의 체감할 수 없었다. 제4차 세계화는 제3차 세계화보다 서비스 및 정보 산업 종사자들에게 덜 우호적일 수 있지만, 그렇다고 해서 증가하는 소득 격차가 사라지지 않을 것이다.[11]

코로나-19로 인한 국제통상 중단도 이런 흐름을 바꾸지는 못할 것으로 보인다. 2020년 상반기에 바이러스가 국제무역을 교란시켰을 때, 여러 곳에서 글로벌 가치사슬의 취약성이 드러났다는 이야기가 나왔다. 코로나-19의 영향이 크다는 점은 논쟁의 여지가 없다. 한 추정에 따르면, 전 세계 5만 1000개의 회사가 이 감염병이 시작되고 큰 영향을 받은 중국의 여러 지방에 직접 공급업체를 가지고 있었으며, 최소 500만 개의 기업이 해당 지역에 위치한 공급자에게 의존하는 다른 공급자들로부터 물품을 조달했다. 가치사슬 중단의 규모가 전례 없이 큰 가운데, 하나의 공급원에서만 확보 가능한 핵심 구성 요소에 의존하는 데 따른 취약성은 오래전부터 드러나 있었다. 많은 기업이 수년 동안 가치사슬을 다양화함으로써 사업 중단의 가능성을 줄이려고 노력한 반면, 다른 기업들은 경쟁 압박으로 인해 단일 소스에 따른 위험을 받아들여야 한다고 생각했다. 그리고 코로나-19도 이러한 어려운 계산법을 바꿀 것 같지는 않다.[12]

외국인 직접 투자는 2007년 세계 경제 생산량의 5.4퍼센트로 정점을 찍고 2018년에는 2007년의 3분의 1 이하로 떨어졌는데, 이런 감소 흐름 또한 바뀌지는 않을 것이다. 오히려 코로나-19로 인한 혼란은 공장, 사무실 건물, 기계, 토지 등에 대해 장기적 투자를 하지 않고 국제적으로 사업을 하려는 노력을 더욱 촉진할 것이다. 항공사들이 항공편을 취소하고 정부가 도착하는 승객들에게 2주 동안 검역을 받도록 지시한 후 국제 여행이 거의 중단됐다.

코로나-19는 기업들이 습관적인 현장 방문과 대면 회의 없이도 해외에서의 이익을 관리하게 했고, 여행에 지친 경영진들로서는 바이러스가 물러가더라도 예전 방식으로 돌아가기를 크게 원하지 않을 수 있다. 한편, 레저 여행객들은 이제 유람선 관광이나 안데스산맥 트레킹을 예약할 때 이전에는 없었던 복잡한 절차를 밟아야 한다는 사실을 알게 됐다. 여행객 수만 명의 발이 묶이는 일이 널리 알려지게 되면서 국제 관광의 급속한 성장이 늦춰지고, 동시에 호텔, 공항, 쇼핑몰에 대한 외국인 투자 역시 함께 지연될 수 있게 됐다.

제4차 세계화에서 국가들은 어떻게 할 것인가? 2세기 전의 데이비드 리카도 시절부터 경제학자들은 국가는 가장 효율적으로 수행할 수 있는 활동을 특화하고 나머지는 수입해야 한다고 가르쳐왔다. 그러나 상품 무역 패턴에 영향을 미치는 보조금의 역할로 인해 이미 의심받고 있던 비교우위의 개념은 디지털 시대에는 거의 의미가 없어졌다. 제품의 가치가 어느 곳에서 얼마나 추가됐는지를 파악하는 일이 점점 더 어려워지기 때문이다. 승자와 패자를 추적하는 수단이던 무역수지는 점차 쓸모가 없어졌고, 시대에 뒤떨어진 개념이 됐다. 제4차 세계화에서 한 국가의 성공은 통계학자들에 의한 흑자와 적자 계산이 아니라 빠르게 변화하는 세계 경제 속에서 국민들의 생활 수준이 상승하는지, 그리고 세계화된 세상의 이익을 국민들이 널리 공유하도록 보장하는지 여부에 달려 있다.

제4차 세계화의 경제적 윤곽은 이미 명확해 보일지도 모르지만, 정치적 윤곽은 여전히 불분명하다. 아마도 가장 중요한 질문은 '그동안 세계화를 장려하고 한 세기에 걸쳐 국제관계를 형성해왔던 협정들이 어떻게 될 것인가?'일 것이다. 이러한 합의들은 완벽한 것과는 거리가 멀었다. 코로나-19는 국가들이 질병에 대한 정보를 공유하고 해외 여행자들의 건강을 모니터링하기 위해 협력하는 시스템이 얼마나 취약한지 보여주었다. 그러나 NATO의 군사동맹부터 아프리카 통일 기구_{OAU, Organization for African Unity} 같은 정치동맹, WTO의 경제 규칙 등 지난 수십 년간의 외교적 성과들을 무시해서는 안 된다. 많은 결점에도 불구하고, 이러한 기구와 협정은 전 세계적으로 무력 충돌의 빈도와 강도를 줄여왔으며, 수십억 명의 생활 수준을 현저하게 향상시켰다.

2010년대 세계화에 대한 정치적 공격의 주요 목표는 국제협력을 약화시키는 것이었다. 이러한 공격에 의해 세계화가 '지역화 regionalization'로 대체될 것이라고 생각할 수도 있다. 일부 학자는 미국과 중국의 공동 노력이 "세계를 정치적, 경제적 블록이라는 역사적 규범으로 되돌리고 있는지도 모른다"라고 말하기도 한다. 그러나 지역화 역시 새로운 여러 장애물의 방해를 받고 있기 때문에 이렇게 될 것인지는 확실하지 않다. 2015년, 지난 15년 동안 코펜하겐으로 이어지는 철도 노선을 이용하여 순조로운 통근길에 오르던 스웨덴인들은, 매일같이 불법 이민자를 감시하는 덴마크 국경 경찰의 면밀한 조사를 받게 됐다. 2017년 미국은 지역 자유무역 협정의 파트너인 캐나다와 멕시코에 무역 제재를 가했다. 한국의 새로운 미사일 방어체제에 대한 중국의 날카로운 비판은 중국 내에서 한국 상품 불매 운동을 불러일으켰으며, 이로 인해 그동안 중국에 100억 달러를 투자했던 한국의 대표적인 소매기업 롯데그룹은 중국을 떠나게 됐다. 2년 후, 비경제적인 문제를 둘러싼 오랜 긴장은 크고 긴밀한 무역 관계를 형성해왔던 일본과 한국 사이에 무역 전쟁을 촉발했고, 불안정한 동북아 지역에서의 군사협력을 방해했다. 근접성이 항상 우정, 상호 이해 또는 긴밀한 관계를 가져오는 것은 아니다.[13]

엠마 머스크호는 미지의 바다를 항해하지 않았다. 그 배의 항로는 수십 년에 걸쳐 구축된 무역 규칙, 투자 정책 및 금융 규제라는 틀에 따라 안내됐지만, 이러한 틀은 세계화가 통제불능 상태에 이르게 만들기도 했다. 2010년대 들어 각국 지도자들은 국내의 정치적 필요에 따라 무엇이 기존의 틀을 대체할 것인지에 대해서는 놀라울 정도로 신경 쓰지 않고 기존 틀의 중요한 부분들을 신속하게 해체했다.

이 책이 제안한 것과 같이, 앞으로 강도가 약한 형태의 세계화가 닥쳐온다면 그 역시 나름대로의 틀을 필요로 할 것이다. 그리고 그 틀을 만드는 일은 기존의 틀을 깨는 일보다 훨씬 더 어려울 것이다.

책을 마치며

이 책은 많은 도서관과 아카이브에서 수년간 수행된 연구와 그동안 이뤄진 수많은 인터뷰를 바탕으로 한다.

필자의 생각을 알릴 수 있는 기회를 준 미국역사학회(American Historical Association), 비즈니스역사학회(Business History Conference), 코펜하겐비즈니스학교(Copenhagen Business School), 독일역사협회(German Historical Institute), 국립역사센터(National History Center), 미국역사가협회(Organization of American Historians), 스위스연방공과대학(Swiss Federal Institute of Technology)의 컨퍼런스 주최 측에 감사를 표한다.

몇몇 사람들을 생략할 수 있다는 위험이 있지만, 필자의 생각을 발전시키고 이해하는 데 아이디어와 조언을 준 사람들을 언급하고 싶다. 모두에게 특별한 감사를 전한다.

Michele Acciaro, Viktor Allgurén, Nikolai Birger, Kevin Cullinane, Charles Cushing, Guy Erb, Rod Franklin, Gary Gerstle, Michael Weigaard Heimann, Hans-Jörg Heims, Patrick Hooijmans, Gisela Hürlimann, Martin Jes Iversen, Max Johns, Walter Kemmsies, Geraldine Knatz, Christopher Koch, Thomas Koch, Uwe Köhler, Dalia Marin, Alan McKinnon, Paolo Montrone, Henning Morgen, René Taudal Poulsen, Otto Schacht, Scudder Smith, Henrik Somn-Friese, Mira Wilkins, Mary Yeager.

참고문헌

서문

1   Paul James and Manfred B. Steger, "A Genealogy of 'Globalization': The Career of a Concept," *Globalizations* 11(2014): 417–34. James와 Steger에 따르면, "globalization"이라는 용어는 J. O. Decroly의 *La fonction de globalisation et l'enseignement*(Brussels: Lamertin, 1929)에서 처음 등장했다. 1930년 *Oxford English Dictionary*에 처음 인용된 것도 교육과 관련이 있었다. Theodore Levitt, "The Globalization of Markets," *Harvard Business Review*, May–June 1983, 92–102.

2   Jürgen Osterhammel and Niels P. Petersson, *A Short History of Globalization*(Princeton, NJ: Princeton University Press, 2005), 26; David Clingingsmith and Jeffrey G. Williamson, "Deindustrialization in 18th and 19th Century India," *Explorations in Economic History* 45(2008): 209–34.

3   Ben Zimmer, "The Origins of the Globalist Slur," *Atlantic*, March 14, 2018, https://www.theatlantic.com/politics/archive/2018/03/the-origins-of-the-globalist-slur/555479/; *New York Times*, September 3, 1943.

4   Growth in manufactured goods trade calculated from General Agreement on Tariffs and Trade, *International Trade 1986–87*(Geneva, 1987), 10, 18. "다국적 기업"이라는 용어는 투자 은행가인 David Lilienthal이 모국 외 해외에 경영 책임을 수반하는 사업을 둔 기업으로 정의하면서 처음 사용된 것으로 보인다. D. Eleanor Westney, "The Organizational Architecture of the Multinational Corporation," in *Orchestration of the Global Network Corporation*, ed. Laszlo Tihanyi et al.(Bingley, UK: Emerald Group, 2014), 7–10.

5   Philip Turner, "Capital Flows in the 1980s: A Survey of Major Trends," BIS Economic Paper no. 30, Bank for International Settlements, April 1991, 22; Simon Evenett, "The Cross-Border Mergers and Acquisitions Wave of the Late 1990s," in *Challenges to Globalization: Analyzing the Economics*, ed. Robert E. Baldwin and L. Alan Winters(Chicago: University of Chicago Press, 2004), 411–67.

6   James Goldsmith, *The Trap*(London: Carrol and Graf, 1994); Viviane Forrester, *L'horreur économique*(Paris: Fayard, 1996); Anthony Giddens, *Runaway World: How Globalisation is Reshaping Our Lives*(London: Profile Books, 1999); John Micklethwait and Adrian Wooldridge, *A Future Perfect*(New York: Crown, 2000).

7   John Tagliabue, "Eastern Europe Becomes a Center for Outsourcing," *New York Times*, April 19, 2007; William Greene, "Growth in Services Outsourcing to India: Propellant or Drain on the U.S. Economy?" US International Trade Commission Office of Economics, working paper 2006-01-A(2007), 4–6, 11–12, 15, quote A-4.

8   Donald Trump speech, West Palm Beach, Florida, October 13, 2016; "Le Pen Says Will Defend France against Globalization," Reuters, April 23, 2017, https://www.reuters.com/article/us-france-election-le-pen-idUSKBN17P0TW.

9   Chiara Cuiscuolo and Jonathan Timmis, "The Relationship between Global Value Chains and Productivity," *OECD International Productivity Monitor* 32(2017): 61-83.

10 Federico J. Díez, Jiayue Fan, and Carolina Villegas-Sánchez, "Global Declining Competition," International Monetary Fund working paper WP/19/92(2019).

1부. 세계화의 시작

1장. 세계적인 꿈

1   하센클레버의 인생과 사업에 대한 자료는 Marc Levinson의 "Peter Hasenclever(1716-1793)," in *Immigrant Entrepreneurship: German-American Business Biographies, 1720 to the Present*, vol. 1, ed. Marianne S. Wokeck(Washington, DC: German Historical Institute)에서 확인할 수 있다. 최종 업데이트는 January 4, 2016이다. https://www.immigrantentrepreneurship. org/entry.php?rec=224.

2   Audrey W. Douglas, "Cotton Textiles in England: The East India Company's Attempt to Exploit Developments in Fashion, 1660-1721," *Journal of British Studies* 8(1969): 28-43; David Hancock, *Citizens of the World*(Cambridge: Cambridge University Press, 1995), ch. 6. Estimates of the size of the African slave trade are taken from the Slave Voyages database, www.slavevoyages.org.

3   Ole J. Benedictow, "The Black Death: The Greatest Catastrophe Ever," *History Today* 55, no. 3(2005): 42-49.

4   Kenneth Pomeranz, *The Great Divergence: Europe, China, and the Making of the Modern World Economy*(Princeton, NJ, Princeton University Press, 2000), 117, 157. 한자 동맹의 무역에 대한 추산은 함부르크에 위치한 국제해운박물관(International Maritime Museum)의 자료에 따른 것이다.

5   Sheilagh Ogilvie, *The European Guilds: An Economic Analysis*(Princeton, NJ: Princeton University Press, 2019), 229; Giovanni Federico and Antonio Tena Junguito, "World Trade, 1800-1938: A New Data Set," EHES Working Papers in Economic History, no. 93(2016); Hendrik Van den Bert, *International Economics: A Heterodox Approach*(Abingdon, UK: Routledge, 2015), 85; Angus Maddison, *The World Economy*, vol. 1, *A Millennial Perspective*(Paris: Organisation for Economic Co-operation and Development [OECD], 2006), 95. The United Nations Conference on Trade and Development(UNCTAD), *Review of Maritime Transport 2019*(New York: UN, 2019)에 따르면 전 세계의 선적 용량(shipping capacity)은 2018년 당시 19억 미터톤이었다.

6   Frederic Chapin Lane, *Venetian Ships and Shipbuilders of the Renaissance*(Baltimore: Johns Hopkins University Press, 1934; repr. Westport, CT: Greenwood, 1975), 13-24, 239.

7   Maddison, *World Economy*, 64, 84; Filipe Castro, Nuno Fonseca, and Audrey Wells, "Outfitting the Pepper Wreck," *Historical Archaeology* 44(2010): 14-34.

8   Ronald Findlay and Kevin H. O'Rourke, *Power and Plenty*(Princeton, NJ: Princeton University Press, 2007), 307.

9   Dan Bogart, "The Transport Revolution in Industrializing Britain: A Survey," in *Cambridge Economic History of Britain 1700 to 1870*, ed. Roderick Floud and Jane Humphries, 3rd ed.(Cambridge: Cambridge University Press, 2014), 370; W.H.R. Curtler, *A Short History of English Agriculture*(Oxford: Clarendon, 1909), ch. 17.

10   Fernand Braudel, *The Mediterranean and the Mediterranean World in the Age of Philip II*, vol. 1, trans. Sian Reynolds(Berkeley, CA: University of California Press, 1995), 432; J.K.J. Thomson, "Industrial Structure in Pre-industrial Languedoc," in *Manufacture in Town and Country before the Factory*, ed. Maxine Berg, Pat Hudson, and Michael Sonenscher(Cambridge: Cambridge University Press, 1983), 75; Christopher Clark, "Social Structure and Manufacturing before the Factory: Rural New England, 1750-1830," in *The Workplace before the Factory: Artisans and Proletarians, 1500–1800*, ed. Thomas Max Safley and Leonard N. Rosenband(Ithaca, NY: Cornell University Press, 1993), 31.

11   N.S.B. Gras, "The Origin of the National Customs-Revenue of England," *Quarterly Journal of Economics* 27(1912): 107-49; Eli F. Heckscher, *Mercantilism*, vol. 1, trans. Mendel Schapiro(London: George Allen and Unwin, 1935), 57, 77; Johannes Hasebroek, *Trade and Politics in Ancient Greece*, trans. L. M. Fraser and D. C. Macgregor(London: G. Bell and Sons, 1933), 161; Fritz Machlup, *A History of Thought on Economic Integration*(London: Palgrave Macmillan, 1977), 107; Findlay and O'Rourke, *Power and Plenty*, 287.

12   Quote Heckscher, *Mercantilism*, 85; Joseph H. Davis and Douglas Irwin, "Trade Disruptions and America's Early Industrialization," National Bureau of Economic Research(NBER) working paper 9944(2003).

13   Hironori Asakura, *World History of the Customs and Tariffs*(World Customs Organization, 2003, e-book), 188-96.

14   "William III, 1698: An Act to prevent the Exportation of Wool out of the Kingdoms of Ireland and England into Forreigne parts and for the Incouragement of the Woollen Manufactures in the Kingdom of England," in *Statutes of the Realm*, vol. 7, *1695–1701*, ed. John Raithby(s.l.: Great Britain Record Commission, 1820), 524-28. Lord Cornbury to Charles Hedges, July 15, 1705, in "America and West Indies: July 1701, 11-20," in *Calendar of State Papers Colonial, America and West Indies*, vol. 22, *1704–1705*, ed. Cecil Headlam(London: Stationery Office, 1916), 567-84.

15   Markus Zbroschzyk, "Die preußische Peuplierungspolitik in den rheinischen Territorien Kleve, Geldern und Moers"(PhD dissertation, University of Bonn, 2014).

16   Zhuo Li, Laura Panza, and Yong Song, "The Evolution of Ottoman-European Market Linkages, 1469-1914," working paper, August 28, 2017, https://mpra.ub.uni-muenchen.de/80953/; Pomeranz, *Great Divergence*, 53; Joel Mokyr, *Lever of Riches: Technological Creativity and Economic Progress*(Oxford: Oxford University Press, 1992), 98.

2장. 첫 번째 세계화

1   John P. Henderson, *The Life and Economics of David Ricardo*(New York: Springer, 1995),

81-82, 105-11, 120; David Weatherall, *David Ricardo: A Biography*(The Hague: Martinus Nijhoff, 1976), 5, 13.

2   David Ricardo, *The Works of David Ricardo, Esq., M.P.*(Union, NJ: The Lawbook Exchange, 2000), 385, 75.

3   Larry Neal and Jeffrey G. Williamson, "The Future of Capitalism," in *The Cambridge History of Capitalism,* ed. Neal and Williamson(Cambridge: Cambridge University Press, 2014), 532.

4   "An Act to repeal the Laws relative to Artificers going into Foreign Parts," 5 Geo. 4 c. 97. On Ricardo's role, see the comments of Joseph Hume on February 12, 1824, in *Hansard,* 10 Parl. Deb.(2nd ser.)(1824) col. 141. The best known of these laws repealed the Corn Laws in 1846.

5   Findlay and O'Rourke, *Power and Plenty*, 314, 325. 첫 번째 세계화에 대해 알아보고 싶다면 다음 자료를 참고하라. Giovanni Federico and Antonio Tena-Junguito, "A Tale of Two Globalizations: Gains from Trade and Openness 1800-2010," *Review of World Economics* 153(2017): 601-26, and Michel Fouquin and Jules Hugot, "Back to the Future: International Trade Costs and the Two Globalizations," Centre d'études prospectives et d'informations internationales, working paper no. 2016-13(2016).

6   Sven Beckert, *Empire of Cotton: A Global History*(New York: Knopf, 2015), 199-241, 306-7, 334; Roderick Floud and Bernard Harris, "Health, Height, and Welfare: Britain 1700-1980," in *Health and Welfare During Industrialization*, ed. Richard H. Steckel and Floud(Chicago: University of Chicago Press, 1997), 91-126; Charles Dickens, *Oliver Twist*, ch. 50.

7   Pomeranz, *Great Divergence*, 33; Richard E. Baldwin and Philippe Martin, "Two Waves of Globalisation: Superficial Similarities, Fundamental Differences," National Bureau of Economic Research(NBER) working paper 6904(1999).

8   C. Knick Harley, "Ocean Freight Rates and Productivity, 1740-1913," *Journal of Economic History* 48(1988): 857-58. Harley의 데이터에 따르면 리버풀에 도착하는 미국의 평균적인 선박은 1820년 22만 9000파운드(115톤)의 면화를 실었지만 1859년에는 약 140만 파운드(700톤)의 면화를 실었다. 이 설명에 사용된 데이터의 출처는 Federico and Tena Junguito, "World Trade, 1800-1938"이며, David S. Jacks and Krishna Pendakur는 "Global Trade and the Maritime Transport Revolution," *Review of Economics and Statistics* 92(2010): 745-55에서 저렴한 운송비용과 무역 증가 사이의 인과관계는 양방향으로 진행된다는 점을 강조하고 있다.

9   범선들은 1870년대에 여전히 동아시아와 태평양 전역의 무역을 지배했다. 다음을 참조하라. Bert Becker, "Coastal Shipping in East Asia in the Late Nineteenth Century," *Journal of the Royal Asiatic Society Hong Kong Branch* 50(2010): 245-302, and Max E. Fletcher, "The Suez Canal and World Shipping, 1869-1914," *Journal of Economic History* 18, no. 4(1958): 556-73. On US trade, see Charles H. Fitch, "Report on Marine Engines and Steam Vessels in the United States Merchant Service"(1880), in *Report on Power and Machinery Employed in Manufactures*, by US Department of the Interior(Washington, DC: Department of the Interior, Census Office, 1888). 1876년까지 영국 내 조

선소에서 건조된 대부분의 선박은 범선이었다. 다음을 참조하라 Mark Dunkley, *Ships and Boats, 1840–1950*(s.l.: Historic England, 2016). On freight rates, see Douglass C. North, "Ocean Freight Rates and Economic Development 1750-1913," *Journal of Economic History* 18(1958): 537–55; Federico and Tena Junguito, "World Trade, 1800–1938."

10   Gelina Harlaftis, *Creating Global Shipping*(Cambridge: Cambridge University Press, 2019); Håken Lobell, "Foreign Exchange Rates, 1804–1914," Swedish Rjksbank, https://www.riksbank.se/globalassets/media/forskning/monetar-statistik/volym1/6.pdf, table A-6, accessed March 15, 2020.

11   Antoni Estevadeordal, Brian Frantz, and Alan M. Taylor, "The Rise and Fall of World Trade, 1870–1939," *Quarterly Journal of Economics* 188(2003): 359–407; Findlay and O'Rourke, *Power and Plenty*, 404–5.

12   Dong-Woon Kim, "J. & P. Coats as a Multinational before 1914," *Business and Economic History* 26(1997): 526–39; Alan Green and M. C. Urquhart, "Factor and Commodity Flows in the International Economy of 1870-1914: A Multi-Country View," *Journal of Economic History* 36(1976): 217–52; Kevin H. O'Rourke and Jeffrey G. Williamson, "Introduction: The Spread of and Resistance to Global Capitalism," in Neal and Williamson, *Cambridge History of Capitalism*, 11; John H. Dunning, *Studies in International Investment*(London: George Allen and Unwin, 1970), 171; John H. Dunning, "Changes in the Level and Structure of International Production: The Last One Hundred Years," in *The Growth of International Business*, ed. Mark Casson(London: George Allen and Unwin, 1983), 84–139.

13   Campbell Gibson and Emily Lennon, "Nativity of the Population and Place of Birth of the Native Population 1850 to 1990," US Census Bureau, Population Division, revised October 31, 2011, https://www.census.gov/population/www/documentation/twps0029/tab01.html; Stefan Zweig, *The World of Yesterday*(New York: Viking, 1943; repr. Lincoln: University of Nebraska Press, 1964), 194; Barry R. Chiswick and Timothy J. Hatton, "International Migration and the Integration of Labor Markets," in *Globalization in Historical Perspective*, ed. Michael D. Bordo, Alan M. Taylor, and Jeffrey G. Williamson(Chicago: University of Chicago Press, 2003), 81.

14   Adam McKeown, "Global Migration, 1846–1940," *Journal of World History* 15(2004): 155-89.

15   Dunning, "Changes in the Level," 87–88; Hein A. M. Klemann, "The Central Commission for Navigation on the Rhine," in *The Rhine: A Transnational Economic History*, ed. Ralf Banken and Ben Wubs(Baden Baden: Nomos, 2017), 31–68; Leslie Hannah, "Logistics, Market Size, and Giant Plants in the Early Twentieth Century: A Global View," *Journal of Economic History* 68(2008): 46–79; Sidney Pollard, "The Integration of European Business in the 'Long' Nineteenth Century," *Vierteljahrschrift für Sozial- und Wirtschaftsgeschichte* 84, no. 2(1997): 156-70.

16   1906년 미국의 대유럽 수출 27퍼센트가 공산품이었지만, 그 대부분은 정련된 구리 및 정제된 석유와 같이 제조 과정에서 추가된 부가가치는 거의 없는 것들이었다. 다음을 참조하라. US Department of Commerce and Labor, *Exports of Manufactures from the*

United States and Their Distribution by Articles and Countries, 1800 to 1906(Washington: Government Printing Office, 1906), 32–33, and Douglas Irwin, "Explaining America's Surge in Manufactured Exports, 1880-1913," *Review of Economics and Statistics* 85(2003): 364-76. On the Belgian Congo, see Maya Jasanoff, *The Dawn Watch*(New York: Penguin, 2017), 205-10.

17 Pomeranz, *Great Divergence*, 55; David Chilosi and Giovanni Federico, "Asian Globalizations: Market Integration, Trade, and Economic Growth, 1800-1938," London School of Economics Department of Economic History working paper 183(2013). 아시아, 아프리카 및 라틴아메리카의 무역 데이터는 John R. Hanson for *Trade in Transition: Exports from the Third World, 1840–1900*(New York: Academic, 1980)에서 발췌했으며, 이 자료들은 Economic History Association's eh.net on August 9, 2018에서 확인되었다. 세계무역의 점유율은 Federico and Tena Junguito, "World Trade, 1800-1938"을 참고했다.

18 영국의 칼로리에 대한 수치는 다음 자료에서 확인할 수 있다. Michael Miller, *Europe and the Maritime World*(Cambridge: Cambridge University Press, 2012), 218. 세계 생산량에 비해 낮은 세계무역 추정치는 다음 자료를 참조한 것이다. Ronald Findlay and Kevin H. O'Rourke, "Commodity Market Integration, 1500-2000," in Bordo, Taylor, and Williamson, *Globalization in Historical Perspective*, 13-64. 다음 자료는 이보다 높은 추정치를 제공해준다. Federico and Tena Junguito, "World Trade, 1800-1938," and Giovanni Federico and Antonio Tena Junguito, "Federico-Tena World Trade Historical Database: World Share Primary Products Exports and Imports," e-cienciaDatos, V2, 2018, doi:10.21950/O53TLR.

19 US Department of Commerce and Labor, *Exports of Manufactures*, 5, 34. 원자재 가치는 1905년 기준이다.

3장. 후퇴

1 H.G.S. Noble, *The New York Stock Exchange in the Crisis of 1914*(Garden City, NY: Country Life, 1915), 12. Noble은 개장 "징" 소리라고 표현했지만 거래소의 징은 1903년에 놋쇠 종으로 대체되었다. William L. Silber, *When Washington Shut Down Wall Street*(Princeton, NJ: Princeton University Press, 2007).

2 Mira Wilkins, *The History of Foreign Investment in the United States, 1914–1945*(Cambridge, MA: Harvard University Press, 2004), 9, 22-37. Wilkins는 부채를 포함하여 1914년 미국 경제에 대한 총 외국인 투자를 71억 달러로 추산했다. 당시 미국 경제의 총생산은 345억 달러였다.

3 J. A. Salter, *Allied Shipping Control: An Experiment in International Administration*(Oxford: Clarendon, 1921), 1.

4 Wilkins, *History of Foreign Investment*, 15-16. 독일의 무역 데이터는 Giovanni Federico와 Antonio Tena Junguito의 다음 자료를 참조했다. "Federico-Tena World Trade Historical Database: Europe," e-cienciaDatos, V1, 2018, doi:10.21950/XBOWYN. 봉

쇄의 효과에 대한 공식적인 분석은 다음을 참조하라. "Memorandum in Regard to the Present Position of the Blockade, January 1st, 1917," War Cabinet, Miscellaneous Records, UK National Archives CAB1/22.

5 P&O로 알려졌던 페닌슐라앤드오리엔탈은 1914년 총 적재량 110만 톤 규모를 관리하고 있었으며, 이런 규모는 왕립우편증기선회사(Royal Mail Steamship Company) 다음이었다. Gordon Boyce, *Information, Mediation, and Institutional Development: The Rise of Large-Scale British Shipping, 1870–1919*(Manchester: Manchester University Press, 1995), 128을 참조하라. 차이나내비게이션컴퍼니에 대해서는 Miller, *Maritime World*, 88–93. Salter, *Allied Shipping Control*, 24–29, 352–53를 참조하라.

6 Salter, *Allied Shipping Control*, 80–81, 123, 355–59. Salter에 따르면, 연합국과 중립국이 소유한 약 1250만 톤의 선박이 전쟁 중에 파괴되었다. 전쟁이 시작되었을 때, 그 국가들이 약 3100만 톤의 해양 선박을 통제했음을 고려해보면 손실률은 40퍼센트에 이르렀다. 중국과 페르시아 지역의 교역에 대한 추산은 Giovanni Federico and Antonio Tena Junguito, "Federico-Tena World Trade Historical Database: Asia," e-cienciaDatos, V2, 2018, doi:10.21950/05CZKM을 참조하라.

7 Miller, *Maritime World*, 243–44.

8 Margaret Macmillan, *Versailles 1919*(New York: Random House, 2001), 13.

9 Giovanni Federico and Antonio Tena Junguito, "Federico-Tena World Trade Historical Database: World Trade," e-cienciaDatos, V2, 2018, doi:10.21950/JKZFDP; Maurice Obstfeld and Alan M. Taylor, "Globalization in Capital Markets," in Bordo, Taylor, and Williamson, *Globalization in Historical Perspective*, 141.

10 1921년 산업보호법은 영국 법조항 번호 "11 & 12 Geo. 5, c. 47"로 성문화되었다. 다음 자료들을 참조하라. US Department of Commerce and Labor, *Foreign Tariff Notes* 42(Washington: Government Printing Office, 1921), 188; Douglas A. Irwin, *Peddling Protectionism*(Princeton, NJ: Princeton University Press, 2011), 17; Edward S. Kaplan, "The Fordney-McCumber Tariff of 1922," *EH.Net Encyclopedia*, ed. Robert Whaples, March 16, 2008, https://eh.net/encyclopedia/the-fordney-mccumber-tariff-of-1922/. Michael Clemens and Jeffrey G. Williamson은 이 시대의 많은 관세가 수입액의 백분율이 아닌 품목당 또는 무게당 특정 금액으로 부과되었기 때문에 가격이 하락하면 관세율이 자동적으로 상승했다고 지적한다. 이에 대해서는 다음 자료를 참조하라. "A Tariff-Growth Paradox: Protectionism's Impact the World Around, 1875–1997," NBER working paper 8459(2001).

11 Saif I. Shah Mohammed and Jeffrey G. Williamson, "Freight Rates and Productivity Gains in British Tramp Shipping 1869–1950," *Explorations in Economic History* 41(2004): 172–203; Fiona Scott Morton, "Entry and Predation: British Shipping Cartels, 1879–1929," *Journal of Economics and Management Strategy* 6(1997): 679–724; Estevadeordal, Frantz, and Taylor, "Rise and Fall."

12 Mira Wilkins and Frank Ernest Hill, *American Business Abroad: Ford on Six Continents*(Detroit: Wayne State University Press, 1964); "Ford in Europe: A Historical Timeline," *Automotive News*, June 2, 2003; Petri Paju and Thomas Haigh, "IBM Rebuilds Europe: The Curious Case of the Transnational Typewriter," *Enterprise and*

Society 17(2016): 281; Wilkins and Hill, *American Business Abroad*, 132, 145; Don Nerbas, *Dominion of Capital: The Politics of Big Business and the Crisis of the Canadian Bourgeoisie, 1914–1947*(Toronto: University of Toronto Press, 2013), 170; Geoffrey Jones, *Multinationals and Global Capitalism*(Oxford: Oxford University Press, 2005), 81.

13 McKeown, "Global Migration, 1846-1940."

14 Òscar Jordà, Moritz Schularick, and Alan M. Taylor, "Microfinancial History and the New Business Cycle Facts," in *NBER Macroeconomics Annual 2016*, ed. Martin Eichenbaum and Jonathan A. Parker(Chicago: University of Chicago Press, 2017), 213-63; Harold James, *The End of Globalization: Lessons from the Great Depression*(Cambridge, MA: Harvard University Press, 2001).

15 1948년, 미국 노동부는 1930년의 평균 실업 규모를 4982만 명의 민간 노동력 중 434만 명으로 추정했다. 이러한 추정치에 따르면 실업률은 8.7퍼센트로 산출된다. 이와 함께 그 외 기타 추정치에 대해서는 다음을 참조하라. Stanley Lebergott, "Labor Force, Employment, and Unemployment, 1929-1939: Estimating Methods," *Monthly Labor Review*, July 1948, 50-53. On farm wages, see US Census Bureau, *Historical Statistics of the United States*, Bicentennial Ed.(Washington, DC: Government Printing Office, 1976), 468. 구매력 평가에서 불변 가치 달러로 표현되는 경제 성장 추정치는 다음 자료에서 인용했다. J. P. Smits, P. J. Woltjer, and D. Ma, "A Dataset on Comparative Historical National Accounts, ca. 1870-1950: A Time-Series Perspective," Groningen Growth and Development Centre research memorandum GD-107(2009).

16 유효 관세율을 계산하는 방법은 다양한데, 이에 대해서는 Irwin, Peddling Protectionism, 103-6을 참조하라.

17 Irwin의 연구 170-74에서 인용했다. 1930년 전 세계 제조업 수출량은 15퍼센트 감소했다. 이에 관해서는 다음을 참조하라. Statistical Office of the United Nations, "International Trade Statistics, 1900-1960," draft paper(1962). UN Trade Statistics, https://unstats.un.org/unsd/trade/data/tables.asp#historical. Smoot-Hawley 관세는 같은 해 중반에 제정되었다.

18 Peter S. Jacks, "From Boom to Bust: A Typology of Real Commodity Prices in the Long Run," NBER working paper 18874(2016); Peter H. Lindert and Jeffrey G. Williamson, "Does Globalization Make the World More Unequal?" in Bordo, Taylor, and Williamson, *Globalization in Historical Perspective*, 264.

4장. 북쪽과 남쪽

1 Barry Eichengreen and Peter Temin, "Fetters of Gold and Paper," NBER working paper 16202(2010); Barry Eichengreen, *Golden Fetters: The Gold Standard and the Great Depression, 1919–1939*(New York: Oxford University Press, 1992).

2 Barry Eichengreen, *Globalizing Capital*(Princeton, NJ: Princeton University Press, 2008), ch. 4; Lawrence H. Officer, "Exchange Rates between the United States Dollar and Forty-one Currencies," MeasuringWorth, 2018, http://www.measuringworth.com/

exchangeglobal/; Robinson의 말은 다음 책에 기록되어 있다. Wilkins, *History of Foreign Investment*, 566.

3   Chad P. Bown and Douglas A. Irwin, "The GATT's Starting Point: Tariff Levels circa 1947," NBER working paper 21782(2015); *Reciprocal Trade Agreement between the United States of America and Nicaragua*, effective October 1, 1936, US Department of State Executive Agreement Series, No. 95. The language governing customs unions and free-trade agreements appears in GATT article XXIV.

4   97 Cong. Rec. 10842(August 30, 1951); Food and Agriculture Organization, The State of Food and Agriculture 1948(Washington, DC: Food and Agriculture Organization, 1948), 4–12.

5   Benn Steil, *The Marshall Plan*(Princeton, NJ: Princeton University Press, 2017).

6   Barry Eichengreen, *The European Economy since 1945: Coordinated Capitalism and Beyond*(Princeton, NJ: Princeton University Press, 2007), 6. 마셜플랜과는 별도로, 미국은 전후 수년간 군사 점령 당국의 통치를 받았던 서독과 일본의 경제에 큰 영향력을 행사했다.

7   해당 내용은 Robert Schuman의 1950년 5월 9일 연설에서 인용했다. 이 협정은 1951년 4월 18일 유럽석탄철강공동체를 구성하는 조약 "Treaty Constituting the European Coal and Steel Community"으로 성문화됐다(*American Journal of International Law* 46, no. S4(1952): 107–48, doi:10.2307/2213971).

8   Eichengreen, *European Economy*, 82, 84. 생산성 및 소득 데이터 출처는 Groningen Growth and Development Centre와 Conference Board Total Economy Database로, 두 기관 모두 Angus Maddison의 이론의 연구에서 파생했다. 이탈리아의 수출에 대해서는 Alfred Maizels, *Industrial Growth and World Trade*(Cambridge: Cambridge University Press, 1963), 479를 참조하라.

9   Maizels, *Industrial Growth*, 8, 133–34, 535, 539.

10 Maizels, 122–23, 243.

11 프레비시의 이러한 발언들은 다음 책에 기록되어 있다. Marc Levinson, *An Extraordinary Time*(New York: Basic Books, 2016), 36–46.

12 David M. G. Newbery and Joseph E. Stiglitz, *The Theory of Commodity Price Stabilization*(Oxford: Oxford University Press, 1981), 13; UNCTAD, Convention on a Code of Conduct for Liner Conferences, Geneva, April 6, 1974, UN Treaty Series 1334: 15 and 1365: 360, article 2.

13 UNCTAD, *Review of Maritime Transport 1968*(New York: UN, 1968), 4.

2부. 하나의 세계

5장. 컨테이너 혁명

1   Marc Levinson, *The Box: How the Shipping Container Made the World Smaller and the World Economy Bigger*, 2nd ed.(Princeton, NJ: Princeton University Press, 2016), 21–46.

2   프랑스항만노동자협회장의 말은 다음 자료에 기록되어 있으며, 저자가 번역해 실었다. *Containers*, no. 12(December 1954), 20.

3 Levinson, *Box*, 47–71.

4 US International Trade Commission(USITC), *Automotive Trade Statistics 1964–80*, Publication 1203, December 1981(Washington, DC: USITC, 1981).

5 Joseph Grunwald and Kenneth Flam, *The Global Factory*(Washington, DC: Brookings, 1985).

6장. 뜨거운 돈

1 보다 전문적인 내용에 대해 알고 싶다면 Robert Triffin, *Gold and the Dollar Crisis*(New Haven, CT: Yale University Press, 1960)를 참조하라.

2 면세액은 "Public Law 87-132"에서 인하되었다. 외국인이 발행한 증권에 대한 세금인 이자 평준화 세금(Interest Equalization Tax)은 1964년 "Public Law 88-563"에 따라 만들어졌으며 1963년 7월부터 소급 적용됐다. 브레튼 우즈 체제의 붕괴에 대해서는 Paul Volcker and Toyoo Gyohten, *Changing Fortunes*(New York: Times Books, 1992), 18-136; Eichengreen, Globalizing Capital, ch. 4를 참조하라.

3 Eric Helleiner, *States and the Reemergence of Global Finance*(Ithaca, NY: Cornell University Press, 1994), 101-6(quote 101).

4 Federal Deposit Insurance Corporation(FDIC), *History of the Eighties: Lessons for the Future*, vol. 1, *An Examination of the Banking Crises of the 1980s and Early 1990s*(Washington, DC: FDIC, 1997), 196-97; Harold James, "International Capital Movements and the Global Order," in Neal and Williamson, *Cambridge History of Capitalism*, 285.

5 1970년대 중반 Gerald Ford 미국 대통령의 경제 고문이었던 William Seidman은 나중에 "나를 포함한 포드 행정부 전체는 대형 은행들에 저개발국에 대한 석유 달러 리사이클링[대출]이 유익했고, 어쩌면 애국적 의무일 수도 있다고 말하곤 했다"라고 썼다. 이에 대해서는 다음을 참조하라. Seidman, *Full Faith and Credit*(New York: Crown, 1993), 38. Wriston이 여러 형태로 반복한 논평은 처음에 그의 기사 "Banking against Disaster,"(*New York Times*, September 14), 1982에서 처음 등장했지만 그가 이런 말을 한 최초의 사람은 아니었다.

6 Basel Committee on Bank Supervision, "Report to the Governors on the Supervision of Banks' Foreign Establishments," September 26, 1975.

7 Gerardo Della Paolera and Alan M. Taylor, "A Monetary and Financial Wreck: The Baring Crisis, 1890-91," in *Straining at the Anchor*, ed. Della Paolera and Taylor(Chicago: University of Chicago Press, 2001), 67-79; Kris James Mitchener and Marc D. Weidenmier, "The Baring Crisis and the Great Latin American Meltdown of the 1890s," *Journal of Economic History* 68(2008): 462-500; Jon R. Moen and Ellis W. Tallman, "The Bank Panic of 1907: The Role of Trust Companies," *Journal of Economic History* 52(1992): 611-30; Anna Grodecka, Seán Kenny, and Anders Ögren, "Predictors of Bank Distress: The 1907 Crisis in Sweden," Lund Papers in Economic History 180(2018); Mary T. Rodgers and James E. Payne, "How the Bank of France changed U.S. Equity Expectations and Ended the Panic of 1907," *Journal of Economic History* 74(2014): 420-

48; Richard Roberts, *Saving the City: The Great Financial Crisis of 1914*(Oxford: Oxford University Press, 2013), 195–227.

8   세계은행은 1982년 말 저소득 및 중산층 국가의 외화 부채를 6010억 달러로 추정하고 있지만, 이 수치는 아르헨티나(1982년 440억 달러), 한국(370억 달러), 폴란드(270억 달러) 등 주요 채무국의 대외 채무를 제외한 것이었다.

9   Susan M. Collins and Wong-Am Park, "External Debt and Macroeconomic Performance in South Korea," in *Developing Country Debt and the World Economy*, ed. Jeffrey Sachs(Chicago: University of Chicago Press, 1989), 121–40; Rüdiger Dornbusch, "Our LDC Debts," in *The United States in the World Economy*, ed. Martin S. Feldstein(Chicago: University of Chicago Press, 1988), 192.

10   Volcker and Gyohten, *Changing Fortunes*, 226.

11   International Monetary Fund(IMF), *Annual Report 1985*(Washington, DC: IMF, 1985), 21; Jerome I. Levinson, "A Perspective on the Debt Crisis," *American University International Law Review* 4(1989): 504–8; Lois M. Plunkert, "The 1980's: A Decade of Job Growth and Industry Shifts," *Monthly Labor Review*, September 1990, 3–16.

7장. 불붙이기

1   Vincent P. Carosso and Richard Sylla, "U.S. Banks in International Finance," in *International Banking 1870–1914*, ed. Rondo Cameron and V. I. Bovykin(New York: Oxford University Press, 1991), 68; Roberts, *Saving the City*, 169, 195.

2   Tommaso Padoa-Schioppa and Fabrizio Saccomanni, "Managing a Market-Led Global Financial System," in *Managing the World Economy: Fifty Years after Bretton Woods*, ed. Peter B. Kenen(Washington, DC: Institute for International Economics, 1994), 262.

3   Herbert Baum, "Possibilities and Limits of Regulation in Transport Policy," in *Possibilities and Limits of Regulation in Transport Policy*, by European Conference of Ministers of Transport(ECMT)(Paris: ECMT, 1983), 5–106.

4   Walter Y. Oi and Arthur P. Hurter, *Economics of Private Truck Transportation*(Dubuque, IA: W. C. Brown, 1965).

5   Bureau of Transport Economics, "Overview of Australian Road Freight Industry: Submission to National Inquiry, 1983"(Canberra: Australian Government Publishing Service, 1984); Michael Beesley, "UK Experience with Freight and Passenger Regulation," in *The Role of the State in a Deregulated Market*, by ECMT(Paris: ECMT, 1991), 45–76; Martha Derthick and Paul J. Quirk, *The Politics of Deregulation*(Washington, DC: Brookings Institution, 1985), 36.

6   이 법률들은 다음과 같다. The Railroad Revitalization and Regulatory Reform Act(1976), the Air Cargo Deregulation Act(1977), the Airline Deregulation Act(1978), the Motor Carrier Regulatory Reform and Modernization Act(1980), the Household Goods Transportation Act(1980), the Staggers Rail Act(1980), the Bus Regulatory Reform Act(1982), the Shipping Act(1984), the Surface Freight Forwarder Deregulation Act(1986).

7 1978년 미국에서 화물차 운송은 40건 가운데 1건꼴로 주문 요청을 충족하지 못했다. 다음을 참조하라. US General Accounting Office, *Economic and Financial Impacts of the Staggers Rail Act of 1980*(Washington, DC: Government Printing Office, 1990), 55. 철도로 운반되던 화물의 손상으로 인한 손해 배상 청구는 일상적으로 철도화물 수입의 1.3퍼센트를 초과했다. 다음을 참조하라. Marc Levinson, "Two Cheers for Discrimination: Deregulation and Efficiency in the Reform of U.S. Freight Transportation, 1976-1988," *Enterprise and Society* 10(2009): 178-215.

8 Aden C. Adams and Carl W. Hoeberling, "The Future of Contract Rates," *ICC Practitioners' Journal* 47(1980): 661-64; US Federal Maritime Commission, *Section 18 Report on the Shipping Act of 1984*(Washington, DC: Federal Maritime Commission, 1989), 162, 178.

9 "Rates on Overseas Phone Calls Decline," *New York Times*, May 19, 1982; US Census Bureau, *Statistical Abstract of the United States 1992*(Washington, DC: Government Printing Office, 1990).

10 Guillermo Barnes, "Lessons from Bank Privatization in Mexico," World Bank policy research working paper WPS 1027(1992).

11 Mary M. Shirley, "The What, Why, and How of Privatization: A World Bank Perspective," *Fordham Law Review* 60(1992): S23-S36.

12 Brian Pinto and Sergei Ulatov, "Financial Globalization and the Russian Crisis of 1998," World Bank policy research working paper 5312(2010); World Bank, *Economic Growth in the 1990s: Learning from a Decade of Reform*(Washington, DC: World Bank, 2005), 192(quote); Saul Estrin and Adeline Pelletier, "Privatization in Developing Countries: What Are the Lessons of Recent Experience?" *World Bank Research Observer* 33(2018): 65-102. For a defense of the benefits of privatization, see Alberto Chong and Florencio Lópes-de-Silanes, edseds., *Privatization in Latin America: Myths and Reality*(Washington, DC: World Bank, 2005).

13 Shane Greenstein, *How the Internet Became Commercial*(Princeton NJ: Princeton University Press, 2015).

8장. 거대한 흡입음

1 국내 총생산에 대한 무역 추정치에 대해서는 Findlay and O'Rourke, "Commodity Market Integration," 41를 참조하라. WTO 자료에 따르면 6개 EC 회원국의 상품 수출은 1960년에서 1973년까지 평균 384퍼센트 증가한 반면 덴마크는 218퍼센트, 영국은 79퍼센트, 아일랜드는 299퍼센트 증가했다.

2 Thorn's address to the European Parliament on February 15, 1984, published in Commission of the European Communities, *Programme of the Commission for 1984*(Luxembourg: Office for Official Publications of the EC, 1984), 8, 10.

3 생산성 관련 자료는 Conference Board의 Total Economy Database의 것을 인용했다. "Key Issues for Talks," *New York Times*, June 8, 1984; Herbert Giersch, "Eurosclerosis,"

Kiel Discussion Papers no. 112, Institut für Weltwirtschaft, Kiel(1985), 4.

4   Commission of the European Communities, *Completing the Internal Market*, COM 85(310)(Brussels, June 14, 1985); Eichengreen, *European Economy*, 345.

5   "The Single European Act"는 1986년에 체결되었지만, 1987년 아일랜드와 덴마크가 비준할 때 까지 효력을 발휘하지 못했다.

6   1979년에는 흔히 "maquiladoras"로 알려진 540개의 국경 공장이 가동되었다. 그들의 생산품은 멕시코 내에서 판매할 수 없었다. 다음을 참조하라. Leslie Sklair, *Assembling for Development*(Boston: Unwin Hyman, 1989). López Portillo's statement was made in a meeting with US president Jimmy Carter in Mexico City on February 14, 1979; see "Memorandum of Conversation," in *Foreign Relations of the United States, Foreign Relations 1977–1980*, vol. 23, *Mexico, Cuba, and the Caribbean*, ed. Alexander O. Poster(Washington, DC: Government Publishing Office, 2016), 358.

7   로널드 레이건 대통령은 때때로 북미 자유무역 개념을 창시한 것으로 인정받는다. 다음을 참조하라. "Ronald Reagan's Announcement for Presidency Candidacy," Ronald Reagan Presidential Library, November 13, 1979, (https://www.reaganlibrary.gov/11-13-79). 그러나 이것이 3자 회담의 첫 번째 제안은 아니었다. 1977년 2월 15일 백악관에서 열린 카터 대통령과 로페스 포르티요 멕시코 대통령과의 회담에서 멕시코 외무장관 산티아고 로엘 가르시아는 "북미의 3개 민주주의 국가인 멕시코, 미국, 캐나다 간에 대화가 가능하면 도움이 될 것으로 생각한다"라고 말했다. 다음을 참조하라. *Foreign Relations 1977–1980*, 23: 289. Nothing resulted from Roel García's comments. See Richard Lawrence, "Hopes for Closer U.S.-Mexican Ties Deflate," *Journal of Commerce*, May 13, 1982; comments of Deputy US Trade Representative Alan Wolff, "Summary of Conclusions of a Policy Review Committee Meeting," January 19, 1979, *Foreign Relations 1977–1980*, 23: 344; and Robert J. McCartney, "Mexico to Lower Trade Barriers, Join GATT," *Washington Post*, November 26, 1979.

8   George W. Grayson, *The Mexico-U.S. Business Committee*(Rockville, MD: Montrose, 2017), 96-98.

9   General Agreement on Tariffs and Trade(GATT): Punta del Este Declaration(September 20, 1986), SICE Foreign Trade Information System, http://www.sice.oas.org/trade/punta_e.asp.

10 *Washington Post*, December 14, 1992. 페로는 1992년 10월 15일 선거 운동 와중에 치러진 두 번째 대통령 후보 토론에서 이렇게 말했다.

11 Ernest H. Preeg, *Traders in a Brave New World*(Chicago: University of Chicago Press, 1995), 165-73; quote from "The Uruguay Round," WTO, accessed February 2, 2019, https://www.wto.org/english/thewto_e/whatis_e/tif_e/fact5_e.htm.

12 IMF and World Bank, *Market Access for Developing Countries' Exports*(2001), 15-25.

13 Arvind Subramanian and Martin Kessler, "The Hyperglobalization of Trade and its Future," Peterson Institute for International Economics working paper 13-6(2013), 24; WTO Regional Trade Agreements Information System, https://rtais.wto.org/UI/PublicMaintainRTAHome.aspx.

14 Christian Marx, "Reorganization of Multinational Companies in the Western European

Chemical Industry," *Enterprise and Society* 21(2020): 38-78.

3부. 과잉의 시대

9장. 치과의사 선단

1   오나시스에 대해서는 다음을 참조하라. Harlaftis, *Creating Global Shipping*, 193.

2   철강 생산 데이터는 세계철강협회가 제공했다. 데이터의 출처는 다음과 같다. Center for Naval Analysis, "A Brief History of Shipbuilding in Recent Times," CRM D0006988. A1/Final(September 2002); OECD, *Trade and Structural Adjustment: Embracing Globalization*(Paris: OECD, 2005), 244-51; OECD Working Party on Shipbuilding, "Imbalances in the Shipbuilding Industry and Assessment of Policy Responses," C/WP6(2016)6/final(April 2017). 1956년부터 1970년까지 미국의 조선 보조금은 10억 달러를 넘었다. 다음을 참조하라. US House of Representatives, Committee on Ways and Means, *Trade with Japan*, Serial 96-121(Washington, DC: Government Printing Office, 1980), 123, citing Ira C. Magaziner and Thomas M. Hout, *Japanese Industrial Policy*(London: Policy Studies Institute, 1980).

3   Alice H. Amsden, *Asia's Next Giant: South Korea and Late Industrialization*(New York: Oxford University Press, 1989), 269-90.

4   한국의 조선소들은 1984년 계획대로 팔지 못한 6척의 컨테이너선들을 해운사에 용선했다. Lars Bruno and Stig Tenold, "The Basis for South Korea's Ascent in the Shipbuilding Industry, 1970-1990," *Mariner's Mirror* 97(2011): 201-17.

5   OECD Council Working Party on Shipbuilding, "Peer Review of Japanese Government Support Measures to the Shipbuilding Sector," C/WP6(2012)26(2012), 7.

6   "Fünfte Kolonne," *Der Spiegel*, April 16, 1973.

7   Erik Lindner, *Die Herren der Container*(Hamburg: Hoffmann und Campe Verlag, 2008), 87-97, quote 91.

8   European Commission, "Community Guidelines on State Aid to Maritime Transport," 97/C 205(July 5, 1997), 11; European Commission, "Community Guidelines on State Aid to Maritime Transport," 2004/C 13(January 17, 2004), 6.

9   Ole Andersen, "The Rise and Fall of German Shipping," *Shippingwatch*, May 2014.

10 Ulrike Dauer, "Commerzbank Moves to Repay More State Aid," *Wall Street Journal*, March 13, 2013; Arno Schuetze and Jan Schwartz, "State Owners Sell Germany's HSH Nordbank to Buyout Groups," Reuters, February 28, 2018, https://uk.reuters.com/article/us-hsh-nordbank-sale/state-owners-sell-germanys-hsh-nordbank-to-buyout-groups-idUKKCN1GC1YJ; UNCTAD, *Review of Maritime Transport 2018*(New York: UN, 2018), 29.

11 Myrto Kalouptsidi, "Detection and Impact of Industrial Subsidies: The Case of Chinese Shipbuilding," *Review of Economic Studies* 85(2018): 1111-58. 중국 국영 선박이 오래된 선박을 폐기하고 오염이 덜한 새 선박을 구매하도록 장려하기 위해 2009년에

만들어진 별도의 보조금 프로그램도 거의 동일한 효과를 냈다. 머스크사의 비용 비교는 2007년 4월에 진행한 것이다. "Container Market Crash on the Horizon?" *FairPlay*, September 22, 2005; "New Decade of Bursting Yards Predicted," *FairPlay*, October 13, 2005.

12 Margot Roosevelt, "Battles Erupt over Warehouse Jobs as the Legislature Moves to Curb Subsidies," *Los Angeles Times*, May 13, 2019; Office of Inspector General, United States Postal Service, "Terminal Dues in the Age of Ecommerce," RARC-WP-16-OU3(December 14, 2015).

10장. 규모에 손을 대다

1 보조금의 측정 및 금액에 대해서는 다음을 참조하라. WTO, *World Trade Report 2006*(Geneva: WTO, 2006).

2 Steve Dryden, *Trade Warriors*(New York: Oxford University Press, 1995), 38.

3 James T. Walker, "Voluntary Export Restraints between Britain and Japan: The Case of the UK Car Market(1971-2001)," *Business History* 59(2017): 35–55; Laurent Warlouzet, "Towards a European Industrial Policy?: The European Economic Community(EEC) Debates, 1957-1975," in *Industrial Policy in Europe after 1945*, ed. C. Grabas and A. Nützenadel(London: Palgrave Macmillan, 2014), 213-35; Christian Marx, "A European Structural Crisis Cartel as a Solution to a Sectoral Depression?" *Economic History Yearbook* 58(2017): 163-97; Étienne Davignon, interview with Étienne Deschamps, Brussels, Centre virtuel de la connaissance sur l'Europe, January 14, 2008, www.cvce.eu; Stuart W. Leslie, "The Biggest 'Angel' of Them All: The Military and the Making of Silicon Valley," in *Understanding Silicon Valley*, ed. Martin Kenney(Stanford, CA: Stanford University Press, 2000), 48-67.

4 Arvind Panagariya, "Evaluating the Case for Export Subsidies," World Bank policy research working paper 2276(2000).

5 I. M. Destler, Haruhiro Fukui, and Hideo Sato, *The Textile Wrangle: Conflict in Japanese-American Relations, 1969–1971*(Ithaca, NY: Cornell University Press, 1979), 66(Nixon quote); "Agreement on Wool and Man-made Fibers" in US Department of State, *United States Treaties and Other International Acts*, vol. 23, part 3(Washington, DC: Government Printing Office, 1972), 3167; Japan guidance quote from Japan Industrial Structure Council, *Japan in World Economy: Japan's Foreign Economic Policy for the 1970s*(Tokyo: Ministry of International Trade and Industry, 1972), 48-50.

6 Takafusa Nakamura, *The Postwar Japanese Economy: Its Development and Structure, 1937–1994*(Tokyo: University of Tokyo Press, 1981), 224; Konosuke Odaka, "Are We at the Verge of a Stagnant Society?" in "Recent Developments of Japanese Economy and Its Differences from Western Advanced Economies," ed. Hisao Kanamori, Center Paper 29, Japan Economic Research Center(September 1976), 33; Yoshimitsu Imuta, "Transition to a Floating Exchange Rate," in *A History of Japanese Trade and Industry Policy*, ed.

Mikiyo Sumiya(Oxford: Oxford University Press, 2000), 528; Sueo Sekiguchi, "Japan: A Plethora of Programs," in *Pacific Basin Industries in Distress*, ed. Hugh Patrick(New York: Columbia University Press, 1991), 437.

7   William Diebold Jr., *Industrial Policy as an International Issue*(New York: McGraw-Hill, 1980), 162; Japan Automobile Manufacturers Association, *Motor Vehicle Statistics of Japan 2014*(s.l., 2014) 16, 32.

8   Gary R. Saxonhouse, "Industrial Restructuring in Japan," *Journal of Japanese Studies* 5(1979): 273–320; Steven Englander and Axel Mittelstädt, "Total Factor Productivity: Macroeconomic and Structural Aspects of the Slowdown," *OECD Economic Survey* 10(1988): 36. The term "deindustrialization" was popularized by Barry Bluestone and Bennett Harrison, *The Deindustrialization of America*(New York: Basic Books, 1982).

9   미국의 경쟁력 저하와 일본의 발전에 대한 여러 경고의 사례들에 대해서는 다음을 참조하라. Ezra F. Vogel, *Japan as Number One*(Cambridge, MA: Harvard University Press, 1979); Bruce R. Scott and George C. Lodge, eds., *U.S. Competitiveness in the World Economy*(Boston: Harvard Business School Press, 1985); and Clyde V. Prestowitz Jr., *Trading Places: How We Allowed Japan to Take the Lead*(New York: Basic Books, 1988). Clyde V. Prestowitz Jr의 책은 이후 몇몇 다른 부제를 달고 재출간되었다.

10 Jimmy Carter, "American Bolt, Nut, and Large Screw Industry Memorandum from the President," December 22, 1978, Pub. Papers(1978, bk 2), 2284; "Proclamation 4632— Temporary Duty Increase on the Importation into the United States of Certain Bolts, Nuts, and Screws of Iron or Steel," January 4, 1979, Pub. Papers(1979), 3; US Department of Commerce, International Trade Administration, "An Economic Assessment of the United States Industrial Fastener Industry(1979 to 1986)," March 1987; Gary Clyde Hufbauer and Howard Rosen, *Trade Policy for Troubled Industries*(Washington, DC: Institute for International Economics, 1986), 20.

11 Stephen D. Cohen, "The Route to Japan's Voluntary Export Restraints on Automobiles," working paper no. 20, National Security Archive(1997); USITC, *A Review of Recent Developments in the U.S. Automobile Industry Including an Assessment of the Japanese Voluntary Restraint Agreements*(Washington, DC: USITC, 1985), 4–11. The Reagan quote appeared in Richard J. Cattani, "Carter, Reagan Cast for Votes among Blacks, Auto Workers," *Christian Science Monitor*, September 3, 1980.

12 Dale W. Jorgenson and Masahiro Kuroda, "Productivity and International Competitiveness in Japan and the United States, 1960–1985," in *Productivity Growth in Japan and the United States*, ed. Charles R. Hulten,(Chicago: University of Chicago Press, 1991), 45; Philip Turner and Jean-Pierre Tuveri, "Some Effects of Export Restraints on Japanese Trading Behavior," *OECD Economic Studies* 2(1984): 94–107.

13 Amsden, *Asia's Next Giant*, 69–80(Park quote 69; Amsden quote 80); Somi Seong, "Competition and Cooperation among Asian Countries and the Future Prospect of Korean Industrial Policy," working paper, Korea Development Institute, January 1, 1996.

14 Hee-Yhon Song, "Economic Miracles in Korea," in *Economic Interaction in the*

Pacific Basin, ed. Lawrence B. Krause and Sueo Sekiguchi(Washington, DC: Brookings Institution, 1980), 117–46. According to Kwang Suk Kim, "Lessons from Korea's Industrialization Experience," Korea Development Institute monograph no. 8105(1981), the manufacturing sector grew at a compound annual rate of 17.1% between 1963 and 1980.

15 Chong-Hyun Nam, "Protectionist U.S. Trade Policy and Korean Exports," in *Trade and Protectionism*, ed. Takatoshi Ito and Anne O. Krueger(Chicago: University of Chicago Press, 1993), 183–222; USITC, *DRAMS of One Megabit and Above from the Republic of Korea*, Publication 2629(Washington, DC: USITC, 1993), I-99.

16 Kim Gyu-Pan, "Korea's Economic Relations with Japan," *Korea's Economy* 31(2017): 23–29. According to the OECD Trade in Value Added database, 21 percent of the value of Chinese electronic and optical products in 2015 originated in Korea; see "Trade in Value Added(TiVA): Origin of Value Added in Gross Imports: 5," OECD.Stat, December 2018, https://stats.oecd.org.

11장. 중국 가격

1 Carl E. Walter and Fraser J. T. Howie, *Red Capitalism*(Singapore: Wiley, 2011), 32, 153.

2 Joe Studwell, *How Asia Works*(London: Profile Books, 2013), 184; USITC, *China's Economic Development Strategies and Their Effects on U.S. Trade*, Publication 1645(Washington, DC: USITC, 1985), 23–32.

3 Dennis Tao Yang, Vivian Weija Chen, and Ryan Monarch, "Rising Wages: Has China Lost Its Global Labor Advantage?" *Pacific Economic Review* 15(2010): 482–504; Don Oberdorfer, "Trade Benefits for China Are Approved by Carter," *Washington Post*, October 24, 1979. EC는 1970년대 후반 중국 상품에 대한 관세를 인하했다. 의회는 소련의 인권 문제, 특히 유대인의 해외 이주 제한 때문에 소련이 유사한 관세 대우를 받는 것을 막았다.

4 1986년 세계 제조업 수출에서 중국의 시장 점유율은 1퍼센트 미만이었다.

5 GATT 탈퇴에 대해서는 다음을 참조하라. Monica Hsiao, "China and the GATT," *Pacific Basin Law Journal* 12(1994): 433–34.

6 Donald C. Clarke, "GATT Membership for China?" *University of Puget Sound Law Review* 17(1994): 517–31; Preeg, *Brave New World*, 106.

7 Dori Jones Yang and Maria Shao, "China's Push for Exports Is Turning into a Long March," *Business Week*, September 15, 1986, 66. 톈안먼사건의 사망자 수는 논란이 되고 있다. 1989년 6월 5일 Alan Ewan Donald 주중 영국 대사가 런던으로 보낸 외교 전문에는 "27사단이 저지른 만행"을 언급하며 "민간인 사망자의 최소 추정치는 1만 명"이라고 덧붙였다. 당시 미국 정부의 보고서는 "민간인 사망자 수가 일부 언론 보도에 사용된 3000명에는 미치지 않았을 것이지만, 공식 발표는 분명히 넘어섰다"라고 결론을 내렸다 중국 정부는 사망자가 수백 명 수준이라고 발표했으나, 일본의 교도통신은 7000명이라고 보도했다. Cable, US Embassy, Beijing, to Secretary of State,

"What happened on the night of June 3/4?" June 19, 1989. For Deng quote, see Liang Zhang(compiler), *The Tiananmen Papers*, ed. Andrew J. Nathan and Perry Link(New York: Public Affairs, 2001).

8　Roderick MacFarquhar, "Deng's Last Campaign," *New York Review of Books*, December 17, 1992; "Full Text of Jiang Zemin's Report at 14th Party Congress," *Beijing Review*, accessed March 15, 2020, http://www.bjreview.com.cn/document/txt/2011-03/29/content_363504.htm.

9　Takashi Kawakimi, "Uniqlo's China Factories Key to Success," *Nikkei Asian Review*, October 21, 2014, https://asia.nikkei.com/Business/Uniqlo-s-China-factories-key-to-success. 제너럴모터스는 1997년에 처음으로 중국에 구매 부서를 개설했다. Norihiko Shirouzu, "Big Three's Outsourcing Plan: Make Parts Suppliers Do It," *Wall Street Journal*, June 20, 2004.

10　Nicholas R. Lardy, "China's WTO Membership," *Policy Brief*(Brookings Institution), April 1, 1999; Loren Brandt, Johannes Van Biesebroeck, Luhang Wang, and Yifan Zhang, "WTO Accession and Performance of Chinese Manufacturing Firms," *American Economic Review* 107(2017): 2784-820. 관련 수정사항들은 다음을 참조하라. *American Economic Review* 109(2019): 1616-21; Chang-Tai Hsieh and Zheng Song, "Grasp the Large, Let Go of the Small: The Transformation of the State Sector in China," *Brookings Papers on Economic Activity*(2015): 295-362.

11　Office of the US Trade Representative, "Background Information on China's Accession to the World Trade Organization," December 11, 2001, https://ustr.gov/archive/Document_Library/Fact_Sheets/2001/Background_Information_on_China%27s_Accession_to_the_World_Trade_Organization.html; Alan Matthews and K. Ingersent, "The WTO Negotiations in the Field of Agriculture and Food," European Parliament Directorate-General for Research, working paper AGRI 135 EN(2001), 58-59; Joseph Fewsmith, "The Political and Social Implications of China's Accession to the WTO," *China Quarterly* 167(2001): 573-91.

12　WTO, "Special and Differential Treatment Provisions in WTO Agreements and Decisions," WT/COMTD/W/239(October 12, 2018).

13　Peter T. Kilborn, "Wal-Mart's Buy American," *New York Times*, April 10, 1985; Nelson Lichtenstein, *The Retail Revolution*(New York: Metropolitan Books, 2009), 159-78; David Barboza and Elizabeth Becker, "Free of Quotas, China Textiles Flood the U.S.," *New York Times*, March 20, 2005; Mei Fong, "Trade Disputes Cause Liz Claiborne to Change China Sourcing Levels," *Wall Street Journal*, September 29, 2005; "Trade in Value Added(TiVA): Origin of Value Added in Gross Imports: 5," OECD.Stat, December 2018, https://stats.oecd.org/.

14　James Kynge, *China Shakes the World*(Boston: Houghton Mifflin, 2006), 57-60.

15　수입업자들은 1992년 가중 평균 41퍼센트의 관세를 지불했으며, 이 수치는 1997년에는 16퍼센트로 떨어졌다. 하지만 2001년에 일부 수입품은 100퍼센트가 넘는 관세를 내야 했다. Dani Rodrik, "What's So Special about China's Exports," NBER working paper 11947(2006). Data on exports as share of output are from the World Bank.

16 Surafael Girma, Yundan Gong, Holger Görg, and Zhihong Yu, "Can Production Subsidies Explain China's Export Performance?: Evidence from Firm Level Data," *Scandinavian Journal of Economics* 111(2009): 862-91; Zhi Wang and Shang-Jin Wei, "What Accounts for the Rising Sophistication of China's Exports," NBER working paper 13771(2008). 1990년대 후반 중국에서 시행하던 일부 보조금 제도에 대한 중국 정부의 설명은 다음을 참조하라. WTO, "Accession of the People's Republic of China," Annex 5A, WT/L/432(November 23, 2001). "Accession of the people's Republic of China," Annex 5A, WT/L/432(November 23, 2001).

17 USITC, *Certain Passenger and Light Truck Vehicle Tires from China*, Publication 4085(Washington, DC: USITC, 2009), and *Certain Passenger and Light Truck Vehicle Tires from China*, Publication 4545(Washington, DC: USITC, 2015). and Light Truck Vehicle Tires from China, Publication 4545(Washington, DC: USITC, 2015).

18 OECD, "Measuring Distortions in International Markets: The Aluminum Value Chain," *OECD Trade Policy Papers* 218(2019).

19 For other examples, see Usha C. V. Haley and George T. Haley, *Subsidies to Chinese Industry*(Oxford: Oxford University Press, 2013).

20 OECD, "Recent Developments in the Automobile Industry," *Economics Department Policy Notes* 7(2011); Shang-Jin Wei, "Foreign Direct Investment in China: Sources and Consequences," in *Financial Deregulation and Integration in East Asia*, ed. Takatoshi Ito and Anne O. Krueger(Chicago: University of Chicago Press, 1996), 77-105; Joshua B. Freeman, *Behemoth*(New York: Norton, 2017), 272-74.

12장. 가치를 포획하다

1 Andrea Andrenelli, Iza Lejàrraga, Sébastien Miroudot, and Letizia Montinari, "Micro-evidence on Corporate Relationships in Global Value Chains," OECD trade policy paper 227(2019).

2 Samuel J. Palmisano, "The Globally Integrated Enterprise," *Foreign Affairs*, May–June 2006.

3 Alex Barker and Peter Campbell, "Honda Faces the Real Cost of Brexit in a Former Spitfire Plant," *Financial Times*, June 29, 2018; US National Highway Traffic Safety Administration(NHTSA), "Part 583 American Automobile Labeling Act Reports," NHTSA, June 4, 2019, https://www.nhtsa.gov/part-583-american-automobile-labeling-act-reports.

4 Andrew B. Bernard, J. Bradford Jensen, Stephen J. Redding, and Peter K. Schott, "Global Firms," *Journal of Economic Literature* 56(2018): 565-619; John R. Baldwin and Beiling Yan, "Global Value Chain Participation and the Productivity of Canadian Manufacturing Firms," Institute for Research in Public Policy, March 17, 2016, https://on-irpp.org/2JDRQsR.

5 Marc J. Melitz and Daniel Trefler, "Gains from Trade when Firms Matter," *Journal of*

Economic Perspectives 26(2012): 91–118; Carolyn Freund and Martha Denisse Pierola, "The Origins and Dynamics of Export Superstars," Peterson Institute of International Economics working paper 16-11(2016); Ricardo Monge-González, *Moving up the Global Value Chain: The Case of Intel Costa Rica*(Lima: International Labour Organization, 2017).

6   IHS Markit, "iPhone 3G S Carries $178.96 BOM and Manufacturing Cost, iSuppli Teardown Reveals," press release, Omdia, June 24, 2009,https://technology.ihs. com/389273/iphone-3g-s-carries-17896-bom-and- manufacturing-cost-isuppli-teardown-reveals.

7   Yuqing Xing and Neal Detert, "How the iPhone Widens the United States Trade Deficit with the People's Republic of China," Asian Development Bank Institute working paper 257(2010).

8   애플이 아이폰 3G를 판매해 얻은 순이익에 대한 공개된 정보는 없다. 애플의 스마트폰 당 이익 추정치는 아이폰 3G 평균 판매가격의 약 19퍼센트였던 2009년 4분기 순마진을 적용했다. 순이익률은 순수입을 총 수익으로 나눈 값으로 계산된다. 모든 아이폰 모델과 관련 제품은 2009 회계연도 애플 매출의 30퍼센트였고 2010 회계연도에는 39퍼센트를 차지했으며, 아이폰 3G의 순마진이 회사 전체의 순마진보다 높거나 낮았을 가능성도 있다.

9   Teresa C. Fort, "Technology and Production Fragmentation: Domestic versus Foreign Sourcing," *Review of Economic Studies* 84(2017): 650–87; Richard Baldwin and Javier Lopez-Gonzalez, "Supply-Chain Trade: A Portrait of Global Patterns and Several Testable Hypotheses," *World Economy* 38(2015): 1682–721.

10   이 내용은 OECD-WTO의 부가가치 무역의 데이터베이스를 기반으로 한다.

11   WTO, *World Trade Statistical Review 2017*, table A54, https://www.wto.org/english/ res_e/statis_e/wts2017_e/wts2017_e.pdf.

4부. 불황의 공포

13장. 떠다니는 거인들

1   Daniel Jessel, "Banking on the Dragon," *Fairplay*, January 6, 2005.

2   A. P. Møller-Maersk A/S, *Annual Report 2003*, 10–12.

3   이 내용은 머스크사 기록물 보관실의 문서를 기반으로 한다. Department 131, Stubkjaers Secretariat, boxes 229488 and 229470 and various chronological notebooks.

4   Robert Wright, "World's Fastest Containerships Mothballed," *Financial Times*, February 22, 2010.

5   UNCTAD, *Review of Maritime Transport 2003*(New York: UN, 2003), 63; quotation from Knud Stubkjaer, then head of Maersk Line, i. "Maersk Deal Will Stir Up Liners," *Fairplay*, May 19, 2005.

6   2005년에 운영된 가장 큰 컨테이너선은 9200TEU 규모였다. *Containerisation International Yearbook 2005*, 7. 엠마 머스크호의 선복량은 *Containerisation International*

*Yearbook 2012*에서는 1만 5500TEU로 제시됐으나 1년 전의 연감에서는 1만 4770 TEU로 제시됐다. 보고된 선복량은 부분적으로 컨테이너당 평균 무게에 대한 가정에 따라 달라진다. Gregory Richards, "Emma Maersk May Be as Big as a Container Ship Can Get," *Virginian-Pilot*(Norfolk, VA), August 23, 2006.

7 "Are Shipbuilders Hurtling Towards Overcapacity?" *Fairplay*, September 8, 2005.

8 Peter T. Leach, "Shakeup at Maersk," *Journal of Commerce*, July 1, 2007.

14장. 측정되지 않은 위험들

1 Brent Hunsberger, "Worried about Lockout at West Coast Ports, Some Importers Cancel Orders," *Oregonian*, October 3, 2002; John Gallagher, "Shippers' Nightmare," *Traffic World*, October 14, 2002; David Teather, "Gap Warns of Knock-On as US Dock Strike Ends," *Guardian*, October 11, 2002; Daniel B. Wood, "Dock Backlog Likely to Hit Christmas Sales," *Christian Science Monitor*, October 10, 2002; Danielle Herubin, "Retailers Say They Think Port Delays Will Cause Toy Shortages for Christmas," *Orange County Register*, October 29, 2002.

2 Peter V. Hall, "We'd Have to Sink the Ships': Impact Studies and the 2002 West Coast Port Lockout," *Economic Development Quarterly* 18(2004), 354–67.

3 Freeman, *Behemoth*, 138–44.

4 Andrew Pollack, "Shortage of Memory Chips Has Industry Scrambling," *New York Times*, March 12, 1988; Jason Amaral, Corey A. Billington, and Andy A. Tsay, "Safeguarding the Promise of Production Outsourcing," *Interfaces* 36(2006): 220–33.

5 Ila Manuj, "Risk Management in Global Sourcing: Comparing the Business World and the Academic World," *Transportation Journal* 52(2013): 80–107(quotes 92).

6 Stephan M. Wagner and Christoph Bode, "An Empirical Investigation into Supply Chain Vulnerability," *Journal of Purchasing and Supply Management* 12(2006): 301–12; "BMW to Recall Faulty Diesel Cars," *BBC News*, February 1, 2005, news.bbc.co.uk/2/hi/business/4227159.stm.

7 Amy Chozick, "A Key Strategy of Japan's Car Makers Backfires," *Wall Street Journal*, July 20, 2007; April Wortham, "In Quake's Wake, Honda's U.S. Suppliers Lend a Hand," *Automotive News*, August 20, 2007.

8 Statement of Robert C. Bonner, Commissioner, US Customs, to the National Commission on Terrorist Attacks upon the United States, January 26, 2004, National Commission on Terrorist Attacks upon the United States archived website, https://govinfo.library.unt.edu/911/hearings/hearing7/witness_bonner.htm.

9 관련 사례에 대해서는 다음을 참조하라. Genevieve LeBaron, *The Global Business of Forced Labor: Report of Findings*(Sheffield, UK: University of Sheffield Political Economy Research Institute, 2018).

10 "Statistics on Safeguard Measures," WTO, accessed April 20, 2019, https://www.wto.org/english/tratop_e/safeg_e/safeg_e.htm#statistics.

11 Vasco M. Carvalho, Makoto Nirei, Yukiko Saito, and Alireza Tahbaz-Salehi, "Supply Chain Disruptions: Evidence from the Great East Japan Earthquake," Columbia Business School research paper no. 17-5(2016); Christoph E. Boehm, Aaron Flaaen, and Nitya Pandalai-Nayar, "The Role of Global Supply Chains in the Transmission of Shocks: Firm-Level Evidence from the 2011 Tōhoku Earthquake," *FEDS Notes*, Federal Reserve Board, May 2, 2016.

12 Sharon Silke Carty and Elaine Kurtenbach, "Tohoku Disaster May Bring Automakers to Their Knees," *Japan Times*, March 29, 2011.

13 Hans Greimel, "How Toyota Applied the Lessons of 2011 Quake," *Automotive News*, April 25, 2016; Thomas J. Holmes and Ethan Singer, "Indivisibilities in Distribution," NBER working paper 24525(April 2018).

15장. 글로벌 금융의 위기

1 World Bank, *Market Access for Developing-Country Exports*(Washington, DC: World Bank, 2001), 9; Wei, "Foreign Direct Investment"; Federico and Tena Junguito, "Tale of Two Globalizations," abstract. 직접 투자 통계는 UN 무역개발회의, 은행 대출 통계는 국제 결제은행(BIS, Bank for International Settlements) 자료이다.

2 Kate Kelly and Serena Ng, "Bear Stearns Bails Out Fund With Big Loan," *Wall Street Journal*, June 23, 2007.

3 Meredith A. Crowley and Xi Luo, "Understanding the Great Trade Collapse of 2008-09 and the Subsequent Trade Recovery," *Economic Perspectives* 35, no. 2(2011): 45; Richard Baldwin and Daria Taglioni, "The Great Trade Collapse and Trade Imbalances," in *The Great Trade Collapse: Causes, Consequences and prospects*, ed. Baldwin(London: Centre for European Policy Research, 2009), 47.

4 Kiyoyasu Tanaka, "Trade Collapse and International Supply Chains: Japanese Evidence," 201-8, and Ryuhei Wakasugi, "Why Was Japan's Trade Hit So Much Harder?" 209-22, both in Richard Baldwin, *Great Trade Collapse*.

5 Logan T. Lewis, Ryan Monarch, Michael Sposi, and Jing Zhang, "Structural Change and Global Trade," Federal Reserve International Finance Discussion Paper 1225(2018); Przemyslaw Wozniak and Malgorzata Galar, "Understanding the Weakness in Global Trade," European Commission Economic Brief 033(2018); US Bureau of Economic Analysis and US Census Bureau, US Imports of Goods by Customs Basis from Mexico, retrieved from FRED, Federal Reserve Bank of St. Louis, May 22, 2019, https://fred.stlouisfed.org/series/IMPMX; Eurostat, "Evolution of intra-EU trade in goods: 2002-2019," accessed March 15, 2020, https://ec.europa.eu/eurostat/statistics-explained/index.php?title=Intra-EU_trade_in_goods_-_main_features&oldid=452727#Evolution_of_intra-EU_trade_in_goods:_2002-2019.

6 Anna Ignatenko, Faezeh Raei, and Borislava Mircheva, "Global Value Chains: What Are the Benefits and Why Do Countries Participate?" IMF working paper 19/19(2019).

7   Yuqing Xing, "How the iPhone Widens the U.S. Trade Deficit with China: The Case of the iPhone X," VoxEU, November 11, 2019, https://voxeu.org/article/how-iphone-widens-us-trade-deficit-china-0; Logan Lewis and Ryan Monarch, "Causes of the Global Trade Slowdown," Federal Reserve Board International Finance Discussion Paper note, 2016, https://www.federalreserve.gov/econresdata/notes/ifdp-notes/2016/files/causes-of-the-global-trade-slowdown-20161110.pdf; Jin Hongman, "China's Practice in Statistics of Goods for Processing," presentation, United Nations Regional Seminar on Trade Statistics, Beijing, October 24–26, 2011.

8   Scott Kennedy, *China's Risky Drive into New-Energy Vehicles*(Washington, DC: Center for Strategic and International Studies, 2018).

9   Tom Hancock and Yizhen Jia, "China Pays Record $22bn in Corporate Subsidies," *Financial Times*, May 27, 2018.

10 Bela Belassa, "Trade Liberalisation and 'Revealed' Comparative Advantage," *Manchester School* 33(1965): 99–123; S. M. Ali Abbas and Alexander Klemm, "A Partial Race to the Bottom: Corporate Tax Developments in Emerging and Developing Economies," IMF working paper WP/12/28(2012); United Nations, *Design and Assessment of Tax Incentives in Developing Countries*(New York: UN, 2018); Dorsati H. Madani and Natàlia Mas-Guix, "The Impact of Export Tax Incentives on Export Performance: Evidence from the Automotive Sector in South Africa," World Bank policy research working paper 5585(2011).

11 Greg Leroy, *The Great American Jobs Scam*(San Francisco: Berrett-Koehler, 2005); Mike Pare and Dave Flessner, "Volkswagen Won Most Subsidies in Tennessee, but Were They All Necessary?" *Chattanooga Times Free Press*, September 16, 2017; Jason Spencer, "Spartanburg Takes a Look Back at Landing BMW," *State*, July 13, 2014; David Wren, "BMW's South Carolina Plant Remains Top Car Exporter Despite Higher Tariffs," *Post and Courier*, March 8, 2019; European Commission, "State Aid Scoreboard 2018," accessed March 15, 2020, http://ec.europa.eu/competition/state_aid/scoreboard/index_en.html; John Lester, "Business Subsidies in Canada," University of Calgary School of Public Policy Publications, *SPP Research Paper* 11, no. 1(January 2018).

12 "Global Production Patterns from a European Perspective," *ECB Economic Bulletin* 6(2016): 44; European Central Bank, "Understanding the Weakness in Global Trade," occasional paper 178(2016), 30.

5부. 네 번째 세계화

16장. 반발

1   Ragnhild Balsvik, Sissel Jensen, and Kjell G. Salvanes, *Made in China, Sold in Norway: Local Labor Market Effects of an Import Shock*, IZA discussion paper no. 8324(2014); Vicente Donoso, Víctor Martín, and Asier Minondo, "Do Differences in the Exposure

to Chinese Imports Lead to Differences in Local Labour Market Outcomes?: An Analysis for Spanish Provinces," *Regional Studies* 49(2015): 1746-64; David H. Autor, David Dorn, and Gordon H. Hanson, "The China Syndrome: Local Labor Market Effects of Import Competition in the United States," *American Economic Review* 103(2013): 2121-68. For an early but still cogent critique of the costs of globalization, see Dani Rodrik, *Has Globalization Gone Too Far?*(Washington: Institute for International Economics, 1997).

2   Facundo Alvaredo, Lucas Chancel, Thomas Piketty, Emanuel Saez, and Gabriel Zucman, coordinators, *World Inequality Report 2018*(World Inequality Lab, 2017), 64, 66.

3   IMF, *World Economic Outlook*(Washington, DC: IMF, April 2018), ch. 3.

4   Jeff Rubin, "Has Global Trade Liberalization Left Canadian Workers Behind?" Centre for International Governance Innovation Papers no. 163(2018), 12.

5   Francisco Costa, Jason Garred, and João Pessoa, "Winners and Losers from China's 'Commodities-for-Manufactures' Trade Boom," VoxEU, September 24, 2017, https://voxeu.org/article/winners-and-losers-china-s-commodities-manufactures-trade-boom; Adrian Wood and Jörg Mayer, "Has China De-industrialised Other Developing Countries?" Oxford University Department of International Development working paper 175(June 2010); Robert Neuwirth, *Stealth of Nations: The Global Rise of the Informal Economy*(New York: Pantheon, 2011).

6   Alvaredo et al., *World Inequality Report 2018*, 200; Bank of Japan, Research and Statistics Department, "Recent Developments of Japan's External Trade and Corporate Behavior," October 2007(English translation of Japanese original released August 27, 2007), https://www.boj.or.jp/en/research/brp/ron_2007/data/ron0710a.pdf; Hitoshi Sasaki, "Import Competition and Manufacturing Employment in Japan," Bank of Japan working paper 07-E-25(2007).

7   Gabriel Zucman, *The Hidden Wealth of Nations*(Chicago: University of Chicago Press, 2015); Annette Alstadsaeter, Niels Johannesen, and Gabriel Zucman, "Tax Evasion and Inequality," *American Economic Review* 109(2019): 2073-2103.

8   "OECD Secretary-General Report to the G20 Leaders," Osaka, Japan, June 2019; Ernesto Crivelli, Ruud de Mooij, and Michael Keenan, "Base Erosion, Profit Shifting, and Developing Countries," IMF working paper WP/15/118(2015); Jane Gravelle, "Tax Havens: International Tax Avoidance and Evasion," Congressional Research Service Report R40623(2013); Thomas Wright and Gabriel Zucman, "The Exorbitant Tax Privilege," NBER working paper 24983(2018).

9   See, for example, Micah White and Kalle Lasn, "The Call to Occupy Wall Street Resonates around the World," *Guardian*, September 19, 2011; Naomi Klein, "Occupy Wall Street: The Most Important Thing in the World Now," *Nation*, October 6, 2011, https://www.thenation.com/article/archive/occupy-wall-street-most-important-thing-world-now/.

10   Michael E. Waugh, "The Consumption Response to Trade Shocks," NBER working paper 26353(2019).

11 Percy Ashley, *Modern Tariff History: Germany, United States, France*(London: John Murray, 1920), 297–306; Douglas A. Irwin, "From Smoot-Hawley to Reciprocal Trade Agreements," in *The Defining Moment: The Great Depression and American Trade Policy in the Twentieth Century*, ed. Michael Bordo et al.(Chicago: University of Chicago Press, 1998), 343; United States, *Reciprocal Trade Agreement between the United States of America and Cuba*(Washington: Government Printing Office, 1934). Journalist Philip Stephens recalled how British prime minister Margaret Thatcher pushed for a European Union regulation on lawnmower noise to pre-empt more stringent German regulations that effectively barred British-made lawnmowers from Germany; see "After Brexit, Britain Will Be a Rule-Taker," *Financial Times*, March 7, 2019.

12 Sébastien Miroudot, Dorothée Touzet, and Francesca Spinelli, "Trade Policy Implications of Global Value Chains," OECD trade policy paper no. 161(2013); Sébastien Miroudot and Charles Cadestin, "Services in Global Value Chains: From Inputs to Value-Creating Activities," OECD trade policy paper no. 197(2017); Kommerskollegium(Swedish National Board of Trade), *Adding Value to the European Economy*(Stockholm: Kommerskollegium, 2007).

13 ComRes, "Independent/Sunday Mirror December 2016 Political Poll," ComRes Global, https://www.comresglobal.com/wp-content/uploads/2016/12/Sunday-Poll-December-2016.pdf; GEG, 'Maintenant ce sont les patriotes contre les mondialistes': Traduction d'extraits d'un entretien de Marine Le Pen à Bjørn Bredal de Politiken, 19 mars 2017," Medium, April 2, 2017, https://medium.com/@LLDD/marine-le-pen-%C3%A0-politiken-principal-journal-danois-maintenant-ce-sont-les-patriotes-contre-les-41875ac8ef6d; Rory Horner, Daniel Haberly, Seth Schindler, and Yuko Aoyama, "How Anti-globalisation Shifted from a Left to a Right-Wing Issue—and Where It Will Go Next," Conversation, January 25, 2018, https://theconversation.com/how-anti-globalisation-switched-from-a-left-to-a-right-wing-issue-and-where-it-will-go-next-90587(May quote).

17장. 적조

1 US Army Corps of Engineers, New York District, *Bayonne Bridge Air Draft Analysis*, September 2009, 23.

2 머스크라인은 2011년에 40피트 컨테이너 810만 개의 운송에서 6억 2백만 달러의 손실이 났다고 보고했다. A. P. Møller-Maersk A/S, *Group Annual Report 2011*, 22.

3 Drewry Maritime Research, cited in *Containerisation International Yearbook 2012*, 5; comment by Gianluigi Aponte to Lloyd's List, cited in "Mediterranean Shipping Company(MSC)," Fitch Solutions, December 17, 2012, https://www.fitchsolutions.com/corporates/industrials-transportation/mediterranean-shipping-company-msc-17-12-2012; International Transport Forum, *The Impact of Mega-Ships*(Paris: OECD, 2015), 18, 29.

4 Michele Acciaro, "Naval Gigantism: Rationale and Limits," speech to Federagenti, Rome, Italy, December 16, 2015.

5 Olaf Merk, *The Impact of Mega-Ships*(Paris: International Transport Forum, 2015), 41; Adam Carey and Richard Willingham, "Port of Melbourne: Ships May Soon Be Too Big to Pass under West Gate Bridge," *Age*, September 15, 2015.

6 Bundesstelle für Seeunfalluntersuchung, "Investigation Report 34/16: Grounding of the CSCL Indian Ocean in the River Elbe on 3 February 2016," October 14, 2016; Port of Gothenburg, "The Impact of Megaships: The Case of Gothenburg," 2015, 2, 15, 26; International Transport Forum, *The Impact of Alliances in Container Shipping*(Paris, International Transport Forum, 2018), 61; Chabeli Herrera, "Despite Recent Dredge, Port Miami Still Can't Fit Some Large Ships. New Project in the Works," *Miami Herald*, July 8, 2018.

7 UNCTAD, *Review of Maritime Transport 1999*(New York: UN, 1999), 71; presentation of Robin Carruthers, World Bank consultant, to Transportation Research Board, Washington, DC, January 14, 2020.

8 OECD Working Party on Shipbuilding, "Peer Review of the Korean Shipbuilding Industry and Related Policies," C/WP26(2014)10(January 13, 2015); Joyce Lee, "South Korea's Daewoo Shipbuilding Unlocks $2.6 Billion Bailout after Bondholder Approval," Reuters, April 18, 2017, https://uk.reuters.com/article/us-daewoo-restructuring/south-koreas-daewoo-shipbuilding-unlocks-2-6-billion-bailout-after-bondholder-approval-idUKKBN17K0KX; Xiaolin Zeng, "South Korean Shipbuilders' Fight for Life," *Fairplay*, April 6, 2017; Costas Paris, "Korea Extends Aid Package to Hyundai Merchant Marine," *Wall Street Journal*, January 27, 2017; Costas Paris, "South Korea Sends Another $5 Billion to Hyundai Merchant Marine," *Wall Street Journal*, October 10, 2018.

9 Costas Paris, "Taiwan Approves $1.9 Billion Aid Package to Troubled Shipping Companies," *Wall Street Journal*, November 17, 2016. 니폰유센 사장의 말은 다음 기사에 기록되어 있다. Leo Lewis and Robert Wright, "NYK, MOL and K Line to Combine Container Shipping Units," *Financial Times*, October 31, 2016.

10 Market share data from Alphaliner as of July 31, 2018.

11 Quote from Richard Milne, "Maersk Shares Slide as Chief Warns on US-China Trade War Risks," *Financial Times*, May 18, 2018; Costas Paris and Dominic Chopping, "Maersk Will Restrain Costs, Expand Logistics Services on Weak Shipping Outlook," *Wall Street Journal*, November 15, 2019.

18장. 식량 마일

1 세계 인구는 1987년에 50억 명이었고, 세계은행의 추산에 따르면 그중 약 70퍼센트 인 35억 명이 전기를 사용했다. 2017년 기준으로 전 세계 인구는 75억 명이며, 이 중 87 퍼센트인 65억 명이 전기를 사용하고 있다. OECD 수치에 따르면, 세계 쇠고기 소비

량은 1990년 4700만 미터톤에서 2017년 거의 7000만 미터톤으로 증가했다. 한 추정에 따르면, 국제무역으로 인한 경제적 이득은 온실가스 배출로 인한 환경 피해의 경제적 비용의 161배였다. Joseph S. Shapiro, "Trade Costs, CO2, and the Environment," *American Economic Journal: Economic Policy* 8(2016): 220–54.

2 Jean-Yves Huwart and Loïc Verdier, *Economic Globalisation: Origins and Consequences*(Paris: OECD, 2013): 114; Elizabeth Economy, *The River Runs Black*(Ithaca, NY: Cornell University Press, 2004); "China's War on Particulate Pollution Is Causing More Severe Ozone Pollution," *Science Daily*, January 2, 2019; Jintai Lin, Da Pan, Steven J. Davis, Qiang Zhang, Kebin He, Can Wang, David G. Streets, Donald J. Wuebbles, and Dabo Guan, "China's International Trade and Air Pollution in the United States," *Proceedings of the National Academy of Sciences of the USA* 111(2014): 1736–41.

3 *International Union for the Protection of Nature*(Brussels: Imprimerie M. Hayez, 1948).

4 Rachel Carson, *Silent Spring*(Boston: Houghton Mifflin, 1962); Paul Ehrlich, *The Population Bomb*(New York: Ballantine Books, 1968); Donella H. Meadows, Dennis L. Meadows, Jørgen Randers, and William W. Behrens III, *The Limits to Growth*(New York: Universe Books, 1972), 23.

5 Mario J. Molina and F. S. Rowland, "Stratospheric Sink for Chlorofluoromethanes: Chlorine Atomic-Catalysed Destruction of Ozone," *Nature* 249(1974): 810–12; "Life under the Ozone Hole," *Newsweek*, December 8, 1991; C. Ford Runge, *Freer Trade, Protected Environment*(New York: Council on Foreign Relations, 1994), 89–93.

6 Marc Levinson, "The Green Gangs," *Newsweek*, August 2, 1992; Frances Cairncross, "How Europe's Companies Reposition to Recycle," *Harvard Business Review*, March–April 1992, 34-45. GATT의 법률 전문가 패널은 멕시코의 손을 들어주었지만, 미국과 멕시코는 무역협상이 진행 중이기 때문에 이 결정을 채택해서는 안 된다는 데 동의했다. "Mexico etc versus US: 'Tuna-Dolphin,'" WTO, accessed March 15 2020, https://www.wto.org/english/tratop_e/envir_e/edis04_e.htm.

7 Jordi Diéz, "The Rise and Fall of Mexico's Green Movement," *European Review of Latin American and Caribbean Studies* 85(2008): 81–99.

8 Jaime de Melo and Nicole A. Mathys, "Trade and Climate Change: The Challenges Ahead," Fondation pour les études et recherches sur le développement international, working paper P14(2010); Joseph S. Shapiro, "The Environmental Bias of Trade Policy"(forthcoming).

9 Glen P. Peters, Jan Minx, Christopher Weber, and Ottmar Edenhofer, "Growth in Emission Transfers via International Trade from 1990 to 2008," *Proceedings of the National Academy of Sciences of the USA* 108(2011): 8903-8.

10 Rahel Aichele and Gabriel Felbermayr, "Kyoto and the Carbon Content of Trade," VoxEU, February 4, 2010, https://voxeu.org/article/kyoto-and-carbon-content-trade.

11 Graham K. MacDonald, Kate A. Brauman, Shipeng Sun, Kimberly M. Carlson, Emily S. Cassidy, James S. Gerber, and Paul C. West, "Rethinking Agricultural Trade Relationships in an Era of Globalization," *BioScience* 65(2015): 275–89; Jing Zang, "Chilean Fruit Exports to China Grow by 11% in 2018/19 Season," *Produce Report*,

April 21, 2019, https://www.producereport.com/article/chilean-fruit-exports-china-grow-11-201819-season; Choy Leng Yeong, "NW Salmon Sent to China before Reaching U.S. Tables," *Seattle Times*, July 16, 2005; Yossi Sheffi, *Logistics Clusters: Delivering Value and Driving Growth*(Cambridge, MA: MIT Press, 2012).

12 Angela Paxton, *The Food Miles Report: The Dangers of Long-Distance Food Transport*(London: SAFE Alliance, 1994).

13 한 추정에 따르면, 소비자들에게 구매하는 제품에 대한 모든 환경비용을 지불하도록 하면 네덜란드 농산물 무역이 4.2퍼센트 감소할 것이다. 왜냐하면 일부 국내 제품은 환경비용을 부담한 수입품보다 더 저렴해질 것이기 때문이다. Lóránt Tavasszy, Jorrit Harmsen, Olga Ivanova, and Tatyana Bulavskaya, "Effect of a Full Internalization of External Costs of Global Supply Chains on Production, Trade, and Transport," in *Towards Innovative Freight and Logistics*, ed. Corinne Blanquart, Uwe Clausen, and Bernard Jacob(Paris: Transport Research Arena, 2014), 337–51; Caroline Saunders and Andrew Barber, "Carbon Footprints, Life Cycle Analysis, Food Miles: Global Trade Trends and Market Issues," *Political Science* 60(2008): 73-88; Alison Smith et al., *The Validity of Food Miles as an Indicator of Sustainable Development*(London: Department of the Environment, Food, and Rural Affairs, 2005). 다음 연구에 따르면, 주로 광물과 식료품 부문에서 국제무역의 약 4분의 1은 무역을 하지 않을 때보다 배출하는 온실가스 양이 더 적었다. Anca Cristea, David Hummels, Laura Puzzello, and Misak Avetisyan, "Trade and the Greenhouse Gas Emissions from International Freight Transport," *Journal of Environmental Economics and Management* 65(2031): 153-73.

14 Alan C. McKinnon, "Options for Reducing Logistics-Related Emissions from Global Value Chains," European University Institute working paper RSCAS 2014/31(2014).

15 David Hummels, "Transportation Costs and International Trade in the Second Era of Globalization," *Journal of Economic Perspectives* 21(2007): 131-54; International Air Transport Association, "IATA Cargo Strategy"(2018); Ralph Sims, Roberto Schaeffer, Felix Creutzig, Xochitl Cruz-Núñez, Marcio D'Agosto, Delia Dimitriu, Maria Josefina Figueroa Meza, et al. , "Transport," in *Climate Change 2014: Mitigation of Climate Change*, ed. O. Edenhofer et al.(Cambridge: Cambridge University Press, 2014), 646.

16 Alan McKinnon, "The Possible Influence of the Shipper on Carbon Emissions from Deep-Sea Container Supply Chains: An Empirical Analysis," *Maritime Economics and Logistics* 16(2014): 1-19. 국제해사기구(IMO)와 국제에너지기구(IEA, International Energy Agency)의 자료에 따르면, 2008년 이후 해운업의 온실가스 배출량은 안정되거나 감소한 것으로 나타났다. Naya Olmer, Bryan Comer, Biswajoy Roy, Xiaoli Mao, and Dan Rutherford, *Greenhouse Gas Emissions from Global Shipping, 2013–2015*(Washington, DC: International Council for Clean Transportation, 2017), found annual increases as late as 2015.

17 International Maritime Organization, "Initial IMO Strategy on Reduction of GHG Emissions from Ships," Resolution MEPC.304(72)(April 13, 2018). 선박 연료의 최대 황 함량은 4.5퍼센트에서 0.5퍼센트로 감소했다.

18 Leslie Hook and John Reed, "Why the World's Recycling System Stopped Working," *Financial Times*, October 25, 2018.

19장. 부서진 연결망

1 John N. Boucher, *History of Westmoreland County*(Chicago: Lewis, 1906); 도시명의 기원은 지자체의 웹사이트에 설명되어 있다. https://www.cityofmonessen.com/, accessed July 10, 2019. Bob Dvorchak, "Decaying Company Town Pinched Further by Steel Strike with Wheeling-Pittsburgh," Associated Press, July 24, 1985, https://apnews.com/7bba5 b6b7c989ccfb1b31e46b66a2039.

2 당시 트럼프 대통령의 발언은 다음 기사에 기록되어 있다. David Jackson, "Donald Trump Targets Globalization and Free Trade as Job-Killers," *USA Today*, June 28, 2016; Daniel Moore, "A Future Made of Coke?" *Pittsburgh Post-Gazette*, January 28, 2019.

3 해당 신발 제조사는 Pou Chen Corporation이었다. Adidas Group, "Primary Suppliers and Subcontractors," January 1, 2019. The medical device manufacturer was Jabil Corp. The apparel maker was Sae-A Trading Company; Deborah Belgum, "Why Manufacturers Are Turning to Central America for Quick-Turn Apparel," *California Apparel News*, June 1, 2017.

4 Michael Laris and Ian Duncan, "Boeing Knew of Problems with Wing Parts but Told FAA Planes Were Safe, Agency Alleges," *Washington Post*, December 7, 2019.

5 US Department of Commerce, International Trade Administration, "The Current State of the U.S. Automotive Parts Market," April 2013.

6 Bown and Irwin, "GATT's Starting Point." Data on weighted average effective duties in the 2010s are taken from UNCTAD, "Import Tariff Rates on Non-agricultural and Non-fuel Products," accessed March 15, 2020 https://unctadstat.unctad.org/.

7 빌더르스의 말은 영국 저널리스트 Ian Traynor의 다음 기사에 기록되어 있다. "Le Pen and Wilders Forge Plan to 'Wreck' EU from Within," *Guardian,* November 13, 2013. 살비니의 말은 다음 자료에 기록되어 있다. "Lega, Salvini contro euro: 'Crimine contro l'umanità,'" ANSA.it, December 15, 2013, http://www.ansa.it/web/notizie/rubriche/ politica/2013/12/15/Lega-Salvini-contro-euro-Crimine-contro-umanita-_9781968. html.

8 Chiara Criscuolo and Jonathan Timmis, "The Changing Structure of Global Value Chains: Are Central Hubs Key for Productivity?" *OECD International Productivity Monitor*, Spring 2018, and "The Relationship between Global Value Chains and Productivity," *OECD International Productivity Monitor*, Spring 2017; Ang Jian Wei, Athreya Murugasu, and Chai Yi Wei, "Low-Skilled Foreign Workers' Distortions to the Economy," in *Annual Report 2017*, by Bank Negara Malaysia, 35–43(quote 39); Xin Li, Bo Meng, and Zhi Wang, "Recent Patterns of Global Production and GVC Participation," and David Dollar, Bilal Khan, and Jiansuo Pei, "Should High Domestic Value Added in Exports Be an Objective of Policy?" both in *Global Value Chain Development Report 2019: Technological Innovation, Supply Chain Trade, and Workers in a Globalized World*, by World Bank and WTO(Washington: World Bank Group, 2019), 9–44, and 141-54.

9 X. Li, Meng, and Wang, "Recent Patterns," 39; Shawn Donnan, "Trump's Top Trade

Adviser Accuses Germany of Currency Exploitation," *Financial Times*, January 31, 2017.

10 X. Li, Meng, and Wang, "Recent Patterns," 27-34.

20장. 다음 물결

1   Ward's Reports, Inc., Ward's Automotive Yearbook 1989 and 2017; DhaWard's Reports, Inc., *Ward's Automotive Yearbook* 1989 and 2017; Dharshini David, "The Real Price of Buying Cheap Clothes," *BBC News*, August 7, 2019, https://www.bbc.co.uk/news/business-49248921; US Department of Commerce, *2017 Characteristics of New Housing*, 345, https://www.census.gov/construction/chars/pdf/c25ann2017.pdf; "2015 RECS Survey Data," US Energy Information Administration, May 31, 2018, table HC3.3(appliances by year of construction), https://www.eia.gov/consumption/residential/data/2015/.

2   United Nations World Tourism Organization, *Tourism Highlights 2000*, 2nd ed.(August 2000), https://www.e-unwto.org/doi/pdf/10.18111/9789284403745, and "International Tourism Growth Continues to Outpace the Global Economy," press release, January 20, 2020; Facebook, Inc., Form 10-K for the year ended December 31, 2018, https://www.sec.gov/Archives/edgar/data/1326801/000132680119000009/fb-12312018x10k.htm; UNCTAD, *World Investment Report 2019*(New York: UN, 2019), 20-21.

3   World Bank, "Manufacturing, Value Added(% of GDP)," accessed March 15, 2020, https://data.worldbank.org/indicator/NV.IND.MANF.ZS.

4   중위 연령에 대해서는 다음을 참조하라. United Nations Division of Economic and Social Affairs, Population Division, *World Population Prospects 2019*(New York: UN, 2019). 세계 총 소비에서 가계 지출이 차지하는 비중은 수십 년간 조금씩 증가해 2000년대 초반에는 60퍼센트에 달했지만 2010년대에는 57퍼센트로 감소했다. 세계은행의 추산에 따르면 2010년대 전 세계 소비자 지출은 연평균 2.4퍼센트씩 증가했는데, 이는 지난 20년 동안의 2.75퍼센트에 비해 감소한 것이다. OECD, "Annual National Accounts Data," table 5, " Final Consumption Expenditure of Households," OECD. Stat, accessed March 15, 2020, https://stats.oecd.org/Index.aspx?DataSetCode=SNA_TABLE5; European Central Bank Statistical Data Warehouse, series SHI.A.V1.DWEL.A, accessed March 15, 2020.

5   David Barboza, "An iPhone's Journey, from the Factory Floor to the Retail Store," *New York Times*, December 29, 2016, https://www.nytimes.com/2016/12/29/technology/iphone-china-apple-stores.html; Kathrin Hille, "Foxconn: Why the World's Tech Factory Faces Its Biggest Test," *Financial Times*, June 10, 2019.

6   Ondrej Burkacky, Johannes Deichmann, Georg Doll, and Christian Knochenhauer, "Rethinking Car Software and Electronics Architecture," McKinsey & Company, February 2018, https://www.mckinsey.com/industries/automotive-and-assembly/our-insights/rethinking-car-software-and-electronics-architecture.

7   Marc Bain, "A New T-shirt Sewing Robot Can Make as Many Shirts per Hour as 17 Factory Workers," Quartz, August 30, 2017, https://qz.com/1064679/a-new-t-shirt-sewing-robot-can-make-as-many-shirts-per-hour-as-17-factory-workers/.

8   Canute James, "Caribbean Nations Savor Boom in Data Processing," *Journal of Commerce*, June 15, 1987; Proinnsias Breathnach, "Information Technology, Gender Segmentation and the Relocation of Back Office Employment: The Growth of the Teleservices Sector in Ireland," *Information Communication and Society* 3(2002): 320–35.

9   Jay Solomon and Kathryn Kranhold, "In India's Outsourcing Boom, GE Played a Starring Role," *Wall Street Journal*, March 23, 2005; Rahul Sachitanand, "India's $150 Billion Outsourcing Industry Stares at an Uncertain Future," *Economic Times*, January 15, 2017; Calvin L. Scovel III, "Aviation Safety: FAA Oversight of Foreign Repair Stations," testimony before the US Senate Committee on Commerce Science and Transportation Subcommittee on Aviation Operations, Safety, and Security, June 20, 2007; Prakash Loungani, Saurabh Mishra, Chris Papageorgiou, and Ke Wang, "World Trade in Services: Evidence from a New Dataset," IMF working paper WP/17/77(2017).

10 On advances in translation, see Richard Baldwin, *The Globotics Upheaval*(New York: Oxford University Press, 2019).

11 Michael O'Sullivan, *The Levelling*(New York: Public Affairs, 2019), ch. 6.

12 Dun & Bradstreet, "Business Impact of the Coronavirus," special briefing, 2020, p. 5, https://www.dnb.com/content/dam/english/economic-and-industry-insight/DNB_Business_Impact_of_the_Coronavirus_US.pdf.

13 Chad P. Bown and Douglas A. Irwin, "Trump's Assault on the Global Trading System," *Foreign Affairs* 98(2019): 136(quote); Jung Suk-yee, "S. Korea's Investment in China Almost Halved This Year," BusinessKorea, September 18, 2017, http://www.businesskorea.co.kr/news/articleView.html?idxno=19332.

색인

세계화의 종말과 새로운 시작
Outside the box

초판 1쇄 발행 2023년 4월 28일
초판 3쇄 발행 2023년 6월 20일

지은이 마크 레빈슨(Marc Levinson)
옮긴이 최준영
펴낸이 김선준

책임편집 최한솔
편집팀 최한솔, 최구영, 오시정
마케팅팀 이진규, 신동빈
홍보팀 한보라, 유준상, 이은정, 유채원, 권희, 박지훈
교정교열 유지현
디자인 김혜림
경영관리팀 송현주, 권송이
Cover Photo by Karen Sayre

펴낸곳 페이지2북스 **출판등록** 2019년 4월 25일 제 2019-000129호
주소 서울시 영등포구 여의대로 108 파크원타워1. 28층
전화 070) 4203-7755 **팩스** 070) 4170-4865
이메일 page2books@naver.com

종이 ㈜월드페이퍼 **인쇄·제본** 한영문화사
ISBN 979-11-6985-019-3 (03320)